Lehrplan im Wandel

D1666630

STUDIEN ZUR BILDUNGSREFORM

Herausgegeben von Wolfgang Keim

Universität – Gesamthochschule – Paderborn

BAND 12

Verlag Peter Lang

Frankfurt am Main · Bern · New York

Barbara Gaebe

Lehrplan im Wandel

Veränderungen in den Auffassungen
und Begründungen von Schulwissen

Verlag Peter Lang
Frankfurt am Main · Bern · New York

CIP-Kurztitelaufnahme der Deutschen Bibliothek

Gaebe, Barbara:

Lehrplan im Wandel : Veränderungen in d. Auffassungen
u. Begründungen von Schulwissen / Barbara Gaebe. —
Frankfurt am Main ; Bern ; New York : Lang, 1985.
    (Studien zur Bildungsreform ; Bd. 12)
    ISBN 3-8204-5586-8
NE: GT

Als Habilitationsschrift auf Empfehlung der Erziehungswissenschaftlichen Fakultät der Universität zu Köln gedruckt mit Unterstützung
der Deutschen Forschungsgemeinschaft

ISSN 0721-4154
ISBN 3-8204-5586-8

© Verlag Peter Lang GmbH, Frankfurt am Main 1985

Alle Rechte vorbehalten.
Nachdruck oder Vervielfältigung, auch auszugsweise, in allen Formen
wie Mikrofilm, Xerographie, Mikrofiche, Mikrocard, Offset verboten.

Druck und Bindung: Weihert-Druck GmbH, Darmstadt

VORWORT DES HERAUSGEBERS

Lehrplanfragen haben in der Bildungsreformdiskussion der ausgehenden 60er und 70er Jahre unter dem umfassenden Stichwort 'Curriculumrevision' eine zentrale Rolle gespielt, ja, Bildungsreform wurde gelegentlich sogar - wie bei Saul B. Robinsohn - mit Revision des Curriculums gleichgesetzt. Damit verband sich der Anspruch, schulisches Lehren und Lernen auf eine neue - wissenschaftliche - Basis zu stellen, was bereits die Ersetzung des herkömmlichen Begriffs 'Lehrplan' durch 'Curriculum' dokumentiert. Der "geltende 'Bildungskanon'" sollte "den Erfordernissen unserer Zeit entsprechend" aktualisiert, "Entscheidungen über die Inhalte des Bildungsprogramms aus Beliebigkeit und diffuser Tradition ... in Formen rationaler Analyse und - soweit möglich - objektivierter Alternativen" überführt werden (Robinsohn, Saul B.: Bildungsreform als Revision des Curriculum ..., Neuwied 1971(3), S.1), und zwar mit Hilfe der sich damals im Rahmen der Erziehungswissenschaft entfaltenden Curriculumforschung, der Befragung von Experten, der Einrichtung sog. Curriculum-Werkstätten sowie der Durchführung von Curriculumprojekten mit ausgedehnten Erprobungen und Evaluationen, was von Anlage und Umfang her in der Schulgeschichte beispiellos war. Sicherlich sind damals eine Reihe der mit der Erstellung von Lehrplänen zusammenhängenden Probleme, z.B. das ihrer Legitimierung, erstmals voll ins Bewußtsein einer breiteren pädagogischen Öffentlichkeit getreten, teilweise auch Lehrpläne so angelegt worden, daß sich die ihnen zugrundeliegenden Kriterien rational nachvollziehen ließen. Die Hoffnung allerdings, auf dieser Basis konsensfähige Curricula erstellen oder auch nur allgemein anerkannte Prinzipien dafür finden zu können, ist längst geschwunden, nachdem in einigen Bundesländern wie beispielsweise Baden-Württemberg bereits wieder neue Lehrpläne in Kraft getreten sind, die auf ältere Traditionen zurückgehen, und die Grundlagen der Bildungsreformphase der 60er und 70er Jahre zunehmend verworfen werden. Offensichtlich sind Lehrplanfragen doch viel komplexer als damals angenommen wurde.

Dies sowohl grundsätzlich als auch im Detail gezeigt zu haben, ist das Verdienst vorliegender Habilitationsschrift von Barbara Gaebe. Sie setzt es sich zum Ziel, die "Veränderungen in den Auffassungen und Begründungen von Schulwissen" auf ihre Ursachen hin zu analysieren, und zwar erstens anhand exemplarisch ausgewählter pädagogischer bzw. didaktischer Theoriesysteme von Comenius bis zu Nohl, zweitens anhand von Volksschul- bzw. Hauptschullehrplänen seit 1945 - unter Einbeziehung älterer Lehrplantraditionen - und schließlich drittens anhand der didaktischen Diskussion seit 1945.

Ohne den Ergebnissen der Arbeit vorgreifen zu wollen, möchte ich kurz auf drei Punkte verweisen, die mir sowohl für zukünftige Lehrplanung als auch für eine Erklärung der nicht gelungenen Curriculumrevision der 60er und 70er Jahre bedeutsam erscheinen:

Zunächst einmal wird künftig stärker zu beachten sein, daß Lehrplankonzepte sowohl von spezifischen Deutungsmustern der Subjekt-Umwelt-

Beziehungen als auch einer genauen Aufgabenbestimmung von Schule und Unterricht abhängen. Wenn z.B. der Deutsche Bildungsrat in seinem 'Strukturplan' die individuelle Bildung jedes einzelnen fördern **und** zugleich gesellschaftliche Anforderungen an die Schule berücksichtigen wollte, ohne genau zu sagen, wie das eine mit dem anderen verbunden bzw. auf welchen Wegen beides erreicht werden sollte, dann liegt hier bereits eine kaum zu bewältigende Schwierigkeit für entsprechende curriculare Planungen. Erschwerend kommt hinzu, daß sowohl der anthropologische und psychologische Zusammenhang von Schulwissen und individueller Bildung als auch das, was als 'gesellschaftliche Anforderungen' definiert wird, von den jeweils zugrundeliegenden theoretischen Prämissen abhängt, beispielsweise unterschiedlichen Gesellschaftstheorien, die über die gesellschaftlichen Bezüge von Lehrplänen entscheiden. Offensichtlich hat sich der Deutsche Bildungsrat auf eine derartige Theoriediskussion nie eingelassen, stattdessen die heterogenen Standpunkte seiner Mitglieder durch pragmatische Kompromißformeln zu überbrücken versucht, was zwar das Zustandekommen entsprechender Pläne überhaupt erst ermöglichte, zugleich aber ein breites Spektrum von Auslegungsmöglichkeiten eröffnet hat, das schließlich erfolgreiche Reformen erschweren, wenn nicht gar verhindern mußte. Der von Barbara Gaebe eröffnete Theoriehorizont der Lehrplanung macht auf solche Defizite aufmerksam und eignet sich dazu, das Problembewußtsein von Mitgliedern zukünftiger Lehrplankommissionen zu schärfen.

Ähnliche Theoriedefizite ergeben sich bezüglich des Zusammenhangs von Lehrplankonzepten bzw. Lehrplänen und ihnen zugrundeliegenden didaktischen Prämissen bzw. aus ihnen folgenden didaktischen Konsequenzen. Dafür dürfte nicht zuletzt der Stand der didaktischen Diskussion selbst verantwortlich sein. Denn auf welches Konzept soll man sich stützen angesichts der Tatsache, daß nahezu alle einseitig sind oder heterogene Elemente miteinander verknüpfen, ohne sie auf eine einheitliche theoretische Grundlage zu beziehen, was angesichts der Vielzahl von Problemsichten und Untersuchungsansätzen vielleicht auch gar nicht mehr möglich ist? Umso wichtiger scheint jedoch zumindest die Reflexion dieses Zusammenhangs, wie sie in vorliegender Analyse nordrhein-westfälischer Volks- und Hauptschullehrpläne im zweiten Teil dieser Arbeit versucht wird, womit zugleich Kriterien für entsprechende Untersuchungen an die Hand gegeben werden.

Eine für die Lehrplanrevision wichtige Erkenntnis Barbara Gaebes scheint mir schließlich zu sein, daß Konzepte wissenschaftsorientierten Lernens, wie sie im Zuge der Bildungsreform der 60er und 70er Jahre entstanden sind, zwar "die Rationalität des Lernenden im Sinne angemessenen Reagierens zu fördern geeignet sind, aber verdecken, daß er selbst Bedeutungsproduzent und Handelnder ist oder sein sollte" (Gaebe). Dies drückt sich für den Bereich der Hauptschule insbesondere in einer Verlagerung der Schularbeit von Formen eines stärker schülerbezogenen Gesamtunterrichts hin zu einem an wissenschaftlichen Fragestellungen orientierten Fachunterricht aus, wie er für den Bereich der weiterführenden Schulen immer schon charakteristisch war. Die derzeit beispielsweise in Baden-Württemberg - allerdings weniger aufgrund der Vernachlässigung der Schülersubjektivität, als vielmehr im Zuge der konservativen Wende - gezogene Konsequenz, für den Be-

6

reich der Hauptschule wieder stärker an älteren Lehrplankonzepten anzuknüpfen, scheint mir der falsche Weg aus diesem Dilemma zu sein, zumal damit ja nur die alte Trennung von wissenschaftlicher und volkstümlicher Bildung verstärkt wird. Vielmehr müßten künftige Lehrplanungen **einheitlich** so angelegt sein, daß sie den Anspruch kritischer Rationalität zu verbinden suchen mit der Ermöglichung schülerbezogener Sichtweisen und Verarbeitungsformen von Natur, Kultur und Gesellschaft, wofür auch vorliegende Arbeit von ihrem Ansatz her plädiert. Auf dieser Grundlage würde sich zugleich eine **inhaltliche** Begründung einer einheitlichen Sekundarstufenbildung für alle anbieten, die leider in der bisherigen Gesamtdiskussion zu kurz gekommen ist.

Paderborn, Oktober 1984   Wolfgang Keim

INHALTSVERZEICHNIS

EINLEITUNG

"Allenthalben hört man die Klagen, daß unsere jungen Leute von immer weniger immer mehr wissen, daß ihnen das fehlt, was wir einmal 'Allgemeinbildung' nannten. Der Begriff ist gründlich in Verruf gekommen, vielleicht, weil er nur noch auf untauglich gewordene Inhalte bezogen wurde. Meint er etwa, was nicht mehr definiert werden kann? Oder verbirgt sich hinter solcher Absage nur Bequemlichkeit des Denkens und der Spezialisierung? Gibt es keine Möglichkeiten, auch unter den veränderten Voraussetzungen heutigen Lernens und Wissens eine neue Definition des allgemein zu Wissenden zu schaffen? Ist der Ruf nach einer neuen Allgemeinbildung unzeitgemäß?" (FAZ vom 5. Juli 1978). Mit diesen Fragen leitete die Redaktion der FAZ eine Artikelserie zum Thema "Allgemeinbildung" ein. Die zehn Autoren, Lehrer, Erziehungswissenschaftler, Bildungspolitiker, sehen mehrheitlich im Fehlen konsensfähiger Allgemeinbildungskonzepte ein gesellschaftliches Krisensymptom. Zur Erklärung werden kulturkritische Argumente wie "Sinnverlust" und "Substanzlosigkeit des Vielerlei" (E. Geissler), "Zerfall des geistigen Umgangs in unserer Zivilisation" (H. v. Hentig), das Fehlen eines "zentrierenden Humanismus" (A. Flitner) und Mangel an anerkannten Auswahlkriterien für bildende Inhalte bei gleichzeitiger Wissenschaftsorientierung der Schulen (H. Maier) angeführt. H. Lübbe spricht von einer "Überforderungskrise", die gekennzeichnet sei durch "die sich noch immer steigernde Geschwindigkeit der wissenschaftlichen und technischen und artistischen Innovationen, die zunehmende Komplexität unserer sozialen und institutionellen Lebensverhältnisse, die gleichzeitig abnehmende Reichweite unserer Primärerfahrungen und damit die schwindende Urteilszuständigkeit des Common sense ..". Er beobachtet gleichzeitig einen steigenden Bedarf an Orientierungswissen, der angesichts der beschriebenen Situation kurzfristig nicht zu befriedigen ist.

Die Krisendiagnose wie die angedeuteten Auswege, die von der Forderung nach "Mut zur Erziehung" (W. Zimmermann), nach Verbindung "gymnasialer, polytechnischer und sozialer Bildung" (L. v. Friedeburg) bis zur Forderung nach Beschäftigung mit Philosophie als formaler Allgemeinbildung (E. Nordhofen) reichen, verdecken in ihrem durchweg unhistorischen Ansatz für die gegenwärtige Diskussion von Allgemeinbildung wichtige Entwicklungen:

- In einzelnen Beiträgen der genannten Artikelreihe wird auf die sozial kontrollierende und reproduzierende Funktion schulischen Wissens, insbesondere von Allgemeinbildung, wie sie die höhere Schule für sich beanspruchte, hingewiesen, um die Vorbehalte gegenüber Allgemeinbildungsprogrammen zu stützen. Gegenüber Verengungen und Umdeutungen auf eine undemokratische politische Wirklichkeit ist aber der demokratische Grundgehalt historischer Allgemeinbildungskonzepte von Comenius, Humboldt oder Diesterweg festzuhalten. In der Forderung, soziale Bildungsbeschränkungen aufzuheben, lag stets die politische Sprengkraft dieser Konzepte, häufig allerdings in der undialektischen Auffassung entschärft, es ließe sich ein gesellschaftlicher Ausschluß von Bildung allein durch Bildung rückgängig machen. Während die Krisendiagnosen den Zerfall oder das Fehlen von Allgemeinbildungskonzepten beklagen, ergibt sich bildungspolitisch für die Bundesrepublik erstmals organisatorisch die Möglichkeit und inhaltlich die Aufgabe, Pläne für eine allgemeine Ausbildung aller Schüler zu entwerfen. Gesamtschulartige Organisationen haben nur einen Sinn, wenn in ihnen mit Curricula gearbeitet wird, die für alle schulpflichtigen Kinder geeignet und wichtig sind. Solche Curricula bleiben ohne theoretische Leitlinien beliebig.

- Nicht die Auseinandersetzungen um Art, Umfang und Verteilung von Schulwissen sind neu – sie treten in Erscheinung, sobald Erziehung und Bildung als gesellschaftliche Aufgaben reflektiert werden –, vielmehr sind die Bedingungen für die Ausarbeitung und Durchsetzung von Bildungskonzepten schwieriger geworden mit der Ausbreitung formaler wie auch inhaltlicher Beteiligungsrechte in der Gesellschaft, mit der Dynamisierung der Wissensproduktion und der Trennung von Wissen und Werten wie mit zunehmender Einsicht in die gesellschaftliche Abhängigkeit und Veränderbarkeit des pädagogischen Handlungs- und Reflexionssystems.

Für den Philanthropen E. C. Trapp z.B. stellt sich vor 200 Jahren, wenn man einmal die historischen Bedingungen vernachlässigt, die Frage nach der Bestimmung von Schulwissen ähnlich wie heute:

"Was soll man aus der großen Masse der gesamten Menschen- und Naturgeschichte, der philosophischen und mathematischen Wissenschaften, der Künste und Handwerke usw. herausheben; in welcher Ordnung soll man es nebeneinander stellen und aufeinander folgen lassen, so daß ... das Frühere immer Vorbereitung auf das Spätere sei, das Spätere des Früheren nicht entbehren könne; das Gleichzeitige sich gegenseitig erläutere und stütze; daß alle Seelenfähigkeiten der Jugend in dem Maße, worin sie vorhanden sind, gleich gut geübt und zugleich gute Gesinnungen erweckt und genährt werden, und daß dies alles in Rücksicht auf die Bedürfnisse unserer Zeit geschehe?" (E.C. Trapp 1787, S. 49)

Für Trapp, der 1779 auf den ersten Lehrstuhl für Philosophie und Pädagogik in Halle berufen wird, gehört zu den wichtigen Aufgaben des neuen Faches, Prinzipien und Kriterien der Lehrplanung zu klären und eine größere Wirksamkeit pädagogischer Maßnahmen zu sichern. Grundlage der Lehrplanung sind der gesellschaftliche Nutzen und die Bedürfnisse des Individuums, die Entwicklungsstufen und -möglichkeiten des Kindes, die Lernprozesse und ihre Beeinflußbarkeit durch Erziehungs- und Unterrichtsmaßnahmen, die aufzuklären bereits als empirische Forschungsaufgabe der Pädagogik formuliert wird. Ausgehend von dieser Grundlage hält sich der Pädagoge für legitimiert und kompetent, die Fragen nach Schulwissen und Allgemeinbildung zu bearbeiten.

In der aktuellen Diskussion traut man der pädagogischen Wissenschaft und traut sie sich selbst in der Frage, was an allgemeinbildenden Schulen gelehrt werden soll und ob eine Konzeption von

Allgemeinbildung überhaupt nötig und möglich sei, offenbar weniger zu. Im langfristigen historischen Zusammenhang erscheinen also nicht die Probleme neuartig, sondern es hat sich das Bedingungsfeld für eine sachverständige und konsensfähige Bearbeitung verändert.

- Im engeren Zeithorizont bildungspolitischer Entwicklungen der Nachkriegszeit erweist sich die Frage nach allgemeinbildenden Inhalten und Formen von Schulwissen im Trend einer kulturkritischen Rückbesinnung auf verbindende gesellschaftliche Orientierungen im konjunkturellen Abschwung als durchaus zeitgemäß. Die bundesdeutsche Diskussion um die Reform der reformierten Oberstufe zur Absicherung eines Kernangebots von Schulwissen belegt das ebenso wie die Initiative der Harvard Universität in "The Great Core Curriculum Debate: Education as a Mirror of Culture" (1979), ein allgemeinbildendes Kernstudium für die "undergraduates" anzuregen, das als Ausdruck kulturellen nationalen Selbstverständnisses gelten könnte. In Großbritannien werden schon seit längerem in der Erziehungsphilosophie wie auch aus der mit weitreichenden curricularen Kompetenzen ausgestatteten Schulpraxis heraus Fragen nach einem allgemeinverbindlichen Curriculum intensiv erörtert (vgl. J.P. White 1973; P.H. Hirst 1974; M. Holt 1978).

Nach einer Phase ökonomischer und bildungspolitischer Hochkonjunktur, in der bildungspolitisch und pädagogisch Themen wie Nutzung der Begabungsreserven und individuelle Förderung, Spezialisierung und wissenschaftsorientiertes Lehrangebot, Aufhebung sozialer und inhaltlicher Bildungsbegrenzungen stark beachtet wurden, schieben sich die Vorstellungen, über Schulbildung kulturelle Gemeinsamkeiten zu reaktivieren und verbindende gesellschaftliche Orientierungen aufzubauen, aber auch die Auslese zu verschärfen, wieder in den Vordergrund.

Solche Veränderungen in den Konzepten und Begründungen allgemeinbildenden Schulwissens werden im Folgenden gleichsam makro- und mikroanalytisch in zwei verschiedenen Zeithorizonten verfolgt, um die Bedingungen und Möglichkeiten aktueller didaktischer Überlegungen zur Bestimmung von Schulwissen zu präzisieren. Angeregt durch Überlegungen über den Zusammenhang historischer Wissenschaftsforschung und historischer Anthropologie, die auf eine interdisziplinäre Entwicklungstheorie als Stufentheorie zielen und dabei besonders an Diskontinuitäten, Schwellen, Brüchen in den grundlegenden Annahmen der Wissensproduktion, z.B. Veränderungen der Zeitvorstellung, interessiert sind(1), sollen im ersten Kapitel der Arbeit an Beispielen aus der neuzeitlichen didaktischen Theoriegeschichte langfristige Umstrukturierungen didaktischer Argumentationszusammenhänge aufgrund veränderter anthropologischer Grundannahmen aufgezeigt werden.
-----

(1) Vgl. die Überlegungen zum Zusammenhang historischer Wissenschaftsforschung und historischer Anthropologie bei W. Lepenies (1977). Er greift beispielhaft den Vorgang der Verzeitlichung heraus, als ein Kennzeichen der Wissenschaftsentwicklung an der Wende zur Moderne und entwirft ein Forschungsprogramm, das veränderte Zeitstrukturen im Gegenstandsbereich und der Theorieform ver-

Didaktische Aussagensysteme über Auswahl, Verteilung und Vermittlung gesellschaftlicher Wissensvorräte sind in mehrfacher Weise an anthropologische Annahmen der jeweiligen Zeit gebunden: Die Ziele organisierter Unterweisung, auf die hin die Auswahlprinzipien und Vermittlungsformen ausgearbeitet werden, bewegen sich im Rahmen der Weltbilder oder Weltdeutungen, die Stellung und Aufgabe des Menschen in der Welt regeln. Die gesellschaftlichen Wissensvorräte, aus den Dimensionen objektivierenden Denkens wie moralischer Einsicht zu Weltbildern verbunden, bilden das Reservoir didaktischer Auswahl-, Vereinfachungs- und Ordnungsbemühungen. Die Reduktions-, Gliederungs- und Vermittlungsempfehlungen beziehen sich auf dieses Reservoir wie auf Annahmen über die Möglichkeiten lernender Weltaneignung und die dabei wirksamen Mechanismen, wie sie das Denken über den Menschen bereitstellt. Als Gegenstand didaktischer Theorie und Planung ist Schulwissen als je spezifische Verknüpfung der gegenständlichen, der psychologischen und sozialen Dimension organisierten Lernens anthropologisch bestimmt(1).

Gegenüber der Behauptung Foucaults, bei seinen wissenschaftshistorischen Untersuchungen diskursiver Formationen auf die Rekonstruktion von Kontinuität als "Stifterfunktion des Subjekts" (M. Foucault 1981, S. 23) verzichten zu können und das "anthropologische Thema" methodisch überflüssig zu machen (S. 28), ist festzuhalten, daß Versuche einer Beurteilung gegenwärtiger gesellschaftlicher Problemfelder oder von Formen ihrer theoretischen Bearbeitung nur im Rahmen eines entwicklungstheoretischen Konzepts kontrollierbar sind. Die Nachkonstruktion langfristig sich verändernder didaktischer Argumentationsmuster folgt hier dem in pädagogischen Zusammenhängen schon verschiedentlich aufgegriffenen Gedanken einer Verknüpfung individueller und

-----

schiedener Disziplinen rekonstruiert und wissenschaftsintern, z.B. unter dem Gesichtspunkt der Informationsverarbeitung, zu erklären versucht, parallel dazu aber auch Veränderungen von Zeitstrukturen in der Alltagswelt zu beschreiben sucht, um zu externen Erklärungen, etwa veränderten Produktionsbedingungen und Arbeitsverhältnissen vorzudringen.

M. Foucaults "Archäologie des Wissens" (1981) setzt im Vorfeld dieses Programms an und zielt auf eine phänomenologische Erfassung der grundlegenden Codierungen der diskursiven Praxis einer Zeit, die Wissen und Erkennen leiten und die vorgefundenen epistemologischen Figuren, Wissenschaften oder formalisierten Systeme erst ermöglichen.

(1) Der auf den deutschsprachigen Raum beschränkte Bildungsbegriff bezieht sich ebenfalls auf den Zusammenhang dieser Dimensionen, allerdings in spezifischem anthropologischen Kontext. Deshalb wird hier im Hinblick auf den theoriegeschichtlichen Exkurs und die Problematisierung des Bildungsbegriffs in der didaktischen Nachkriegsdiskussion der weniger festgelegte Terminus Schulwissen gebraucht.

gattungsgeschichtlicher Entwicklungen. So sind z.B. in der didaktischen Kulturstufentheorie der Herbartschule wie etwa auch im Bruner-
schen Konzept eines Spiralcurriculums gattungsgeschichtliche Entwicklungen zur Stützung didaktischer Empfehlungen für den schulischen Bildungsgang herangezogen worden. Hier wird umgekehrt der Gedanke aufgegriffen, in der Gattungsgeschichte Homologien zu Bewußtseinsstrukturen
aufzusuchen, wie sie etwa die kognitive Entwicklungspsychologie
Piagets für die Ontogese in ihren kognitiven, sprachlichen und inter-
aktiven Aspekten untersucht hat. Bekanntlich hat Piaget selbst sein
entwicklungspsychologisches Modell in erkenntnistheoretischer Absicht
angewandt, um die Evolution kollektiven Denkens in verschiedenen Disziplinen zu untersuchen. J. Habermas (1976) legt Ergebnisse der kognitiven Entwicklungspsychologie unter dem Aspekt der Differenzierung
des Subjekt-Objekt Bezuges auf der gegenständlichen wie der sozialen
Ebene und den damit verbundenen Formen der Ich-Abgrenzung aus und
versucht die erkennbaren Strukturniveaus für die Analyse der Entwicklung von Weltbildern fruchtbar zu machen. Die Plausibilität eines
solchen Verknüpfungsversuchs liegt unabhängig von den empirischen
Befunden darin, daß die individuellen Lernmöglichkeiten gattungsgeschichtlich als gedankliche, einstellungsmäßige und institutionelle
Sozialisationsbedingungen hervorgebracht sein müssen. Das schließt
nicht aus, daß individuelle Entwicklungen hinter dem gesellschaftlichen Niveau der Wissensorganisation zurückbleiben oder darüber hinausgehen.

Untersuchungsergebnisse der kognitiven Entwicklungspsychologie belegen eine Differenzierung im Verhältnis Subjekt-Umwelt in folgenden
Stufen (vgl. J. Habermas, S. 14 ff): a. die symbiotische Entwicklungsstufe, auf der es noch keine deutlichen Anhaltspunkte für eine Subjekt-
Objekt Differenzierung gibt, b. die Stufe des kognitiven und moralischen Egozentrismus, in der Umwelt nur als auf das Ich bezogen erfahrbar ist, c. die soziozentrische und objektivistische Stufe, auf der
das Individuum im konkreten Umgang seine Rolle in sozialen Regel-
systemen spielen lernt und sich einer objektivierten Natur gegenüber
sieht, d. die universalistische Entwicklungsstufe, auf der der Jugendliche die Fähigkeit zu hypothetischem Denken entwickeln kann, die
es ihm erlaubt, die dogmatischen Grenzziehungen zwischen Subjekt ·und
Umwelt zu relativieren, so daß "Theorien auf die Erkenntnisleistun-
gen forschender, und Normensysteme auf die Willensbildung zusammen-
lebender Subjekte zurückgeführt werden können" (ebd. S. 16). Habermas versucht nun diese ontogenetische Stufenfolge der Differenzierung
der Subjekt-Objekt Abgrenzungen als Schlüssel für den in Weltbildern
sich ausdrückenden Wandel im Verständnis von Mensch und Welt zu
nutzen. Die egozentrische Weltauffassung des präoperational denkenden
Kindes zeigt strukturelle Analogien zu mythischen Ordnungsvorstellungen soziomorpher Weltbilder, in denen natürliche und gesellschaftliche Erscheinungen im Hinblick auf den Stammesverband zentriert
sind. Mit dem Übergang zu staatlich organisierten Gesellschaften müssen die mythischen Weltbilder die Legitimation der Herrschaftsordnung
mitübernehmen. Als Überlieferung relativiert schaffen sie Raum für
den Umgang mit einer teilweise objektivierten Natur und mit Formen
eines konventionellen Rechts und damit für eine Weltbild, das in formaler Hinsicht der soziozentrischen-objektivistischen Weltauffassung
des konkret operational denkenden Kindes ähnelt. Der weitere Über-

gang von archaischen zu entwickelten Hochkulturen wird gekennzeichnet durch die Ablösung des auf narrative Erklärungen sich stützenden mythischen Denkens durch argumentativ begründete kosmologische Weltbilder, Philosophien und Hochreligionen. Solchermaßen rationalisierte Weltbilder werden von Habermas als Ausdruck des formal-operationalen Denkens gedeutet, das den Jugendlichen befähigt, denkend und wertend mögliche Transformationen der konkreten und wahrnehmbaren Wirklichkeit zu entwerfen (vgl. J. Piaget, B. Inhelder 1976, S. 149). Das universalistische Potential rationaler Weltbilder wird in dem Maße freigesetzt, wie die obersten einheitsstiftenden Prinzipien ihren fraglosen Charakter verlieren, und die Weltdeutung als Aufgabe vernünftiger Weltgestaltung in theoretischer wie in praktischer Hinsicht erscheint.

Geht man davon aus, daß sich didaktische Reflexion über das, was der Schüler lernen soll (aufgrund der Annahmen, was er lernen kann) innerhalb solcher Weltbilder entfaltet und deren Strukturveränderungen folgt, können die angedeuteten Versuche zu Analogiebildungen auch für die Analyse didaktischer Konzepte fruchtbar gemacht werden. So läßt sich die neuzeitliche Entwicklung der Didaktikdiskussion in langfristigem historischen Zusammenhang als Prozeß interpretieren, der der schrittweisen Freilegung des universalistischen Potentials prinzipiengeleiteter Weltbilder und damit einer fortschreitenden Dezentralisierung anthropologischer Deutungssysteme folgt. Ein solcher Prozeß soll versuchsweise anhand von neuzeitlichen didaktischen Theorieansätzen nachkonstruiert werden (Kap. 1).

Zurückgegriffen werden kann auf

J. Dolchs "Lehrplan des Abenlandes" (1971), eine ungewöhnlich materialreiche Geschichte didaktischer Theorie und Lehrplanpraxis, die immer wieder zu konstruktiven Systematisierungen vordringt, Entwicklungen seit dem 18. Jahrhundert aber nurmehr kursorisch behandelt. Eine problemgeschichtliche Studie zum Thema Allgemeinbildung hat F. Hofmann in erster Fassung 1966 (1973) vorgelegt, in der Absicht, nicht nur einige typische Formen der Problembehandlung darzustellen, sondern zum "Wesen", zu "kategorialen Bestimmungen" des Problems vorzudringen, wie es sich in der historisch-gesellschaftlichen Entwicklung enthüllt, um damit die Bemühungen um eine sozialistische Allgemeinbildung zu stützen (S. 14). Interessant ist in unserem Zusammenhang sein Versuch, prinzipielle Möglichkeiten der Bestimmung von Allgemeinbildung in der pädagogischen Theorie an der Wende um 19. Jahrhundert zu systematisieren. Einen differenzierten Problemaufriß über Entstehung und Wandlungen des Selbstverständnisses einer sich historisch verstehenden Pädagogik wie des Zusammenhangs systematischer und historischer Fragestellungen der Pädagogik gibt U. Herrmann (1978).

An dem Punkt der Nachkonstruktion didaktischer Argumentationsmuster, an dem die gesellschaftlich-historische Relativierung des Problems der Bestimmung von Schulwissen auf den Begriff gebracht, aber gleichwohl forschungsmäßig noch nicht entfaltet wird, werden im ersten Kapitel wissenssoziologische Überlegungen für eine differnzierende Analyse der gesellschaftlichen Funktion von Schulwissen und didaktischer Theorie herangezogen.

Sowenig J. Habermas beansprucht, aus einer internen Logik der Weltbildentwicklung die Dynamik der Gattungsgeschichte erklären zu können, läßt sich die Dynamik des Prozesses der Institutionalisierung von Schulwissen, etwa in Lehrplänen, aus der Geschichte der didaktischen Theorien erklären. Gerade das auf dem Niveau universalistischer Weltbildstrukturen sich entwickelnde Bewußtsein historisch-gesellschaftlicher Relativierung der Erkenntnis- und Handlungsmöglichkeiten muß solche einsinnigen Erklärungsversuche ausschließen. Zwar muß in Weltbildern und den sich in ihrem Rahmen bewegenden didaktischen Reflexionen verfügbar sein, was in gesellschaftliche Lernmöglichkeiten und gar in gesellschaftlich veranstaltete Unterweisung umgesetzt wird, was aber im Rahmen des Verfügbaren tatsächlich umgesetzt wird, bestimmt sich nach den in der Gesellschaft auftretenden Systemproblemen, die mit der Notwendigkeit gesellschaftlicher Reproduktion zusammenhängen. Wie im Zusammenhang mit solchen Problemen Lösungsangebote für Veränderungen von Schulwissen (didaktische Theorien, Vorschläge von Interessenten und Betroffenen) entstehen und bestimmte Lösungen institutionalisiert werden, muß in Detailanalysen bildungspolitischer Abläufe erschlossen werden. Eine Schwierigkeit ist zweifellos, daß die Formulierung von Systemproblemen stets in Interpretationszusammenhängen geschieht (Erwartungen der am Produktionsprozeß Beteiligten, politische Erwartungen aufgrund von Annahmen über gesellschaftliche Entwicklungen und Ziele), die bildungspolitisch umgesetzt werden in Qualifikationsforderungen an die Schule auf der Basis von Vorstellungen über die Rolle von Schule und Unterricht in der Gesellschaft, die dann in Reformvorstellungen einmünden. Diese sind zu konkretisieren im Zusammenhang mit theorieinternen Vorstellungen, etwa der Erziehungswissenschaft oder der Fachdidaktiken, die möglicherweise gesellschaftliche Probleme und vor allem die Rolle von Schule und Unterricht in andere Interpretationszusammenhänge stellen.

Diese Zusammenhänge sind ebenso kompliziert wie bislang noch wenig erschlossen (vgl. Abschnitte 1.2. und 1.3.). Wie es z.B. zu den vergleichsweise tiefgreifenden Veränderungen des in Lehrplänen institutionalisierten Schulwissens im Feld gesellschaftlicher Veränderungen und didaktischer Theorieentwicklung in der Geschichte der Bundesrepublik kommt, läßt sich kaum präzisieren, zumal solche Veränderungen zusammenfassend noch nicht einmal dokumentiert sind. Gesellschaftliche Entwicklungen auch im Bildungsbereich mit seinen institutionellen Ausprägungen, bildungspolitische Konzepte und Entscheidungen und Theorieentwicklung werden durchweg parallel bearbeitet, "eine integrative Betrachtung der Entwicklungen auf den verschiedenen Ebenen ist vorerst kaum denkbar", wie auch ein neuer Versuch zur Aufarbeitung fachdidaktischer Entwicklungen seit 1950 feststellen muß (A. Leschinsky, P. M. Roeder 1980, S. 363).

Unter eng gefaßten Funktions- und Reproduktionsthesen werden didaktische Reflexion und Praxis zu Qualifikations- und Legitimationsinstrumenten für eine kapitalistische Ökonomie vereinfacht, deren Analysemodell die Interpretation der zu untersuchenden Zusammenhänge von vornherein festlegt (z.B. F. Huisken 1972). Differenziertere Ansätze aus den 70er Jahren beschränken sich zunächst auf die Ausarbeitung von Parallelentwicklungen und Fallstudien. A. Leschinsky, P.M. Roeder (1980) stellen die Akademisierung der Lehrerbildung und strukturelle Veränderungen im Bereich der Sekundarstufe I neben fachdidaktische Veränderungen. Im Rahmen einer wissenschaftstheoretisch ausgerichteten Studie versucht W. Fölling (1978) an Fallstudien das Verhältnis von Curriculummethodologie, bildungspolitischer Praxis und Öffentlichkeit zu bestimmen. Am Beispiel der Mathematiklehrpläne überprüft P. Damerow (1977) ein Analysemodell von Bildungsreformprozessen, das bereits die Interpretationsspielräume bei der Formulierung bildungspolitischer Reformziele und ihren didaktischen Konkretisierungen zu berücksichtigen sucht. Daneben stehen Darstellungen der didaktischen Nachkriegsdiskussion, die zwar die historisch-gesellschaftlichen Bezüge ihres Gegenstandes betonen, aber mehr oder weniger explizit formulierte theorieimmanente Probleme verfolgen. H. Blankertz (1971) arbeitet mit der heuristischen Annahme, die von ihm analysierten Theorien und Modelle beschrieben zusammengenommen das Spannungsfeld, in dem sich die Aufgaben und Probleme von Didaktik erst zureichend bestimmen ließen. Eine Analyse didaktischer Theorieansätze in der Bundesrepublik und der DDR verknüpft K. Reich (1977) unter dem Gesichtspunkt ihrer methodologischen Grundlagen. Mit dem Begriff der Verwissenschaftlichung versucht B. Fichtner (1980) seiner Darstellung des Problems der Unterrichtsinhalte in der erziehungswissenschaftlichen Nachkriegsdiskussion eine Perspektive zu geben. Er behauptet, daß "in gewisser Weise ... die Geschichte des Unterrichts die Geschichte seiner Verwissenschaftlichung (sei), die sich in einem spannungsvollen und widersprüchlichen historisch-gesellschaftlichen Kontext realisiert." (S. 11). Der Prozeß der Verwissenschaftlichung der Didaktik bestehe darin, die Einheit von gegenständlicher, psychologischer und sozialer Dimension des verfügbaren Wissens für den Lernenden erneut erfahrbar zu machen, ihn zu tätiger Weltaneignung zu führen(1). Unklar bleibt allerdings, nach welchem Maßstab die Wissenschaftlichkeit verschiedener Integrationsversuche, auch des vom Autor auf der Basis der Anthropologie der "kulturhistorischen Schule" der sowjetischen Psychologie entwickelten Integrationsansatzes, zu bemessen ist.

Bevor Bedingungen der Veränderung von Schulwissen aufgeklärt werden können, müssen Veränderungen zunächst einmal dokumentiert sein. Eine solche Dokumentation wird in Kapitel 2 am Beispiel von Lehrplänen für die Sekundarstufe I in der Bundesrepublik nach 1950 versucht. Der Arbeitsschwerpunkt liegt bei Plänen für die Volks- und Hauptschulen in Nordrhein-Westfalen. Sie werden in der Lehrplantradition der Elementar- und Volksschule und im Zusammenhang der aktuellen

-----

(1) Fichtner arbeitet im Anschluß an die kulturhistorische Schule der sowjetischen Psychologie heraus, daß die Inhalte selbst zureichend nur als Einheit der drei Dimensionen verstanden werden können. Für die unterrichtliche Integration von Inhalten, psychologischen und sozialen Merkmalen der Lernenden und der situativen Bedingungen, die oben mit dem Terminus Schulwissen belegt wurde, versucht er den Bildungsbegriff zu reaktivieren.

bildungspolitischen Diskussion mit einem wissenssoziologisch ausgerichteten Raster untersucht.

Veränderungen in anderen gesellschaftlichen Bereichen konnten als mögliche Bedingungen von Lehrplanveränderungen nicht systematisch erschlossen werden, sie erscheinen nur im Spiegel der bildungspolitischen Diskussion. Systematisch wird vielmehr die didaktische Theorie als Einflußvariable beachtet (Kap. 3). Das könnte als Rückschritt hinter geisteswissenschaftliche, wissenssoziologische oder systemtheoretische Positionen (vgl. Kap. 1) erscheinen, die in je spezifischer Weise gesellschaftliche Verflechtungen des Nachdenkens über und des Planens für Erziehung und Bildung herausgestellt haben. Doch geht es nicht um kurzschlüssige Projektionen didaktischer Theorieentwicklung auf Lehrplanveränderungen. Aufgrund der Überlegungen zur strukturellen Entwicklung anthropologischer Deutungssysteme wird vielmehr gefragt, wie die didaktische Theorie die strukturellen Möglichkeiten zur Universalisierung der theorieinternen Argumentationsmuster bei der Begründung von Schulwissen nutzt, welche Aussagen über Schulwissen sie bei zunehmender Entdogmatisierung der Deutungssysteme überhaupt noch machen kann und ob die angebotenen didaktischen Entwürfe geeignet sind, gesellschaftliche und bildungspolitische Interpretationen, Erwartungen und Entscheidungen zu beeinflussen und mitzubestimmen.

1.
ZUM WANDEL DER BEGRÜNDUNGSMUSTER VON SCHULWISSEN

1.1.
SCHULWISSEN ALS GEGENSTAND DER DIDAKTIK

Eigenständige, systematische Argumentationen zur Begründung "richtiger" Erziehung und Unterrichtung sind gebunden an das Bewußtsein, daß der erkennende und handelnde Mensch etwas aus seiner Welt und aus sich selbst machen soll und kann. Diese Perspektive der Aufklärung eröffnet weltbildmäßig ähnliche strukturelle Möglichkeiten, wie sie ontogenetisch betrachtet der Jugendliche auf dem Niveau formaloperativen Denkens gewinnt, wenn er in die Lage kommt, losgelöst von der wahrnehmbaren Wirklichkeit, Gedankenexperimente durchzuspielen und Transformationen der Wirklichkeit zu entwerfen. Die anthropologische Basis dieser Perspektive drückt der Begriff Erziehungsbedürftigkeit aus, mit dem sich für pädagogische Reflexion und Praxis die Aufgabe verknüpft, durch geeignete Gegenstände und Maßnahmen die Möglichkeiten des Menschen entfalten zu helfen. Welche Kenntnisse, Fähigkeiten, Haltungen der Heranwachsenden auf welche Weise und an welchen Gegenständen gebildet werden, kann nicht länger von den zufälligen Gegebenheiten der Lebenswelt bestimmt werden.

Daß sich das pädagogisch-didaktische Problem unter der Bezeichnung Didaktik erstmals im 17. Jahrhundert verselbständigt und zu umfassenden systematischen Entwürfen führt, für die sich sogleich eine breitere Öffentlichkeit interessiert, verweist auf ein komplexes Bedingungsfeld, das hier nur angedeutet werden kann. Das aus religiösen Bindungen sich lösende Denken findet bei Descartes im Selbstbewußtsein des Denkens ein neues Fundament. Das kopernikanische Weltbild wird durch Kepler und in der zweiten Hälfte des Jahrhunderts durch Newton zunehmend besser formal und empirisch abgesichert. Die Naturwissenschaften auf empirisch-experimenteller Basis erweitern die Wissensbestände und technischen Möglichkeiten und fördern das Bedürfnis nach Systematisierung des Wissens und neuen Ausbildungsprogrammen. Qualitativ und quantitativ veränderte Ausbildungsbedürfnisse, vorgetragen vom Bürgertum und verstärkt durch laientheologische Bestrebungen, lassen das im Humanismus zwar enttheologisierte, aber weiterhin um die lateinische Sprache zentrierte Bildungsprogramm der gelehrten Schulen wie auch das religiös bestimmte Programm der Küsterschulen dysfunktional erscheinen. Die politische Ordnung, die die religiösen Bürgerkriege beendet, setzt Schule als Instrument rationaler Verwaltung und dann auch ökonomischer Verbesserung ein und begründet so ein öffentliches Interesse an wirksamer allgemeiner Ausbildung. Das Erziehungsdenken gerät damit sehr bald zwischen die Fronten politisch-ökonomischer Rationalisierungsinteressen und Universalisierungsvorstellungen, die Lernmöglichkeiten zunehmend für alle Menschen zu öffnen.

In einem historischen Exkurs(1) soll exemplarisch belegt werden

- ob und wie sich solche Universalisierungstendenzen in pädagogisch-
  didaktischen Begründungen und Konzepten von Schulwissen durchsetzen und
- wie sich das Selbstverständnis pädagogischer Theorie von der eigenen Rolle und den Aufgaben pädagogischer Praxis in der Gesellschaft ändert.

1.1.1. Schulwissen als Abbild des Wissensganzen

Die großen didaktischen Konzeptionen des 17. Jahrhunderts entwerfen
schulorganisatorisch wie didaktisch ein Programm, das seine Schub-
kraft bis heute nicht verloren hat. Die von frühbürgerlichen Denkern
theologisch oder philosophisch begründete Idee von der "natürlichen"
Gleichheit aller Menschen stützt im Gegensatz zu den Auffassungen
über die gottgewollte ständische Begrenzung des menschlichen Orien-
tierungs- und Handlungsrahmens die Forderung, "alle Menschen alles
zu lehren", also die Forderung einer uneingeschränkten Allgemeinbildung. Zusammen mit der Umorientierung und Erweiterung des traditionellen Wissenskanons aufgrund des wissenschaftlich-technischen
Aufschwungs(2) setzte diese Idee seit Beginn des 17. Jahrunderts weitreichende didaktische Überlegungen zur Begründung, Auswahl und zum
Aufbau schulmäßig zu überliefernden Wissens in Gang, die in den

-----

(1) Arbeiten zur Geschichte des Lehrplans und der Lehrplantheorie
    (wie zur Geschichte der Didaktik und des Unterrichts überhaupt)
    sind rar. Materialreiche historisch-systematische Ausführungen,
    gerade auch zur Frage der Bildungsinhalte, enthält O. Willmanns
    "Didaktik als Bildungslehre" 1957 (1882/1888). Eine noch immer
    ausgeschöpfte Fundgrube zur Lehrplangeschichte bis zum Ausgang
    des 17. Jahrhunderts ist J. Dolchs "Lehrplan des Abendlandes"
    (1971). In einer problemgeschichtlichen Studie zum Thema Allge-
    meinbildung versucht F. Hofmann (1973) Grundmodelle zur Bestim-
    mung von Allgemeinbildung in historischer Analyse herauszustel-
    len, die zugleich auch als Begründungsmuster für Lehrplanentschei-
    dungen anzusehen sind. W. Klafki (1964) ist der Geschichte des
    "pädagogischen Problems des Elementaren" seit Pestalozzi nachge-
    gangen. Dieses bildungs- und lehrplantheoretische Problem bezieht
    sich auf den Zusammenhang von formalen und materialen Aspekten
    beim Aufbau eines grundlegenden schulischen Bildungsganges.

(2) Mit J.D. Bernal (1970 Kap. 7) können als wesentliche Merkmale
    dieses Veränderungsprozesses angesehen werden der Übergang zu
    den Methoden der Beobachtung und des Erxperiments, die wissen-
    schaftliche Bestätigung des heliozentrischen Systems, die Umstel-
    lung der Technik von der Basis Holz und Wasser auf die Basis
    Kohle und Eisen und die Fortschritte in Schiffbau und Navigation.

Schriften von Ratke und Comenius ihren Höhepunkt fanden. Das Bestreben, die schnell wachsenden Wissensbestände insbesondere auf naturwissenschaftlichem und medizinischem Gebiet in übersichtlichen Darstellungen zusammenzufassen, das im 16. und beginnenden 17. Jahrhundert zahlreiche Enzyklopädien hervorbrachte, mußte in dem Maße pädagogische und besonders lehrplantheoretische Bedeutung gewinnen, in dem es mit dem Anspruch auftrat, Wissen universal im Sinne eines einheitlichen "globus intellectualis" zu präsentieren. Während die Renaissance den "grenzenlosen Reichtum unberechenbarer individueller Gestalten" als universal bezeichnet und dementsprechend z.B. Montaigne in der Erziehung die freie, selbständige Entfaltung des Individuums anstrebt, versteht die Barockwissenschaft die Wortbedeutung von uni-versum als das in eins gewendete All, die durch allgemeine Gesetze geordnete Mannigfaltigkeit(1). Unter diesen Bedingungen kann auch der Lehrplan als Leitfaden für die Unterrichtung aller Kinder keine willkürliche Auswahl aus dem universellen Wissen sein, sondern muß selbst universal werden (J. Dolch 1971, S. 273). Die seit dem Frühhumanismus in die Lehrplanüberlegungen eindringenden anthropologischen Gesichtspunkte, später Bacons Versuch, in seinem Hauptwerk "De dignitate et augmentis scientarum" (1623) sein System der Wissenschaften nach den geistigen Kräften des Menschen (Gedächtnis, Phantasie, Verstand) zu gliedern, haben entscheidende Konsequenzen für die Lehrplanung, indem sie eine Altersklassenordnung und eine konzentrische Anordnung der Wissensbereiche schulischer Unterweisung vorbereiten. Der Gedanke geplanten Lehrens, generell Ausdruck der sich verändernden anthropologischen Auffassungen über die Stellung des erkennenden und handelnden Menschen in der Welt, und die Auflösung der "ordo legendi" durch Unterrichtsfächer, deren Inhalte und Anordnungen bestimmt werden müssen, begünstigen die Ausarbeitung von Lehrplanprinzipien.

Ausgangspunkt der pädagogischen Kritik ist bei **J.A. Comenius** die Zusammenhanglosigkeit des Lehrangebotes seiner Zeit:

"Die Künste und Wissenschaften wurden kaum irgendwo wirklich enzyklopädisch, sondern nur brockenweise gelehrt. So türmte sich vor den Augen des Lernenden gleichsam ein Haufen Holz oder Reisig auf, von dem niemand sehen konnte, wo und warum es zusammenhängt. Infolgedessen griff der eine dies, der andere jenes auf, und niemand eignete sich eine umfassende und deshalb gründliche Bildung an." (J.A. Comenius 1970, S. 120).

Die Begründungsversuche einer umfassenden und gründlichen Bildung, die die Gefahr vermeidet, daß sich der Lernende im "Vielerlei des Wißbaren" verliert, beziehen sich auf Problemfelder, deren Aufklärung auch späterhin didaktische Kompetenz begründet:

-----

(1) D. Mahnke hat, bereits bevor die pansophischen Schriften des Comenius vorlagen, die unterschiedliche Bedeutung von "universal" in der Renaissance und im Barock herausgearbeitet (1931, S. 116ff).

- Art, Umfang und Zusammenhang des Schulwissens in seiner Beziehung zu dem verfügbaren Wissen
- anthropologische Voraussetzungen von Bildung (Art und Zusammenhang der Fähigkeiten und Lernprozesse)
- Verknüpfung der Annahmen über das Wissenswerte und die Lernfähigkeit unter dem Bildungszweck
- Folgerungen für den Aufbau des Lehrgangs und das methodische Vorgehen

1. Gesucht wird die Ordnung der Wissensbestände, die in philosophischen oder theologischen Kategorien den universalen Zusammenhang einsichtig macht und damit auch die Einheit der Bildung.

Diese Frage ist für Comenius zentral, er konzipiert bereits in der "Tschechischen Didaktik" den Umriß einer Bildungsenzyklopädie (vgl. F. Hofmann 1973, S. 27f), um dann in seinem späteren Werk das enzyklopädische Programm einer "pansophia christiana" zu entwickeln. (vgl. dazu K. Schaller 1962, S. 7 - 47) Ausgangspunkt der Bemühungen um eine enzyklopädische Ordnung des Wissens ist auch für ihn der neuzeitliche Zweifel an den Grundlagen der Erkenntnis. Wahrheit bleibt jedoch für ihn primär ein Attribut der Dinge, nicht des seiner selbst gewissen erkennenden Subjekts. Er befragt in der Tradition der Wissenschaften die Ordnung des Seienden, bezweifelt aber die Vollständigkeit der Gründe für traditionelles Wissen, indem er der antiken Philosophie die Vernachlässigung der Heiligen Schrift und der scholastischen Philosophie die Vernachlässigung des menschlichen Geistes als Erkenntnisquelle vorwirft. Allein ein Wissen, das aus drei Quellen geschöpft ist, der sichtbaren Welt, der Offenbarung Gottes in der Heiligen Schrift und dem Geist des Menschen, in den Gott die gemeinsamen Wahrheiten gelegt hat, ist für ihn wahres Wissen, Spiegelbild des Universums. Die Ideenwelt Gottes, die Natur und die Werke des Menschen stellen ein Universum dar, in dem die einigende Kraft, die Ideen Gottes, in der Offenbarung als Urbild, in der Natur als Abbild und in der menschlichen Kultur als Gegenbild erkennbar ist. Die Differenzierung und geschichtliche Dynamisierung des neuplatonischen Schemas von Aus- und Rückfluß der Dingwelt aus dem göttlichen Urgrund in sieben bzw. acht Welten im späteren Werk des Comenius muß hier nicht nachgezeichnet werden (vgl. K. Schaller 1962, S. 35ff).

Die Erfassung des universalen Wissens ist nach Comenius mit großem Forschungsaufwand verbunden. "Daher sind alle früheren Repertorien zu Rate zu ziehen, Gesamt- und Teilverzeichnisse, alte und neue, von wem immer sie angelegt sein mögen. Denn obwohl diese sehr zahlreich sind, muß man diese Mühe doch auf sich nehmen, wenn man an einer vollkommenen Synopsis aller Dinge arbeitet." (J.A. Comenius 1963, S. 87). Die als Widerspiegelung der harmonischen Ordnung des Makrokosmos erkannte Wissensordnung enthält zugleich das didaktische Prinzip zur Bestimmung von Schulwissen. Nicht der Polyhistor, der Vielwisser erreicht die Pansophia, sondern der, der die Ordnungsprinzipien erfaßt, dessen Wissen sich nicht auf Kenntnis der Sachenwelt beschränkt, sondern der nach den Gründen und schließlich Zwecken aller Dinge fragt. "Alles wird erkannt sein, wenn die Gründe der

Dinge und die Weisen ihrer Unterschiedenheit erkannt sind." (Ebd. 1963, S. 79).

Unter Berücksichtigung aller Erkenntnisquellen sind gemäß der metaphysischen Ordnung des Erkennbaren und den Zwecken und Funktionen der Dinge auch Umfang, Zusammenhang und Art des Schulwissens aus dem verfügbaren Wissen überhaupt zu bestimmen.

2. Gesucht werden die anthropologischen Voraussetzungen, die die Bildung des Menschen bedingen und ermöglichen.

Die "Große Didaktik" geht aus von theologisch-anthropologischen Bestimmungen. Nach der Offenbarung der Heiligen Schrift ist der Mensch das Geschöpf, das Vernunft besitzt, die anderen Geschöpfe beherrschen kann und das Ebenbild seines Schöpfers sein soll. Aus diesen Zweckbestimmungen werden drei "angestammte Bedürfnisse" abgeleitet, daß der Mensch "1. aller Dinge kundig sei (gelehrte Bildung), 2. die Dinge und sich selbst beherrsche (Tugend und Sittlichkeit), 3. sich und alles auf Gott als den Ursprung aller Dinge zurückführe (Frömmigkeit)" (J.A. Comenius 1970, S. 35f). Da die Natur, "die alles durchdringende Vorsehung Gottes", keine Zwecke festlegt, ohne für angemessene Mittel zu sorgen, ist auch gewiß, daß der Mensch "von Geburt her auch befähigt ist ... zur Erkenntnis der Dinge, zur Harmonie der Sitten und dazu, Gott über alles zu lieben. Die Wurzeln dieser drei Bestimmungen sitzen so fest in ihm, wie Baumwurzeln in ihrem Erdreich." (ebd. S. 36ff). Wenn auch die Befähigung von der Natur gegeben ist, müssen die Fähigkeiten durch Beten, durch Lernen und durch Tätigkeit erworben werden. Die Grundkräfte des Menschen als Ebenbild Gottes und seine Stellung in der Welt begründen Möglichkeit und Notwendigkeit, allen zu gelehrter Bildung, Sittlichkeit und Frömmigkeit zu verhelfen (vgl. K. Schaller 1962, S. 65 – 87). Unterricht richtet sich nicht allein auf die Ausbildung des Geistes, sondern ebenso auf die beiden anderen Organe "wahrer Weisheit", auf Hand und Sprache (vgl. ebd., S. 88ff). In der "Pampaedia" werden diese von der Schule zu entwickelnden Kräfte aus dem Zweck des Menschseins abgeleitet:

"Das Geschöpf, welches dazu bestimmt ist, über andere Geschöpfe zu herrschen, mußte ja mit dem Geist versehen werden, um das Ganze scharfsinnig zu betrachten, mit der Sprache, um auch den andern all das mitteilen zu können, was im Herzen beschlossen und was über die Sachenwelt ausgemacht ist, und schließlich auch mit der Hand und mit den anderen tätigen Gliedern, um diese Beschlüsse in die Tat umzusetzen." (J.A. Comenius 1965, S. 53).

Damit der Mensch aber auch lerne, wozu er bestimmt und befähigt ist, müssen die Grundlagen menschlichen Lernens "gemäß den Weisungen der Natur" erforscht, das heißt für Comenius, aus der "unveränderlichen Natur der Dinge" "a priori" dargetan werden.

3. Die Beziehung zwischen Wissensordnung und Lernfähigkeit wird als ontische Entsprechung von Makrokosmos und Mikrokosmos vorgestellt. Indem sich der Mensch die Wissensordnung erschließt und aneignet wird er zu dem, wozu er ausgerüstet und bestimmt ist. In diesem Erschließungsprozeß ist der Mensch für Comenius zugleich Spiegel aber

auch Erkennender und Handelnder. "Es steht der Mensch inmitten der Werke Gottes mit seinem hellen Verstand, der sich einer Kugel aus Spiegelglas vergleichen läßt – einer Kugel, die in einem Gemach hängt und die Erscheinung aller Dinge ringsumher auffängt..." (ebd. 1970, S. 37). "Im Menschen als einem Mikrokosmos ist alles enthalten, man braucht nur ein Licht anzuzünden, so wird er alsbald sehend." (ebd. S. 129). Sehend oder vernünftig sein aber heißt, "die Gründe (rationes) von allem" zu kennen, um "ein jedes Ding klug anwenden" zu können und "die äußeren und inneren, die eigenen und fremden Regungen und Taten klug zu lenken wissen" (ebd. S. 34).

4. Grundsätze für den Aufbau des Lehrgangs und das methodische Vorgehen

Comenius schlägt ein konzentrisch angelegtes, stufenweise sich erweiterndes Lehrangebot vor, nach der heutigen Terminologie ein Spiralcurriculum. Die Muttersprachschule soll so verfahren, daß alles, "was der einzelne später in seinem Beruf (artes) treiben oder im Gottesdienst oder sonstwo hören oder auch in irgendwelchen Büchern lesen wird, nur eine hellere Beleuchtung oder eingehendere Behandlung dessen sein (wird), was er bereits früher kennengelernt hat" (J.A. Comenius 1970, S. 196). Die Lateinschule unterscheidet sich von der Muttersprachschule nicht grundsätzlich in den Kernbereichen, wenn diese auch stärker differenziert werden sollen (z.B. der sprachliche Bereich durch Fremdsprachen), sondern vielmehr durch die Art der Wissensvermittlung. Antwortet die Muttersprachschule nach der "Großen Didaktik" auf die Frage "Was?", so soll die Lateinschule die Antworten begründen. Auf jeder Stufe des Lernens bleiben die Ordnung des Wissens und die zu bildenden Fähigkeiten des Menschen dieselben. Was aber die Art des Wissens angeht, so steigt es auf vom Allgemeinen einer oberflächlichen Begrifflichkeit zum Besonderen des Wissens um die Gründe und Zwecke der Dinge. Darauf beruht die Logik der Wissenspräsentation im Unterricht. Zunächst sind die

"ersten und untersten Grundlagen der Natur aufzudecken, d.h. die Bedingungen, Attribute und Unterscheidungsmerkmale der Dinge ... und zwar zuerst ihre allgemeinsten Normen, dann die Begriffe und Axiome, die Ideen und Zusammenhänge. Wenn sie (die Schüler, B. G.) das einmal kennen ..., so kann man dann in alle Einzelheiten eindringen, wobei ihnen das meiste schon fast bekannt vorkommen und, außer der Anwendung des Allgemeinen auf den speziellen Fall, nichts gänzlich neu erscheinen wird." (J.A. Comenius 1970, S. 202).

Psychologisch betrachtet folgt das Lernen der Kinder, wie Comenius erkennt, z.T. gegenläufigen Prinzipien, vom Anschaulichen zum Abstrakten, von der sinnlichen Wahrnehmung zum verstandesmäßigen und verbalen Erfassen, vom Nahen zum Fernen, von den Dingen zu den Wörtern. Der dialektische Gang der Erkenntnisgewinnung wird hier bereits didaktisch reflektiert. Auch aus lernökonomischen Erwägungen wird eine exemplarische Vorgehensweise empfohlen, für die die Eroberungsstrategie Alexanders des Großen steht: "Er eroberte nicht jede einzelne Stadt oder Burg – dazu hätte sein Leben nicht gereicht –, sondern nur die wichtigsten. Nach ihrer Überwindung ergaben sich die anderen von selbst." (ebd. 1965, S. 209).

Von der zunehmenden Aufklärung der Lernprozesse nach ihren Gründen und Zwecken, die keineswegs rein empirisch verfahren kann, verspricht sich Comenius eine mit geradezu maschineller Präzision wirkende Lehrkunst, die es ermöglicht, "alle Menschen alles zu lehren; und zwar zuverlässig zu lehren, so daß der Erfolg nicht ausbleiben kann; und rasch zu lehren, ohne Beschwerde und Verdruß für Lehrer und Schüler, vielmehr zu beider größtem Vergnügen; und gründlich zu lehren, nicht oberflächlich und nur zum Schein, sondern so, daß echte Wissenschaft ..., reine Sitten und innerste Frömmigkeit vermittelt werden" (J.A. Comenius 1970, S. 11). Die Prinzipien effektiven naturgemäßen Lehrens bilden den Kern didaktischen Spezialwissens, das Lehrplanung und Schulunterricht grundlegend verändert hat. Entwicklungsgemäßes und schrittweises Vorgehen ist z.B. Voraussetzung einer bis in Stundenpensen zerlegten Feinplanung von Fachlehrgängen, anschaulicher und auf Erklärungen zielender Unterricht Voraussetzung für begreifendes nicht nur verbal gedächtnismäßiges Lernen.

Wenn auch noch fest in ein christlich theologisches Deutungssystem eingebunden(1), decken sich die allgemeinen Normen der Lehrplanung bei Comenius weitgehend mit der frühbürgerlichen Programmatik. Schulwissen, insofern es bei Comenius die Unversalität des Wissens, die göttliche Weltordnung abbildet, sei für die Bildung eines jeden Menschen in gleicher Weise unverzichtbar. Die theologisch-anthropologische Bestimmung des Menschen erfordere es, daß er nicht nur sein Wissen sondern alle seine Fähigkeiten ausbilde. Die Universalmethode sei ein Instrument zur Verwirklichung dieser Vorstellungen. Sie verspricht, große Schülergruppen schneller, gründlicher und auch angenehmer zu unterrichten.

Die effektiveren Unterrichtsmethoden, als "naturgemäß" gerechtfertigt, und der auch um Gegenstände der menschlichen Auseinandersetzung mit der Natur (Arbeit) und Formen sozialer Regelungen (Politik) erweiterte Wissenskanon, ausgelegt als Abbild des göttlichen Universums, erweisen sich als geeignete Instrumente für die territoriale Landesherrschaft, Schule als Herrschaftsmittel umzufunktionieren.

In der Absicht, die Bildungsmöglichkeiten auszubreiten, und effektiver zu machen, traf sich das frühbürgerliche Interesse an Schulbildung als Hilfe auf dem Weg des Individuums zu Selbstdisziplin und Verfügungsgewalt über die Natur mit dem Interesse der Landesfürsten an der Verwaltung und wirtschaftlichen Entwicklung ihrer Territorien.

Der Übergang von lokaler Lehrplanung, im 16. Jahrhundert vielfach von einzelnen Gelehrten oder Lehrern für ihre Schule in tabellarischer Form ausgearbeitet, zu Territorialplänen ist Ausdruck der Bemühungen

----

(1) Das Denken des J.A. Comenius ist geprägt von der Glaubenswelt der böhmisch-mährischen Brüder, deren Reformtradition sich mit dem Namen von Johann Hus verknüpft. Stärker als in den großen kirchlichen Reformbewegungen wird in der Brüderunität die Rolle des Laien im Gemeindeleben betont und die Gleichheit aller Gemeindemitglieder verwirklicht.

um eine Stärkung der politischen Zentralgewalt. In der "Württembergischen Schulordnung" von 1559 wird bereits versucht, die Pläne für die verschiedenen Schultypen im Lande aufeinander abzustimmen. Die Aufgabe war neu und schwierig und brachte Legitimationsprobleme mit sich, die nicht mehr von einem einzelnen bearbeitet werden konnten, sondern von einer Kommission von Geistlichen und Schulmännern der Landeshauptstadt, der Universität, benachbarter Städte und Schulen (J. Dolch 1971, S. 227). Die politische Bedeutung der Schulordnungen und der in ihnen enthaltenen Lehrplanaussagen zeigt noch deutlicher das von Dolch beschriebene Erstellungsverfahren der kurfürstlichsächsischen Schulordnung von 1580, die dann zwei Jahrhunderte Geltung behielt. Es wurde bereits eine breite Informationsbasis durch Schulvisitationen, Einsichtnahme in andere Schulordnungen und Gutachten angestrebt, mit Jakob Andreae aus Tübingen ein sachkundiger Leiter für die Arbeiten bestellt und durch das Heranziehen der Landstände zur Mitberatung eine gesellschaftspolitische Konsensbildung versucht. Dolch faßt zusammen: "So ist der Gedanke des geplanten Lehrens herausgetreten aus den Schulstuben in die Amtszimmer der Rektoren, in die Skriptorien der Räte und Bürgermeister und endlich in die Kanzleien der Fürsten und damit zum Siege gelangt, so daß es um 1600 schon zu jeder rechten Schule gehörte, daß sie auch einen offiziellen Ordo docendi, eben einen Lehrplan habe." (ebd. S. 228).

Während Comenius seine Bildungsvorstellungen aus einer christlichanthropologischen Bestimmung des Menschen ableitet und dabei zukunftsweisende gesellschaftspolitische Forderungen entwickelt, nicht nur die Kinder der Reichen oder Vornehmen sondern alle in gleicher Weise seien zur Schule heranzuziehen und alle Bereiche menschlichen Denkens, Fühlens und Handelns müßten Gegenstand des Schulunterrichts sein, hebt W. Ratke ausdrücklich den politischen Nutzen seiner "natürlichen Lehrart" hervor, wenn er im Frankfurter Memorial (1612) mit der Verbesserung schulischer Lernprozesse zugleich eine Anleitung dafür verspricht, "wie im ganzen Reich ein einträchtige Sprach, ein einträchtige Regierung, und endlich auch ein einträchtige Religion bequemlich einzuführen und friedlich zu erhalten sei" (W. Ratke 1967, S. 7). In seiner "Regentenamtslehre" rechnet Ratke die Schule ausdrücklich zu den Regalien. Den politischen Bedarf an pädagogischen Neuerungen spiegelt die Tätigkeit Ratkes in verschiedenen Städten und Fürstentümern. Die Übernahme pädagogischer Vorstellungen erfolgt gemäß der jeweiligen politisch-ökonomischen Problemlage, wie L. Fertig an verschiedenen Fassungen der Gothaischen Schulordnung zwischen 1642 und 1672 belegt:

"Für den 'vormerkantilistischen' deutschen Fürstenstaat bestand das entscheidende Problem darin, auf welche Weise der Bedarf an Beamten – und das hieß auch an Geistlichen – zufriedenstellend gedeckt werden konnte – die Art und Weise der Vermittlung der Inhalte war Mittelpunkt der Erörterungen –, für den merkantilistischen Staat war darüber hinaus das Problem maßgebend, welche Inhalte neu aufgenommen werden müßten. Diesen Schritt können wir in Gotha verfolgen, den Schritt vom methodischen zum didaktischen Realismus, oder den von Wolfgang Ratke zu Andreas Reyer." (L. Fertig 1971, S. 57).

Der "Schulmethodus" wie auch Reyers Lehrbuch "Kurzer Unterricht von natürlichen Dingen" zeigen, wie pädagogische Überlegungen und Empfehlungen aus ihrem Entstehungszusammenhang herausgelöst und in einen politischen Zweckzusammenhang eingebaut werden und dabei ihre Bedeutung verändern. Gegenüber Comenius' Versuch, Realienunterricht erkenntnistheoretisch als zum "Wissensall" gehörig sowie aus den Lern- und Entwicklungsprozessen zu begründen, dominieren nun utilitaristische Motive.

Comenius' metaphysische Ordnung des Wissens, die, als Ausdruck göttlicher Vernunft, Weisheit, Tugend und Frömmigkeit des Lernenden bilden soll, gerät bald unter die Kritik erkenntnistheoretischer Gegenpositionen, die die menschliche Vernunft als Quelle von Ordnungsvorstellungen und Handlungszwecken betonen. J.J. Becher kritisiert das Verfahren der Pansophen folgendermaßen: "... man hat dem Lernenden eine gantze Philosophy zu gleich mit den Woertern einbringen wollen/ das ist/man hat jhm weisen wollen/wie die Sachen in Kuensten vnd Wissenschafften/auch civilen Gebrauch/einander verwandt seynd/ vnd also ist man jhm an stat der natuerlichen Redens-Art ... mit kuenstlichen Januen, Encyclopaedien, Pansophien vnd Polymathien auf den Hals kommen ..." (J.J. Becher 1699, zit. n. K. Schaller 1962, S. 392). Kritisiert wird also die Absicht, mit Erkenntnis zugleich Einsicht in göttliche Zwecke und Normen für menschliches Handeln verbinden zu können. Darin wird eine Beschränkung der freien Verfügbarkeit und des Urteils des Lernenden gesehen. Das in der Schule zu vermittelnde Wissen enthält einen grundlegend veränderten Status. "Nicht dies ist also das erste Zeichen eines pädagogischen Realismus, daß nun neue Fächer, die sogenannten Realdisziplinen, in den Unterricht aufgenommen werden, sondern daß alles Wissen – auch das Sprachwissen – zum anweisungslosen Besitz wird, der den Menschen in seinem neuzeitlichen Selbstverständnis als Wille zu sich selbst ermächtigt." (ebd. S. 392). Grundlage der Erkenntnis ist in der Nachfolge von Descartes die selbstgewisse Vernunft. Becher nennt seine Bildungsphilosophie nicht "Pansophia", sondern "Psychosophia" oder "Seelenweisheit" und behauptet gegenüber dem von ihm als "Coryphaeus" der Pansophen zitierten Comenius: "Ich aber gehe gantz contrar vnd sage/daß die Seel das einige Obietum Pansophicum seye/ ex cuius intellectu vero claro, & distincto, totum humanae sapientiae lumen exurgit ..." (ebd. S. 403).

1.1.2. Schulwissen zur Ausbildung gemeinnütziger Kenntnisse und Fertigkeiten

Die steigende Aufmerksamkeit, die Erziehung im 18. Jahrhundert als Instrument zur Aufklärung und zur Förderung sozialen und ökonomischen Nutzens gesellschaftlich und politisch findet, führt auch zu Ansätzen der Institutionalisierung einer pädagogischen Disziplin an der Universität zur planmäßigen Heranbildung von Erziehern und Lehrern. E.C. Trapp, der 1779 den ersten Lehrstuhl für Pädagogik und zugleich die Aufsicht über das Erziehungsinstitut in Halle übernimmt, begründet in seiner Antrittsvorlesung die Notwendigkeit einer solchen Einrichtung damit, daß ein Fortschritt in der Berufspraxis der Erzieher wie der Erziehung überhaupt nur erreicht werden könne, wenn systematisiertes Wissen weitergegeben und Möglichkeiten zur Erprobung dieses Wissens geschaffen würden. Dies aber sei nötig zur "Vermehrung der Summe der menschlichen Glückseligkeit" als Zweck allen Erziehens und Unterrichtens im Interesse des einzelnen, der von Natur aus "aller Kunst fähig ist", wie im Interesse der Gesellschaft an nützlichen Mitgliedern. Der Hauptgegenstand der neuen Disziplin wird in der Erforschung der menschlichen Natur einschließlich der Wirkungen von Unterrichts- und Erziehungsmaßnahmen und in der Verknüpfung dieser Ergebnisse mit den gesellschaftlichen Anforderungen gesehen.

"Die Gesellschaft fordert so mancherley von ihrem Mitgliede, wozu das Kind, der Knabe, der Jüngling gar keine Lust hat. Wie bringen wir ihm die Lust dazu bei? Oder wenn dis nicht angienge, wie ersetzen wir den Mangel der Lust durch Anstalten, in welcher jeder auch ohne Lust das Nöthige für seine künftige Bestimmung lerne? Der junge Mensch ist sinnlich, lebt bloß für den gegenwärtigen Augenblick, genießt bloß das gegenwärtige Gut. Wie machen wirs, daß er sich um die Zukunft bekümmert? ... Er liebt die Freiheit. Wieviel kann man ihm davon lassen, wieviel muß man ihm davon nehmen? Wie beschäftigt man ausser den Lehrstunden seine rastlose Thätigkeit, damit er nicht Unfug treibe, sondern vielmehr sich nützlich bewege, nützlich spiele?" (E.C. Trapp 1977, S. 9).

Dem aufklärerischen Optimismus von Trapp und anderen philanthropistischen Pädagogen, gerichtet auf die fortschreitende Verbesserung der gesellschaftlichen Einrichtungen durch Erziehung, erscheint der merkantilistische Staat, der sich als Sachwalter des Wohls aller seiner Bürger darzustellen bemüht, zumindest im "aufgeklärten Preußen Friedrichs des Großen, als Verbündeter. Für Trapp erweisen die staatlichen Bemühungen um eine Verbesserung der Landschulen, wie die Gründung des pädagogischen Lehrstuhls das staatliche Interesse an der Verbesserung von Erziehung und Unterricht. In diesem Zusammenhang sieht Trapp auch die Aufgabenbeschreibung für seinen Lehrstuhl, die der Staatsminister von Zedlitz in seinem "Plan d'une Pépinière de Pédagogues & de Gouverneurs" niedergelegt hatte. Das in fünf Abschnitte gegliederte aufklärerische Programm, das die Behandlung der Ideen von Locke, Condillac, Basedow und Resewitz empfiehlt, bezieht sich im dritten Abschnitt allerdings ausschließlich auf die Nützlichkeit der Religion für Staat und Individuum und im vierten Abschnitt auf die Notwendigkeit, Kenntnisse über den Staat und die Gesellschaft zu verbreiten und Vaterlandsliebe zu fördern (ebd. S. 10f).

In seinem "Versuch über Pädagogik" (1780) legt Trapp das Konzept einer systematischen Pädagogik vor, das sich von den Erziehungslehren und Unterrichtsanweisungen der Zeit dadurch abhebt, als das Bedingungsfeld pädagogischen Handelns und pädagogischer Reflexion, die Natur des Lernenden und die gesellschaftlichen Bedingungen und Ziele von Erziehung systematisch erörtert und zum Teil für eine forschungsgemäße Bearbeitung erschlossen werden. Folgerungen für Lehrplan und Unterricht werden im dritten Abschnitt "Vom Unterricht" gezogen.

Erziehung ist nach Trapp anthropologisch notwendig, weil die "Vermögen zu erkennen, zu empfinden, zu wirken und zu leiden" entwickelt werden müssen (ebd. S. 15) und gesellschaftlich notwendig, weil mit der Vervollkommnung der Kenntnisse und des "moralischen Charakters" des einzelnen "die Summe der Glückseligkeit des Ganzen" vermehrt wird (ebd. S. 18). Die pädagogische Theorie hat in philanthropistischer Auffassung die Aufgabe der gedanklichen Vermittlung zwischen anthropologisch-psychologischen Einsichten und gesellschaftlichen Erwartungen, die Erziehungspraxis entsprechende Regulierungsfunktionen, bei denen allerdings in der Auslegung Trapps die Sicherung der gesellschaftlichen Verhältnisse dominiert:

"Die Erziehung soll jedem Menschen zu so viel Glück verhelfen, als für ihn möglich und nöthig ist ... Das Bedürfnis richtet sich nach der Empfänglichkeit, doch nur in so fern, daß man nichts bedarf, dessen man nicht empfänglich ist; aber nicht in so fern, daß man nothwendig alles bedürfe, dessen man empfänglich ist." (ebd. S. 42).

So sehr Trapp betont, daß die "Erziehungskunst" auf der Kenntnis der menschlichen Natur basiere und so sehr er die empirische Erforschung dieser "Erkenntnisquelle" voranzutreiben bemüht ist(1), so pragmatisch sucht er andererseits gesellschaftliche Erfordernisse zu berücksichtigen. "Man muß nicht bloß darauf sehen, was aus dem Menschen vermöge seiner Natur werden kann, sondern ebenso so sehr darauf, was aus ihm in Rücksicht auf die Gesellschaft, wofür er bestimmt ist, werden muß." (ebd. S. 45). Da "die Erziehung den künftigen Ständen der Zöglinge angemesen seyn muß", gehört es auch häufig zu den Aufgaben der Erziehung, "der natürlichen Bestimmung der Kinder entgegen (zu) arbeiten, und das ist kein leichtes Geschäft" (ebd. S. 23) (2). Weil es für Trapp ausgemacht erscheint, daß man in der Gesellschaft am besten fährt, "wenn man auf dem Strom hinunter schwimmt, den eingeführte Gesetze, herrschende Ideen, Sitten, Gewohnheiten und Gebräuche in Gang gebracht haben", muß es ihm auch als notwendige Erziehungsregel gelten, "die Kinder früh zu gewöhnen, daß sie sich nach Andern richten; daß sie nicht immer ihrem eigenen Triebe folgen; noch weniger ihre Meinungen Andern aufzudringen suchen; überhaupt, daß sie sich mehr leidend, als thuend verhalten" (ebd. S. 135f).

-----

(1) Hinsichtlich der Erforschung der menschlichen Natur geht es Trapp in Anlehnung an Ergebnisse der empirischen Anthropologie und Psychologie um eine Systematisierung pädagogisch bedeutsamer, zuverlässiger Erfahrungen, die er auf dem Wege einer Art teilnehmender Beobachtung zu gewinnen hofft. Modern muten seine forschungsmethodischen Überlegungen auch deshalb an, weil er zugleich Schwierigkeiten und Grenzen empirischer Methoden im Feld der Erziehung mitreflektiert.

(2) Zu brücksichtigen ist, daß in der Aufklärungspädagogik die gesellschaftliche Brauchbarkeit keineswegs letzter Zweck der Erziehung ist. Berufs- und Standeserziehung ist vielmehr nötig, weil nur der gesellschaftlich nützliche Mensch glücklich sein könne (vgl. H. Blankertz 1969), S.42).

Dem erzieherischen Hauptzweck, der "Bildung des Menschen zur Glückseligkeit", dient auch der Unterricht. Bei der Unterrichtsanalyse unterscheidet Trapp zwischen der materiellen, von der Gesellschaft geprägten Seite des Unterrichts und den auszubildenden Fähigkeiten des
Lernenden "behalten, glauben, verstehen, empfinden, denken, erfinden
und mittheilen" (ebd. S. 254). Die materielle Seite des Unterrichts,
der Umfang der Kenntnisse, die die Schule vermitteln soll, läßt sich
danach nur in einem bestimmten gesellschaftlichen Kontext und im Hinblick auf den künftigen gesellschaftlichen Stand des Lernenden fest-
legen(1). Allerdings schränkt Trapp die Soziologisierung der Inhalts-
frage ein durch die Unterscheidung zwischen allgemeinnützigen und
gemeinnützigen Kenntnissen. Mit allgemeinnützigen Kenntnissen meint
er eine Form von Grundbildung, die allen Menschen ohne Rücksicht
auf Nationalität oder Stand Nutzen bringt, weil sie Grundlage allen
weiteren Kenntniserwerbs ist (ebd. S. 256). Er kommt danach zu einer
Elementarisierung des Bildungsganges, die er beschreibt als "Zeichen
verstehen, Zeichen selbst machen können, und mit Zahlen umzugehen
wissen" (ebd.), konkret als Sprechen, Lesen, Schreiben, Rechnen. Eine
weitere Fassung des Allgemeinnützigen schließt neben Wissen auch
Können, Fertigkeiten und Gewohnheiten ein.

"Allgemeinnützig (oder allgemeinnütziges Wissen und Können) ist
theils Alles, was zu Erhaltung oder Wiederherstellung der Gesundheit, und zur Erwerbung und zum vernünftigen Gebrauch des noth-
dürftigen Unterhalts an Nahrung und Kleidung, unumgänglich
nöthig ist; theils Alles, was uns zum vernünftigen und vergnüg-
ten Umgang ... mit Menschen geschickt zu machen unentbehrlich
ist; theils Alles, was die Grundlage und den Anfang aller menschlichen Kenntnisse enthält ..." (ebd. S. 265).

In der im Revisionswerk veröffentlichten Unterrichtstheorie münden
diese Überlegungen in folgenden Katalog allgemein nützlicher Kenntnisse, Fertigkeiten und Künste:

-----

(1) Die Analyse der gesellschaftlichen Bedingungen bleibt bei Trapp,
    wie auch U. Herrmann herausstellt (1978, S. 181f) unhistorisch
    affirmativ. Grundlegende gesellschaftliche Veränderungen hält er
    in großen Staatsgebilden für ausgeschlossen: "Hätte ein Staat
    einmal wirklich die Absicht, die die Staaten in den Romanen immer
    haben, und laut der Bücher über die Politik immer haben sollen,
    lauter tugendhafte und glückliche Einwohner zu machen, so weit
    das nämlich menschlicher Weise möglich ist; liesse er sichs ernst-
    lich angelegen sein zu verhüten, daß einem vermeinten oder wirk-
    lichen Wohl des Ganzen nicht ein Einziger, unnöthiger Weise, am
    wenigsten ganze Schaaren und Klassen von Menschen, zum Opfer
    werden müßten: so würde das wieder eine ganz andere und ganz
    sonderbare Erziehung geben, die aber zu grosse Revolutionen vor-
    aussetzen und veranlassen, vielleicht zu genau mit einer Umschmel-
    zung eines solchen Staates verknüpft sein würde, als daß sie,
    wenigstens in einem grossen Staate, jemals zur Wirklichkeit kom-
    men könnte." (E.C. Trapp 1977, S. 263).

1. Mechanische Fertigkeiten (Lesen, Schreiben, Zeichnen, Übung in den vier Rechenarten, Auswendiglernen ...)

2. Vernunft- und Verstandesübungen (z.B. Verständnis für Begriffe wie Ursache und Wirkung, Zweck und Mittel, Unterschied und Ähnlichkeit)

3. Gesinnungsbildung (Religion, Moral, Geschichte)

4. Gesundheitserziehung (Kenntnis des Körpers und Diätetik)

5. Lebenspraktische Kenntnisse (Kenntnis der Landesgesetze, Klugheits- und Höflichkeitsregeln, der Natur- und Kunstprodukte des Landes, der Stände und Beschäftigungen des Menschen und Kenntnisse aus Geschichte und Geographie) (E.C. Trapp 1787, S. 14ff).

Die gemeinnützigen Kenntnisse, die sich nach dem künftigen gesellschaftlichen Status des Lernenden bestimmen, sollen auf dieser allgemeinbildenden Basis aufbauen. Hofmann hat auf die Unsicherheit Trapps bei der Abgrenzung der beiden Bildungsbereiche hingewiesen (F. Hofmann 1973, S. 51). Angesichts der Tatsache, daß die allgemeinnützigen Kenntnisse, die sich in der engen Auffassung auf Kulturtechniken beschränken, für die große Mehrheit der Kinder, wenn überhaupt, der einzige Unterricht sind, wirft Trapp die Frage auf, ob "die gemeinnützigen Kenntnisse, auch nur zum Theil, jemals zu allgemeinnützigen Kenntnissen erhöht werden können" (E.C. Trapp 1977, S. 261). Die gemeinnützigen Kenntnisse sind somit indirekt als Herrschaftswissen gekennzeichnet und auch akzeptiert.

Trapps Lösungen für die didaktischen Grundprobleme sind bestimmt von der Einsicht in die gesellschaftspolitische Bedeutung von Erziehung.

1. Nicht eine metaphysische Ordnung der Welt wird im Schulwissen abgebildet, es wird vielmehr durch die Anforderungen der Gesellschaft strukturiert und gegliedert entsprechend der sozialen Gliederung. Dies gilt auch für die sogenannten allgemeinnützigen Kenntnisse, die die große Mehrheit der Lernenden von spezielleren Kenntnissen über Natur und Gesellschaft ausschließen. Wie weit der Gedanke einer Wissensordnung zurücktritt, zeigen folgende Überlegungen. Trapp geht von der Annahme aus, es ließe sich ein bestimmter Bestand von Kenntnissen festlegen (er nennt hypothetisch die Zahl 12 000), die im Verlauf von zehn Jahren an einem Philantropin zu vermitteln seien. Er unterteilt diesen Bestand grob in historische und philosophische Kenntnisse, je nachdem, ob sie mit den Sinnen und dem Gedächtnis oder mit dem Verstand aufgefaßt werden. Diese Kenntnisse will er in einem festgelegten Verhältnis und nach einem präzisen Zeitplan für den Unterricht aufbereiten.

2. Die anthropologischen Aussagen Trapps bleiben dem gesellschaftlichen Zweckdenken verhaftet. Aussagen über menschliche Fähigkeiten bleiben weitgehend unbegründet und erheben nicht den Anspruch, die Vielseitigkeit oder gar die Totalität menschlicher Möglichkeiten zu erfassen. Wenn Trapp bei der Erörterung des Allgemeinnützigen neben den Kenntnissen Gesinnungen, Empfindungen, Fertigkeiten und Gewohnheiten bilden will, so deshalb, weil er z.B. Kenntnis und Übung

dessen, "was gesund macht" oder "Gehorsam von aller Art unter allen Verhältnissen" für notwendig hält. Große Erwartungen auch für den Fortschritt einer wissenschaftlichen Pädagogik setzt Trapp einer Bewegung der Zeit entsprechend in die Sammlung und Systematisierung empirischer Daten über die Entwicklung des Kindes, über Lernvorgänge und über die Wirkungen von Erziehungsmaßnahmen.

3. Ein Zusammenhang zwischen Wissenselementen, anthropologischen Bedingungen und Bildungszwecken wird nicht metaphysisch sondern pragmatisch begründet. Erziehung soll gemäß der bürgerlichen Auslegung der utilitaristischen Formel vom individuellen und gesellschaftlichen Glück das gesellschaftlich Notwendige in der Auswahl der Unterrichtsstoffe und das anthropologisch Mögliche im Aufbau der Ideenreihen und in den methodischen Empfehlungen koordinieren. Gemeinnütziges Schulwissen bleibt auf die sozialen Lebenskreise bezogen, ist aber jeweils methodisch so zu lehren, daß der andere Zweck des Unterrichts, der in der Ausbildung der menschlichen Fähigkeiten liegt, erfüllt wird.

4. Die lehrgangsmäßgie Erschließung einzelner Wissensbereiche folgt nicht dem systematischen Gang der Wissenschaften, sucht nicht den Weg von der "Wesenserkenntnis" zur speziellen Kenntnis der Beschaffenheit der Dinge, sondern folgt einem gesellschaftlich ausgelegten Begriff der Kindgemäßheit. Da die Erforschung der menschlichen Natur noch wenig entwickelt ist und es nicht möglich erscheint, jeden entsprechend seinen individuellen Bedingungen zu erziehen, sucht Trapp nach einem Werk, "worin alle Ideen in der Ordnung folgen, in welcher es am zuträglichsten ist, sie den Kindern, im Durchschnitt genommen beizubringen ... Der Anfangspunkt einer jeden Ideenreihe zur Bildung des Menschen muß an etwas geheftet werden, das sinnlich ist, und den Augen vorgestellt werden kann, an Landkarten, Kupfertafeln, Gemälden u. dgl.. Der Endpunkt einer jeden Ideenreihe muß ein merkwürdiger historischer Umstand oder Name, ein fruchtbares Axiom des gesunden Verstandes oder irgend einer gemeinnützigen Wissenschaft, eine leitende Idee in den Verrichtungen des menschlichen Lebens, eine nützliche Erfindung, eine unentbehrliche moralische Wahrheit sein" (ebd. S. 86f). Den Aufbau solcher Ideenreihen demonstriert er an Beispielen aus Basedows Elementarwerk. Die Ausgangspunkte entstammen inhaltlich dem bürgerlichen Erfahrungskreis und haben ihre Zielpunkte in Einsichten und Kenntnissen, die für bürgerliche Tätigkeiten als nützlich angesehen werden. Auch in den unterrichtsmethodischen Vorstellungen werden die Forderungen nach Kindgemäßheit und gesellschaftlicher Nützlichkeit zusammengeführt. So schlägt Trapp, um den Erfindungsgeist anzuregen, u.a. vor: "Man zerlege Tische, Stühle, Spinnräder, Uhren, Klaviere und hundert andere Dinge in ihre Theile und lasse sie die Kinder zusammen setzen." (ebd. S. 327).

Nach dem Scheitern des Schuldirektoriums in Braunschweig, dessen Mitglied Trapp seit 1786 war und dem Erscheinen der Wöllnerschen Zensuredikte 1788 und 1791 in Preußen kam Trapp zu einer veränderten Einschätzung der Rolle des Staates in der Erziehung wie auch der gesellschaftlichen Funktion von Erziehung, Unterricht und pädagogischer Theorie, wie er sie in dem Aufsatz "Von der Nothwendigkeit öffentlicher Schulen und ihrem Verhältnisse zu Staat und Kirche" im letzten Band des Revisionswerkes darlegt (vgl. dazu U. Herrmann 1977, S. 444ff). In diesem Aufsatz nennt er seine in die staatliche Schulreform gesetzten Hoffnungen angesichts der staatlichen Reglementierung einen Irrtum:

"Ich glaubte nämlich, der Staat als Macht müsse auch durch Wohlthun für das gemeine Beste sorgen, und müsse besonders die Wohlthat, welche die Bildung der Jugend den Staatsbürgern gewährt, so wenig als möglich dem Zufalle überlassen. Es schien mir, als wenn die durchgängig herrschende verkehrte Lehrart nicht eher mit einer bessern würde vertauscht, .. bis diese letztere unter öffentlicher Autorität eingeführt würde. So ward ein unschuldiger Wunsch, der Wunsch: eine bessere Lehrart herrschen zu sehn, mir zur Quelle des Irrthums. Und so mögen wohl mehrere, um einer guten Sache zu dienen, die Rechte der Staatsmacht über Gebühr ausgedehnt haben." (E.C. Trapp 1792, S. 6f).

Die Gefahren, die sich aus den unkontrollierten Zugriffsmöglichkeiten des Staates auf Staatsschule und Universität ergeben, beschreibt Trapp nun sehr drastisch:

"Was läßt sich ihrer immer wachsenden, immer weiter greifenden Ehr- und Herrschsucht noch entgegen stellen, wenn sie auch den Schulen vorschreiben dürfen, was und wie diese lehren sollen? Der erste Glaubensartikel, den sie werden predigen lassen, muß der seyn: daß man den Gewalthabern unbedingten Gehorsam schuldig sei; darnach richtet sich dann alles übrige. So müssen die Schulen, anstatt die Vernunft zu pflegen, sie im Keim ersticken, und jedes neue Menschengeschlecht zu der alten Sklaverei einweihen." (ebd. S. 6).

Ähnlich wie Humboldt im gleichen Jahr will Trapp in klassisch liberalistischer Einschätzung die staatlichen Funktionen auf die innere und äußere Sicherung von Freiheit und Eigentum der Bürger beschränkt wissen und einer gesellschaftlichen Ausgestaltung der Schule Raum verschaffen. Der Staat soll zwar aus öffentlichen Kassen unterstützte öffentliche Schulen anbieten, ohne sich jedoch anzumaßen, "den Schulen ihre innere und äußere Einrichtung zu Gunsten einer Kirche oder zur Beförderung des Mißbrauchs der Staatsgewalt vorzuschreiben" (ebd. S. 26). Was und wie gelehrt wird, unterliegt der aufgeklärten Vernunft, soziologisch gesprochen der liberalen bürgerlichen Intelligenz:

"Mit der Lehrart ist es nicht anders als mit der Lehre, auch sie darf nicht anbefohlen werden, auch sie und ihre Verbesserung kann nur ein Werk der sich selbst gelassenen und durch eigene Kraft sich immer mehr entwickelnden und aufklärenden Vernunft sein." (ebd. S. 37).

1.1.3.   Schulwissen als Mittel der Kräftebildung

In Auseinandersetzung mit dem Philantropismus und der Dominanz des gesellschaftlich-pragmatischen Aspekts in den Lehrplanfragen versuchen vor allem die jüngeren Vertreter des Neuhumanismus F.A. Wolf und **W. v. Humboldt**, getragen vom bürgerlich nationalen Aufschwung zur Zeit der Befreiungskriege, unter dem Begriff der Bildung einen theoretischen Zusammenhang zwischen den Zwecken des Unterrichts und seinen Gegenständen und den Möglichkeiten des Individuums zu entwickeln. Die Kritik des Neuhumanismus an der Aufklärungspädagogik, z.T. polemisch zugespitzt in der berühmten Streitschrift F.I. Niethammers (1808), mißt die Aufklärungspädagogik an ihrem eigenen Anspruch, für das wirkliche Leben zu erziehen und dabei der Natur des Lernenden zu folgen. Gebilligt wird diese Position als kritische Wendung gegen den Schulhumanismus, kritisiert wird, daß sie ihre Parteinahme für den Menschen, indem sie Zwecke und Inhalte der Erziehung nach dem gesellschaftlichen Nutzen bestimme, zu einem gesellschaftlichen Mittel verkommen lasse. Demgegenüber konstituiert sich ein Bildungsbegriff, dessen geschichtsphilosophische Erwartungen nicht mehr auf die Rationalisierung der gesellschaftlichen Teilbereiche, der sich der einzelne unterzuordnen hat, zentriert sind, sondern auf die Entwicklung der Vernunft der Menschen, die, wie es bereits Rousseau gesehen hatte, durch die gesellschaftlichen Erwartungen zumal der ständischen Ordnung behindert wird. Wenn die Bildung des Menschen nur in kritischer Distanz zu den gesellschaftlichen und politischen Erwartungen möglich scheint, muß eine klare Trennung der beruflichen Bildung und der allgemeinen Bildung erfolgen. Diese Trennung hat das Bildungsdenken und die Bildungspraxis des 19. Jahrhunderts und darüber hinaus geprägt, wenn auch ihr gesellschaftlichkritischer Aspekt sehr bald hinter der legitimierenden Funktion zurücktrat, die Allgemeinbildung für die Bildungseliten übernehmen mußte (vgl. H. Blankertz 1969, S. 32 - 51). Für eine allgemeine Menschenbildung vor aller Spezialbildung stellt sich auch die Lehrplanfrage neu, ist doch nach Humboldts Überzeugung die Förderung von Bildung und Moral, die allein die Menschheit zum Höhepunkt ihrer Entwicklung führen könnte, nur unabhängig von den beschränkenden gesellschaftlichen und wirtschaftlichen Verhältnissen möglich, also auch nicht mehr durch gesellschaftliche Anforderungen inhaltlich normierbar. Das die Schulen bestimmende Ausgangsproblem lautet nicht mehr, "wie die Situation beschaffen ist, auf die vorbereitet werden muß, sondern wie der Mensch gebildet werden muß, um wechselnde Situationen bestimmen und bewältigen zu können" (C. Menze 1975, S. 235). Die Bildungsbemühungen können sich also auch nicht auf eine Analyse dieser Verhältnisse und Überlegungen zu deren Rationalisierung stützen, sondern nur auf ein genaues Studium des Menschen.

"Nur auf eine philosophisch empirische Menschenkenntniss lässt sich die Hoffnung gründen, mit der Zeit auch eine philosophische Theorie der Menschenbildung zu erhalten. Und doch ist diese letztere nicht bloss als allgemeine Grundlage zu ihren einzelnen Anwendungen, der Erziehung und Gesetzgebung, (die selbst erst von ihr durchgängigen Zusammenhang in ihren Principien erwarten dürfen), sondern auch als ein sicherer Leitfaden bei der freien Selbstbildung jedes Einzelnen ein allgemeines und besonders

in unserer Zeit dringendes Bedürfniss." (W. v. Humboldt Bd. II,
S. 118).

Daß Humboldt Menschenkenntnis zur Basis der Bildung machen will,
stellt ihn zwar in die Reihe der Aufklärungspädagogen, doch unterscheidet sich sein Programm einer "philosophisch-empirischen Menschenkenntnis" deutlich etwa von Trapps Programm zur empirischen Erforschung der menschlichen Natur. Es geht Humboldt nicht nur um die
Beschreibung und Erklärung von Erscheinungen der historischen und
vergleichenden Anthropologie, sondern um die Auslegung dieser Kenntnisse auf ein Menschheitsideal, das zugleich zum Maßstab von Bildungsbemühungen werden und eine Theorie der Bildung begründen
kann (vgl. C. Menze 1965, S. 39 – 44) (1).

Der Schwerpunkt der anthropologischen Forschungen und der Bildungstheorie verschiebt sich im späteren Werk zur Sprachphilosophie.
Sprache als "der grosse Uebergangspunkt von der Subjectivität zur
Objectivität", ist Gegenstand der philosophischen Anthropologie, an
der sich "die Weltgeschichte der Gedanken und Empfindungen der
Menschheit" studieren läßt. Sie ist ein Medium der allseitigen Kräftebildung der Individualität, indem sie das Individuum zunehmend auf
die Weltgeschichte der Menschheit hin erweitert (vgl. C. Menze 1965,
S. 257ff). Dieser Prozeß der Selbsterweiterung ist tendenziell ein Prozeß der Selbstbildung, der sich qualitativ unterscheidet von Vorgän-
gen der Erziehung und Ausbildung für bestimmte Funktionen.

Humboldt selbst hat die mit dem veränderten Bildungsverständnis verbundenen lehrplantheoretischen und in begrenztem Umfang auch -prak-
tischen Probleme gesehen und bearbeitet. In einem Brief an Schiller
vom 13. Februar 1796 sucht er, veranlaßt durch den Unterricht seiner
Tochter, nach Grundsätzen, die eine allgemeine verbindliche Festlegung des sinnvollerweise zu Lernenden erlauben(2). Diese Überlegungen werden auf folgende Grundpositionen seiner Bildungstheorie bezogen:

1. Wenn die allgemeine Bildung des Geistes Zweck an sich ist, können
   die Lehrinhalte nicht von speziellen Zwecken oder durch Zufall,
   Konventionen oder Tradition bestimmt sein.

2. Zentrum der Bildungstheorie ist das Verhältnis von Mensch und
   Welt. Bildung ist Selbsterweiterung durch Aneignung von Welt. Welt
   bezeichnet Humboldt hier als "Sphäre" und drückt damit aus, daß
   er sie als Beziehungsgefüge von Fakten und Ideen auffaßt.

-----

(1) Den Weg Humboldts "von der Beschreibung der Individualität in
    der Art einer Menschen- und Völkerkunde zu einer sich auf die
    Sprache gründenden philosophischen Anthropologie" stellt umfas-
    send C. Menze (1965) dar.

(2) Die angeführten Gesichtspunkte folgen einer Analyse des Briefes
    von C. Menze (1971).

3. Es ist Aufgabe der Bildungstheorie, solche Gegenstände zu benennen, die eine fruchtbare Wechselwirkung zwischen dem Geist in all seinen Kräften und dem Zusammenhang von Fakten und Ideen ermöglichen.

4. Das Ganze kann nur in seinen Beziehungen, nicht in seiner materialen Fülle begriffen werden.

Um "das Ganze" näher zu bestimmen, gliedert Humboldt die Inhalte möglicher Geistestätigkeit in Bedingtes (Gegenstände) und Unbedingtes (Ideen) und kommt so zu einer Einteilung der Wissenschaften in technische Wissenschaften und Künste, "welche die wirklichen Erfahrungsgegenstände zu einem bestimmten und bedingten Zweck behandeln" und spekulative Wissenschaften, "welche rein alle außer Erfahrung liegende Begriffe behandeln – Mathematik, spekulative Philosopie" (zit. n. C. Menze 1971, S. 231). Der notwendige Bezug des Bedingten auf das Unbedingte begründet zwei weitere Hauptteile: die ästhetischen Wissenschaften und Künste, die die wirklichen Gegenstände nach dem Ideal der Anschauung behandeln und die teleologischen Wissenschaften, die die Erfahrungsgegenstände nach dem Ideal der Vernunft behandeln. Alle Gegenstände lassen sich diesen vier Fächern zuordnen. Sie umfassen das, was den menschlichen Geist überhaupt zu beschäftigen imstande ist. Dementsprechend korrespondiert jeder Hauptteil vorwiegend einem Vermögen des Geistes: das Technische korrespondiert dem Verstande, das Spekulative der reinen Vernunft, das Ästhetische der Einbildungskraft, das Teleologische der praktischen Vernunft.

Während seiner bildungspolitischen Tätigkeit hat Humboldt seine Bildungstheorie in zwei Lehrplanempfehlungen konkretisiert. Entgegen der herrschenden Praxis empfiehlt er eine in dem Begriff der allgemeinen Menschenbildung begründete Dreistufigkeit des Unterrichts: Elementar-, Schul- und Universitätsunterricht. Die veränderte Funktion der Inhalte für die menschliche Bildung wird bereits für den Elementarunterricht deutlich. Der Unterricht auf der Elementarstufe hat eigentlich nur propädeutischen Charakter, "er macht es erst möglich, eigentlich Dinge zu lernen, und einem Lehrer zu folgen" (W. v. Humboldt Bd. XIII, S. 279). Er soll "bloss in den Stand setzen, Gedanken zu vernehmen, auszusagen, zu fixieren, fixiert zu entziffern und nur die Schwierigkeit überwinden, welche die Bezeichnung in all ihren Hauptarten entgegenstellt ... Er hat es eigentlich nur mit Sprach-, Zahl- und Mass-Verhältnissen zu thun, und bleibt, da ihm die Art des Bezeichneten gleichgültig ist bei der Muttersprache stehen" (W. v. Humboldt Bd. XIII, S. 260) (1). Erd- und naturkundliche Gegenstände dienen nur der Übung der Kräfte oder aber sie verändern unter dem Druck gesellschaftlicher Verhältnisse den Charakter der Elementarschule zur Abschlußschule der unteren Stände. Es ist nicht

-----

(1) Um die didaktisch-methodische Aufschließung dieser Idee der Elementarbildung hat sich vor allem J.H. Pestalozzi bemüht. Aufgrund seiner sozialen Bildungserfahrungen, die ihn auf die Individuallage des Lernenden als wichtigen Bedingungsfaktor von Lernen verwiesen hatten, wollte er "die Erlernung der Anfangspunkte aller

Aufgabe des Unterrichts, "dass dieses oder jenes gelernt, sondern in dem Lernen das Gedächtniss geübt, der Verstand geschärft, das Urtheil berichtigt, das sittliche Gefühl verfeinert werde" (W. v. Humboldt Bd. X, S. 205). Der Schulunterricht soll die Übung der Fähigkeiten fortführen, aber auch den Erwerb von Kenntnissen fördern. Der Lernende ist also auf doppelte Weise, "einmal mit dem Lernen selbst, dann mit dem Lernen des Lernens beschäftigt". Damit das Ziel der allgemeinen Menschenbildung erreicht werden kann, müssen solche Lehrinhalte gefunden werden, die in ihrer Gesamtheit auch die gesamten Vermögen des Menschen anregen und ausbilden. Humboldt bestimmt die Gegenstandsbereiche im "Litauischen Schulplan" so:

"Der allgemeine Schulunterricht geht auf den Menschen überhaupt, und zwar als gymnastischer, ästhetischer, didaktischer und in dieser letzteren Hinsicht wieder als mathematischer, philosophischer, der in dem Schulunterricht nur durch die Form der Sprache rein, sonst immer historisch-philosophisch ist, und historischer auf die Hauptfunktionen seines Wesens." (W. v. Humboldt Bd. XIII, S. 277).

Künste und Wissenschaften dem Volke allgemein erleichtern und der verlassenen und der Verwilderung preisgegebenen Kraft der Armen und Schwachen im Lande die Zugänge der Kunst, die Zugänge der Menschlichkeit sind, eröffnen" (zit. n. F. Hofmann 1973, S. 69).

Als Grundkategorien menschlicher Erkenntnis und zugleich Elementarmittel des Unterrichts bestimmt er Zahl, Form und Wort. "Zahl, Form und Sprache sind gemeinsam die Elementarmittel des Unterrichts, indem sich die ganze Summe aller äußern Eigenschaften eines Gegenstandes im Kreise seines Umrisses und im Verhältnis seiner Zahl vereinigen und durch Sprache meinem Bewußtsein eigen gemacht werden." (J.H. Pestalozzi 1978, S. 110).

Die Versuche Pestalozzis und seiner Schüler, Elementarisierungen des Sprach- und Rechenunterrichts, des Zeichen- und Geometrieunterrichts, des Gesangs- und Turnunterrichts auszuarbeiten, lassen wenigstens zwei Problemkreise bereits deutlich werden, die auch bei späteren Versuchen zur Strukturierung von Unterrichtsbereichen aufgetreten sind (z.B. im Ansatz zur Struktur der Disziplinen). Die Frage, in welchen Bereichen Lernelemente gesucht werden sollen, bleibt systematisch unerörtert und wird pragmatisch im Hinblick auf bestehende Schulfächer beantwortet. Die assoziationspsychologisch gestützte Annahme, daß sich Lernprozesse im Umgang mit logisch Elementarem gewissermaßen naturgemäß aufbauen, erwiesen sich als problematisch, zusammen mit den Schwierigkeiten, z.B. den Bereich der Sprache oder der Gymnastik sinnvoll in Elemente zu zerlegen (vgl. E. Lehmensick 1926, S. 33ff).

Die Bedeutung der ästhetischen Bildung ist für Humboldt seit seiner Auseinandersetzung mit Kant erwiesen. Das Schöne, das die menschlichen Kräfte in ein freies Spiel versetzt, ist die Modellsituation menschlicher Bildung, doch setzt sie ausgebildete Fähigkeiten schon voraus. Humboldt fordert eine Grundausbildung der körperlichen Kräfte, die bislang nur in den Philanthropinen und einigen Spezialschulen gefördert wurde. Den Lehrplan des traditionellen Gelehrtenschulwesens verändert er auch dadurch, daß zwar der Sprachunterricht zentral bleibt, nun aber in philosophischer Absicht als Weg zu immer umfassenderer Weltansicht. Ihm werden Unterricht in Mathematik und in Erfahrungswissenschaften gleichgestellt, wobei allerdings die letzteren als Bildungsinhalte für unbedeutend gehalten werden und deshalb eher als Orientierungshilfen in Frage kommen.

Die Grundlage des Schulunterrichts muß für alle Schüler dieselbe sein. "Denn der gemeinste Tagelöhner, und der am feinsten Ausgebildete musss in seinem Gemüth ursprünglich gleich gestimmt werden, wenn jener nicht unter der Menschenwürde roh, und dieser nicht unter der Menschenkraft sentimental, chimärisch, und verschroben werden soll." (W. v. Humboldt Bd. XIII, S. 278).

Die Grundfragen der Lehrplantheorie werden von Humboldt in einer grundlegend veränderten Perspektive behandelt:

1. Die Frage nach der Struktur des Wissens überhaupt und des Schulwissens im besonderen ist auf die menschlichen Erkenntnismöglichkeiten und die Bildung der menschlichen Kräfte in ihrer Gesamtheit bezogen.

2. Geistes- und Gemütskräfte des Individuums sind zwar Bezugspunkt und Auswahlkriterium des Bildungsangebotes, doch sind diese Kräfte oder Vermögen empirisch-psychologisch nicht erfaßbar. Denn wie sich eine Kraft, die Humboldt als metaphysisches Grundprinzip des Menschseins annimmt, darstellt, hängt einesteils von der individuellen Ausprägung ab, andererseits von der Erscheinungswelt, an der die Einzelkräfte entfaltet werden. Nur eine allseitige harmonische Entfaltung der menschlichen Kräfte verhindert, daß sie sich gegenseitig einschränken.

3. Das Verhältnis des Menschen zur Welt ist als Wechselbeziehung erfaßt. Der Mensch schafft durch seine Tätigkeit die Welt (gemeint ist die Kulturwelt) und diese Welt wirkt zurück auf seine Kräfte und bestimmt sie. In diesem Prozeß verändern sich Mensch und Welt. Die philosophische Anthropologie als Bildungstheorie legt die Mannigfaltigkeit der menschlichen Tätigkeit als Möglichkeiten des Menschen überhaupt aus und formuliert dementsprechend als obersten Bildungszweck, die Gesamtheit der Kräfte an der Totalität der Welt zu entwickeln. Sie legt auch aus, welche Kulturbestände die Totalität der Welt am besten repräsentieren und sich deshalb als Bildungsgegenstände eignen.

Die Struktur der Welt und der menschlichen Vermögen lassen sich nur im Bezug aufeinander philosophisch deuten. Welt ist nicht mehr aufgefaßt als Makrokosmos göttlicher Schöpfung, die sich im Mikrokosmos spiegelt, auch nicht als Sammlung gesellschaftlich nützlicher Kenntnisse, die den Menschen gemäß seinen individuellen Möglichkeiten an die gesellschaftlichen Zwecke bindet, sondern Ausdruck menschlicher Tätigkeit, die im Bildungsprozeß zum Mittel individueller Selbstverwirklichung wird.

4. Der Schüler sollte in allen genannten Unterrichtsbereichen lernen, da sie der Gesamtheit der menschlichen Fähigkeiten korrespondieren, kann aber seinen Interessen gemäß in Mathematik oder den Sprachen Schwerpunkte ausbauen. Die Unterrichtsgegenstände sollen danach ausgewählt werden, ob sie die Entwicklung des Lernenden fördern. Unter diesem Gesichtspunkt begründet Humboldt die Rolle der alten Sprachen, vor allem des Griechischen, im Sprachunterricht. Eine weitergehende Gliederung der Wissensbereiche wird zwar für nötig, jedoch nur im Hinblick auf das Individuum für durchführbar gehalten. Unterrichtsmethodische Hinweise fehlen.

Diese bildungsphilosophischen Ansätze finden kurzfristig im Zuge der nationalen Erneuerungsbewegung in Preußen nach der Niederlage gegen Napoleon im Zusammenhang mit den Steinschen Reformen auch bildungspolitische Bedeutung. Initiiert von einer Bildungselite sollen Agrar-, Stadt- und Verwaltungsreformen durchgeführt und das Volk aktiviert werden, diese Reformen mitzutragen. Als Humboldt bereits nach Steins Entlassung 1809 die Leitung der ersten zentralen Kultusverwaltung, der Sektion für Kultus und öffentlichen Unterricht im Innenministerium, übernimmt, versucht er die Bestrebungen um eine Reform des Bildungswesens mit der Generallinie der übrigen Reformen in Einklang zu bringen, zumal sein Gedanke der Bildung als Selbstbildung die Grundlage bilden könnte für die Erwartungen auf Aktivität der Bürger bei der Durchführung ihrer eigenen Angelegenheiten. Die Steinschen Reformgedanken reichten sogar soweit, die Wissenschaft als weitgehend unabhängige kritische Instanz für die Verwaltungsarbeit zu nutzen. Stein hatte die Einrichtung einer Wissenschaftlichen und Technischen Deputation vorgeschlagen; Humboldt greift diese Möglichkeit auf und bestimmt die Aufgaben der Wissenschaftlichen Deputation für den öffentlichen Unterricht, deren Mitglieder er selbst vorschlägt, als überprüfende, beratende und konstruktive:

"Prüfung neuer Unterrichtsmethoden, oder Erziehungssysteme; Entwerfen neuer Lehrpläne und Beurtheilung schon vorhandener; Auswahl von Lehrbüchern, insofern die Section solche vorschreibt oder genehmigt, und zweckmässige Veranstaltungen zur Ausarbeitung von neuen; Vorschläge zu Stellenbesetzungen, Beurtheilung von Schriften, welche der Section eingesendet werden; Prüfungen, sowohl diejenigen, welche zur Besetzung der der Section vorbehaltenen Stellen erforderlich sind, als diejenigen, welchen alle, die künftig auf ein Schulamt Anspruch machen wollen, unterworfen werden sollen." (W. v. Humboldt Bd. X, S. 182).

Tendenziell geht es also um eine Objektivierung und Verwissenschaftlichung bildungspolitischer Entscheidungen, ihre Freisetzung gegenüber gesellschaftspolitischen Interessen. Vor allem an der Lehrplanarbeit der Deputationen in Berlin, Königsberg und Breslau, deren Mitglieder Humboldt selbst als Experten für allgemeine Bildung ausgewählt hatte, zeigte sich sehr bald, daß es in Fragen bildungstheoretischer Zielsetzung und ihrer Konkretisierung nicht einmal unter den

Experten Übereinstimmung gab. Die Deputation wurde nach sechs Jahren wieder aufgelöst. Politisch scheiterten die Reformbemühungen an der konkreten Interessen- und Machtlage; Süverns "Entwurf eines allgemeinen Gesetzes über die Verfassung des Schulwesens im Preußischen Staat", der auf den Vorarbeiten der Deputation basierte, wurde 1819 endgültig zurückgewiesen.

1.1.4. Schulwissen als Mittel vielseitiger Interessenbildung

Das lehrplantheoretische Konzept formaler Bildung hat seinen Argumentationsschwerpunkt in der Annahme einer materialen Gliederung psychischer Kräfte und begründet darauf bildungstheoretisch Art und Umfang allgemeinbildender Aufgaben. Diese vermögenspsychologische Grundlage greift **Herbart** an. Die neuhumanistische Auffassung formaler Bildung wird von Herbart als reine Kräftegymnastik mißdeutet:

"Es ist eine ganz verkehrte Ansicht, wenn man die sogenannten Kräfte des Geistes für dessen Gliedmaßen hält, und sie nun auch so wie die Gliedmaßen des Körpers geradezu durch Übung und Gewöhnung zu stärken hofft. Durch vieles Auswendiglernen denkt man das Gedächtnis zu stärken, und durch vielen Unterricht den Verstand zu stärken und durch allerlei Tugendübungen die moralische Kraft zu stärken. Wie wenig sicher die Wirkung dieser Stärkungen und Gewöhnungen sei, zeigt schon die Erfahrung, wenn auch nicht eine tiefe Spekulation alle diese Kräfte für fabelhafte Wesen erklärt, deren die Philosophen in das Innere des Menschen beinah ebensoviel hineingedichtet haben wie die alten Poeten in den Olymp." (J.F. Herbart 1913, S. 266, Anm.)

Insbesondere die angenommenen Transfermöglichkeiten, die für den Lehrplan eine Beschränkung der schulischen Bildungsstoffe, vor allem empirischer Kenntnisse, rechtfertigten, stellt Herbart in Frage.

"Der Verstand der Grammatik bleibt in der Grammatik, der Verstand der Mathematik bleibt in der Mathematik; der Verstand jedes andern Faches muß sich in diesem andern Fache auf eigene Weise bilden. Wenn aber grammatische und mathematische Begriffe irgendwie, auch nur durch entfernte Verwandtschaft, in das Geschäft eingreifen, welches unter bestimmten Umständen etwa dem Feldherrn oder dem Staatsmann obliegt: dann wird sich was er früher von jenen Begriffen gefaßt hat, in ihm reproduzieren und zum Tun zu Hülfe kommen." (zit. nach E. Lehmensick 1926, S. 60f).

Demgegenüber gewinnen auch lehrplantheoretisch die Bildungsinhalte an Bedeutung, insofern sich an ihnen die Vorstellungen bilden, die für Herbart den Willen bestimmen.

Der Bildung von Vorstellungen mißt Herbart zentrale Bedeutung für die Erkenntnistätigkeit wie auch für die moralische Entwicklung bei. Das veranlaßt ihn einerseits, die Bildung von Vorstellungen zu analysieren, in der von Ziller später so genannten Formalstufentheorie, andererseits zu Überlegungen über die Struktur des Vorstellungsfeldes unter dem Aspekt der "Vielseitigkeit des Interesses". Interesse bezeichnet im Gegensatz zu Gleichgültigkeit eine innere Aktivität zwischen Betrachten und Handeln. "Wir sind zwar innerlich aktiv, wenn wir uns interessieren, aber äußerlich so lange müßig, bis das Interesse in Begierde oder Wille übergeht." (J.F. Herbart 1913, S. 282). Interesse ist hier nicht Ausgangspunkt, sondern Ziel der Lernprozesse, "die Art geistiger Tätigkeit, welche der Unterricht veranlassen soll, indem es bei dem bloßen Wissen nicht sein Bewenden haben darf. Denn dieses denkt man sich als einen Vorrat, der auch mangeln könnte, ohne daß der Mensch darum ein anderer wäre. Wer dagegen sein Gewußtes festhält und zu erweitern sucht, der interessiert sich dafür." (J.F. Herbart 1914, S. 37). Die Forderung, daß der erziehende Unterricht die Vielseitigkeit des Interesses fördern müsse, begründet Herbart einmal von der "Bildsamkeit" des Lernenden her, von den Vorstellungen, die sich vorschulisch durch Erfahrung und Umgang herausgebildet haben. Schule soll durch ihr vielseitiges Angebot einseitige Entwicklungen korrigieren oder verhindern, zumal man auch "nicht mit Sicherheit voraussehen kann, was am meisten auf den Zögling wirken werde" (ebd. S. 25). Zum andern sieht er in vielseitigen Interessen die Voraussetzung für sittliches Handeln als oberstem Erziehungsziel. Nicht nur daß die "Begehrungen" schon dadurch "an einseitiger Energie verlieren", daß sie sich mit der Erweiterung des "Gedankenkreises" ausdehnen, der Gedankenkreis bestimmt generell das Wollen, ist also auch verantwortlich für seine Verbesserung.

Wie ist die Bildung vielseitigen Interesses möglich?

1. Auch Herbart hält es für unmöglich, die Gesamtheit des Wissensmaterial auszulegen, die "Summe der interessanten Gegenstände aufzuzählen" und zu gliedern, um so Umfang und Art des Schulwissens zu bestimmen. Die allgemeine Zielsetzung des Unterrichts, "vielseitiges, möglichst gleichschwebendes, wohlverbundenes Interesse" zu befördern, bietet regulative aber keine positiven Auswahlkriterien für einen Lehrstoffkanon. Eine Gliederung der Interessen geht nicht von den Gegenständen aus, sondern von den verschiedenen Möglichkeiten menschlicher Welterfahrung. "Man vergesse nicht über dem Interessanten das Interesse; man klassifiziere nicht Gegenstände, sondern Gemütszustände." (J.F. Herbart 1913, S. 285). Unterschieden werden sechs Interessengruppen. Sie sind bezogen auf die beiden Hauptquellen der Vorstellungen, auf Erfahrung, die Kenntnis der Natur, und Umgang, der Gesinnungen bildet, sowie die Ebenen der unmittelbaren, reflexiven und betrachtenden Weltbegegnung: Empirisches Interesse entsteht aus Erfahrung; sympathetisches Interesse entsteht aus dem Umgang; spekulatives Interesse entsteht aus dem Nachdenken über Erfahrungen; gesellschaftliches Interesse entsteht aus dem Nachdenken über den Umgang; ästhetisches Interesse entsteht bei der Betrachtung der Dinge; religiöses Interesse entsteht bei der Betrachtung von Schicksalen (J. F. Herbart 1914, S. 50f). Für die Lehrplanung stellt sich die Aufgabe sicherzustellen, daß nicht einzelne Interessen auf Kosten anderer gefördert werden und daß auch innerhalb der Interessenrichtungen einseitige Fixierungen auf Gegenstände vermieden werden.

Damit die Bildung vielseitiger Interessen nicht in Stoffhuberei mündet, sollen die Stoffe konzentriert und solche Lehrgegenstände angeboten werden, die geeignet sind, verschiedene Interessenrichtungen anzuregen. Unter diesem Gesichtspunkt erscheinen Herbart die alten Sprachen, die zugleich Dichtung und Geschichte erschließen, im "Umriß der allgemeinen Pädagogik" als besonders geeigneter Gegenstand. Die antike Dichtung fördere das ästhetische, die Geschichte das sympathetische und gesellschaftliche Interesse, die ihrerseits wieder das religiöse Interesse anregen. Sprachbetrachtung könne zudem das spekulative Interesse fördern. Eine ähnliche Vielseitigkeit der Interessenbildung werde durch Mathematik in Verbindung mit den Naturwissenschaften erreicht.

2. Wie der Gefahr einseitiger Bildung von einer auf die Welterfahrung des Individuums bezogenen Interessentheorie pädagogisch entgegengewirkt werden soll, so der Gefahr der Zerstreuung von einer Theorie des Lernprozesses. "Der Unterricht soll die Person vielseitig bilden, also nicht zerstreuend wirken, und er wird es nicht bei demjenigen, der ein wohlgeordnetes Wissen in allen Verbindungen mit Leichtigkeit überschaut und als das Seinige zusammenhält." (J.F. Herbart 1914, S. 39). Auf assoziationspsychologischer Grundlage entwickelt Herbart Stufen des Lern- und Lehrprozesses, die von "anfänglicher Zerlegung" des Lehrstoffes zum Zwecke präziser Erfassung zu einer "allmählichen Verbindung" ("Assoziation", "System") und schließlich zu selbständiger Anwendung ("Methode") führen. Mit diesem Grundmodell produktiven Lernens, das über methodische Forderungen nach Anschaulichkeit und Kindgemäßheit weit hinausgeht, versucht Herbart die Qualität des Wissens zu sichern gegenüber der Gefahr der Stoffhuberei, zu der die Forderung nach vielseitiger Interessenbildung leicht führen könnte.

3. Herbarts Vorstellung eines erziehenden Unterrichts, der über die "Bildung des Gedankenkreises" Interessen weckt, die Wollen und Handeln zu bestimmen vermögen, wird vor allem in formaler Hinsicht konkretisiert. Entwickelt werden eine Interessengliederung, die sich auf die Möglichkeiten individueller Weltzuwendung bezieht, ein Aufbauschema kultureller Inhalte aufgrund der Annahme phylo- und ontogenetischer Parallelität und eine Gliederung unterrichtsmethodischen Vorgehens aufgrund der Analyse der Lernprozesse, die auf Verständnis und Zusammenhang des Wissens gerichtet sind. Die Wissensstoffe, die die Gesellschaft und die Schultradition bereitstellen, müssen pädagogisch unter den genannten Gesichtspunkten bearbeitet werden.

4. Als grundlegende Idee eines "pädagogischen" Lehrplans entwickelt Herbart schon früh die Vorstellung, die Kulturentwicklung im Verlauf der Menschheitsgeschichte ließe sich parallelisieren mit der Entwicklung der altersspezifischen Vorstellungswelt und Fähigkeiten. "Wo man die Jugend zu irgendeiner Erhebung des Geistes vorbereiten wollte, da sehe man nur nach, welchen Weg die natürliche Entwicklung des menschlichen Geistes von selbst genommen habe; jene alten Dokumente würden zugleich die Anweisung und die Mittel zur Ausführung an die Hand geben." (J.F. Herbart 1913, S. 84). Daraus folgert Herbart, daß der Sprachunterricht im frühen Knabenalter mit Griechisch zu beginnen habe, im mittleren Knabenalter um Latein zu erweitern sei und erst im Jugendalter neue Sprachen einbeziehen solle. Die Griechenbegeisterung, die Herbart mit den Neuhumanisten teilt, wird von ihm in ihren unterrichtlichen Auswirkungen weniger bildungsphilosophisch als ent-

wicklungspsychologisch gerechfertigt:

"Der Anfang müßte bei Knaben von 8-10 Jahren mit Homers Odyssee gemacht werden. Es ist unmöglich, hier in der Kürze zu beschreiben, wie sehr noch insbesondere dieser Schriftsteller und dieses seiner Werke zur frühen Lektüre geeignet ist, teils alle die ersten notwendigen Grundlagen zur Entwicklung des Geistes so vollständig herbeischafft. Ich bemerke nur, daß nie ein Buch größere Einflüsse in die ganze Literatur aller Zeiten gehabt hat, als die Homerischen Gesänge." (ebd. S. 85f).

Für die Naturwissenschaften wird allerdings ein phylogenetisch orientierter Stoffbau ausgeschlossen. Die Grundlage methodischer Empfehlungen bildet das Modell produktiven Lernens.

Wenn Herbart auch 1809 nach Königsberg berufen worden war, um die Bildungsreformbestrebungen in Preußen zu unterstützen, teilte er doch weder die bildungsphilosophischen noch die gesellschaftspolitischen Vorstellungen der Reformer. Die Wirksamkeit seines Verständnisses von pädagogischer Wissenschaft und seiner psychologisch begründeten didaktisch-methodischen Konzepte fällt in die 2. Hälfte des 19. Jahrhunderts.

Herbart versteht Pädagogik als angewandte Wissenschaft, die aufgrund zunehmender Einsicht in die Regelhaftigkeit psychischer Vorgänge nach dem Muster naturwissenschaftlicher Erkenntnis zur Verbesserung pädagogischen Vorgehens beiträgt. In dieser Hinsicht steht er eher in der Tradition Trapps und der Philanthropen. Die Ziele, auf die hin Gesinnung und Urteil methodisch zu führen sind, legt die Ethik, verstanden als normsetzende Disziplin, fest. Daß die Pädagogik als angewandte Wissenschaft gleichwohl keine Technologie sein kann, folgt für Herbart aus dem Individualitätsprinzip aller Erziehung, das ihn mit den Neuhumanisten verbindet. Von daher ist seine Forderung verständlich, die Pädagogik müsse sich "so genau, als möglich auf ihre einheimischen Begriffe besinnen und ein selbständiges Denken ... kultivieren" (J.F. Herbart 1913, S. 235). Von daher wird auch verständlich, daß Herbart stets die Hauslehrererziehung der Schulerziehung vorzog. Pädagogik als Theorie und Praxis sind auf das Individuum bezogen und klar zu trennen von politischen Theorien und politisch gesellschaftlichem Handeln. Gerade die behauptete Eigenständigkeit der pädagogischen Wissenschaft durch Ausgrenzung aus gesellschaftlichen Bezügen und das assoziationspsychologisch entwickelte didaktische Spezialwissen machten Herbarts Gedanken für die sich der gesellschaftspolitischen Abhängigkeiten bewußt werdende Volksschulpädagogik in der 2. Hälfte des 19. Jahrhunderts so attraktiv, verleiteten aber auch zu einseitigen Auslegungen.

Die Notwendigkeit, eine Theorie des Lehrplans zu entwickeln, behauptet **Dörpfeld** gegenüber der Realität der "deutsche(n) Schulregiererei, welche anstatt der Vernunft der Tradition und ihren Helfershelfern folgt" (F.W. Dörpfeld 1962, S. 13). Ähnlich sieht W. Rein in dem von ihm herausgegebenen Handbuch unter dem Stichwort "Lehrplan" die "Unnatur der bestehenden Lehrpläne" darin begründet, daß sie "von Mächten bestimmt wurden, die von aussen her an die Lehrpläne unserer Schulen herangebracht wurden. Der Druck der öffentlichen

Meinung, die Wucht der Tradition, die Macht der Regierung, der Einfluß religiöser und politischer Parteien und nicht zuletzt auch Willkür und Liebhaberei einzelner Schulregenten haben die Gestaltung unserer Lehrpläne in ungünstiger Weise beeinflußt. Dabei konnte freilich die arme Didaktik nicht zu Worte kommen". (W. Rein 1906, 5. Bd., S. 529). Er erörtert im einzelnen die Einflüsse der Kirche, des Alltags, der Fachwissenschaften, der politischen Parteien und des Staates, denen gegenüber "im Interesse der heranwachsenden Jugend" der Standpunkt der Didaktik als "über den Parteien stehend" zu behaupten sei (ebd. S. 530). Die Pädagogik reagiert auf gesellschaftspolitische Entwicklungen, die mit dem Erstarken des parlamentarischen Einflusses auf die Gesetzgebung und des staatlichen Einflusses auf die Verteilung des Sozialproduktes zu einem Anwachsen der Interessenorganisationen mit dem Ziel der Einflußnahme auf die Politik führte (1). Die Pädagogik sieht sich konkurrierenden Interessen an Schule und Lehrplan gegenüber und muß ihre sachliche Zuständigkeit nachweisen. Der Stand der Lehrplanung wird als von nichtpädagogischen Interessen bestimmt kritisiert. Dörpfeld stellt fest: "Bekanntlich sind die meisten Lehrgegenstände nicht zuerst durch die theoretische Reflexion vom Bildungsbegriff aus in die Schule gekommen, sondern durch die Wünsche und Forderungen des sogenannten praktischen Lebens." (F.W. Dörpfeld 1962, S. 66). Er versucht diesen Zusammenhang, insoweit kein typischer Vertreter des Herbartianismus, in seinen Lehrplanschriften historisch zu belegen.

Neben der "Natur der Sache" und der "Psychologie" bezeichnet Dörpfeld die "Geschichte der Didaktik" als wichtigen Bezugspunkt seiner Lehrplantheorie (ebd. S. 8). Die Hauptsätze seiner Theorie werden deshalb auch wesentlich historisch begründet. Den ersten Grundsatz: Der Lehrplan muß qualitativ vollständig sein, begründet er folgendermaßen: Es gilt nach Herbart als erwiesen, daß der Unterricht "würdige Inhalte" haben müsse. Qualitativ vollständig ist der Lehrplan dann, wenn er die drei Wissensgebiete "Natur, Menschenleben und Religion", aus denen Kultur sich entwickelt habe, in entsprechenden sachunterrichtlichen Fächern behandle. Weitere sachunterrichtliche Bereiche gäbe es nicht, und weniger seien für allgemeinbildende Schulen nicht möglich, da in jedem dieser "Kulturelemente" eine "Bildungskraft eigentümlicher Art" stecke. In einem historischen Exkurs versucht er zu belegen, daß im Streit um die Realien das sachunterrichtliche Prinzip eingeengt und für Gruppeninteressen in Anspruch genommen worden sei. Vor allem aufgrund historischer Betrachtungen und Beobachtungen der schulischen Gegenwart, weniger aufgrund philosophischer Erörterungen, psychologischer Erkenntnisse oder Einsichten in "Naturge-

---

(1) Vgl. K. v. Beyme 1969, S. 20ff. Er weist darauf hin, daß entgegen der Annahme, daß im kaiserlichen Deutschland mit seinen hochqualifizierten Beamten Interessengruppen nur geringen Einfluß auf Personal und Sachpolitik gehabt hätten, neuere Forschungen zu dem Ergebnis kommen, daß gerade die obrigkeitsstaatliche Politik, die die Interessenkämpfe der parlamentarischen Demokratie noch nicht kenne, für Verbandseinflüsse besonders anfällig gewesen ist.

setze", kommt Dörpfeld zu seiner Hauptthese, die drei sachunterrichtlichen Fächer müßten die didaktische Basis des Unterrichts bilden und
zu so weitreichenden Forderungen wie der nach vereinheitlichenden
Schulwissenschaften in den drei sachkundlichen Bereichen oder der
nach einem gesellschaftskundlichen Unterricht.

In der Zusammenfassung der lehrplantheoretischen Vorstellungen des
Herbartianismus von **W. Rein** erscheint im Widerspruch zu Herbart die
Forderung nach vielseitiger Interessenbildung zu einer Gesinnungser-
ziehung materialisiert, die sich umso besser als politisches Instrument
eignet, je mehr sie als rein pädagogisch legitimiert dargestellt wird.
Ausgehend von der Herbartschen These, "daß der Wert des Menschen
nicht im Wissen sondern im Wollen liege", folgert Rein im Gegensatz
zu Herbart, daß "der Lehrplan diejenigen Fächer in erster Linie berücksichtigen muß, die auf die Bildung des Gemüts und der Gesinnung
direkt ausgehen" (W. Rein 1906, 5. Bd., S. 532). "Alle Schulen, die
mit dem erziehenden Unterricht Ernst machen, müssen in ihrem Lehrplan Religion, vaterländische Geschichte und vaterländische Literatur
als führende Fächer enthalten." (ebd.). Dementsprechend versteht er
seine tabellarische Übersicht über die Lehrfächer als Rangordnung,
die mit dem Gesinnungsunterricht (Biblische Geschichte, Kirchen-
Geschichte, Profan-Geschichte, Literaturkunde) beginnt und über Kunst-
und Sprachunterricht, Geographie, Naturwissenschaften bis zu Mathematik reicht. Die Frage nach der Stoffauswahl und -anordnung in den
verschiedenen Fächern wird allgemein mit dem Hinweis auf die kindliche Fassungskraft und die Aufgaben der Gegenwart an den Lernenden
beantwortet. Anders als Dörpfeld mit seiner Forderung nach Gesell-
schaftskunde hält jedoch Rein die unterrichtliche Behandlung von
komplexen Fragen der Gegenwart psychologisch für unmöglich, da "die
zeitliche Nähe dem Schüler fern liegt, während das zeitlich Ferne
wegen seiner großen Einfachheit und Durchsichtigkeit für ihn das
psychologisch Nahe bedeutet" (W. Rein 1906, 5. Bd., S. 539). Das
macht ihn zum Befürworter der besonders von Ziller ausgearbeiteten
Kulturstufentheorie, die versucht, "die individuell-persönliche(n) mit
ihren begrenzten, aber wachsenden Vorstellungen, Wünschen, Neigungen und Strebungen zu den historischen Entwicklungsstufen mit
ihrem geistigen, stetig sich mehrenden Kulturinhalt so zu stimmen,
daß die jeweilige Apperzeptionsstufe immer aus der ihr entsprechenden
Kulturstufe ihre Nahrung zöge" (ebd. S. 540). Die Verbindung der
Unterrichtsinhalte ist nach Rein weniger im Lernprozeß selbst durch
Vertiefung und Besinnung zu gewinnen als durch die dominierende Stellung der Gesinnungsfächer und durch das Fortschreiten des gesamten
Unterrichts in "aufsteigenden kulturgeschichtlichen Bildern" herzustellen, dem sich die verschiedenen Fächer, auch die naturwissenschaftlichen, einordnen sollen. Daß solche Konzentrationsbestrebungen, obwohl oder gerade weil sie sich reine pädagogisch verstehen und erklärtermaßen die gesellschaftspolitische Situation ausgrenzen, nun unreflektiert die gesellschaftlichen und politischen Verhältnisse stützen,
zeigt Zillers Lehrplan für die Volksschule (abgedruckt bei W. Rein
1906, 5. Bd., S. 541), der ganz im Sinne des Kaiserreiches profange-
schichtlich eine eng ausgelegte Vaterlandskunde und religionsgeschicht-
lich die Reformation und ihre Folgen einseitig favorisiert.

1.1.5. Schulwissen als Mittel zur Herausbildung eines "schöpferischen Lebenszusammenhangs"

Materielle Festlegungen des Umfangs von Schulwissen, bei Dörpfeld unter dem Gesichtspunkt qualitativer Vollständigkeit, bei Rein und anderen Herbartianern auch unter den Gesichtspunkten der Anordnung und der Konzentration der Wissensbereiche, werden im Zuge der kulturkritischen Bewegung Ende des 19. Jahrhunderts grundsätzlich abgelehnt. Die kulturkritischen Schriften weckten nach **H. Nohl** "eine neue pädagogische Energie, die wieder auf den Menschen gerichtet war statt auf die Objektivitäten der Wissenschaft oder des Staats oder der Technik, und eine neue pädagogische Theorie, die der bloßen Tadition vergangener Formen wieder das Selbstleben gegenüberstellte und zugleich doch die Abhängigkeit aller Individualbildung von der Kulturform des ganzen Volkes erkannte" (H. Nohl 1970, S. 8).

Als Theoretiker der bürgerlichen reformpädagogischen Bewegung in Deutschland versucht Nohl ihre positiven Ansätze unter einem lebensphilosophisch geprägten Bildungsbegriff zusammenzuführen und hierin eine eigenständige pädagogische Perspektive gegenüber anderen kulturellen Perspektiven zu begründen. Nohl sieht, Willmann folgend, die Bildungstradition bestimmt vom Gegeneinander der Auffassungen, die entweder stärker auf die Tradition und den Lehrstoff oder aber stärker auf den Lernenden und seine individuellen Bedingungen und Probleme bezogen sind. Zurecht kritisiert er, daß die reformpädagogischen Ansätze diesen Gegensatz nur formal überbrücken, indem sie "Selbstverantwortung, Gemeinschaft, Selbsttätigkeit, Arbeit im Schulleben" fordern und dabei die Frage nach der inhaltlichen Qualität unberücksichtigt lassen. Nohl betont demgegenüber: "Die innere Form des Subjekts ist nicht zu trennen von dem Gehalt, den sie birgt, und umgekehrt hat der Gehalt seinen lebendigen Sinn erst, wo er verinnerlichte Form eines Subjekts geworden ist." (ebd. S. 78). Die lehrplantheoretischen Grundfragen sind damit nicht beantwortet. Die Stichwörter "lebendiger Sinn" und "verinnerlichte Form" belegen die zentrale, gegenüber der intellektualistischen Auffassung Herbarts grundlegend veränderte Bedeutung des Vermittlungsproblems. Nohls Erörterung der Fragen, welches Wissen wie wirksam werden kann, ist bestimmt von der geisteswissenschaftlichen Einsicht in die historische Wandelbarkeit pädagogischer Phänomene, von den für die verstehende Psychologie wie die Kulturtheorie wichtigen Annahmen über psychische Strukturen und dem damit verbundenen Erlebnisgedanken.

1. Art und Umfang des Schulwissens und das Bildungsideal können nur in und für die jeweilige historische Situation bestimmt werden. Nohl folgt hier Dilthey gegen den Anspruch "natürlicher Systeme" der Pädagogik, Ziele der Erziehung, Unterrichtsgegenstände und -methoden allgemeingültig bestimmen zu können. Er kritisiert darüber hinausgehend auch alle Versuche, Bildungsziele und Gegenstände auf ein Zweckminimum oder auf Harmonieannahmen bezogen in Grundzügen allgemein verbindlich festzulegen, weil sie ohne inhaltliche Aussagen und damit historischen Bezug Leerformeln seien. Diese Kritik richtet sich auf Humboldts Forderung nach harmonischer Kräftebildung ebenso wie auf Diltheys Auffassung, Erziehung habe die "Teleologie des Seelenlebens" vollkommen zu entwickeln, oder auf Versuche, ein inhaltliches

Zweckminimum als "Glück des Individuums", "Glück der Gemeinschaft" oder "Sicherung des Bestandes der Gesellschaft" zu formulieren (vgl. ebd. S. 105ff).

Die Auseinandersetzungen um den Lehrplan seit der Befreiung des Bildungswesens aus religiöser Gebundenheit beschreibt Nohl als Versuche, Kulturgüter zu Bildungszwecken so zu konzentrieren und zu vereinfachen, daß "die Einheit des Geistes" erhalten und hergestellt wird. Daß dies nicht mehr an großen Stoffen der Vergangenheit gelingt, zeigten Tendenzen zur Individualisierung der Auswahl von Bildungsstoffen in reformpädagogischen Ansätzen und die Forderung, das Kind müsse hinter "den Verfestigungen der Bildung" wieder die "Unmittelbarkeit zum Leben" gewinnen. In "suchenden Zeiten", wie Nohl seine Gegenwart charakterisiert, werde die "zentrierende Aufgabe (aber) als die eigentliche bewußt" (ebd. S. 95). Gleichwohl warnt Nohl vor dem Mißverständnis, den "Rückgang auf die Lebendigkeit" mit einem "Verzicht auf den Willen zur Objektivität" zu verwechseln und die "Relativität alles Geschichtlichen mit dem Verzicht auf eigene Entscheidungen". Er setzt dagegen die Frage, wie die verschiedenen kulturprägenden Mächte, "die Antike und das Christentum, die nordisch-germanische Welt und die Naturwissenschaften, der Staat und die Nation, die Wissenschaft und die Kunst" "zur Einheit eines lebendigen Ideals" schulischer Bildung zusammengeführt werden könnten. Seine allgemeine Antwort lautet: durch "Selbstbesinnung" und "Analyse der Kulturwelt" sind die geistigen Grundrichtungen festzustellen, die geeignet sind, "finale Energien" der Heranwachsenden zu entfalten (ebd. S. 208f). Die Analyse der Kulturwelt beschränkt sich bei Nohl allerdings auf die Herausbildung des Nationalgedankens und nationaler Lebensformen im Zusammenhang der "Deutschen Bewegung". Dementsprechend sollen die nicht näher bestimmten "geistigen Grundrichtungen" ihr lebendiges Zentrum im "Gliedbewußtsein und innige(n) Herausleben aus dem nationalen Ethos des eigenen Volkes" haben (ebd. S. 214) und nicht nur kognitiv, sondern immer auch erlebnismäßig angeeignet werden. Allerdings weist er die Meinung, man könne Bildung auf Mythen aufbauen, als "romantische Verirrung" zurück. "Der Rückgang auf die Lebendigkeit bedeutet nicht den Verzicht auf den Willen zur Objektivität, nur daß diese Objektivität nicht a priori zu haben ist, sondern erst in der Mühsal der Durcharbeitung des gelebten Lebens gewonnen wird." (ebd. S. 99).

2. Für den Bereich des Psychischen werden zwei Strukturierungen vorgenommen. In einem Schichtenmodell unterscheidet Nohl 1. eine biologische Grundschicht der seelischen und physischen Mechanismen, 2. eine Schicht der Anlagen und Triebe mit bestimmten Entwicklungsgesetzen und 3. eine Schicht, auf der die Fähigkeiten zur "Einheit des Charakters" zusammengeführt werden und damit Selbsterziehung und Selbstbestimmung möglich machen. Den zweiten Strukturierungsgesichtspunkt übernimmt er von Dilthey, in der Seele seien Auffassen, Werten und Handeln miteinander verbunden und könnten vollkommen entwickelt werden. Nohl spricht von dem "Lebenszusammenhang, der in uns von Eindruck zu Gefühl und weiter zu Reaktion nach außen in Handlung oder Ausdruck führt" (ebd. S. 160). Pädagogisch wird daraus gefolgert, daß die Lernenden in der Schule Erlebnismöglichkeiten erhalten müßten. Allerdings sollen durch kognitive Auseinandersetzungen

mechanistische Reaktionsformen vermieden werden. Tätigkeitsdrang und Freude an der Kraftäußerung werden als anthropologisch-biologische Grundkategorie angenommen, die es pädagogisch zu entwickeln gilt zu kräftesteigernden Willenseigenschaften (Aufmerksamkeit, Beharrlichkeit, Planmäßigkeit) und zu lebendiger (vielseitiger und konzentrierter) geistiger Tätigkeit. Möglich erscheint dies nur, wenn der Zusammenhang von erlebnishaftem Eindruck und lebendigem Ausdruck auch in schulischen Lernsituationen erhalten bleibt.

3. In der lebendigen geistigen Tätigkeit ist "der Einzelne aufs innigste verknüpft .. mit dem Kulturganzen, dem er angehört". Individualität ist also immer auch historisch geprägt durch das Bewußtsein der Zeit, Lebens- und Weltanschauungen und Wertvorstellungen. Individuelle Entwicklung und zeitgebundene Lebensformen stehen in einem nicht näher analysierten Wechselverhältnis.

Die verbindende Kategorie zwischen Bildungsgegenständen und Lernmöglichkeiten ist das "nationale Ethos des eigenen Volkes", dessen Antriebskräfte die kulturhistorische Analyse herausarbeiten und das beim Lernenden über Erlebnis und Kenntnis "die Einheit eines schöpferischen Lebenszusammenhangs" begründen soll.

4. Der Aufbau des Bildungsganges wird aus einem "Aufbaugesetz unserers Geistes" abgeleitet, dem die etwas undifferenzierte Annahme zugrunde liegt, "daß alle begriffliche Bestimmung immer nur gegenüber einer vorgegebenen Anschauung möglich ist und alles Wissen, Gestalten und Organisieren nur Formulierung von selbsterlebten Gehalten sein muß, wenn sie sich bewähren sollen" (ebd. S. 96). Daran knüpfen sich Elementarisierungsforderungen, die von Anschauung und Erlebnis ausgehen. Die Schule muß es sich zur Aufgabe machen, das Kind vom "Bildungserleben" auf das "Urerleben" zurückzuführen, "im Spiel, im Gemeinschaftsleben der Schule, im Wandern, in der Arbeit" (ebd.). ".. das freie Sprechen und Sichhalten und Bewegen, aber auch das Singen des Volkslieds, die Kultur des Spiels, die Werktätigkeit, die von einem Qualitätswillen erfüllt ist", werden als "Vorformen höherer Geistigkeit bezeichnet, die dem Kind erlebnismäßig erschlossen werden sollen. Wissenschaftliche Ausbildung mit verfrühten Abstraktionsversuchen soll zugunsten pragmatischen Wissens (=Kunde) zurückgestellt werden. "Kunde" heißt "laientümliches Eindringen in die Gehalte des Lebens und der Wirklichkeit" (ebd. S. 211). In den meisten Unterrichtsfächern genüge den Schülern zunächst eine solche Kunde des Gegenstandsbereiches.

Die Schule, die auf die Herausbildung einer einheitlichen Lebensform, die Formung von Geist und Haltung zielt, wird als 'totales Sozialisationsmodell' entworfen. Kenntnisse sind das "Material für die Betätigung der Lebendigkeit" (ebd. S. 212) in kaum mehr planbaren Unterrichtssituationen mit Erlebnisqualität. In den untersten Bildungsstufen sollen elementare Erlebnisformen (Urerlebnisse) zusammen mit einer dem Laien gemäßen Kunde der Welt in eine Lebensform 'hineinsozialisieren'. Wenn auch auf höheren Bildungsstufen geistige Entwicklung an die gedankliche und begriffliche Aufklärung und Festigung des Wahrgenommenen und Erlebten gebunden wird, bleibt doch die Erschließung der Grundrichtungen der Kulturentwicklung emotional erlebt.

Nohl belegt aus der historischen Entwicklung des Erziehungshandelns und -denkens ein relativ selbständiges Kultursystem Erziehung und ein eigenständiges pädagogisches Kriterium zur Abgrenzung dieses Systems von anderen. Das Kriterium ist Antwort auf die Frage nach dem Sinn pädagogischen Handelns für das gegenwärtige und künftige Leben des Kindes, für seinen Entwicklungsstand und seine Entwicklungsmöglichkeiten. Didaktisch-methodisch muß der Pädagoge darauf zielen, die Unterrichtsgegenstände dem Lernenden als für sein Leben bedeutsam erfahrbar zu machen. Ganzheitliche Erlebnisformen und persönliche Beziehungen in der "Bildungsgemeinschaft" sind dabei wichtig. Inhaltliche Aufgabe des Pädagogen ist die Bewahrung der "Unmittelbarkeit des Geistes" angesichts gesellschaftlicher Anforderungen und Erwartungen und der "Dogmen der Parteien". "Das Kind soll immer wieder 'unmittelbar zu Gott' stehen, unmittelbar zu seinem Volk, unmittelbar zur Wahrheit, zur Schönheit, zu jeder großen und reinen Empfindung." (ebd. S. 218). Hier wird unterstellt, der Pädagoge könne einen gesellschaftlich unverstellten Zugang zu Natur und Kultur gewinnen und dem Lernenden eröffnen. Daneben steht die Forderung, die Pädagogik müsse, "je zerspaltener das öffentliche Leben wird", um so entschiedener ein "einheitlich geformtes Leben" der Individuen zu erreichen suchen. Der Lehrer soll "Mut und Glauben" beweisen, indem er solche Inhalte auswählt, die die "nationale Lebensform" und den "Kulturwillen" in seinen "lebendigen Tendenzen" repräsentieren. Gerade in dieser Auslegung der Kultur auf ihre gemeinschaftsbildenden, verhaltens- und handlungsprägenden Elemente hin wird die "selbständige Leistung" von Schule gesehen, die nicht nur hinter der Kultur herhinke, "sondern von ihrem eigenen Blickpunkt aus in die Zukunft eingreife" und "ein selbständiges Organ dieses nationalen Kulturwillens" sei (ebd. S. 217).

Mit der Unverfügbarkeit von Bildung und der Bindung an die personale Vermittlung durch den Lehrer tritt die Frage nach den Auswahlprinzipien von Bildungsinhalten und ihrer methodischen Aufbereitung weitgehend zurück. Damit tritt auch die Frage zurück, woher der Lehrer die Kompetenz habe, Situationen herzustellen, die Bildungsprozesse auslösen könnten. Die pädagogische Wissenschaft liefert ihm Reflexionshilfen, indem sie die "variable Struktur des Erziehungslebens" als überzeitliches Bedingungsfeld von Erziehung herausarbeitet und die jeweiligen inhaltlichen Ausprägungen analysiert. Wenn auch die historische Analyse die Entwicklungslinien pädagogischen Denkens in dem sich verändernden Bedingungsfeld aufhellt und damit auch Entscheidungsbedingungen für zukünftige Entwicklungen, bleiben doch der "pädagogische(n) Impetus und die pädagogische Produktivität" jenseits wissenschaftlicher Aufklärung und Anleitung ebenso unverfügbar wie die Bildung selbst.

Nohls Bildungstheorie ist nachgängige Reflexion einer vielfältigen, lebendigen reformpädagogischen Praxis; sie verzichtet auf inhaltliche wie methodische Normierungen pädagogischen Handelns. Damit werden einerseits die Ansprüche des Herbartianismus auf rein wissenschaftlich pädagogische Rationalisierung von Bildungsprogrammen und -methoden abgewiesen, andererseits aber erscheint das pädagogische Reflexionsfeld stark erweitert, insofern es nun als komplexe geschichtlich gewordene kulturelle Praxis ausgelegt wird, deren Analyse nicht nur die

"Struktur des Erziehungslebens" sondern auch zunehmend deutlicher die Aufgabe von Erziehung und Bildung freilegen soll:

"Was Erziehung eigentlich ist, verstehen wir, wenn wir nicht bei dem immerhin beschränkten persönlichen Erlebnis stehenbleiben wollen, nur aus solcher systematischen Analyse ihrer Geschichte. In diesem geschichtlichen Zusammenhang arbeitet sich der Sinn der erzieherischen Leistung immer deutlicher heraus; ihre Eigenart und ihre Eigenwertigkeit werden von ihr selbst immer klarer, zugleich doch auch ihre Stellung in dem allgemeinen Kulturzusammenhang, ihre Verflechtung mit den anderen Kultursystemen, ihre Abhängigkeit von ihnen und ihre Rückwirkung auf sie – das eine ist von dem anderen nicht zu trennen." (H. Nohl 1970, S. 119f).

Mit seinem Versuch, Regelmäßigkeit im Ablauf pädagogischer Bewegungen zu erfassen, die in einer ersten Phase auf den Zielbegriff Persönlichkeit, in einer zweiten Phase auf den Zielbegriff Gemeinschaft, in einer dritten Phase auf den Begriff Dienst, als Unterordnung unter Forderungen von Autorität und Leistung gerichtet seien (ebd. S. 218f), kam er allerdings in Gefahr, dem nationalsozialistischen Übergriff auf Erziehung und Bildung die Legitimation zu liefern.

1.1.6. Von theologischen zu geschichtlich-gesellschaftlichen Begründungen von Schulwissen

Die vorgestellten Konzepte von Schulwissen des bürgerlichen Zeitalters bleiben, wenn auch in sich verändernden Begründungszusammenhängen, auf die in Comenius' Formel "omnes, omnia, omnino" am deutlichsten ausgesprochenen Zielpunkte bezogen: Schulwissen richtet sich an alle, repräsentiert oder eröffnet in Grundzügen alles Wißbare und entwickelt die Fähigkeiten der Lernenden zusammenhängend und vollkommen. Mit der tendenziellen Auflösung verbindlicher Begründungszusammenhänge werden auch verbindliche inhaltliche Auslegungen eines Kanons von Schulwissen schwieriger.

Im theologischen Deutungszusammenhang des Comenius, in den erkenntnistheoretische und anthropologische Deutungselemente eingebunden sind, wird die Forderung nach Bildung für alle gegen die schlechte gesellschaftliche Realität aus der göttlichen Ebenbildlichkeit des Menschen begründet. Der Makrokosmos des Wißbaren erschließt sich aus den Erkenntnisquellen der Offenbarung, der Natur und des menschlichen Geistes. Aus der theologisch-anthropologischen Bestimmung des Menschen ergibt sich weiterhin, daß der menschliche Geist vollkommen zu bilden sei, so daß er nicht nur weiß, sondern auch versteht und daß nicht nur "echte Wissenschaft" sondern auch "reine Sitte und innerste Frömmigkeit" vermittelt werden müssen. Realisiert werden soll dieses Programm mit Hilfe einer "universalen Lehrkunst", die Comenius, der "unveränderlichen Natur der Dinge" folgend, aufgrund von Beobachtungen und Reflexionen auszuarbeiten sucht.

In der Perspektive des Bürgertums, das seinen gesellschaftlichen Aufstieg an den ökonomischen Fortschritt der Gesellschaft gebunden sieht, sehen die philanthropistischen Pädagogen in Erziehung und Unterricht ein Mittel, den gesellschaftlichen Fortschritt zu fördern. In dieser Perspektive erfährt die Bildungsformel in allen drei Elementen eine pragmatische Reduzierung: Art und Umfang des Schulwissens lassen sich nur im statisch aufgefaßten, sozialständisch differenzierten Kontext bestimmen. Eine allen gemeinsame Grundbildung beschränkt sich auf solche Fertigkeiten und Kenntnisse, die existenznotwendig erscheinen, nämlich Kulturtechniken und Grundkenntnisse über Gesundheit, Ernährung und Umgangsformen. Der Zusammenhang des Schulwissens ergibt sich aus der Anwendbarkeit im jeweiligen sozialen Kontext. Aufgabe der Pädagogik ist es, die Natur des Menschen, die Lernbedingungen und die Wirkungen von Erziehungs- und Unterrichtsmehtoden empirisch zu erforschen und mit den gesellschaftlichen Anforderungen zu koordinieren, um ein lebendiges, anwendbares, den individuellen Möglichkeiten entsprechendes Wissen zu befördern.

Von dieser pragmatischen Auslegung von Schulwissen rücken Humboldt wie Herbart kritisch ab. Beide versuchen Art, Umfang und Aufbau eines Kanons von Schulwissen philosophisch-anthropologisch und psychologisch zu rechtfertigen. Das Individuum selbst bildet nun den Bezugspunkt für die Bestimmung des Wissenskanons, nicht länger ein material faßbares "Wissensall", wie die Enzyklopädie des Comenius oder die Summe gesellschaftlich nützlichen Wissens bei den Philanthropen. Für Humboldt geht es um eine allseitige harmonische Kräftebildung, in der sich das Individuum, indem es die Möglichkeiten der Menschheit möglichst vielseitig in sich aufnimmt, selbst verwirklicht und damit auch gesellschaftsfähig macht. Die menschlichen Kräfte bilden sich in der Auseinandersetzung mit dem, was die Menschheit hervorgebracht hat, mit der Kulturwelt. Die Forderung allseitiger Kräftebildung bleibt allerdings, da die Kräfte an sich empirisch nicht bestimmbar sind, eine Formalbestimmung, die die Auswahl unterschiedlicher Inhalte als optimal kräftebildend rechtfertigen kann. Dadurch wird verdeckt, daß die inhaltlichen Konkretisierungen eines Kanons von Schulwissen immer auch an die gesellschaftliche Perspektive und Interessenlage des Autors gebunden sind, daß die Universalisierungstendenzen, die die Humdoldtsche Bildungsformel für Schulwissen formuliert, durch die daraus gerechtfertigten inhaltlichen Auslegungen wieder eingeschränkt werden können.

Ähnliches gilt für Herbarts Versuch, die Formel vielseitiger Interessenbildung entsprechend den menschlichen Erkenntnis- und Erfahrungsweisen zu strukturieren und dann u.a. mit Hilfe des Kulturstufengedankens inhaltlich zu konkretisieren. Den Zusammenhang des Wissens muß der Lernende selbst schaffen, unterstützt durch die assoziationspsychologisch bestimmte Lehrmethode.

Als historisch veränderbares Konstrukt erscheint der Kanon des Schulwissens bei Nohl. Der geisteswissenschaftlichen Auffassung von Pädagogik entsprechend lassen sich über Art, Umfang, Vermittlungsweisen und Adressaten von Schulwissen keine allgemeingültigen Aussagen machen. Eine spezifisch pädagogische Aufgabe sieht Nohl jedoch darin, für die jeweilige gesellschaftliche Situation, insbesondere in "suchenden Zeiten", aus der Analyse der Kulturwelt "die Einheit eines lebendigen Ideals schulischer Bildung" zu erschließen. In seiner Analyse der Kulturwelt und -tradition dominiert der Nationalgedanke und die nationale Lebensform als Ideal, das es in einer gespaltenen Gesellschaft lebendig zu machen gelte. Die hier dem Pädagogen übertragene Kompetenz zur inhaltlichen Auslegung eines Bildungsideals aus der Kulturtradition auch gegen oder unabhängig von den materialen gesellschaftlichen Bedingungen erscheint wissenssoziologisch ebenso unreflektiert wie die Erwartung, der praktische Pädagoge könne dem Lernenden einen unverstellten, durch keine gesellschaftliche Interessenlage verzerrten Zugang zu Natur und Kultur eröffnen.

Das Wissensganze und die Summe der menschlichen Vermögen werden als Bezugspunkte einer verbindlichen Auslegung des schulischen Wissenskanons abgelöst durch das historisch je neu auszulegende Bildungsideal als Konzentrationspunkt des schulischen Bildungsangebots. Daß Nohl den Pädagogen die Auslegung des Bildungsideals aus der Kulturtradition zutraut, drückt sein Bemühen aus, trotz der Einsicht in die historische Veränderbarkeit des Bildungs- und Erziehungssystems dessen relative Eigenständigkeit zu sichern. Aufgrund welcher Kriterien und Kompetenzen dies möglich werden soll, bleibt allerdings unklar. Gerade die Vernachlässigung (Humboldt, Nohl) oder bewußte Ausschaltung (Herbart) politischer und sozioökonomischer Bedingungen und Bezüge bei der Erörterung von Erziehungs- und Bildungsfragen, Ausdruck pädagogischer Bemühungen um eigenständige Argumentations- und Begründungszusammenhänge, begünstigt andererseits den relativ beliebigen Einsatz pädagogischer Theorien oder Theoriebestandteile zur Rechtfertigung auch an spezifische Interessen gebundener bildungspolitischer Zwecke. So konnten Humboldts Bildungsphilosophie die Stoffplanung für eine elitäre höhere Schule rechtfertigen, Herbarts Gedanken einer vielseitigen Interessenbildung und des erziehenden Unterrichts zur Gesinnungsbildung für die Volksschule führen und Nohls Vorstellung erlebnishafter Bildungsbegegnungen antiintellektuelle und damit begrenzende Ausbildungskonzepte stützen.

1.2.

SCHULWISSEN IM GESELLSCHAFTLICHEN ZUSAMMENHANG

Wenngleich W. Diltheys Programm der Geisteswissenschaften für die Pädagogik darauf zielte, Normen, Ziele, Institutionen und das erzieherische Handeln selbst im Kontext der ideellen und materiellen Gesellschaftgeschichte zu analysieren, also historisch-vergleichend-empirisch vorzugehen, um die in den jeweiligen Verhältnissen enthaltenen Tendenzen und Möglichkeiten menschlicher Lebens- und Weltgestaltung entgegen allen fixierenden Deutungen bewußt zu machen, reduzierten die Vertreter einer sich geisteswissenschaftlich verstehenden Pädagogik wie H. Nohl das Programm auf eine historisch orientierte Bildungsphilosophie und Kulturgeschichte (vgl. U. Herrmann 1978). Damit bleibt die im Theoriekonzept mitgedachte Forderung, Schulwissen auch als gesellschaftlich bestimmtes Phänomen zu untersuchen, forschungspraktisch folgenlos.

Das Bedingungsverhältnis von sozialen Strukturen und Wissensformen wird seit den 20er Jahren zum Thema der Soziologie. Auf soziologische Differenzierungen des Zusammenhangs von Schulwissen, didaktischer Theorie und gesellschaftlichen Strukturen wird zurückgegriffen, um zu prüfen, inwieweit die didaktische Nachkriegsdiskussion sie verarbeitet und damit ihre bildungspolitische Wirksamkeit verbessert.

Schulwissen ist in zweifacher Hinsicht gesellschaftlich bestimmt. Es hängt davon ab, was überhaupt in einer Gesellschaft als Wissen gilt, wie davon, was für bestimmte Schülerpopulationen als wissenswert erachtet wird. Die Qualität didaktischer Begründungen und Konzepte von Schulwissen, die Möglichkeit Dogmatisierungen und Barrieren abzubauen, wächst mit der Problemdifferenzierung auf beiden Ebenen, wie sie Wissenssoziologie und Erziehungssoziologie vorangetrieben haben in Untersuchungen über

- die gesellschaftliche Bestimmtheit von Wissen in wissenssoziologischer Sicht

- Strukturähnlichkeiten von Kultur- und Sozialphänomenen in kultursoziologischer Sicht

- manifeste und latente Funktionen von Wissensmustern und ihrer Verteilung in sozialen Systemen in strukturfunktionaler oder ideologiekritischer Sicht

- die gesellschaftliche Bestimmtheit der Struktur und der Vermittlungsformen von Schulwissen und der Prozesse ihrer gesellschaftlichen Produktion aus der Sicht einer "Wissenssoziologie des Curriculums".

Zudem hängt die Qualität und gesellschaftliche Wirksamkeit didakttischer Begründungen und Konzepte davon ab, welche Bedeutung der Wissenschaft allgemein und der Pädagogik im besonderen bei der Bearbeitung gesellschaftlicher Probleme zugemessen wird (vgl. 1.3.).

1.2.1.   Gesellschaftliche Bestimmtheit von Wissen

Die in den zwanziger Jahren im deutschsprachigen Raum in der Wissenssoziologie geführten Auseinandersetzungen darüber, was die Marxsche These, daß das Bewußtsein der Menschen durch ihr gesellschaftliches Sein bestimmt werde, eigentlich bedeute, haben Deutungsvarian-
ten der Erkenntnismöglichkeiten überhaupt freigelegt, die das Sekun-
därproblem institutioneller Wissensübertragung grundlegend betreffen,
zumindest wenn man unterstellt, daß Pädagogen daran interessiert
sind, möglichst unverzerrtes, "richtiges" Wissen weiterzugeben.

Ungeachtet der Auslegungsschwierigkeiten des dialektischen Verhältnisses von Sein und Bewußtsein enthält Marx' Rekonstruktion des
Prozesses der gesellschaftlichen Entwicklung die Perspektive auf Verhältnisse, in denen Ideologien zur Durchsetzung partikularer gesellschaftlicher Interessen überflüssig werden und "falsches Bewußtsein"
aufgehoben ist. Schulunterricht als der Bewußtseinsbildung verpflichtet
muß in dieser Perspektive die Ideologie der herrschenden Klasse ent-
schleiern helfen und für die aufsteigende Klasse Partei ergreifen. Gegen diese Lehre vom "welthistorischen 'Beruf' des Proletatiats zur Be-
endigung aller Klassenkämpfe überhaupt, und damit von dem Aufhören
der ökonomisch determinierten Welt der historischen Idealbildungen"
entwickelt M. Scheler seine Deutungsvariante:

> "Es gibt keine Konstanz im Wirkprimat der Realfaktoren; gerade
> hierin besteht geordnete Variabilität. Wohl aber besteht ein
> Grundverhältnis der Idealfaktoren zu den Realfaktoren über-
> haupt..., das strengste Konstanz in aller Geschichte des Menschen
> besitzt und eine Umkehrung oder auch nur Veränderung in keiner
> Weise zuläßt." (M. Scheler 1960, S. 50).

Dieses Grundverhältnis beschreibt er im Bild des Stroms, der durch
Schleusen geleitet wird. Die Realfaktoren stellen die Bedingungen dar,
unter denen die Idealfaktoren wirklich werden. Sie bestimmen zwar
in keiner Weise den positiven Gehalt der geistigen Produktion, aber
sie hindern, enthemmen, verzögern oder beschleunigen ihr Wirklich-
werden (ebd. S. 40). Dementsprechend begrenzen sich die Aufgaben
der Wissenssoziologie darauf,

> "den Gesetzen und Rhythmen nachzugehen..., in denen das Wissen
> von den Spitzen der Sozietät (den Eliten des Wissens) nach unten
> abfließt, und festzustellen, wie es sich hier zeitlich über Gruppen
> und Schichten verteilt, wie ferner die Gesellschaft diese Wissens-
> verteilung organisatorisch regelt – teils durch wissensverbreitende
> Anstalten wie Schulen, Presse, teils durch Schranken die sie
> setzt: Geheimnisse, Indexe, Zensur, Verbote an Kasten, bestimmtes
> Wissen zu erwerben ..." (ebd. S. 55).

Eine Aufklärung über die Wirkungsweise der Realfaktoren erscheint
also möglich, wenn auch nicht ihre Veränderung. Die geistigen Gehalte
selber sind der soziologischen Analyse nicht zugänglich. An ihren
Höchstformen, der Verbindung von Metaphysik der geistigen Eliten und
positivem Wissen, müßte sich die Schule orientieren.

Mannheim setzt sich, indem er das Problem einer Soziologie des Wissens auf seine Entstehungsbedingungen und Entwicklungsdynamik hin

untersucht, nicht nur kritisch mit Schelers ontologisierender statischer Auffassung der geistigen Gehalte auseinander, er meint damit auch einen Schritt über den marxistischen Ideologiebegriff hinauszugelangen. Die stets vorhandenen Tendenzen zur Selbstrelativierung des Denkens in Bezug auf umfassendere Faktoren wie mystisches Bewußtsein oder religiöse Offenbarung werden auf gesellschaftliche Faktoren bezogen zum "enthüllenden Bewußtsein", wie Mannheim es für die gegen Theologie und Metaphysik gerichtete Aufklärungswissenschaft behauptet, die als "Überbau" der bürgerlichen Schichten auf Zersetzung der Adel und Klerus stützenden Ideen gerichtet ist (vgl. K. Mannheim 1970, S. 311ff). Dieses "enthüllende Bewußtsein" geht nach Mannheim nicht so sehr darauf aus, "gewisse Ideen einfach zu negieren, für falsch zu erklären oder anzuzweifeln", es ist vielmehr darauf gerichtet, "sie zu zersetzen, und zwar in einer Weise, daß dadurch zugleich das Weltbild einer sozialen Schicht zersetzt wird" (ebd. S. 315). Durch die Enthüllung der Funktionaltät bestimmter Ideen werden diese in ihrer sozialen Wirksamkeit aufgelöst (ebd. S. 316). Zunächst werden einzelne Ideen, später etwa bei Marx der gesamte ideologische Überbau einer bekämpften Sozialschicht oder Klasse in ihrer gesellschaftlichen Bestimmtheit aufgewiesen. Ist einmal diese Stufe erreicht, so treten nach Mannheim die enthüllenden und sozialkämpferischen Tendenzen immer stärker hinter der Analyse von Funktionsbeziehungen zurück.

"Wenn man einmal den Gedanken gefaßt hat, daß die Ideologien der Gegner eben Funktionen ihrer Weltlage sind, so kann man sich davor nicht verschließen, daß auch die eigenen Ideen Funktionen eines sozialen Seins sind, und will man das nicht zugeben, so zwingt einen der Gegner dazu, der dieselbe Methode der Ideologieforschung sich aneignet und auf den ersten Anwender anwendet." (ebd. S. 321f)

Die Utopie, die Mannheim an diese Entwicklung und die daraus sich ergebenden Aufgaben der Wissenssoziologie knüpft, ist, daß das Denken in die Lage kommt, zunehmend angemessenere "Systematisierungszentren" zu finden, um die Perspektivität der Standorte auf Verarbeitung der "totalen Seinslage" hin zu integrieren (ebd. S. 369ff). Auf Schule übertragen entspricht dem die Forderung nach zunehmender sozialer Sensibilisierung (social awareness) durch Bildung in "Freedom, Power and Democratic Planning" 1950. Diese Sensibilisierung soll u.a. dadurch erreicht werden, daß die Schüler verschiedene Formen von Familienleben, Erziehung, Wirtschaften, Freizeitgestaltung, also Perspektiven verschiedener Standorte kennenlernen.

Die Verlagerung der wissenssoziologischen Problemsicht von der Aufdeckung gesellschaftlicher Verzerrungen oder der Standortgebundenheit von Gedanken, Ideen, Weltanschauungen zur "Analyse jenes Wissens, welches das Verhalten in der Alltagswelt reguliert" (P.L. Berger, T. Luckmann 1980, S. 21) und zur Analyse der Prozesse, in denen sich gesellschaftliche Faktizität und subjektiver Sinn vermitteln (ebd. S. 20), lenkt auch im Hinblick auf Schulwissen die Aufmerksamkeit auf die Konstituionsprozesse von Wissen und deren Unterschiede in der primären und sekundären Sozialisation. An die Stelle der Frage nach dem unverzerrten Wissen schiebt sich die Frage nach den Prozessen und Mechanismen der gesellschaftlichen Konstruktion von Wirklichkeit im

Zusammenhang gesellschaftlicher Objektivierung und subjektiver Aneignung (vgl. S. 82f).

1.2.2. Strukturähnlickeiten von Kultur- und Sozialphänomenen

Einen Kultursysteme übergreifenden Versuch interpretatorischer Verknüpfung von Bildungsauffassungen mit Typen gesellschaftlicher Herrschaft macht M. Weber, wenn auch nur im Nebenaspekt der weitgespannten kritischen Auseinandersetzung mit orthodoxen zeitgenössischen Marxinterpretationen, in "Wirtschaft und Gesellschaft".

Danach stabilisieren Ideale und Institutionen der Bildung und Erziehung die Herrschaftsstrukturen einer Gesellschaft und lassen sich entsprechend der Unterscheidung charismatischer, traditionaler und bürokratischer Herrschaftsformen typisieren. Zwischen dem charismatischen und rationalen Bildungstyp stehen nach Weber – wenn auch nicht übergangslos, so doch in zeitlicher Folge – Ausbildungssysteme, die entsprechend dem traditionellen Typus von Herrschaft ein ständisches Gesellschaftssystem sichern, insbesondere die Stellung der herrschenden Gruppe über das Erziehungsziel der "kultivierten Persönlichkeit".

".. in der feudalen, theokratischen, patrimonialen Herrschaftsstruktur, in der englischen Honoratiorenverwaltung, in der altindischen Patrimonialbürokratie, in der Demagogenherrschaft der hellenischen sogenannten Demokratie war Ziel der Erziehung und Grundlage der sozialen Schätzung, bei aller noch so großen Verschiedenheit dieser Fälle untereinander, nicht der 'Fachmensch', sondern – schlagwörtlich ausgedrückt – der 'kultivierte Mensch'. Der Ausdruck wird hier gänzlich wertfrei und nur in dem Sinne gebraucht: daß eine Qualität der Lebensführung, die als 'kultiviert' galt, Ziel der Erziehung war, nicht aber spezialisierte Fachschulung. Die, je nachdem, ritterlich oder asketisch oder (wie in China) literarisch oder (wie in Hellas) gymnastischmusisch oder zum konventionellen angelsächsischen Gentleman kultivierte Persönlichkeit war das durch die Struktur der Herrschaft und die sozialen Bedingungen der Zugehörigkeit zur Herrschaft geprägte Bildungsideal. Die Qualifikation der Herrenschicht als solcher beruhte auf einem Mehr an 'Kulturqualität' ... nicht von Fachwissen." (M. Weber 1972, S. 578).

Als Stütze des Prestigebedürfnisses der Herrschenden gewinnt zweckfreie höhere Bildung ihre soziale Funktion.

Im Gegensatz zum charismatischen Herrschaftstyp, der als "irrational im Sinn der Regelfremdheit" gekennzeichnet wird, erscheint der bürokratische Herrschaftstyp als "rational im Sinn der Bindung an diskursiv analysierbare Regeln" (ebd. S. 141). Herrschaft in modernen bürokratischen Systemen schafft durch Zentralisierung der Verwaltung verschiedenster gesellschaftlicher Bereiche einen Apparat, dessen technische Bedürfnisse nur durch Fachschulung, nicht durch "zweckfreie Bildung" befriedigt werden können.

"Hinter allen Erörterungen der Gegenwart um die Grundlagen des Bildungswesens steckt an irgendeiner Stelle der durch das unaufhaltsame Umsichgreifen der Bürokratisierung aller öffentlichen und privaten Herrschaftsbeziehungen und durch die stets zunehmende Bedeutung des Fachwissens bedingte ... Kampf des 'Fachmenschen'-Typus gegen das alte 'Kulturmenschentum'." (ebd. S. 578).

Dieser "Kampf" ist Teil jenes Rationalisierungsprozesses, der darauf gerichtet ist, Dinge wie Menschen berechenbar zu machen, als Mittel zu Zwecken zu benutzen. Dieser durch das Ausbildungswesen gestützte Prozeß wird von Weber auch als spezifische Form der Entmenschlichung beschrieben. Gleichzeitig deckt Weber aber auch die stabilisierende Funktion der Spezialisierung und Fachausbildung für Herrschaft auf. Technisch rationales Wissen ist nicht nur Instrument gesellschaftlicher Bedürfnisbefriedigung, sondern auch Instrument zur Sicherung gesellschaftlicher Herrschaftsverhältnisse. Auch Fachausbildung schafft ständische Differenzen und Unterschiede im Zugang zur Macht:

"Die Ausgestaltung der Universitäts-, technischen und Hochschuldiplome, der Ruf nach Schaffung von Bildungspatenten auf allen Gebieten überhaupt, dienen der Bildung einer privilegierten Schicht in Büro und Kontor... Wenn wir auf allen Gebieten das Verlangen nach Einführung von geregelten Bildungsgängen und Fachprüfungen laut werden hören, so ist selbstverständlich nicht ein plötzlich erwachender Bildungsdrang, sondern das Streben nach Beschränkung des Angebotes für die Stellungen und deren Monopolisierung zugunsten der Besitzer von Bildungspatenten der Grund." (ebd. S. 577).

Die über Bildungspatente erworbenen Privilegien werden· dann weiter durch Formen von Geheimwissen gestützt, wie sie sich in dem bürokratischen Begriff des Amtsgeheimnisses ausdrücken. Schwierigkeiten für demokratisch verfaßte Gesellschaften entstehen daraus, daß einerseits die fachliche Qualifizierung als Grundlage für die Abschaffung von Honoratiorenprivilegien gewünscht werden muß, daß aber andererseits das Fachausbildungssystem mit seinen Auslesemechanismen die Herausbildung neuer Privilegien zu stützen scheint.

Die Ausdehnung der Märkte und die damit verbundene rationale Arbeitsteilung machen auch und gerade für die "geistigen Berufe" eine Schulung nötig, die abstakt-generalisierende Methoden der Beherrschung gesellschaftlicher Funktionsbereiche zu vermitteln hat. Weber zeigt für die juristische Ausbildung, daß ihre Inhalte zwar durch die Erfordernisse des Marktes insoweit bestimmt sind, als sie dem Prinzip der Berechenbarkeit folgen, daß aber andererseits der Wissensbereich, durch Spezialisten systematisiert, Eigengesetzlichkeit entwickelt. Nach Weber bleibt die Wissenschaft, als Beruf betrieben, selbst wenn sie im Ausbildungssystem Warencharakter annimmt, der Wahrheit verpflichtet und damit dem Zweck-Mittel-Verhältnis enthoben, allerdings unter der Voraussetzung, daß ihr Erkenntnisinteresse auf Objektivität, verstanden als wertneutrale Erkenntnis von Tatsachen, beschränkt bleibt. "Nur in Wissenschaft als Beruf scheint sich noch der Teil eines Bildungsprozesses zu realisieren, bei dem das Verhältnis zwischen Bildungsgegenstand und Individuum sich nicht auf die äußerliche Übernahme schon zugerichteten Wissens reduziert." (U. Jaerisch 1956, S. 292). Allerdings steht das postulierte Selbstverständnis des Wissen-

schaftlers unvermittelt neben dem Tatbestand, daß gerade die Wertfreiheit wissenschaftlicher Arbeit reine Verwertbarkeit garantiert.

Weber macht die herrschaftslegitimierende Funktion des Bildungswesens, seiner Ziele, Inhalte und Organisationsformen, zum Hauptmerk-
mal seiner Typisierung, ohne die qualifizierenden Leistungen zu übersehen. Auch für die Ausbildung im traditionalen System gilt: "Das
kriegerische, theologische, juristische Fachkönnen wurde natürlich
dabei eingehend gepflegt. Aber im hellenischen wie im mittelalterlichen
wie im chinesischen Bildungsgang bildeten ganz andere als fachmäßig
'nützliche' Erziehungselemente den Schwerpunkt." (ebd. S. 578). In
bürokratischen Systemen entspricht das vermittelte Fachwissen nicht
nur dem Bedarf der verschiedenen gesellschaftlichen Bereiche an technisch rationalem Problemlösungswissen, es legitimiert zugleich auch
z.B. über den Auslesemaßstab "Leistung" soziale Unterschiede und
unterschiedliche Machtbefugnisse.

1.2.3.   Funktionen organisierten Wissens im sozialen System

Hatte bereits Mannheim das Vordringen funktionaler gegenüber ideologiekritischer wissenssoziologischer Betrachtungsweise vorausgesagt,
stellte R. Merton mit den Begriffen der manifesten und latenten Funktion aus der Struktur- und Funktionstheorie Grundkategorien auch für
die Analyse von Wissen bereit. Dabei geht es nicht um die Aufdeckung
sozial bedingter Verzerrungen von Wissen sondern um seine Auslegung
auf die Bedürfnisse sozialer Gruppen und Institutionen und um die
Auslegung institutionalisierter Formen des Wissens auf das Bedürfnis
nach Erhaltung des gesellschaftlichen Gesamtsystems. Unter der Herrschaft der funktionalistischen theoretischen Schule steht die Erziehungssoziologie der 50er und 60er Jahre in den USA und dann auch in der
Bundesrepublik, soweit sie nicht in marxistischer Tradition die Funktionalisierung institutioneller Wissensorganisation im spätkapita-
listischen Gesellschaftssystem in ideologiekritischer Absicht untersucht.
Bei der Analyse der gesellschaftlichen Funktionen institutioneller Erziehung werden gewöhnlich Qualifikations-, Selektions- und Legitimationsfunktionen unterschieden (vgl. zusammenfassend H. Fend 1980,
Kap. 2). Dabei wird vorausgesetzt, daß die soziale Organisation des
Schulwesens einschließlich der Art und Weise der Wissensvermittlung
die Lernenden in Übereinstimmung bringt mit gesellschaftlichen Normen
und Werten und damit auch zur Akzeptierung sozialer Gliederung und
ökonomischer Qualifikationsanforderungen.

Ein Musterbeispiel strukturell-funktionaler Analyse stellt R. Dreebens
Buch "On What is Learned in School" dar (1968, dt. 1980), das die
eigentümliche Struktur von Organisationsmerkmalen in Schule und
Klassenzimmer als funktional für die Herausbildung von jenen "relativ dauerhaften Verhaltensmustern, moralischen Prinzipien und Reak-
tionsweisen" nachweisen will, mit denen der "Übergang vom Familienleben zur Beteiligung am politischen Gemeinwesen und im beruflichen
Sektor der Volkswirtschaft" vorbereitet wird (ebd. S. 8). Analysiert
wird insbesondere der Beitrag der Schule bei der Übernahme der Verhaltensweisen, die den Normen Unabhängigkeit, Leistung, Universa-

lismus und Spezifizität entsprechen (ebd. S. 59ff).

Eine Diskussion der gesamtgesellschaftlichen Funktion des Bildungswesens beginnt in der Bundesrepublik in der zweiten Hälfte der 50er
Jahre unter den Gesichtspunkten der Qualifikation und Selektion. Auf
verschiedenen Diskussionsebenen (Ausbildungspraxis, Soziologie, Erziehungswissenschaft, Bildungspolitik)(1) setzte sich die Einsicht
durch, daß das Bildungssystem steigenden gesellschaftlichen Qualifikationsanforderungen anzupassen sei. In der sich neu konstituierenden
Bildungssoziologie wird die Forderung der Qualifikationserhöhung mit
der Forderung nach mehr Chancengleichheit verknüpft. Das führt zunächst zu Untersuchungen, die soziale Ungleichheiten in der Verteilung von Bildungsabschlüssen aufdecken, im weiteren zu Untersuchungen der sozialen Bedingtheit unterschiedlicher Bildungschancen, der
inhaltlichen und strukturellen Barrieren in verschiedenen Sozialisa-
tionskontexten. Diese Untersuchungen, die die Selektionsfunktion von
Schule thematisieren und Strukturreformen des Bildungswesens unterstützen, betreffen auch das Schulwissen. Sie entlarven das schulische
Bildungsangebot wie auch die Verhaltenserwartungen der Lehrer als
sozialgruppenspezifisch normiert und bestimmte Kontexte der Primärsozialisation als hemmend für die schulische Lernbereitschaft und
-fähigkeit(2). Am stärksten entwickelt und in den 70er Jahren bis in
die Lehrpläne einflußreich waren von B. Bernstein angeregte und von
verschiedenen, auch deutschsprachigen Wissenschaftlern weitergeführte
Untersuchungen zur sprachlichen Sozialisation, ihren schichten- und
schulspezifischen Ausprägungen.

-----

(1) Für die soziologische Diskussion weisen D. Hartung u.a. (1978)
darauf hin, daß bereits in frühen Aufsätzen zu den Beziehungen
von Bildungs- und Beschäftigungssystem von Schelsky, Habermas
und Dahrendorf seit Ende der 50er Jahre trotz unterschiedlicher
theoretischer Ausgangspunkte und unterschiedlicher gesellschaftlicher Einschätzungen übereinstimmend von einem stark anwachsenden Qualifikationsbedarf ausgegangen wurde, der allerdings nur
sehr vage aus der wirtschaftlichen Entwicklung, der Verwissenschaftlichung der Produktion und anderer gesellschaftlicher Bereiche, der Ausdifferenzierung der Berufsrollen begründet wird
(S. 301ff).
Von den beiden großen bildungspolitischen Plänen will der "Bremer
Plan" die Schule der "neuen technischen Lebenswirklichkeit des
Menschen" anpassen, der Rahmenplan unterstellt, daß "die moderne Gesellschaft .. für ihren Bestand und ihre Entwicklung
mehr Nachwuchs mit gehobener Schulbildung als bisher .." braucht.

(2) Es sei hier nur auf zwei deutsche Arbeiten der ersten Rezeptions-
phase mit umfangreichen Quellenverzeichnissen verwiesen: H.-G.
Rolff 1967, K. Mollenhauer 1970.

Neben diesen eher mikrosoziologischen Untersuchungen der schulischen Selektionsprobleme entwickelten sich seit den frühen sechziger Jahren, wiederum im Zusammenhang mit der Rezeption angelsächsischer Arbeiten, bildungsökonomische Ansätze, die die Zusammenhänge zwischen Wirtschaftswachstum und Bildungswesen zu erklären versuchten und Modelle erarbeiteten zur Ermittlung der Nachfrage nach Ausbildung und des Bedarfs an qualifiziert Ausgebildeten als Entscheidungshilfe für die Bildungsplanung. Die einseitige funktionale Betrachtung des Ausbildungswesens unter dem Kriterium wirtschaftlichen Wachstums erklärt sich nach F. Huisken daraus, daß eine Erhöhung der knappen öffentlichen Mittel für das Bildungswesen, auch Voraussetzung für eine Umsetzung von Postulaten wie "Bürgerrecht auf Bildung", nur bei wirtschaftlichem Wachstum zu erhoffen ist, das von einer optimalen Versorgung der Wirtschaft und anderer Abnehmerbereiche mit Arbeitskräften abhängig ist (F. Huisken 1972, S. 216). Huisken stellt auch die noch aufzugreifende Theorie auf, daß die Curriculum–Revision ein geeignetes Instrument sei, um die von der wachstumsorientierten Bildungsökonomie aufgeworfenen Probleme zu lösen, indem sie die qualitativen Anpassungsprozesse zwischen Bildungswesen und Arbeitsmarkt steuere (ebd.).

In politökonomischen Analysen wird dieser einsinnige Zusammenhang zwischen ökonomischer Entwicklung und Entwicklung des Bildungswesens ebenfalls unterstellt, unter anderen gesellschaftstheoretischen Prämissen aber anders gedeutet und bewertet. Die Resourcenknappheit für das Bildungswesen wird hier nicht als unumgänglich akzeptiert, sondern als Ausdruck der widersprüchlichen Verwertungsinteressen des Kapitals begriffen, einerseits die Arbeitskräfte entsprechend den Anforderungen des Arbeitsprozesses zu qualifizieren, andererseits aber die dadurch verursachten Kosten, weil sie die Profitrate mindern, möglichst niedrig zu halten. "Das den Grundwiderspruch kapitalistischer Produktionsverhältnisse kennzeichnende Verhältnis von Lohnarbeit und Kapital enthält damit sowohl die untere als auch die obere Grenze der Verausgabung von Mitteln im Qualifikationsprozeß: Die untere Grenze wird bestimmt durch das Bedürfnis des Kapitals nach verwertbarer Arbeitskraft, die obere Grenze durch das Interesse des Kapitals, 'ökonomische Hörigkeit' zu erhalten. Jede über diese obere Grenze hinausgehende Verausgabung von faux frais im Bildungssektor muß vom Kapital als unproduktive Konsumption von Lehrerdiensten bekämpft werden." (F. Huisken 1972, S. 337).

Fragen der inhaltlichen Konkretisierung der Qualifikationsanforderungen oder der Entstehung von Qualifikationen in Bildungsprozessen und damit der inhaltlichen Beziehungen von Lern– und Arbeitsprozessen überhaupt blieben weitgehend unerörtert. Industriesoziologische Untersuchungen kamen zu widersprüchlichen Thesen über die Entwicklung von Qualifikationsanforderungen (vgl. D. Hartung u.a. 1978, S. 315ff und C. Offe 1975, S. 222ff). Zweifel an der ökonomischen Funktionalität der Bildungsexpansion in der Bundesrepublik traten spätestens dann auf, als sich in der ersten Hälfte der siebziger Jahre Abstimmungsprobleme zwischen Bildungs– und Beschäftigungssystem deutlich zeigten. Angesichts der Expansion des Bildungssystems auch nach restriktiven bildungspolitischen Maßnahmen im Zusammenhang mit konjunkturellen Problemen der tendenziellen Überqualifikation und

64

auch angesichts der Schwierigkeit, Qualifikationsanforderungen eindeutig zu ermitteln oder deren Entwicklung sicher zu prognostizieren, werden in der Theorieentwicklung das Qualifikationskonzept erweitert und die gesellschaftlichen Funktionen schulischer Ausbildung differenzierter betrachtet (vgl. D. Hartung u.a. 1978, S. 324ff).

C. Offe (1975) stellt das vielen liberalen wie marxistischen bildungsökonomischen Untersuchungen zugrunde liegende eindimensionale Qualifikationskonzept in Frage, das eine Abhängigkeit der beruflichen Eignung von der Dauer des Schulbesuchs unterstellt. Die Unterscheidung Dahrensdorfs zwischen "funktionalen" und "extrafunktionalen" Qualifikationen oder die von Kern/Schumann zwischen "prozeßgebundenen" und "prozeßungebundenen" Fertigkeiten beziehe sich auf den gleichen Sachverhalt, der in der marxistischen Theorie mit der Doppelnatur kapitalistischer Lohnarbeit als Arbeits- und Verwertungsprozeß erfaßt werde. Dieser Sachverhalt lege eine Unterscheidung der "stofflichen" von der "gesellschaftlichen" Seite der Qualifikation nahe. Zum anderen gäbe es Vermutungen und Hinweise darauf, daß die "stofflichen" Qualifikationsanforderungen des Beschäftigungssystems selbst zunehmend abstrakter würden. Allgemeine Zielbeschreibungen schulischer Lernprozesse wie "Mobilität", "Flexibilität", "Disponibilität" oder "Lernen des Lernens" können als Ausdruck solcher Entwicklungen verstanden werden. Diese Qualifikationsentwicklung und ein von Offe behauptetes, empirisch und logisch begründetes, nicht behebbares Prognosedefizit des quantitativen und qualitativen Bedarfs im Bildungs- und Beschäftigungssystem begründen die inhaltliche "Unterdeterminiertheit" bildungspolitischer Entscheidungen durch Erfordernisse des Beschäftigungssystems. Diese Unterdeterminiertheit der bildungspolitischen Entscheidungen, die auch als relative Verselbständigung beschrieben werden könnte, bedeutet faktisch aber nicht, daß die Bildungspolitik freie Hand hätte, ihre Entscheidungskriterien selbst zu bestimmen. Sie erlaubt vielmehr die Berücksichtigung anderer gesellschaftlicher Strukturprobleme gemäß der jeweiligen politischen Definition. Offe nennt drei Problembereiche, für die das Bildungssystem politisch als Instrument der Konfliktabwehr oder -bearbeitung fungiert: a. Störungen auf dem Arbeitsmarkt, angesichts derer 'Überqualifikation' als sozialpolitische Maßnahme, Ausbildungsprogramme als Arbeitsmarktregelungen verstanden werden können, b. Schwierigkeiten bei der Einordnung der Arbeitskräfte in industriell-bürokratische Arbeit, die die Vermittlung entsprechender Verhaltensbereitschaft als Konflikabwehr erscheinen lassen, c. Schwierigkeiten der Legitimation eines politischen Systems unter der ideologischen Prämisse gleicher Chancen, die durch schulische Situationsdeutungen und Einstellungsprägungen (z.B. Leistungsgesellschaft) reduzierbar erscheinen. Als vierter Problembereich wird die Übernahme von Sozialisationsfunktionen genannt, die zuvor andere gesellschaftliche Organisationsformen, etwa die Familie, ausübten. Diese Funktionssubstitution führt im Extremfall dazu, worauf Offe hinweist, daß sich die Curriculumtheorie auf ein "flächendeckendes" Spektrum von Lebenssituationen bezieht.

In dieser auf die Gesamtgesellschaft bezogenen multifunktionalen Betrachtungsweise erscheinen eigendynamische Tendenzen des Bildungssystems, etwa die, daß sich in der Auseinandersetzung mit dem schulischen Lehrangebot kognitive Fähigkeiten entwickeln könnten, die sich

zunehmend sozialer Kontrolle entziehen, als "widersprüchliche Folge-
erscheinungen" (Offe 1975, S. 247ff).

Insgesamt gesehen sind für diese Betrachtungsweise weniger die programmatischen Elemente des Ausbildungssystems, also vor allem die
Ziele, Inhalte und Wege von Unterricht von Interesse, sondern vielmehr nicht-strategische Strukturelemente, die sich als stabilisierend
im Hinblick auf sozial- und machtpolitische gesellschaftliche Strukturen auslegen lassen(1).

1.2.4.   Wissenssoziologie des Curriculums

Erst zu Beginn der 70er Jahre lenkten die Einsichten der Sozialisationsforschung, daß der schulische Wissenskanon selbst als Barriere für
die Durchsetzung der gesellschafts-politischen Forderung nach Chancen-
gerechtigkeit wirkt, die Aufmerksamkeit der Erziehungssoziologie auf
das schulische Curriculum als Untersuchungsgegenstand.

"Diese neue Soziologie des Schulwissens und des Curriculums zeigt,
daß soziale Macht strukturell repräsentiert ist und daß Wissen
und Kultur wesentliche Momente im Prozeß der sozialen Vorherr-
schaft und der Kapitalakkumulation sind. Diese selektive Transmis-
sion der Klassenstruktur als allgemeine Kultur bringt die Kulturen
der Unterdrückten zum Schweigen und legitimiert die gegenwärtige
soziale Ordnung als natürliche und ewige." (P. Wexler 1981,
S. 57).

Die französischen Soziologen P. Bourdieu und J.-C. Passeron versuchen
die Beobachtung zu erklären, daß Ausbildungsinstitutionen, scheinbar
neutrale Ausleseinstanzen, Macht und Privilegien vermitteln, u.a. aus
empirischen Erhebungen über das französische Hochschulwesen der frühen sechziger Jahre, und eine allgemeine Theorie über die Beziehungen
zwischen kultureller und sozialer Reproduktion zu formulieren (1971,
1973)(2).

-----

(1) Forschungsmäßig schlägt sich diese Tendenz nieder in der zuneh-
    menden Zahl von Untersuchungen zu den ungeplanten Lernwirkungen
    schulischer Institutionen, in der Bundesrepublik unter dem Stich-
    wort "heimlicher Lehrplan" oder "Schulklima" (vgl. etwa J. Zinn-
    ecker 1976, H. Fend 1977). In diesen Zusammenhang gehört auch
    die deutsche Übersetzung der strukturell-funktionalistischen Unter-
    suchung von R. Dreeben (1980).

    In marxistischer Perspektive geht es um die Aufdeckung der struk-
    turellen Entsprechungen zwischen Lohnarbeit und schulischen So-
    zialisationsbedingungen (vgl. S. Bowles, H. Gintis 1976).

(2) Auf die Rolle der Erziehungswissenschaft in der "Theorie der sym-
    bolischen Gewalt" wird im folgenden Abschnitt noch ausführlicher
    eingegangen.

Eine zentrale These ist: "Das Unterrichtssystem reproduziert die Struktur der Verteilung des kulturellen Kapitals unter den Klassen (und Klassenfraktionen) desto vollkommener, je näher die Kultur, die es übermittelt, der herrschenden Kultur steht und je ähnlicher die Einprägungsweise ... ist." (P. Bourdieu 1973, S. 103). Während nach Weber in modernen Bürokratien das Ausbildungswesen Fachwissen vermittelt, das das dysfunktional werdende Prinzip einer kultivierten Persönlichkeit verdrängt und die sozial privilegierende Funktion des Bildungswesens zunehmend quantiativ über die Ausbildungsdauer sichert, soll hier nachgewiesen werden, daß über die Auswahl von Bildungsinhalten und vor allem über die Form ihrer Vermittlung mit kulturellen auch soziale Privilegien festgeschrieben werden. Begrenzt bleiben diese Aussagen über die soziale Reproduktionswirkung schon deshalb, weil die untersuchten Symbolsysteme auf den kulturellen Bereich im engeren Sinne reduziert werden. Andere Unterrichtsinhalte und Problemlösungsverfahren, wie sie die Schule etwa im mathematisch–naturwissenschaftlichen und technologischen Bereich anbietet, bleiben hingegen unberücksichtigt(1).

Die Beiträge in dem 1971 von M.F.D. Young herausgebenen Band "Knowledge and Control" verstehen sich als eine kritische Auseinandersetzung mit solchen erziehungssoziologischen Untersuchungen, die, indem sie Familie und Schule als Sozialisationsagenturen auffassen, die den Heranwachsenden Normen und Werte weitergeben und sie so in die Gesellschaft einpassen, Ziele, Leistungs– und Verhaltenserwartungen als gegeben ansehen. Diesem "normativen" Paradigma soziologischer Forschung setzt Young ein "interpretatives" Paradigma gegenüber, in dem verschiedene theoretische Ansatzpunkte zusammenlaufen: Kritik an der Gesellschaft und ihren Institutionen in marxistischer Tradition, Zweifel an der Gültigkeit von Wirklichkeitsauffassungen des 'common sense' wie der Wissenschaft in phänomenologischer Tradition und das Bemühen, wissenssoziologische Einsichten auf das Curriculum zu beziehen.

Die Überlegungen von Young, in Verbindung mit denen von B. Bernstein im selben Band, sind besonders deshalb von Interesse, weil sie Kriterien für die Strukturanalyse curricularer Wissensorganisation enthalten. Er unterscheidet drei Dimensionen der sozialen Organisation des Wissens in Curricula (M.F.D. Young 1971, S. 32ff):

-----

(1) Die Bildungssituation in Frankreich, die zu dieser Begrenzung führte, scheint der in England in den frühen 60er Jahren zu gleichen, die den berühmt gewordenen Streit um die "zwei Kulturen" auslöste. C.P. Snow hatte in einem Cambridger Vortrag über "Two Cultures and the Scientific Revolution" eine Revision des exklusiven Bildungsbegriffs gefordert, da es nicht angehe, daß die Naturwissenschaften zwar die soziale Gegenwart entscheidend verändere, die traditionelle literarische Kultur aber weiterhin das Bewußtsein der englischen Elite leite. Das gleiche gilt für das deformierte humanistische Bildungsideal deutscher Gymnasien mit seinem Schwerpunkt im sprachlich–literarischen, besonders altsprachlichen Bereich.

1. Umfang und Spezialisierung der Wissensinhalte

2. Soziale Bewertung der verschiedenen Wissensinhalte

3. Beziehungen zwischen den Wissensinhalten

Eine Operationalisierung z.B. für Lehrplananalysen erscheint verhältnismäßig einfach:

zu 1: Anzahl und Stundenanteile der Fächer im Curriculum; Fachdifferenzierung übergreifender Wissensdimensionen, etwa der naturwissenschaftlichen oder historischen.

zu 2: Stundenanteile und Verteilung finanzieller Mittel auf die Fächer in vergleichbaren Schultypen; Status der Schulfächer als Pflicht- oder Wahlfach; Bedeutung der Fächer für Durchführung und Abschluß des Ausbildungsganges und für die Zulassung zu weiterführenden Ausbildungsgängen.

zu 3: Hinweise auf Probleme anderer Fächer und auf fachübergreifende Probleme; Unterrichtsorganisation: Gesamtunterricht oder Teamarbeit von Fachlehrern.

B. Bernstein wählt in seinem Beitrag etwas andere Dimensionen zur Beschreibung zweier idealtypischer Formen des Curriculums, die er "collection type" und "integrated type" nennt (1971, S. 49f). Die eine Dimension bezieht sich auf Art und Grad der Abgrenzung von Inhalten (und deckt sich weitgehende mit den Operationalisierungsschritten 1-3), die andere auf den Zusammenhang, in dem Wissen übermittelt wird, auf das Verhältnis Lehrer-Lernender und die Kontrolle, die beide über die Auswahl der Lerngegenstände besitzen. Zugleich bezieht sich diese Dimension auf das Verhältnis von Schulwissen und Alltagswissen. Diese wichtigen Aspekte nimmt Young nicht auf. Sie könnten für eine Lehrplananalyse in folgender Weise operationalisiert werden:

4. Tatsächliche Kontrolle durch die Beteiligung der Betroffenen an der Inhaltsauswahl; Verbindlichkeit von Fächern, Stundenzahlen, Inhalten;

5. Verhältnis von fachsystematischen Gesichtspunkten und Alltagserfahrungen; Berücksichtigung von Schülererfahrungen.

Young schlägt vor, curriculare Veränderungen als Veränderungen der Wissensdefinitionen hinsichtlich einer oder mehrer dieser Dimensionen zu betrachten, um Tendenzen geringerer oder ausgeprägterer Schichtung, Spezialisierung, Offenheit, (zu ergänzen wäre Kontrolle der Beteiligten) aufzuzeigen und auf soziale Strukturen zu beziehen.

Über den Zusammenhang zwischen Wissensorganisation und sozialen Machtstrukturen werden nur relativ allgemeine Annahmen formuliert. Curriculare Veränderungen, die geeignet sind, bestehende privilegierende Bewertungen und Kontrollmöglichkeiten abzubauen, werden bei den privilegierten und kontrollierenden Gruppen außerhalb und innerhalb der Schule auf Widerstand stoßen. Solche Veränderungen sind nur zu erwarten, wenn sich die Bewertungen und Interessenlagen verändern. Ist das nicht der Fall, werden sich curriculare Innovationen beschränken auf

- Modifikationen der akademischen Curricula, die nicht in das Bewertungssystem eingreifen und

- Veränderungen der Curricula für die "weniger begabten Schüler", sofern sie die Bewertungen der "höheren Bildung" nicht in Frage stellen.

Um die Chancen für Veränderungen richtig abschätzen zu können, ist es nötig zu wissen, nach welchen Kriterien die Wissensinhalte sozial unterschiedlich bewertet werden und unter welchen gesellschaftlichen Bedingungen diese Kriterien entwickelt werden. Unter Bezug auf gesellschaftliche Entwicklungstypen wie Schriftkultur und Bürokratisierung des Erziehungswesens formuliert Young hypothetisch vier Merkmale akademischer Curricula:

"These are literacy, or an emphasis on written as opposed to oral presentation; individualism (or avoidance of group-work or co-operativness, which focusses on how academic work is assessed and is a characteristic of both the 'process' of knowing and the way the 'product' ist presented); abstractness of the knowledge and its structuring and compartmentalizing independly of the knowledge of the learner; finally and linked to the former is what I have called the unrelatedness of academic curricula, which refers to the extent to which they are 'at odds' with daily life and common experience." (M.F.D. Young 1971, S. 37).

Diese Charakterisierung entspricht in den letzten drei Merkmalen weitgehend Bernsteins Curriculum-Typ des 'collection code', gekennzeichnet durch strenge Klassifizierung und Hierarchisierung des Wissens und Disziplin beim Sozialisierungsprozeß in den vorgegebenen Rahmenbedingungen. Da nach Bernstein bei diesem Erziehungs- und Unterrichtsmuster Einsicht in die Gewinnung und den Aufbau von Wissen für die verschiedenen Disziplinen erst auf einer sehr späten Stufe des Ausbildungsganges gewonnen wird, bedeutet schulische Sozialisation für die meisten "socialization into order, the existing order, into the experience that the world's educational knowledge is impermeable" (B. Bernstein 1971, S. 57).

Dieses Wissen ist zugleich deutlich getrennt vom Alltagswissen und bekommt so einen esoterischen Charakter, der dem, der es besitzt, eine Sonderstellung und besondere soziale Einschätzung sichert.

Veränderungen hin zu einem 'integrated code' von Erziehung und Unterricht reduzieren die Autorität der einzelnen Wissensgebiete und ihre gegenseitige Isolierung, indem sie gemeinsamen Strukturen untergeordnet werden. Bernstein vermutet, daß solche intergrierten Wissensinhalte beim Schüler von Anfang an das Verständnis für die Gewinnung neuen Wissens fördern. Hinsichtlich des Zusammenhangs von Wissensorganisation und Sozialstruktur vermutet er, daß der "collection code" mit seinen klaren Grenzziehungen nur verdeckt ideologische Züge aufweist, während der "integrated code" ausdrücklich und geschlossen ideologisch begründet werden muß.

Vier gesellschaftliche Entwicklungstendenzen stützen nach seiner Einschätzung die Herausbildung eines 'integrated code' im öffentlichen Bildungswesen (1971, S. 66f):

1. Zunehmende Differenzierung des Wissens und Integration getrennter Wissensbereiche machen Veränderungen in der Ausbildung nötig.

2. Veränderungen der Arbeitsteilung verändern die Anforderungsmuster. Kontextgebundene Kenntnissse und Fertigkeiten werden abgelöst von Einsichten und Fertigkeiten, die Anpassung erlauben.

3. Der "integrated code" lockert das System sozialer Bewertung und Zuteilung von Wissen und stützt so bildungspolitische Forderungen nach chancengleicher Bildung.

4. In fortgeschrittenen Industriegesellschaften ist der "integrated code" eine Antwort auf Probleme der Sinnbeschaffung. Werden die Zusammenhänge zwischen den Wissensbereichen und zwischen Praxis und Wissensproduktion deutlicher, können die Betroffenen die Auswahl von Lerninhalten eher kontrollieren. Bernstein vermutet, "that the movement away from collection to integrated codes symbolizes that there is a crisis in society's basic classifications and frames, and therefore a crisis in its structure of power and principles of control. The movement from this point of view represents an attempt to declassify and so alter power structures and principles of control; in so doing to unfreeze the structuring of knowledge and to change the boundaries of consciousness. From this point of view 'integrated codes' are symptoms of a moral crisis rather than the terminal state of an educational system" (B. Bernstein 1971, S. 67).

Strukturelle Veränderungen im schulischen Curriculum, Lockerung bestehender Klassifikationen und Abgrenzungen spiegeln nach dieser allgemeinen These Veränderungen im System sozialer Macht und Kontrolle. Auch hier bleibt, worauf kritische Stimmen zur Wissenssoziologie des Curriculums in jüngster Zeit hinweisen, Repräsentation die theoretische Klammer zwischen Wissens- und Sozialsystem: Wissen repräsentiert soziale Strukturen, es bleibt "der magischen Metapher der kulturellen Reproduktion untergeordnet" (P. Wexler 1981, S. 56). Auch wenn in ideologiekritischer Absicht Wissen als Instrument zur Stabilisierung ökonomischer und sozialer Ungleichheiten entlarvt werden soll, fördert der Analysemodus eine verdinglichte Wissensauffassung. "Die Perspektive der Systemreproduktion läßt vergessen, daß soziale Strukturen (wie deren Repräsentanten in Wissensformen, B.G.) das Ergebnis menschlicher Aktivität sind und nicht nur ihre Quelle." (ebd.). Die Analyse erweist sich also insofern selbst als ideologisch, als sie zwar die strukturellen Reproduktionsbedingungen in den Wissensbeständen nachzuweisen versucht, zugleich aber verdeckt, daß Wissen soziales Produkt, sozial konstruiert ist.

Wissenssoziologische Analysen müßten sich, um diesen Konstruktionsaspekt freizulegen, "von einer Beschreibung der internen Struktur des Endproduktes (gemeint ist Wissen, B.G.) zur Geschichte seiner Kodierung und Neukodierung zurückarbeiten" (ebd. S. 59), den Leitgedanken der Repräsentation und Reproduktion etwa durch den der sozialen Montage ersetzen (ebd. S. 58ff). Solche Analysen können auf verschiedenen Ebenen ansetzen, beim sozialen Prozeß der Curriculumentwicklung selbst oder an produzierten Texten, um den Montagecharakter ablesbar zu machen: die standortgebundene Erzählweise, die Konzepte, die das Wissen organisieren und die den Montagecharakter verdeckenden Formen der Repräsentation. Der Leitgedanke, den Warencharakter von Schulwissen, die Verdinglichung der Bedeutungsproduktion aufzudecken, müßte verhindern, daß Einzelanalysen als Bausteine zu einem pluralistischen Tableau der Perspektivität des Wissens mißverstanden werden. Die zentrale wissenssoziologische Forschungsfrage lautet: Welche Formen der Produktion und Repräsentation von Schulwissen verhindern, daß sich die Lernenden wie auch die Lehrenden, die diese Prozesse immer auch transformieren und kontrollieren, selbst als Bedeutungsproduzenten wahrnehmen? Gegenüber der Mannheimschen Utopie eines die "totale Seinslage" zunehmend angemessener verarbeitenden Denkens wissenschaftlicher Eliten erschließt sich hier die Utopie einer kollektiven Kontrolle von sozialen Prozessen der Bedeutungsproduktion.

1.3.

SCHULWISSEN UND WISSENSENTWICKLUNG

Der vorherrschende Reproduktionsgedanke, daß Wissensformen oder kulturelle Formen ganz allgemein die Produktionsweisen und die durch sie bestimmte Sozialstruktur repräsentieren und festschreiben, hat nicht nur verdeckt, daß es in den Planungsprozessen wie in der Schulpraxis selbst zu Auseinandersetzungen und Verweigerungen kommt, die simple Korrespondenzannahmen widerlegen(1), sondern auch die Wissensentwicklung als unabhängige oder vermittelnde Variable unterschätzt.

1.3.1. Wissensentwicklung als unabhängige Variable

Die Reduktion von Schulwissen auf ein Instrument zur Herrschaftsstabilisierung und Sicherung ökonomischer Qualifikationsanforderungen vernachlässigt, daß der Einfluß der Wissensproduktion auf das Bildungssystem und das Bildungsangebot zugenommen hat. Das Angebot des allgemeinbildenden Schulsystems an Wissen und Orientierungsmustern hat sich von spezifischen Anforderungen anderer gesellschaftlicher Subsysteme abgelöst, die organisatorisch abgesicherte, sozial differenzierende Wissenszuteilung wird allmählich abgebaut. Im Zusammenhang damit steht die verstärkte Rückbindung des Bildungssystems an die Wissenschaften. Sie drückt sich aus in der zunehmenden Verwissenschaftlichung der Lehrerausbildung für alle Schulstufen, der Wissenschaftsorientierung des schulischen Lehrangebotes und dem Bemühen um wissenschaftliche Absicherung bildungspolitischer Entscheidungen in institutionalisierten Formen.

Weingart versucht in kritischer Auseinandersetzung mit Offes Ansatz am Beispiel der Weiterbildung zu belegen, daß "die partielle Autonomisierung des Bildungssystems ... ihren Grund in der Autonomisierung der Wissensentwicklung hat" und daß die Kriterien bildungspolitischer Entscheidungen "zunächst einmal durch die Entwicklung systematischen Wissens" geprägt sind (P. Weingart 1976, S. 207). Entgegen den dargestellten Auffassungen über die Abhängigkeit institutionalisierter Lernprozesse von der Entwicklungsdynamik der Produktionskräfte (und der Wissenschaftsentwicklung von sozio-ökonomischen Bedingungen und Interessen) vertritt Weingart die These, "daß die Rückbindung von formalisierten Lernprozessen und vor allem deren Expansion ... auch in

-----

(1) Die multifunktionale Betrachtungsweise bei Offe (1975) schließt Funktionskonflikte mit ein; Habermas' Theorem der Legitimationskrise des Staates im Spätkapitalismus (1973) läßt solche Konflikte als unvermeidbar erscheinen. Sozialspezifisch geprägte Widerstände und Gegenentwürfe von Schülergruppen gegen das offizielle schulische Lernprogramm beschreibt für englische Verhältnisse sehr eindrucksvoll P. Willis (dt. 1979).

Abhängigkeit von der Entwicklungsgesetzmäßigkeit der Wissenschaft und dem sich verändernden Verhältnis von Wissenschaft und gesellschaftlicher Praxis erfolgt" (ebd. S. 209).

Gegenüber der Strukturierung von Lernprozessen durch Erfahrung in traditionellen Gesellschaftsordnungen bedeutet die Einrichtung formalisierter Lernprozesse und der Aufbau eines technischen Ausbildungswesens seit Beginn der Industrialisierung eine Anpassung des Ausbildungsniveaus an den Erkenntnisfortschritt, wenn auch bei zunächst scharfer Trennung von Ausbildung und Anwendung. Die zunehmende Bedeutung systematischen Wissens gegenüber spezifischem Erfahrungswissen ist nach Weingart nur zu erklären aus der "tendenziellen Autonomisierung der Wissenschaft" auf kognitivem wie institutionellem Gebiet, wie sie spätestens im 19. Jahrhundert einsetze. Als Merkmale dieser Autonomisierungstendenz können gelten die zunehmende Bedeutung von Forschungslogik und -methodologie, die Selbstverwaltung von Forschung und Lehre, die Einrichtung von Laboratorien als Zentren empirischer Forschung, die Strukturierung der Disziplinen durch die Einrichtung von Lehrstühlen, die Professionalisierung von Lehre an Hochschule und Schule.

Dadurch kommt es zu einer zunehmenden Rückbindung der Praxis an die Entwicklung der Wissenschaften, zur "Verwissenschaftlichung der Praxis" derart, daß sich die Praxis das von den Wissenschaften bereitgestellte Problemlösungspotential zunutze macht, ohne auf den Ausbau dieses Potentials gezielt Einfluß nehmen zu können. Der Entwicklungsstand systematischen Wissens bestimmt die Problemdefinitionen der Praxis.

"Nachdem die Wissenschaft ihre kritische (d.h. auch delegitimatorische rische) Funktion gegenüber der Praxis aufgrund der Universalität systematischen Wissens erhalten hat, erwächst ihr von seiten der Praxis der Anspruch auf Relevanz, den sie selbst nicht zurückweisen kann. ... Die Reflexivität gesellschaftlicher Praxis führt tendenziell dazu, daß nicht nur wissenschaftliche Erkenntnisse verwendet werden, sondern daß die Wissenschaftsentwicklung selbst an praktischen Zwecken orientiert wird." (ebd. S. 217). Das drückt sich am deutlichsten in der Mittelzuweisung für wissenschaftliche Projekte entsprechend dem öffentlichen Bedarf an Problemlösungswissen aus und in dem Bemühen um interdisziplinäre Forschungen sowie der Einrichtung von Sekundärwissenschaften. Für die Wissenschaftsdisziplinen kann das bedeuten, "ihre eigenen Erkenntnisregulative, die ihre gegenwärtige Struktur geprägt haben, im Hinblick auf die Struktur praktischer Probleme in Frage zu stellen" (ebd. S. 218). Die Dialektik gesellschaftlicher Problemdefinition und wissenschaftlicher Methoden könnte zunehmend integriertes Wissen hervorbringen.

Für die Veränderungen im Verhältnis von Ausbildungssystem und Wissensproduktion geht Weingart von einer analogen Entwicklung aus. Die Verwissenschaftlichung des Ausbildungsbereichs, seine Anbindung an den Wissenschaftsprozeß ist gekennzeichnet durch die scharfe Trennung der akademisch-theoretischen von den praktisch-berufsorientierten Ausbildungsgängen, durch die enge Verknüpfung des schulischen Ausbildungssystems, zunächst der höheren Schulen, nun des gesamten allgemeinbildenden Schulwesens mit den Hochschulen durch die Lehrerbildung, aber auch über die Gestaltung der Lehrpläne, auf die seit der Weimarer Zeit Fachvertreter der Hochschulen wie Fachverbände zunehmend Einfluß gewonnen haben.

Wenn als Zeichen wachsender Reflexivität immer weitere Bereiche der gesellschaftlichen Alltagspraxis wissenschaftlicher Bearbeitung zugänglich werden, ist eine weitgehende Anbindung des gesamten Ausbildungswesens an das System kontrollierter Wissensproduktion gesellschaftlich notwendig(1). Die Auswahl des Schulwissens wird schwieriger, je mehr gesellschaftliche Fragen interdisziplinär bearbeitet werden, und die Trennung akademisch-theoretischer von praktisch-berufsorientierter Ausbildung wird problematisch.

1.3.2.   **Grenzen der funktionalen Betrachtung der Rolle der Erziehungswissenschaft**

Funktionale Analysen schätzen den Spielraum der Erziehungswissenschaft bei der reflexiven Vermittlung gesellschaftspolitischer Anforderungen an Schulwissen mit der Wissensentwicklung allgemein und der Wissensentwicklung im eigenen Fachbereich wie in den Nachbarwissenschaften, wenn sie ihn überhaupt beachten, unterschiedlich eng ein.

F. Huisken unterstellt bei der Überprüfung seiner These, die Didaktik nähere sich in der Bundesrepublik nach 1945 inhaltlich und methodisch zunehmend der Bildungsökonomie, bereits eine einseitige undialektische Abhängigkeit dieser Forschungsbereiche von ökonomischen und politischen Anforderungen. Er unterstellt z.B., daß "die didaktische Reflexion von Unterricht und Schule implizit oder explizit als Reproduktion der gewandelten gesellschaftlichen Anforderungen an das Bildungswesen und die in ihm verlaufenden Unterrichtsprozesse" zu fassen ist (F. Huisken 1972, S. 23) und fragt danach, "welche gesellschaftlichen, d.h. insbesondere welche ökonomischen und politischen Entwicklungen ... in ihrer Auswirkung auf das Bildungswesen und den Unterricht in einer Gesellschaft mit kapitalistischer Produktionsweise zu dem Wandel der Didaktik einerseits und zu ihrem Verhältnis zur Bildungsökonomie andererseits beigetragen" haben (ebd. S. 24). Seine Analysen der didaktischen und bildungsökonomischen Diskussion und die Deutung der politisch-ökonomischen Entwicklung belegen einen "Wandel von der bildungstheoretischen zur bildungsökonomisch orien-

---

(1) Genauere Untersuchungen zur Rolle der Fachwissenschaften und der Fachdidaktiken im Prozeß der Lehrplan- und Curriculumentwicklung wären in diesem Zusammenhang nützlich. Vgl. zur fachdidaktischen Diskussion der Nachkriegszeit und ihrem Einfluß auf die Lehrplangestaltung P. Damerow (1977) und die fachdidaktischen Berichte in Max-Planck-Institut für Bildungsforschung, Projektgruppe Bildungsbericht (Hrsg.) (1980) Bd. 1.

tierten Didaktik". Huisken interpretiert diesen Wandel allgemein als Ausdruck veränderter gesellschaftlicher Anforderungen, im besonderen aber als Ausdruck positivistischer wissenschaftstheoretischer Konzeptionen, die zu einer sozialtechnologischen Reduktion der Aufgabenbestimmung von Pädagogik führen. Didaktik und Bildungsökonomie seien deshalb geeignet, das Bildungswesen unter beliebigen Zielsetzungen zu "rationalisieren und zu effektivieren", "um bei 'naturgegebener Knappheit finanzieller Resourcen' für das Bildungswesen die Bedingungen für die 'Produktion' von optimal verwertbaren Qualifikationen mitzuschaffen" (ebd. S. 335). Der Bezug auf "liberale Postulate" wie "Demokratisierung und Chancengleichheit" habe für Pädagogen Alibifunktion, die über fehlende Analysen und Bewertungen der gesellschaftlichen Verhältnisse hinwegtäusche. Unterstellt man einmal, die Entwicklungstendenzen seien zutreffend beschrieben, bleibt doch selbst im funktionalen Zusammenhang fraglich, ob sich die Didaktik auf diese Weise den gesellschaftlichen Anforderungen tatsächlich optimal anpaßt. Was "optimal verwertbare Qualifikationen" in der jeweiligen gesellschaftlichen Situation sind und mit welchen Inhalten und Lehrgangsstrukturen Unterricht an allgemeinbildenden Schulen dazu beitragen könnte, ist weitgehend offen. Eine Didaktik, die sich darauf beschränkte, Lernprozesse effektiver zu machen, erscheint in dieser Situation geradezu dysfunktional, es sei denn, in der Gesellschaft würden anderen Instanzen angemessenere Problemlösungen zugetraut, oder aber kognitiven Lernprozessen würde qualifizierende Wirkung für gesellschaftliche Anforderungen überhaupt bestritten.

Mit Bezug auf Offe (1975) hebt P. Damerow dagegen hervor, daß sich inhaltlich Veränderungen der Qualifikationsstruktur nur schwer mit der Produktivitätsentwicklung in Verbindung bringen lassen, da sie stets dem Prozeß der Kapitalverwertung unterworfen seien, der sich gerade gegenüber Inhalten als flexibel erweise. Gesellschaftliche Qualifizierung, die auf die Fähigkeiten und Bereitschaft abzielt, unter gegebenen gesellschaftlichen Bedingungen zu arbeiten und somit von den Verwertungsbedingungen unmittelbarer geprägt ist, könnte sich deshalb im Unterschied und auch im Widerspruch zur inhaltlichen Qualifikation entwickeln. Über die Entwicklung widersprüchlicher Anforderungen im Bildungssystem, die langfristig dann doch zu einer Anpassung an die Produktivitätsentwicklung führe, macht Damerow folgende Annahmen, die auch die Fachwissenschaften einbeziehen. Er versucht, die Annahmen an den Reformen des Mathematikunterrichts in den 60er und 70er Jahren zu überprüfen (P. Damerow 1977, S. 66ff).

a. Diskrepanzen zwischen der Produktivitätsentwicklung und den Ausbildungsanforderungen, die lange Zeit durch Anpassungskorrekturen an Verwertungsbedingungen verdeckt bleiben können, werden nur durch manifeste Störungen im Reproduktionsprozeß deutlich. Erscheinen diese Störungen zumindest teilweise durch veränderte Ausbildungsanforderungen behebbar, werden Reformziele zur Behebung entwickelt. Die Reformziele werden in einen Begründungszusammenhang gestellt, der bestimmte Annahmen über den Zusammenhang von Systemproblemen und Qualifikationsprozessen macht.

b. Setzt sich das Begründungsmuster durch und werden finanzielle und organisatorische Voraussetzungen geschaffen, dann wird die "Unterdeterminiertheit" des Qualifikationsprozesses zum Schlüsselproblem der Reform. Zur Begründung konkreter Reformziele reichen Störungen im Reproduktionssystem nicht aus. Die Fachwissenschaft selbst wird zur Grundlage für die Ableitung konkreter Reformziele.

Da die Fachwissenschaften den Zusammenhang zwischen Qualifizierung und Wissenschaft meist nicht reflektieren, "treten in zweiter Instanz Vermittlungswissenschaften wie Pädagogik, Psychologie und Soziologie mit Theorien über den Zusammenhang von Qualifizierung und fachwissenschaftlichem Inhalt hinzu und interpretieren, modifizieren und ergänzen die fachwissenschaftlich bestimmten Reformziele" (S. 38).

c. Eine dritte Phase der Reform ist zu erwarten, wenn entscheidende Reformbedingungen entfallen, wenn etwa Probleme in anderen Bereichen gelöst werden können, wenn die Finanzierung nicht gesichert ist oder wenn die Reformen Nachfolgeprobleme aufwerfen. In dieser Phase werden die Reformziele auf ein "realistisches Maß" reduziert. "Die eigentlichen Reformziele müssen daher sehr deutlich gegen jene Reinterpretation abgegrenzt werden, die Resultate restriktiver Bedingungen der Reform sind und in denen der faktische Verlauf der Reform affirmativ und legitimatorisch in Zielvorstellungen umgedeutet wird." (S. 39).

Während also Huisken eine sozialtechnologisch reduzierte Didaktik zur Bearbeitung der Qualifikationsprobleme für funktional hält, sind dies für Damerow Fachwissenschaften und Erziehungswissenschaft nur dann, wenn sie Interpretation und Konkretisierung allgemeiner Reformziele übernehmen. Dabei kann es zu widersprüchlichen Auslegungen z.B. zwischen Unterrichtszielen und nicht kognitiven Verhaltenszielen kommen.

Aussagen darüber, wie die Erziehungswissenschaft diese Interpretation vornimmt, machen P. Bourdieu und J.-C. Passeron in "Grundlagen zu einer Theorie der symbolischen Gewalt" (dt. 1973). Pädagogische Handlungen im institutionellen wie außerinstitutionellen Rahmen werden verstanden als Ausdruck "objektiv symbolischer Gewalt", die "mittels einer willkürlichen Gewalt eine kulturelle Willkür" durchsetzt (ebd. S. 13). Willkürlich werden pädagogische Kommunikationsformen wie auch die Auswahl tradierungswürdiger Bedeutungen, durch die die Kultur einer Gruppe oder Klasse als symbolisches System definiert wird, insofern genannt, "als sich die Struktur und die Funktionen dieser Kultur von keinem universellen, physischen, biologischen oder geistigen Prinzip herleiten lassen, daß sie durch keine der 'Natur der Dinge' oder einer 'menschlichen Natur' innewohnenden Beziehung verbunden sind" (ebd. S. 17). Nicht bestritten wird die sozio-logische Notwendigkeit der in dem beschriebenen Sinn willkürlichen pädagogischen Handlungen.

Die Wirksamkeit solcher Handlungen wird über die sozialen Ausübungsbedingungen gewährleistet, die "Autorität" der pädagogisch Handelnden und die "relative Autonomie" der institutionellen Formen pädagogischen Handelns. Ohne diese Rahmenbedingungen bliebe eine Theorie pädagogischen Handelns logisch widersprüchlich und soziologisch unmöglich, da sich aus der Einsicht in die Willkür kultureller Überlieferungsmuster kein praktisches Lehrprinzip ableiten läßt. Als Ausübungsbedingung ergibt sich daher die "notwendige (unvermeidbare) Vorstellung dieser willkürlichen Aktion als einer notwendigen ('natürlichen')" (ebd. S. 23). Diese Ideologie der pädagogischen Handlung als "gewaltlos" oder "natürlich" legitimiert mit den Handlungen die sie begründenden sozialen und symbolischen Machverhältnisse. Im erzieherischen Prozeß des Einprägens oder Ausschlusses kultureller Muster lernen auch die beherrschten Gruppen die Legitimität der herrschenden Kultur und gleichzeitig die Illegitimität ihrer eigenen kulturellen Willkür anzuerkennen.

"Eine der unbemerktesten Auswirkungen der Schulpflicht besteht darin, daß es ihr gelingt, die beherrschten Klassen zur Anerkennung des legitimen Wissens und Könnens zu bringen (z.B. im Bereich des Rechts, der Medizin, der Technik, der Unterhaltung oder der Kunst), was die Entwertung des Wissens und Könnens, das sie wirklich beherrschen, zur Folge hat (z.B. Gewohnheitsrecht, Hausmedizin, handwerkliche Techniken, Volkssprache und Volkskunst)(1) und damit einen Markt für materielle und vor allem symbolische Produktionen schafft, dessen Produktionsmittel (angefangen mit dem Hochschulstudium) das Monopol der herrschenden Klassen sind (z.B. medizinische Diagnose, Rechtsberatung, Kulturindustrie usw.)." (ebd. S. 57).

Produzenten und Träger solcher Ideologien sind die Erzieher und ihre Berufswissenschaft. Ihre Strategien, die doppelte Willkür pädagogischer Handlungen zu verschleiern, werden von den Autoren in folgender Weise gekennzeichnet:

Klassische Theorien neigen dazu, indem sie Erziehung und Unterricht als gesamtgesellschaftliche Aufgabe interpretieren, den Zusammenhang zwischen der kulturellen und sozialen Reproduktion zu leugnen. Aber auch wenn dieser Zusammenhang erkannt wird, kommt der Protest gegen kulturelle Willkür pädagogischer Handlungen "stets aus der selbstzerstörerischen Utopie einer Pädagogik ohne Willkür oder aus der spontaneistischen Utopie, die dem Individuum die Macht zuspricht, in sich selbst das Prinzip seiner eigenen 'Entfaltung' zu finden, wobei alle diese Utopien ein Instrument des ideologischen Kampfes für die Gruppen bilden, die mittels der Anprangerung einer pädagogischen Legitimität danach trachten, sich das Monopol der legitimen Durchsetzungsweise zu sichern ..." (ebd. S. 27).

Auch die Forderungen nach Demokratisierung des Bildungswesens durch Rationalisierung der pädagogischen Maßnahmen mit dem Ziel, die Abhängigkeit schulischer Lernprozesse von gruppenspezifischen primären Sozialisationserfahrungen zu lösen, wird als utopisch angesehen angesichts der Trägheit der Erziehungsinstitutionen und tatsächlicher gesellschaftlicher Interessenstrukturen (ebd. S. 70f).

-----

(1) Diesen Sachverhalt beschreibt I. Illich in der These, die Institution Schule schaffe "modernisierte" Formen der Armut. Sie stützt zusammen mit anderen Thesen seine Forderung nach Abschaffung der Schule (1973, S. 18ff).

Dieser theoretische Ansatz nimmt für das Bildungssystem eine Schlüssel-
stellung im Prozeß kultureller und sozialer Reproduktion bürgerlicher
Gesellschaften an und versucht, die Bedingungen und Mechanismen der
Durchsetzung symbolischer Gewalt zu erklären. Seine Aussagen sind
dadurch eingeschränkt, daß die historische Bedingtheit der Legitimationsfunktion von Schule und Erziehungswissenschaft für Herrschaft
zwar gesehen, in ihren Konsequenzen aber nicht verfolgt wird. "...
das Gewicht der Legitimationsvorstellungen in der vollständigen Bestimmung des Kräfteverhältnisses zwischen den Klassen ist desto
größer, 1. je weniger der Zustand des Kräfteverhältnisses es den be-
herrschenden Klassen erlaubt, sich auf die nackte und brutale Tatsache der Herrschaft als Legitimationsprinzip ihrer Herrschaft zu berufen, und 2. je vereinheitlichter der Markt ist, auf dem sich der
symbolische und ökonomische Wert der Produkte der verschiedenen pädagogischen Aktionen herstellt ..." (ebd. S. 24f) Der Hinweis, daß
die pädagogische Handlung "stets zwischen den beiden unerreichten
Polen der reinen Kraft und der reinen Vernunft" liegt und "desto mehr
zu unmittelbaren Zwangsmitteln greifen muß, je weniger die Bedeutungen, die sie durchsetzt, sich aus eigener Kraft, d.h. kraft der
biologischen Natur oder der logischen Vernunft durchsetzen" (ebd.
S. 19), proviziert die Fragen, unter welchen gesellschaftlichen Bedingungen sich pädagogische Handlungen dem "Pol der Vernunft" nähern
und was sich "natur- oder vernunftgemäß" durchsetzt. Zumindest zeigt
sich hier innerhalb des theoretischen Ansatzes ein Widerspruch
zwischen dem allgemeinen Verdikt, Erziehungswissenschaft produziere
stets Ideologien, die die soziale Reproduktionsfunktion von Schule verschleiern und dem Hinweis auf die Möglichkeit, Bedeutungen zu ermitteln, die sich als vernünftig begründbar durchsetzen.

Leschinsky und Roeder weisen in kritischer Auseinandersetzung mit
dem Ansatz von Bourdieu und Passeron darauf hin, daß sich die unterstellte zentrale Legitimationsfunktion des Schulwesens und der Erziehungswissenschaft historisch z.B. für das preußische Elementarschul-
wesen bis über die Mitte des 19. Jahrhunderts hinaus nicht belegen
läßt und daß sich die Strukturbedingungen relativer Autonomie für
die Übernahme einer solchen Funktion erst sehr langsam und über
soziale Auseinandersetzungen konstituieren. "Der offen hierarchische
Aufbau des gesellschaftlichen Systems und die faktische Schwäche und
Abhängigkeit der niederen Schulen in Preußen schlossen für die Schule
weitgehend die Möglichkeit und die Notwendigkeit aus, in der Weise
Legitimationsfunktionen zu erfüllen, wie sie Bourdieu und Passeron
für die demokratische politische Ordnung Frankreichs beschreiben ..."
(A. Leschinsky, P.M. Roeder 1976, S. 463). Auch die Entwicklungen
des Verhältnisses von politischem System und Ausbildungssystem in
den späten 60er und 70er Jahren z.B. in der Bundesrepublik machen
deutlich, daß Schule eher Legitimationsprobleme schafft als löst. Als
im Zusammenhang mit der wirtschaftlichen Entwicklung Mitte der 60er
Jahre Leistungsmängel der Schule, insbesondere sozialgruppenspezifische Benachteiligungen, ins öffentliche Bewußtsein drangen, wurde
nicht nur nach der Berechtigung und demokratischen Legitimation organisatorischer Regelungen, sondern auch nach der Legitimation pädagogischer Maßnahmen und der Inhaltsauswahl gefragt. Habermas hat
u.a. am Beispiel der Curriculumentwicklung das Legitimationsdefizit
des administrativen Systems unter den Bedingungen der latenten Klas-

senstruktur des Spätkapitalismus aufgewiesen (J. Habermas 1973, bes.
S. 99ff). Der universale Rechtfertigungsbedarf der Curriculumentwicklung macht partizipatorische Lösungen notwendig, die möglicherweise
auch die von Bourdieu und Passeron beschriebene Legitimierungsfunk-
tion der pädagogischen Berufswissenschaft verändern.

Die funktionalistische Auslegung der relativen Autonomie der Institutionen pädagogischer Theoriebildung und pädagogischer Praxis als
strukturell notwendige Bedingung für die Legitimation sozialstabili-
sierender Inhalte und Maßnahmen wird in systemtheoretischer Betrachtung zu einem Kriterium funktional differenzierter Gesellschaften
schlechthin ausgeweitet (vgl. N. Luhmann 1980; N. Luhmann, K.-E.
Schorr 1979).

In funktional differenzierten Gesellschaften ist der Einzelne nicht
mehr nur einem Teilsystem zugehörig und solidarisch verbunden, sondern muß im Prinzip Zugang zu allen Funktionskreisen erhalten.
"Jeder muß rechtsfähig sein, eine Familie gründen können, politische
Macht mitauszuüben oder doch mitkontrollieren können; jeder muß in
Schulen erzogen werden, im Bedarfsfalle medizinisch versorgt werden,
am Wirtschaftsverkehr teilnehmen können." (N. Luhmann 1980, S. 31).
Systemtheoretisch betrachtet bringt die Ausdifferenzierung des Erziehungssystems im Übergang von stratifikatorischer zu funktionaler Ge-
sellschaftsdifferenzierung Autonomie als strukturelles Merkmal der
Teilsysteme mit hervor, insofern die Beziehungen des Teilsystems zum
Gesamtsystem, seine gesamtgesellschaftliche Funktion, und die spezifischen Leistungen für andere Teilsysteme im jeweiligen Teilsystem
reguliert werden müssen. Das Teilsystem muß seine Identität im Hinblick auf diese Beziehungen selbst bestimmen, wodurch es zunehmend
Unabhängigkeit erreicht bei wachsender Einsicht in die bestehenden
Abhängigkeiten. Dem widerspricht nicht, daß faktisch, zumal im 19.
Jahrhundert, und kritisiert bis auf den heutigen Tag, politische Vorgaben die gesellschaftliche Funktion des Erziehungssystems fixiert
haben und andere Interessengruppen durch politischen Druck ihre
Leistungserwartungen durchzusetzen versuchten. Dem widerspricht auch
nicht, daß in der pädagogischen Reflexion über Funktion und Aufgaben
des Erziehungssystems die Beziehungen zur Gesamtgesellschaft und
ihren Teilsystemen zeitweilig nur negativ thematisiert werden unter
Rückzug auf anthropologische Argumentationen.

Man könnte die These versuchen, daß die Reflexion in den Teilsystemen der Sicherung und Ausweitung struktureller Autonomie verpflichtet
ist, die mit dem Abbau von Zugangsbeschränkungen zu gesellschaftlichen Funktionskreisen verbunden ist. Auf das Erziehungssystem bezogen heißt das, daß sich seine Vertreter für den freien Zugang zu
Wissen und Handlungsmöglichkeiten engagieren müssen, wenn sie seine
strukturellen Spielräume erweitern wollen. Gegenüber der wissenssoziologischen Zurechnung von Wissen und Bildungsprogrammen zum
Instrumentarium gesellschaftlicher Machtausübung und der ideologie-
kritischen Aufdeckung pädagogischer Reflexionen als Legitimationen
sozialer und ökonomischer Reproduktion ergibt sich aus dieser Annahme
kein grundsätzlicher Widerspruch. Tatsächlich kann das Erziehungssystem bestehende soziale Machtverhältnisse und damit verbundene
Bildungsbeschränkungen nicht aufheben. Die pädagogische Reflexion

hat jedoch neben den Möglichkeiten, sich den gegebenen Bedingungen einzufügen oder sich ihnen gänzlich zu verweigern auch die Möglichkeit, programmatisch (Lehrplanungen, Lehrerbildung) die Universalisierungstendenzen von Wissen und Handlungsmöglichkeiten soweit wie möglich zu stützen und voranzutreiben. Aufgrund der oben formulierten These wird diese Möglichkeit zur plausibelsten, weil gerade sie geeignet ist, die Spielräume des Teilsystems zu sichern und zu erweitern.

Analytisch ist zu unterscheiden zwischen pädagogischer Reflexion auf der Theorieebene und ihrer Spezifikation z.B. in Lehrplänen hinsichtlich der Gegenstände des Unterrichts und der Form, in der die Gegenstände präsentiert werden sollen. Bekanntlich hat sich die Lehrplanpraxis der Gymnasien im 19. Jahrhundert von den von Humboldt formulierten bildungs- und lehrplantheoretischen Prinzipien weit entfernt, ohne auf ihren generellen Legitimationseffekt zu verzichten. Es wäre also jeweils zu prüfen, inwieweit die Spezifikation pädagogischer Reflexion auf der Ebene der Lehrprogramme überhaupt in pädagogischer Verantwortung lag, was einerseits institutionalisierte Beteiligungsrechte bei der Lehrplanentwicklung und andererseits die Entwicklung eines einsetzbaren Spezialwissens voraussetzt. Voreilig erscheint deshalb die generelle Unterstellung, Theorien der pädagogischen Berufswissenschaft fungierten lediglich als Legitimationshilfen bei der sozialen Reproduktion durch Erziehung.

Zusammenfassend seien folgende über die funktionale Betrachtung hinausreichende Gesichtspunkte für die Rolle der Erziehungswissenschaft bei der Bestimmung von Schulwissen genannt:

1. Tendenziell ist die historische Entwicklung des Bildungssystems gekennzeichnet durch die Ausweitung universell zu vermittelnder Inhalte und zunehmende Institutionalisierung spezialisierter Ausbildungsgänge, für die die Bildungsinstitutionen selbst die Zugangskriterien festsetzen. Damit ist Schulpflicht ein Moment der Rationalisierung der gesellschaftlichen Organisation im Sinne Webers wie systemtheoretischer Analysen, insofern der allgemeine Zugang zu systematischem Wissen zunehmend den Zugang aller zu allen gesellschaftlichen Funktionskreisen eröffnet. Tatsächlich überlagert dieser Prozeß jedoch nur bestehende Sozialstrukturen.

"In der Frühphase der Industrialisierung bekommt die Ausdifferenzierung von Qualifikationsprozessen, wie sie mit der Institutionalisierung des formalisierten Lernens gesetzt ist, aufgrund dessen eine doppelte Funktion. Auf der einen Seite wird das Bildungszertifikat das dem Adelstitel äquivalente Statuskriterium des mit der einsetzenden Industrialisierung aufstrebenden Bürgertums. Aus diesem Zusammenhang rührt die Verknüpfung zwischen Bildungssystem und Herrschaftsinteressen ... Auf der anderen Seite ist dem entstehenden Industrieproletariat lediglich eine Ausbildung in den grundlegenden Fertigkeiten Lesen, Schreiben und Rechnen vorbehalten, und ein großer Teil der Ausbildungskompetenz verbleibt bei den Unternehmern. Für diese zunächst größtenteils agrarischen Schichten hat das Bildungssystem die Funktion der Disziplinierung für rationalisierte Lebensformen, wie sie die Arbeit im Industriebetrieb darstellt. Die im Hinblick auf den Bildungsstand bestehende Kluft legitimiert zugleich den Herrschaftsanspruch des Bürgertums." (P. Weingart 1976, S. 209f).

Die Universalisierungstendenzen des schulischen Bildungsangebotes drücken sich in der allgemeinen Anhebung des Bildungsniveaus, in der Ausweitung der von allen Schulpflichtigen gemeinsam besuchten Klassenstufen und in der Angleichung der Curricula auch im dreigliedrigen allgemeinbildenden System aus. Sie stehen den Reproduktionstendenzen entgegen, die mit der vertikalen Gliederung des allgemeinbildenden Systems und einer dementsprechend qualitativen Differenzierung des Bildungsangebotes verbunden sind.

Es ist nicht zu erwarten, daß pädagogische Theoriebildungen und Auslegungen von Schulwissen angesichts dieser widersprüchlichen Tendenzen einsinnig stabilisierende Legitimationsfunktionen erfüllen, sofern der pädagogischen Theorie wie der Praxis gesellschaftlich Interpretationsspielräume eingeräumt werden(1).

2. Nicht nur strukturell betrachtet ist eine relative Autonomie gesellschaftlicher Teilsysteme in sich funktional differenzierenden Gesellschaften notwendig, auch inhaltlich ist eine Universalisierung des Bildungsangebotes nicht denkbar ohne eine relative Autonomie des Bildungssystems und der darauf bezogenen Erziehungswissenschaft. Die Anhebung des allgemeinen Bildungsniveaus und der differenzierte Ausbau des Bildungssystems machen eine langfristige didaktische Planung von Lehrgängen und die Abstimmung verschiedener Lehrgänge aufeinander nötig, die den Aufbau zunehmend komplexer kognitiver und sozialer Verhaltensmuster ermöglichen. So betrachtet kann es nicht sinnvoll sein, einzelne Lernvorgänge nach ihrer gesellschaftlichen Qualifikationsleistung zu beurteilen. Vielmehr müßten sie als Elemente langfristiger Lernprozesse ausgewiesen werden, die sich ihrerseits auch in ihrer Leistungsfähigkeit für die Sicherung gesellschaftlicher Anforderungen auszuweisen hätten. Von den Zielsetzungen der langfristigen Lernprozesse her, die sowohl als Interpretationen des gesellschaftlichen Bedarfs wie der objektiven Bedürfnisse der Individuen verstanden werden müssen, sind pädagogische Einzelentscheidungen zu begründen, der Stellenwert aktueller Motive und subjektiver Bedürfnisse des Lernenden für die Lernprozesse zu beurteilen (vgl. P.M. Roeder u.a. 1977, S. 31ff).

-----

(1) M.W. Apple, der in "Ideology and Curriculum" (1979) noch bemüht war, auf verschiedenen Ebenen die Reproduktionsthese zu belegen, stellt in einer neuen Veröffentlichung ausdrücklich die Widersprüchlichkeiten und Auseinandersetzungen in der pädagogischen Praxis wie der pädagogischen Theoriebildung heraus. "Just as the school is caught in contradictions that may be very difficult for it to resolve, so too are ideologies filled with contradictions ... They have elements within themselves that see through the heart of the unequal benefits of a society and at one and the same time tend to reproduce the ideological relations and meanings that maintain the hegemony of dominant classes." (M.W. Apple 1981, S. 77).

Die soziologischen Untersuchungen zum Schulwissen und zur Rolle der pädagogischen Theorie spiegeln einen Wechsel in der Analyse der Zusammenhänge zwischen Wissensformen und sozialen Strukturen von Konzepten der Funktionalität und Repräsentation zum Konzept sozialer Produktion. Einer didaktischen Theorie, die ihren Gegenstand als gesellschaftlich bestimmt und geschichtlich veränderbar erkannt hat, eröffnen beide Analyserichtungen Einblick in verdeckte Interessenbindungen und Beschränkungen von Schulwissen. In ideologiekritischer Absicht sind sozialgruppenspezifische Ausprägungen in Inhalt und Form von Schulwissen belegt worden; funktionale Analysen haben zudem strukturelle Merkmale der gesamten Lernorganisation als gesellschaftsstabilisierend identifiziert und Reproduktionsfunktionen der pädagogischen Theorie nachgewiesen. Das andere, auf soziale Prozesse und Handlungsspielräume gerichtete Analysekonzept macht den gesellschaftlichen Konstruktionscharakter von Wissen deutlich. Schulwissen erscheint in Lehrplänen wie im Unterricht als Ergebnis sozialer Bedeutungszuweisungen, die erkennbar gemacht werden sollen, um Handlungsspielräume zu eröffnen. Auch die didaktische Theorie erscheint nicht nur in ihrer Reproduktionsfunktion, sondern, bezogen auf die interne Rationalität ihrer theoretischen Konzepte und die empirisch verfügbaren Spezialkenntnisse, als Bedeutungsproduzent. Es ist zu fragen, inwieweit die Didaktik in der Nachkriegszeit solche Ergebnisse zur Klärung ihres historisch gesellschaftlichen Theorieverständnisses nutzt, bei der Ausarbeitung und Begründung von Konzepten für Schulwissen berücksichtigt und so bildungspolitische Mitsprache, z.B. bei der Lehrplangestaltung, begründen kann (vgl. Kap. 3).

2.

VERÄNDERUNGEN DER KONZEPTION VON SCHULWISSEN IN DEN LEHRPLÄNEN SEIT 1950

Daß Veränderungen von Schulwissen fächerübergreifend nicht dokumentiert sind, hängt nicht nur mit den methodischen Schwierigkeiten eines solchen Vorhabens zusammen, sondern auch damit, daß einige Untersuchungsrichtungen schulischer Sozialisationsprozesse dem offiziellen Lehrangebot nur geringe Sozialisationswirkung zumessen. Funktionale und ideologiekritische Ansätze haben ihre Aufmerksamkeit verstärkt auf die ungeplanten Lernprozesse, den "heimlichen Lehrplan" der Schule und seine Bedeutung für Sicherung und Reproduktion der Sozialstruktur gelenkt. So behauptet K. Harris in einer neueren Arbeit über Erziehung und Wissen, daß curriculare Inhalte bei der Ausbildung von Deutungsmustern keine wichtige Rolle spielen, zumal es beim gegenwärtigen gesellschaftlichen Entwicklungsstand erstmals möglich geworden sei, Wissen auch außerhalb der Schule, wahrscheinlich sogar wirkungsvoller, anzueignen. Daß gleichwohl Schulpflicht weiterhin bestehe, beweise nur, daß die Heranwachsenden von Erfahrungen ferngehalten werden sollen, die den schulischen Sozialisationsprozeß stören könnten. Auseinandersetzungen um curriculare Inhalte wertet Harris lediglich als Versuch, auf die herrschenden sozioökonomischen und politischen Verhältnisse bezogene Sozialisationsabsichten der Institution Schule zu verdecken (K. Harris 1979, Kap. 5). Dem widerspricht, daß Auseinandersetzungen um Massen- und Elitebildung bis auf den heutigen Tag immer auch über Ausbildungsinhalte geführt, daß Inhalte einer gesinnungsbildenden oder aufklärerischen Wirkung wegen gefordert oder verboten werden.

Die Curricula der öffentlichen allgemeinbildenden Schulen haben sich im Verlauf ihrer Geschichte tiefgreifend verändert, keineswegs zufällig oder zur Ablenkung von den eigentlichen Sozialisationsabsichten, beschleunigt nach dem 2. Weltkrieg. Veränderungen in Konzepten und Begründungen von Schulwissen nach dem 2. Weltkrieg sollen hier anhand von Lehrplänen dokumentiert und im dritten Teil dieser Arbeit mit Entwicklungen der didaktischen Theoriediskussion in Beziehung gesetzt werden.

Aus arbeitsökonomischen Gründen wurde der Untersuchungsgegenstand weiter eingegrenzt:

- zeitlich auf Entwicklungen nach 1950

- inhaltlich auf Lehrpläne aus dem Bereich der Sekundarstufe I mit dem Schwerpunkt bei Volks- und Hauptschulen

- räumlich auf Lehrplanentwicklungen in Nordrhein-Westfalen mit Vergleichen zu anderen Bundesländern.

Ausgegrenzt wird die Phase bildungspolitischer Einzelmaßnahmen unter dem Einfluß der Besatzungsmächte. Grundschulpläne bleiben wegen

ihres propädeutischen Charakters, Pläne der Oberstufe ihrer differenzierten und spezialisierten Ausbildungsaufgaben wegen unberücksichtigt. Nach Abschluß der Sekundarstufe I, die inzwischen mit der
Vollzeitschulpflicht zusammenfällt, müßten kognitive, soziale und
praktisch-technische Fähigkeiten und Fertigkeiten soweit entwickelt,
Symbolsysteme und Orientierungsrahmen soweit angeeignet sein, daß
selbständiges und spezialisiertes Weiterlernen möglich ist. Daß der
Schwerpunkt der Analyse auf den Volks- und Hauptschullehrplänen
liegt, ist nicht nur arbeitsökonomisch begründet, sondern darin, daß
sich die Auffassungen von Schulwissen für diesen Schultyp im Rahmen
der Entwicklung des Bildungssystems auf eine Stufenorganisation hin
am stärksten verändert haben.

Die Auswertung des Materials erfolgt in Merkmalsdimensionen, die die
von Young und Bernstein vorgeschlagenen Strukturmerkmale der Wissensorganisation (vgl. S. 78ff) um qualitative Gesichtspunkte, Formen
der Wissensaneignung und Begründungen der Lehrplanaussagen, ergänzen:

- Umfang und Formen der Aneignung von Schulwissen, wie sie sich
  in Stundentafeln und didaktisch-methodischen Hinweisen darstellen;

- Zusammenhang zwischen den Fächern des Lehrplans und zwischen
  Lehrangebot und Alltagswissen, soweit die Pläne darüber Aussagen
  machen;

- Begründungen von Lehrplanaussagen über Ziele, Umfang und Art des
  Lehrangebotes.

Informationen über Verfahren der Lehrplanentwicklung und über betei-
ligte Gruppen und Personen sollen Wege der Einflußnahme auf die
Lehrplangestaltung bezeichnen.

2.1.

VOLKSSCHULLEHRPLÄNE DER 50ER JAHRE

Nach einer ersten Phase der Lehrplanarbeit 1949/50, vielfach noch unter Einfluß der Besatzungsmächte, erscheinen in den Bundesländern bearbeitet oder völlig neu gestaltet zunächst einige Grundschulricht-linien, dann in einer zweiten Phase von 1955 bis 1958 in schneller Folge Richtlinien oder Bildungspläne für die gesamte Volksschule oder die Oberstufe der Volksschule. Bremen folgte mit einem neu bearbei-teten Plan für die Volksschuloberstufe 1959, Hamburg 1960 (W. Schultze 1961, S. 689).

Die bildungspolitischen Diskussionen um eine Neuorganisation des Bil-dungswesens in den Ländern hatten im Düsseldorfer Abkommen von Februar 1955 und den dort formulierten und für zehn Jahre festge-schriebenen organisatorischen Regelungen ihren Abschluß gefunden. Mit der wirtschaftlichen Konsolidierung und der Verfestigung des poli-tischen Meinungsspektrums verfestigte sich auch in den Bundesländern die tradierte Schulstruktur, abgesehen von einigen Neuansätzen insbe-sondere durch Verlängerung der Grundschulzeit über vier Jahre hin-aus. Die bildungspolitische Entwicklung ist bisher überwiegend als eine Politik der Restauration dargestellt worden (vgl. C. Kuhlmann 1972; A. Hearnden 1977). Damit ist nicht nur gemeint, daß der Wie-deraufbau des Bildungswesens organisatorisch und inhaltlich - dieser Aspekt wird allerdings kaum thematisiert - eng an die Traditionen der Weimarer Zeit anknüpft, sondern auch, daß damit reale Ansatz-punkte einer Neuordnung des westdeutschen Bildungswesens nach dem Kriege nicht genutzt oder Chancen einer Verbesserung vertan worden seien (z.B. C. Kuhlmann 1972, S. 166ff). H.-E. Tenorth formuliert in seiner Analyse der bildungspolitischen Diskussion um die gymnasiale Oberstufe nach 1945 eine andere Hypothese, die für die politisch kon-kurrierenden Pläne der ersten Nachkriegsjahre, auch im Verhältnis zu den Vorstellungen der Besatzungsmächte stärker den Konsens trotz divergierender organisatorischer Vorstellungen des Schulsystems heraus-stellt (H.-E. Tenorth 1975, S. 61ff). Nach dieser These verdeckt die Darstellung der Konflikte in den schulpolitischen Auffassungen, die das Urteil einer bildungspolitischen Restauration stützt, "die breite Zone der Übereinstimmung und die im Prinzip historisch überholte und vor-moderne, eindimensionale Begründung auch der als reformerisch eingestuften Konzepte" (ebd. S. 63). Für die Analyse der Volksschul-lehrpläne erscheint diese These zumindest bedenkenswert.

Deshalb wird die Auffassung von Schulwissen, wie sie sich in den "Richtlinien für die Volksschulen des Landes Nordrhein-Westfalen" von 1955 darstellt, zum einen mit der der "Bildungspläne für die allgemein-bildenden Schulen im Landes Hessen" von 1956 verglichen. Zwischen den Volksschulen in beiden Bundesländern gab es zwei wesentliche strukturelle Unterschiede. In Hessen gab es keine Konfessionsschulen und zumindest programmatisch ein gemeinsames Ausbildungskonzept für alle allgemeinbildenden Schulen. Nordrhein-Westfalen ist das Beispiel eines Bundeslandes, in dem sich die weltanschaulichen Ziele der CDU/

CSU, Trennung der Schulen nach Konfession, Geschlecht und angenom-
nenen Begabungsniveau, durchsetzten (vgl. C. Kuhlmann 1972, S. 88f).

Formal können die "Richtlinien für die Volksschulen des Landes Nordrhein-Westfalen" aus dem Jahre 1955 als beispielhaft für die Lehrpläne dieser Erarbeitungsphase gelten. Wie die Pläne der übrigen
Bundesländer sind es Richtlinien, die ein Mindestmaß an Einheitlichkeit der Unterrichtsarbeit garantieren sollen und den Interpretations-
rahmen darstellen für die Ausarbeitung detaillierter Lehrpläne in Zusammenarbeit von Lehrern, Schulaufsicht und Schulverwaltung, Berufs-
verbänden und pädagogischen Akademien. In allen Bundesländern sind
die Pläne gegliedert in einen unterschiedlich ausführlichen allgemeinen
Teil, der die Aufgaben der Schule gemäß Verfassung und Schulgesetz
darstellt, wie meist auch Grundsätze der Bildungsarbeit und Auswahlgesichtspunkte der Unterrichtsinhalte, und einen besonderen Teil.
Dieser Teil der Lehrpläne ist jeweils nach Fächern gegliedert; die
Ausführlichkeit variiert beträchtlich zwischen den Bundesländern, aber
auch innerhalb eines Lehrplans zwischen den Fächern.

Zum anderen werden die Volksschulpläne der 50er Jahre in den Zusammenhang der Entwicklung der Lehrpläne für Elementar- und Volksschule seit der Mitte des 19. Jahrhunderts gestellt. In einem Anfang
der 60er Jahre veröffentlichten "Handbuch für Lehrer" beschreibt W.
Klafki das sich in der Konsolidierungsphase der Volksschule zwischen
1801 und 1870 herausbildende Bewußtsein der Volksschullehrer von Aufgabe und Stellung ihrer Schulart im Bildungswesen folgendermaßen:

"Die Volksschule jener Zeit erzog Kinder, die aus einer im allgemeinen homogenen sozialen Schicht stammten, und sie erzog und
bildete diese Kinder zugleich für ein Leben in dieser sozialen
Schicht. Das Modell, an dem die Schule sich in ihrer Arbeit orientierte, war eine bäuerlich-handwerkliche, dörflich-kleinstädtische,
überschaubare Welt, deren geistige Grundlagen einerseits durch
moralisch verstandenes Christentum, andererseits durch eine
schlichte, volkstümliche Kultur, drittens durch das Vertrauen in
die Rechtmäßigkeit und Vernünftigkeit der bestehenden politischen
Ordnung und durch den Verzicht auf ein politisches Mitsprache-
recht gegeben waren. Damit war ein überschaubarer Kreis von
Inhalten für die Bildungsarbeit der Volksschule abgesteckt."
(W. Klafki 1961, Bd. II, S. 121).

Inwieweit haben sich die Volksschule der 50er Jahre und die für sie
vertretenen Vorstellungen von Schulwissen bei grundlegend veränderten politischen, ökonomischen und gesellschaftlichen Bedingungen von
diesem Modell, in der engsten Form dokumentiert in den Stiehlschen
Regulativen von 1854, lösen können?

2.1.1.   Umfang und Formen der Aneignung von Schulwissen

Das Bild "wahrhaft christlicher Volksbildung" der "Regulative für die
einklassige evangelische Elementarschule" von 1854 ist ausdrücklich
ein Gegenentwurf zu Vorstellungen von allgemeiner Kräftebildung, wie
sie im Neuhumanismus aber auch bei Pestalozzi entwickelt wurden und
bleibt ohne Bezug zu didaktisch-methodischen Forderungen nach Anschauung und Sachunterricht. "Das Leben des Volkes verlangt seine
Neugestaltung auf Grundlage und im Ausbau seiner ursprünglich gegebenen und ewigen Realitäten auf dem Fundament des Christenthums,
welches Familie, Berufskreis, Gemeinde und Staat in seiner kirchlich
berechtigten Gestalt durchdringen, ausbilden und stützen soll." (Die
drei Preußischen Regulative, 1858, S. 64). Angesichts der politisch-
religiösen Sozialisationsaufgabe der Schule reduziert sich das didaktische Problem "auf eine richtige Auswahl und feste Begrenzung der
Unterrichtsgegenstände". Bibel, Katechismus, Gesangbuch und Lesebuch
sind Grundlagen der Schularbeit bei wöchentlich 6 Stunden Religion,
12 Stunden Lese- und Schreibunterricht, 3 Stunden Gesang. Die aus-
führlichsten inhaltlichen und methodischen Festlegungen gelten dem
Religionsunterricht, der seine Sozialisationsaufgaben bemerkenswert
vielseitig nicht nur über das Gedächtnis sondern auch über Verständnis und Erlebnis anstreben soll. Im Rechnen sind wöchentlich 5 Stunden vorgesehen zur Aneignung der Grundrechenarten und Anwendung
auf praktische Aufgaben. Sofern es die Verhältnisse gestatten, können
über diese 26 Stunden religiöser Erziehung und Einweisung in die
Kulturtechniken hinaus noch 3 Stunden "Vaterlands- und Naturkunde"
und eine Stunde Zeichnen (Handhabung des Lineals und der Maße)
unterrichtet werden. Neben dem Lesebuch kann hier in den Gebrauch
der Karte und die Betrachtung von Pflanzen und anderen Naturgegen-
ständen eingeführt werden. "Namentlich wird aber dem Lehrer Gelegenheit geboten sein, durch lebendiges Wort die Jugend einzuführen in
die Kenntniß der Geschichte unserer Herrscher und unseres Volkes,
wie der göttlichen Leitung, die sich in derselben offenbart, und Herz
und Sinn der Schüler mit Liebe zum König und mit Achtung vor den
Gesetzen und Einrichtungen des Vaterlandes zu erfüllen." (ebd. S.
73f). Die Wirkungen des Unterrichts sollen klar begrenzt aber vollständig sein. Die genau festgelegten Inhalte religiöser und vaterlän-
discher Gesinnungsbildung, für die der Lehrer lediglich Sprachrohr
oder Verkünder ist, sollen durch geeigneten Vortrag, gemeinsamen Gesang, gemeinsame Feier neben dem Gedächtnis vor allem das "Gemüt,
den Willen und Charakter" erfassen.

Die beherrschende Stellung der Gesinnungsfächer Religion und Deutsch
blieb auch in den "Allgemeinen Bestimmungen betreffend das Volksschul-
Präparanden- und Seminarwesen" von 1872 für die preußische Volksschule weitgehend erhalten, wenn auch, nicht zuletzt aus politisch-tak-
tischen Überlegungen, programmatische Erklärungen über religiöse,
sittliche und nationale Bildungsziele unterblieben(1). Unter heftigen
-----
(1) Zur Entstehungs- und Wirkungsgeschichte der "Allgemeinen Bestim-
    mungen" vgl. C. Berg 1973, dort auch der Hinweis auf den Falk-
    schen Unterrichtsgesetzentwurf von 1877, in dem religiöse, sittliche
    und nationale Bildung als Aufgabe der niederen Schulen deklariert
    werden (S. 91).

Protesten von seiten der evangelischen Kirche wurde an den einklassigen Schulen verbunden vor allem mit Kürzungen des Memorierstoffes der Religionsunterricht um eine Wochenstunde, an mehrklassigen Schulen um zwei Wochenstunden gekürzt. Dem Fach "deutsche Sprache" (Sprechen, Lesen, Schreiben) wurden je nach Organisationstyp der Schule und Altersstufe ein bis vier Wochenstunden gestrichen, dem Fach Rechnen eine Stunde, ein bis zwei Stunden Raumlehre kommen auf der Oberstufe hinzu. Die entscheidende Neuerung ist die Einführung der Realien, zu denen Geschichte, Geographie, Naturbeschreibung und Naturlehre gezählt werden, mit sechs Wochenstunden für Mittel- und Oberstufe der Volksschule (bis zu 8 Stunden in der Oberstufe mehrklassiger Schulen). Auf die gesellschaftliche Notwendigkeit einer Einführung der Realien hatten pädagogisch interessierte Kreise, insbesondere engagierte Volksschullehrergruppen seit langem hingewiesen. Die Bedeutung der Realien drückt sich nicht nur in einem den Religionsunterricht übertreffenden Stundenanteil aus, sie zeigt sich auch in den vergleichsweise konkreten methodischen Angaben. Der Lehrer soll den Lehrstoff "anschaulich" und "frei" darstellen, soweit möglich Lehrmittel und Experimente einsetzen, zur "Belebung, Ergänzung und Wiederholung" das Lesebuch oder besondere Leitfäden heranziehen, auf keinen Fall aber Diktate schreiben lassen oder das mechanische Lernen von Namen und Daten fordern. Als allgemeine didaktische Leitlinie für den Unterricht der Realien wird die "stufenweise Erweiterung des Stoffes von dem Leichteren zum Schwereren, von dem Näheren zum ferner Liegenden empfohlen" (Allgemeine Verfügung ... 1965, S.37). Dementsprechend soll z.B. der geographische Unterricht mit der "Heimatkunde" beginnen. Neben den Realien werden in den Lehrplan für die Mittel- und Oberstufe der Volksschule nun auch 2 Stunden Zeichnen und 2 Stunden Turnen für Jungen, bzw. 2 Stunden Handarbeit für Mädchen aufgenommen. Damit hat die Differenzierung des Lehrangebotes der Volksschule etwa den Stand erreicht, der auch für die Lehrpläne nach 1945 gilt(1). Von seiten Konservativer und Zentrumspolitiker wurde Kritik gerade an der Fächervermehrung der "Allgemeinen Bestimmungen" geübt, an der vermuteten Verflachung der Ausbildung und Schwächung der erzieherischen Funktionen der Schule (vgl. C. Berg 1973, S. 78ff). Liberale und bürgerlich-demokratische Tendenzen, die sich in den "Allgemeinen Bestimmungen" im Bemühen um eine Verbreiterung der Bildung der unteren Schichten insbesondere durch Anhebung der Realbildung und Einschränkung von Memorierstoffen andeuten, auch in der Diskussion um Entkonfessionalisierung der Volksschule und Lehrerbildung, werden im Laufe von 50 Jahren gemäß politischen Zwecken umgebogen. Schule wird zum Instrument im Kampf gegen Kommunismus und Sozialismus.

Die "Richtlinien zur Aufstellung von Lehrplänen für die Grundschule" von 1921 und die "Richtlinien zur Aufstellung von Lehrplänen für die

-----

(1) P. Damerow (1980, S. 517) stellt "völlige Übereinstimmung in allen wesentlichen Punkten" zwischen den Festlegungen für den Rechenunterricht in den Bestimmungen von 1872 und den Rahmenplänen für den Mathematikunterricht der Kultusministerkonferenz von 1958 fest.

oberen Jahrgänge der Volksschule" von 1922, die auf der Grundlage der Weimarer Verfassung besonders in § 148 und des "Grundschulgesetzes" von 1920 in Preußen die "Allgemeinen Bestimmungen" ablösten, bringen nur kleinere Änderungen der Stundentafeln (Richtlinien für die Lehrpläne der Volksschulen 1933, S. 30 u. S. 73).

Gemäß dem Verfassungsauftrag, Staatsbürgerkunde und Arbeitsunterricht zu Schulfächern zu machen, wird der Unterricht für Geschichte und Staatsbürgerkunde in Klasse 8 um eine Wochenstunde erweitert und auf der Oberstufe der Volksschule für Jungen ein Werkunterricht mit 2 Wochenstunden, für Mädchen Handarbeitsunterricht mit 2-3 Wochenstunden eingeführt. Wo die Voraussetzungen gegeben sind, kann für Mädchen der Oberstufe ein 4-stündiger Unterricht in Hauswirtschaft angeboten werden. Arbeitsunterricht im Sinne dieser Richtlinien soll "zu denkendem, selbständigem Arbeiten erziehen und in Bezug zu wirtschaftlichen Tätigkeiten und Bedürfnissen der Umwelt und der Schule stehen". Der Turnunterricht wird für die Klassen 6-8 auf 3 Wochenstunden erweitert, dabei sollen auch Bewegungsmöglichkeiten außerhalb der Schule (Schwimmen, Schlittenfahren, Schulwandern) wahrgenommen werden.

Neue reformpädagogisch geprägte didaktisch-methodische Prinzipien für die Grundschule, aber auch für die Volksschuloberstufe verändern das Konzept von Schulwissen. Im Gegensatz zu Auffassungen, die den "Besitz von Kenntnissen und Fertigkeiten an sich als genügende(n) Erfolg der Unterrichtsarbeit" betrachten, werden nun Kindgemäßheit des Unterrichts, Eigentätigkeit und Erleben der Schüler, gebunden an die heimatliche Umwelt, gefordert. Das hat die Grundschularbeit tiefgreifend umgestaltet. Für die Volksschuloberstufe heißt es in den didaktisch-methodischen Vorbemerkungen der Richtlinien von 1922, daß zwar mehr als auf der Grundschule "die Bedürfnisse des Lebens" zu berücksichtigen seien, daß aber auch hier "die Bildungsbedürfnisse der Altersstufe und die Aufgabe stetiger und gleichmäßiger Förderung der kindlichen Gesamtentwicklung, besonders auch nach der Gefühls- und Willensseite hin," entscheidend seien (ebd. S. 34). Zur geistigen und körperlichen Selbsttätigkeit sollen die Schüler dadurch geleitet werden, daß sie unter Führung des Lehrers beobachten, versuchen, schließen, forschen und selbständig lesen oder Handarbeiten leisten. Dafür werden detaillierte Vorschläge gemacht. Heimatkunde ist auch für die Oberstufe als Unterrichtsprinzip und Unterrichtsfach vorgesehen. Für jedes Schulfach wird in den Richtlinien der heimatkundliche Bezug mindestens einmal expliziert formuliert, der Erdkundeunterricht führt die Heimatkunde der Grundschule fort mit der Länderkunde Europas und der übrigen Erdteile, wobei vorwiegend die Länder behandelt werden sollen, "in denen Deutsche leben und wirken, und zu denen Deutschland bedeutsame Beziehungen unterhält". Neu ist in diesen Richtlinien der Gedanke ästhetischer Erziehung, wie er für den Deutschunterricht, den Kunst- und Musikunterricht entwickelt wird mit dem Ziel, den "Schönheitssinn" der Kinder zu bilden(1), das Wahrnehmungs- und Darstellungsvermögen zu wecken, mit dem das Kind "Ausdruck für sein inneres Erleben und sein Verhältnis zur Außenwelt" finden soll.

Die Richtlinien zur Aufstellung von Lehrplänen für die Grundschule und die Volksschuloberstufe repräsentieren insofern eine neue Lehrplankonzeption als sie Erziehung und Unterricht nicht in erster Linie durch stoffliche Festlegungen als vielmehr durch methodisch-didaktische Empfehlungen darzustellen suchen. Der oberste Grundsatz dieser Richtlinien: "Freiheit und Mannigfaltigkeit" (vgl. C.L.A. Pretzel, E. Hylla, 1925, S. 9ff) garantiert, daß bei den Lehrplanausarbeitungen, der Stoffauswahl und -verteilung, regionale Bezüge beachtet und "Normallehrpläne" verhindert werden. Damit erhält die Freiheit des Lehrers im Unterricht ebenso reale Bedeutung wie der kindliche Erfahrungsraum beim Aufbau orientierenden Wissens.

Trotz der Erfahrungen der politischen Katastrophe und einer nüchterneren Einschätzung reformpädagogischer Ideen knüpft die Schulpolitik nach 1945 an die Lehrpläne vor 1933 an. Besonders die politischen Gruppierungen, die auf der Grundlage organologischer Konzepte politisch-gesellschaftliche Gliederungen konservieren oder wiederherstellen wollten, stützten bildungspolitische Vorstellungen von Eigenständigkeit und "Eigengeist" der Volksschule, die sich, wie die Richtlinien für die Volksschulen in Nordrhein-Westfalen" von 1955 zeigen, erneut in einer geschlossenen Bildungskonzeption niederschlagen. Die Stundentafel stimmt weitgehend mit der für die Volksschuloberstufe in Preußen von 1922 überein. In Schulen, in denen ein Englischkurs mit 2 Wochenstunden angeboten wird, wird der Deutschunterricht entsprechend gekürzt; eine dritte Stunde für Geschichte und Gemeinschaftskunde ist bereits ab Klasse 6 vorgesehen, die verbindliche Stundenzahl für Zeichnen und Werken ist auf 3, für Leibesübungen auf 2 verringert. Gemäß reformpädagogischen Grundsätzen soll die Schule die "volle Entfaltung der kindlichen Eigenart sichern", "wirklichkeitsnahes, gegenwartsgezogenes Wissen und ein weithin selbständig erworbenes, auf praktische Anwendung gerichtetes Können" ermöglichen, "zweckgebundene Sachlichkeit" anstreben aber auch "Besinnlichkeit und musisches Tun" pflegen. Weiterhin gelten Heimat und Muttersprache als Konzentrationspunkte der Bildungsarbeit, doch ist übergeordnet erklärtermaßen die weltanschauliche Deutung (Richtlinien und Stoffpläne NRW 1963, S. 6). Zeigten die Richtlinien von 1922 eine gewisse Folgerichtigkeit darin, daß sie die didaktischen Prinzipien der Kindgemäßheit,

-----

(1) "... die gesamte äußere Ausstattung des Lesebuches soll auf den Schönheitssinn der Kinder erziehlich einwirken..." Min. Erl. vom 24.5.1923 betr. Einrichtung und Gebrauch der Lesebücher und Einzelschriften (In: Richtlinien für die Lehrpläne der Volksschulen 1933, S. 42)
Die "Richtlinien für den Musikunterricht in Volksschulen" von 1927 gehen in ihrem Ziel "die im Kinde ruhenden musikalischen Kräfte und Anlagen zu entwickeln" weit über die Ziele des Gesangsunterrichts in der Volksschule des 19. Jahrhunderts hinaus (ebd. S. 56ff).

Selbsttätigkeit und heimatlichen Erfahrungsbindung mit der Möglichkeit
regionalisierter Stoffpläne verbanden, so geraten diese didaktischen
Prinzipien mit dem Auftrag, ein Weltbild zu vermitteln, in den Richtlinien von 1955 in Widerspruch. Ein Kommentator in der Gewerkschafts-
zeitschrift "Neue Deutsche Schule" weist auf diesen Widerspruch hin:
"Wer ein Weltbild vermitteln will, muß sich klar darüber sein, welche
Stoffe und Einzelheiten es enthalten soll." (A. Hasseberg 1955, S. 7).
Die statisch-konservierende Tendenz, die sich im Ziel der "schlichten
Weltdeutung" ausspricht, wird gestützt durch entsprechende Erziehungsziele wie gewohnheits- und gefühlmäßige Einübung in bestehende Ordnungen. So wird als erzieherische Grundlage der Gemeinschaftskunde
formuliert "die Weckung der Glaubens- und Liebeskraft und der religiösen Verantwortung, die Pflege der Rücksichtnahme, Hilfsbereitschaft, Duldsamkeit und Zuverlässigkeit, die sich mehr auf Tun und
Handeln als auf Belehrung und Unterricht richtet, den Schüler zu
zuchtvoller Schulsitte anleitet und ihm Gelegenheit gibt, tätig am
Schulleben teilzunehmen" (Richtlinien und Stoffpläne NRW 1963, S. 21).
Gesellschaftlich-politische und ökonomische Veränderungen werden als
positive Herausforderung für die Schule kaum wahrgenommen. Im Hinblick auf berufliche Anforderungen in einer industriell geprägten Gesellschaft werden zwar eine gründliche und exakte Bildung, geistige
Aufgeschlossenheit und klares Schulwissen gefordert, im übrigen aber
soll die Volksschule erzieherisch gegenwirken, indem sie durch feste
Glaubens- und Orientierungsmuster Halt gibt.

Die Bildungspläne für die allgemeinbildenden Schulen in Hessen von
1956/57, die anders als die nordrhein-westfälischen Richtlinien formal,
teilweise aber auch inhaltlich einen gemeinsamen Rahmen der Bildungsarbeit an den verschiedenen allgemeinbildenden Schultypen abstecken,
verzichten verfassungsgemäß auf eine weltanschauliche Bindung. "Bildungspläne in der Art der vorliegenden können den Geist bestimmen,
in dem unterrichtet und erzogen werden soll, die Grundeinstellung zu
den Kindern und den Sachen, den Stil und die Atmosphäre der Schulerziehung und des Unterrichts. Weltanschauliche Geschlossenheit und
Bindung für die gesamte Schularbeit zu fordern, ist nicht beabsich-
tigt, weil die Bildungspläne der bewährten verfassungsmäßigen Schulform in Hessen gerecht werden sollen." (Bildungspläne Hessen I, 1956,
S. 84). In den Anmerkungen zur Gegenwartssituation im Einführungserlaß werden Veränderungen herausgestellt: die Auflösung des enzyklo-
pädischen Erziehungsbegriffs, der Wandel der Gesellschaft und Wirt-
schaftsstruktur, den Industrialisierung, Technisierung, Krieg, Zusam-
menbruch und demographische und soziale Veränderungen hervorgerufen
haben und der den bestehenden Schularten neue Funktionen zuweist.
Worin die neuen Funktionen der Volksschule bestehen, wird allerdings
in der Einleitung zu den Bildungsplänen nicht deutlich. Als didaktisches Leitprinzip gilt Lebensnähe. Es wird mit der spezifischen Be-
gabungsstruktur der Schüler begründet (ebd. S. 92). Wissen soll "an
natürlichen und lebensvollen Bildungsvorhaben erarbeitet werden. Demgegenüber tritt ihre (der Bildungsstoffe) fachsystematische Anordnung
und Behandlung zurück. Zwar soll auch der Volksschüler mit zunehmender Reife Einblick in die Systematik der Fächer mit ihren typischen Fragestellungen und Arbeitsweisen gewinnen. Er braucht den
Zugang zum Fachbuch. Daß aber natürliche Ganzheiten von allen Seiten betrachtet und erfaßt werden können, ohne sich zu bloßen Objek-

ten verschiedener Disziplinen zu verflüchtigen, darin eben besteht einer der wesentlichen Vorzüge der Volksschule." Und gewissermaßen als Zugeständnis an die technische Entwicklung heißt es weiter: "Im Zeitalter der Technik muß die Volksschule ihre Schüler zu klarem begrifflichen Denken erziehen. Aber dieses Denken muß von der Anschauung ausgehen und darf die Beziehung zur Anschauung nie verlieren." (ebd. S. 93).

2.1.2.   Zusammenhang des Lehrangebots

Die Richtlinien für die Volksschule in NRW von 1955 geben zwei Stundentafeln vor, a. gefächerter Unterricht mit einem verpflichtenden Gesamtunterricht in den ersten vier Schuljahren und einem achtstündigen fachübergreifenden Unterricht in den Fächern Deutsch, Geschichte und Gemeinschaftskunde und einem zehnstündigen "lebenspraktischen" Unterricht (Erdkunde, Naturkunde und -lehre, Rechnen und Raumlehre) im 8. Schuljahr, b. Gesamtunterricht für alle Jahrgänge, ergänzt durch Fachunterricht in Religion, Rechnen und Raumlehre und Leibesübungen. Damit ist programmatisch ein Höhepunkt der Bemühungen um die Aufhebung des zerstückelten schulischen Lehrangebots durch Verknüpfung der Schulfächer erreicht(1). Obwohl die Elementarschule der Stiehlschen Regulative organisatorisch wie fachlich nur minimale Differenzierungen aufwies, der Lehrer der einklassigen oder wenig gegliederten Schule kaum mehr als die Kulturtechniken einschließlich Gesang unterrichtete und Sachkenntnisse zumeist aus dem Lesebuch gewonnen wurden, forderten bereits die Regulative zur Verknüpfung der Unterrichtsfächer auf. "Der so quantitativ richtig beschränkte und qualitativ richtig ausgewählte Unterrichtsstoff ist nun überall in die nöthige und zulässige Beziehung zu setzen, daß ein Unterrichtsfach das andere ergänzt und dem Gesamtzweck dient." (Die drei Preußischen Regulative, 1858, S. 74). Der "Gesamtzweck" ist "wahrhaft christliche Volksbildung", dem der Lehrer am besten entspricht, "der täglich selbst in der Schule am meisten empfängt, nämlich den Geist der Demuth, des Gebets, der Liebe und der Gottesfurcht, der mit göttlicher Furcht und freudigem Zittern seine und der ihm anvertrauten Kinder Seligkeit zu schaffen sucht" (ebd. S. 76). Die Rolle, die die idealistische Pädagogik der Philosophie für die Bildung eines einheitlichen Bewußtseins bei der Auseinandersetzung mit vielfältigen Inhalten in der höheren Bildung zumaß, hat für die Elementarbildung die Religion zu übernehmen. So meinte Herbart zwar, daß alle Menschen der Religion "zum geistigen Ausruhen" bedürfen, daß sie aber nur bei den Ungebildeten leitend sei, während bei den Gebildeten "Spekulation" und "Geschmack" die Anker der Besinnung und der Persönlichkeit seien.

-----

(1) Daß daraus nur vorsichtige Folgerungen für die Schulpraxis gezogen werden können, zeigt eine Befragung Frankfurter Lehrer der Volksschuloberstufe, derzufolge nach wie vor mehr als vier Fünftel aller Befragten gefächerten Unterricht erteilten (K. Klinger 1955/56).

Bleibt auch für die "Allgemeinen Bestimmungen" die Bedeutung der Gesinnungsfächer faktisch erhalten, stehen doch die Fächer des nun erweiterten Fächerkanons unverbunden nebeneinander. Deutschunterricht und Unterricht in Realien verbindet weiterhin das Lesebuch, für das ausdrücklich gefordert wird, es von kirchlichen und politischen Tendenzen freizuhalten. Fragen nach der Vollständigkeit der Lehrgebiete wie nach dem richtigen Verhältnis der Fächer zueinander, von F.W. Dörpfeld 1873 grundsätzlich erörtert, beantworten die "Allgemeinen Bestimmungen" nicht. Für sie gilt damit auch die Bildungs- und Schulkritik, die sich seit dem letzten Drittel des 19. Jahrhunderts unter anderem gegen den Bildungsenzyklopädismus der Lern- und Buchschulen und den unter Berufung auf Herbart vertretenen Methodenschematismus wendet.

Unter reformpädagogischem Einfluß wird der Zusammenhang des Lehrangebotes in den preußischen Richtlinien für die Volksschuloberstufe von 1922 unter der Zielsetzung "gleichmäßiger Förderung der kindlichen Gesamtentwicklung" vorwiegend didaktisch-methodisch aber auch inhaltlich berücksichtigt. Durchweg enthält jeder Fachabschnitt des Plans Hinweise auf Alltagsprobleme und auf die notwendige Kooperation mit anderen Fächern, beispielsweise soll der hauswirtschaftliche Unterricht insbesondere auf Rechnen, Natur- und Staatsbürgerkunde möglichst eng bezogen werden. Lebensnähe als eine Konkretion der allgemeinen Forderungen nach kindgemäßer Unterrichtsgestaltung bedeutet inhaltlich, auf die kindlichen Erfahrungen und damit auch auf den Heimatraum Bezug zu nehmen, um damit dem Lernenden den praktischen Zusammenhang des Gelernten deutlich zu machen. Uneingeschränkt soll dies im Gesamtunterricht des ersten Grundschuljahres erfolgen. Mitarbeiter an den Plänen verweisen darauf, daß Gesamtunterricht abweichend vom Gebrauch dieses Begriffs bei Berthold Otto verstanden wird als innere Verknüpfung alles dessen, was im Unterricht vorkommt, wobei im Mittelpunkt der heimatliche Anschauungsunterricht steht. Dieser Gesamtunterricht wird vorgestellt als "zwangloser Wechsel der Beschäftigung mit den verschiedenen Gegenständen des Unterrichts. Es wird also innerhalb des Gesamtunterrichts zu gewissen Zeiten beispielsweise nur gelesen, geschrieben, gemalt, gerechnet werden. Aber diese Zeiten sollen nicht ein für allemal nach Lage und Dauer bestimmt werden, sondern das jeweilige Bedürfnis, das ebensowohl ein persönliches wie ein sachliches sein kann, soll dabei entscheidend sein." (C.L.A. Pretzel, E. Hylla, 1925, S. 14). Weder ist der erste Gesamtunterricht bindend noch wird er auf diese Phase ausdrücklich beschränkt. In den Richtlinien für die höheren Jahrgänge wird der Gesamtunterricht allerdings nicht empfohlen. Die Lehrplanautoren weisen darauf hin, daß die Fertigkeitsschulung, z.B. die Leseübung, die meist nur um ihrer selbst willen betrieben wurde, eine veränderte Funktion erhält, wenn sie dem Schüler als notwendige Voraussetzung zum Selbststudium oder für Gemeinschaftsarbeit erkennbar wird.

Wie der Gesamtunterricht aussehen soll, den die nordrhein-westfälischen Richtlinien von 1955 in der Variante b der Stundentafel für alle Klassen vorgeschlagen, ist nicht erläutert oder wird als bekannt unterstellt. Sie wird 1959 für die meisten Fächer durch detaillierte Stoffpläne ergänzt. Über Ganzheits- oder Gesamtunterricht ist seit den

20er Jahren intensiv diskutiert worden, theoretisch fundiert durch Ergebnisse der Gestaltpsychologie, doch blieb das Problem der Gliederung der kindlichen Erfahrungswelt in Bildungseinheiten offen(1). Die Richtlinien beschränken sich auf allgemeine Hinweise: "Das erworbene Wissen soll in sich gegliedert und zusammenhängend sein. Darum muß der Unterricht das Bildungsgut in seinen natürlichen und sinnvollen Zusammenhängen belassen". (Richtlinien und Stoffpläne NRW 1963, S. 7). Der "natürliche und sinnvolle Zusammenhang" wird nur in der räumlichen Dimension etwas konkreter. "Der Inhalt der Unterrichtsarbeit wird zunächst bestimmt von dem Leben in Familie, Nachbarschaft und Schule und von dem Tagesgeschehen mit seinen besonderen Ereignissen. Mit der wachsenden Reife des Schülers schreitet der Unterricht fort und erschließt weitere Bereiche des Lebens und der Welt. Die Bildungseinheiten müssen nach den örtlichen Gegebenheiten, nach der Leistungsfähigkeit und dem Geschlecht des Kindes verschieden sein". (ebd. S. 6). Die Frage nach intersubjektiv bedeutsamen und transferfähigen Lerneinheiten, also die Frage nach der Auswahl überfachlicher exemplarischer Lerneinheiten, wird ebensowenig erörtert wie die schwierige didaktisch-methodische Frage, wie solche Einheiten zusammenzuordnen wären, um in den verschiedensten Bereichen Erkenntnisfortschritte zu bewirken.

Im Unterschied zu den preußischen Richtlinien von 1921/22, die Gesamtunterricht in der Eingangsstufe als kindgemäß und Bezüge zwischen den Fächern auf der Oberstufe als sachgemäß fordern, wird in den nordrhein-westfälischen Richtlinien eine "auf die Lebensituation bezogene, auf Zusammenhänge bedachte, auf praktische Anwendung gerichtete Schularbeit" (ebd. S. 5) zu einem wesentlichen Kennzeichen der Eigenart der Volksschularbeit. Ein Interpret der Richtlinien für die Oberstufenarbeit legt das so aus:

"Es gehört zur Eigenart der Volksschulbildung, daß die(se) sachlich-objektiven Bezüge als Formkräfte des eigenen Lebens des jungen Menschen und als Gestaltungskräfte der Gemeinschaften und der sozialen Gebilde aufgewiesen werden, in die sich der junge Mensch eingefügt erlebt. Es handelt sich also in der sachlich-objektiven Bindung der Oberstufenarbeit nicht um eine rational-intellektuelle Durchdringung von Wissensgebieten in ihrer systematisch-abstrakten Geltung an sich, sondern um das Erschließen des Lebenskreises in sachgerechter Arbeit." (F. Pfeffer 1956, S. 151).

Hier liegt der Hauptunterschied zur Schularbeit im Gymnasium:

"Die konkrete und existenzielle Bindung des Bildungsgutes an den Lebenskreis und an die Wirklichkeit des Kindes unterscheidet den Bildungsplan vom Lehrplan; sie bezeichnet zugleich ein bedeutsames Merkmal der Volksschulbildung im Unterschied zur wissenschaftlichen Bildung." (ebd. S. 155f).

------

(1) Vgl. etwa die Diskussion dazu im Jahrgang 1956 der "Neuen Deutschen Schule".

Da für die Zusammensetzung des Bildungsplans keine Prinzipien angegeben werden, wenn man einmal von dem nicht verallgemeinerungsfähigen räumlichen Prinzip vom Nahen zum Fernen absieht, bleiben weltanschauliche Bezüge leitend. "In der Übernatur hat der Bildungsplan seine Mitte; hier haben alle Bereiche ihren Brennpunkt, von hier erhalten sie ihren eigentlichen Sinn." (ebd. S. 157).

Auch in den Hessischen Bildungsplänen spielt Gesamtunterricht eine wichtige Rolle, die Empfehlungen dazu bleiben nicht auf die Volksschule beschränkt. In den Erläuterungen zur Stundentafel heißt es: "In der Grundschule wird mit Ausnahme von Religion nur Gesamtunterricht erteilt ... In der Oberstufe ist neben dem Gesamtunterricht auch Fachunterricht möglich. Auf jeden Fall muß aber der innere Zusammenhang der Bildungsaufgabe gewahrt bleiben." (Bildungspläne Hessen I, 1956, S. 97). Das Verhältnis von fachsystematischer zu ganzheitlicher Arbeitsweise wird folgendermaßen beschrieben:

"Die Bildungsstoffe sollten in der Volksschule vorzugsweise an natürlichen lebensvollen Bildungsvorhaben erarbeitet werden. Demgegenüber tritt ihre fachsystematische Anordnung und Behandlung zurück. Zwar soll auch der Volksschüler mit zunehmender Reife Einblick in die Systematik der Fächer mit ihren typischen Fragestellungen und Arbeitsweisen gewinnen. Er braucht den Zugang zum Fachbuch. Daß aber natürliche Ganzheiten von allen Seiten betrachtet und erfaßt werden können, ohne sich zu bloßen Projekten verschiedener Disziplinen zu verflüchtigen, darin besteht einer der wesentlichen Vorzüge der Volksschule." (ebd. S. 93).

Die Prinzipien der Auswahl und Zuordnung solcher "natürlichen Ganzheiten" bleiben auch hier unerörtert. Anders als in Nordrhein-Westfalen wird in Hessen der Versuch gemacht, die in Fächer gegliederten Stoffpläne für die Volksschule, die Mittelschule und das Gymnasium einem gemeinsamen Bildungsprogramm aller allgemeinbildenden Schularten einzuordnen. Dieses Programm formuliert fünf "Bildungsanliegen": 1. muttersprachliche Bildung 2. naturwissenschaftliche und technische Bildung 3. politische Bildung 4. musische Bildung 5. religiöse und philosophische Bildung, die "die Fülle der beziehungslos nebeneinanderstehenden Unterrichtsfächer auf einige geistige Grundformen der Schulbildung zurückführen" sollen (Bildungspläne Hessen II, 1957, S. 3). "Jedem der obengenannten fünf zentralen Bildungsanliegen dienen verschiedene der in den Stundentafeln vertretenen Unterrichtsfächer. Meist ist es die Arbeit mehrerer solcher Fächer, die einem dieser Bereiche zugeordnet ist. Häufig ist ein Unterrichtsfach an mehreren solchen Bildungsbereichen beteiligt." (ebd. S. 7).

Der Erlaß, der 1952 in Nordrhein-Westfalen die Richtlinien für den Unterricht an Gymnasien einführt, stellt demgegenüber gerade deren Fachgebundenheit heraus. Die Richtlinien gehen von den "Bildungsaufgaben und Bildungsmöglichkeiten der einzelnen Fächer aus" und sind "in jahrelanger Arbeit von den Fachverbänden und Instituten, die sich mit dem Unterricht in den verschiedenen Fächer verantwortlich beschäftigen, aufgestellt worden" (ABl. KM. NRW 1952, S. 130).

2.1.3.   Legitimation des Lehrangebots

Lehrpläne der Staatsschule sind bis in dieses Jahrhundert hinein überwiegend das Werk einzelner. Es fehlen jedoch bislang genauere historische Studien über die Erstellung von Lehrplänen. Einzelne im
Rahmen der Kirchenordnung ausgeführte Schulordnungen des 16. Jahrhunderts stammen von führenden Männern der Reformation wie Melanch-
thon und Bugenhagen. Im 17. Jahrhundert befaßten sich namhafte Vertreter verschiedener didaktischer Richtungen mit der Ausarbeitung von
Schulordnungen, z.B. der weimarische Hofprediger und Anhänger der
"Lehrart" Ratkes Johannes Kromayer mit der "Weimarischen Schulordnung" von 1619 oder der stark von Comenius beeinflußte Rektor
Andreas Reyher mit dem epochemachenden "Gothaischen Schulmethodus"
von 1642. Friedrich II. beauftragte Johann Julius Hecker mit der
Ausarbeitung des "General-Land-Schul-Reglements" für Preußen 1763
und den Abt Johann Ignatz von Felbiger mit der Ausarbeitung des
"Reglements für Schlesien" 1765. Alle waren in Schulfragen höchst erfahren. Daß es in einigen Territorialstaaten des 16. und 17. Jahrhunderts bereits differenzierte Formen "kultureller Großplanung" gegeben hat, wurde schon erwähnt (vgl. S. 29f).

Der Einfluß der staatlichen Bildungsverwaltung auf die in ständischer
Tradition stehenden Schul- und Erziehungseinrichtungen und auf Vorstellungen der regionalen Bildungsverwaltungen nahm in Preußen
seit Einrichtung des Oberschulkollegiums im Jahre 1788 laufend zu und
führte organisatorisch zur Gründung des "Ministeriums für geistliche,
Unterrichts- und Medizinalangelegenheiten" im Jahre 1817 (vgl. M.
Heinemann 1975, S. 416). Die rechtliche Trennung zwischen "inneren"
und "äußeren" Schulangelegenheiten im Rahmen der Stein-Hardenberg-
schen Reformen, die das Schulrecht bis heute bestimmt, wies die "äußeren" Angelegenheiten, Bau und Ausstattung, anfangs auch die personelle Versorgung der Schulen den Schulträgern (damals Städten und
Gemeinden) zu und begründete den Anspruch des Staates auch auf
Regelung der inneren Schulangelegenheiten, der in den Auseinandersetzungen um die Schulaufsicht im gesamten 19. Jahrhundert umkämpft
blieb. W. v. Humboldt macht dann als Leiter der "Sektion für Kultus
und öffentlichen Unterricht" den auch für die moderne Organisation
der Bildungsplanung noch vorbildhaften Versuch, die auf die inneren
Schulangelegenheiten bezogenen Verwaltungsentscheidungen etwa über
Lehrpläne durch die Bindung an Sachverstand zu legitimieren, indem
er für die Sektion ein Modell wissenschaftlicher und praktischer Beratung anregt. Bis in die Gegenwart erwies sich die Zuständigkeit der
Schulverwaltung für die inneren Schulangelegenheiten als geeigneter
Weg der Steuerung und Prägung des Schulwesens durch Erlasse, die
von Vertretern der Ministerialbürokratie erarbeitet werden, unter Umge-
hung parlamentarischer oder dezentraler Beteiligung. C. Berg deutet
in diesem Sinn sowohl den Erlaß der "Stiehlschen Regulative" wie der
"Allgemeinen Bestimmungen": "Schon aus der Tatsache, daß als Ersatz
für das in der Verfassung angekündigte Unterrichtsgesetz die Regulative als ministerieller Erlaß erschienen, kann geschlossen werden, daß
man die parlamentarische Debatte und Entschließung umgehen wollte
und damit einen Weg fand, konstitutionelle Zugeständnisse im Nach-
klang der Revolution von 1848 durch ministerielle Verfügungen zu
unterlaufen, einzuschränken und zu revidieren, was sich in den All-

gemeinen Bestimmungen von 1872 in gewisser Weise wiederholte." (C. Berg 1973, S. 62). Verfasser der Regulative war Ferdinand Stiehl, der als Direktor des Lehrerseminars in Neuwied 1844 in das preußische Kultusministerium und 1850 unter dem Kultusminister Karl Otto von Raumer als Geheimer Regierungsrat zum Referenten für das Volksschul- und Lehrerbildungswesen berufen wurde. Jeismann charakterisiert ihn als einen erklärten "Gegner aller Aufklärung", der sich "in einer bemerkenswerten Verbindung von neupietistischen und konservativ-etatistischen Vorstellungen durchaus in die Front der Gegner der Revolution" einreihen läßt (K.-E. Jeismann 1966, S. 127). Die Regulative wollen ausschließlich Bezug auf das "Leben und seine Bedürfnisse" nehmen. Damit sollte auf der einen Seite eine flexible Handhabung der Unterrichtsorganisation, z.B. der Unterrichtszeit gerechtfertigt werden, auf der anderen Seite jedoch für die "innere und geistige Tätigkeit der Schule" eine "feste Begrenzung der Unterrichtsgegenstände". Da selbst den Elementarlehrern keinerlei geistige Selbständigkeit zugestanden wird, sind Nachfragen nach den Auswahlkriterien des Stoffes weitgehend ausgeschlossen. Die Regulative, die ihrem für die Elementarschule gesetzten Ziel, dem praktischen Leben in Kirche, Familie, Beruf, Gemeinde und Staat zu dienen, und für dieses Leben vorzubereiten, nur äußerst einseitig entsprechen, sind von dem konservativen Staatsrechtler F.J. Stahl sehr klar gegenüber pädagogischen Gegenkonzepten abgegrenzt worden: "Die Regulative wollen den Zögling erziehen zum Glauben an gegebene Wahrheiten, zur Liebe für gegebene Zustände. Dagegen ist die Aufgabe des entgegenstehenden Systems, ihn zu erziehen zur Kritik, zum Verlangen nach Verbesserung, nach Umänderung des Bestehenden." (zit. nach C. Berg 1973, S. 62).

Dem Erlaß der "Allgemeinen Bestimmungen" geht eine zehntägige Sachverständigenkonferenz in Berlin über die Schulreform voraus, die aber ergebnislos bleibt, nicht zuletzt, weil zuwenig Vertreter der Volksschule eingeladen waren und mit Stiehl und den von ihm berufenen Seminardirektoren und Schulräten die Reformgegner dominierten(1). Daraufhin beauftragte der liberale Kultusminister Falk seinen Jugend- und Studienfreund Karl Schneider, Direktor des Stadtschullehrerseminars in Berlin, mit der Ausarbeitung neuer Volksschulrichtlinien. Nachdem Falk am ersten Entwurf die Darstellung der Motive und didaktischen Begründungen als Ansatzpunkt für mögliche Kritik moniert hatte, wurden die "Allgemeinen Bestimmungen" erlassen im Sprachstil behördlicher Verordnungen unter Verzicht auf jeglichen Begründungsversuch.

Die Legitimationsmuster für die innere Gestaltung des Schulwesens verändern sich kaum nach dem Übergang zur parlamentarischen Demokratie. Es kommt zwar zur Festlegung von Staatsbürgerkunde und Arbeitsunterricht in der Verfassung, doch wird in den Ländern die Erlaßpraxis beibehalten. Rechtfertigungsdruck versucht z.B. der preußische Kultusminister (1921-1925) O. Boelitz in einer Darstellung des

-----

(1) Vgl. zur Entstehung der Allgemeinen Bestimmungen C. Berg 1973, S. 64-68.

preußischen Bildungswesens durch den Hinweis auf die Rückbindung der Lehrpläne an die Lehrer und die reformpädagogische Bewegung abzuschwächen: "Die 'Richtlinien' sind nicht vom grünen Tisch aus entworfen, sondern im wesentlichen in engster Fühlung mit der Schularbeit des Alltags und unter Mitwirkung der Lehrerschaft selbst, der der erste Entwurf von den Regierungen zur Beurteilung vorgelegt war, aufgestellt worden. Darin liegt wohl auch begründet, daß die Grundgedanken der Richtlinien fast überall Zustimmung gefunden haben. Was die Richtlinien an wesentlichen pädagogischen Gedanken bringen, war in der Reformarbeit der gesamten Lehrerschaft schon erprobt." (O. Boelitz 1924, S. 35). Andererseits spricht Boelitz auch sehr deutlich die national- und staatspolitischen Interessen an der inhaltlichen Gestaltung des Schulwesens allgemein und der Volksschule im besonderen aus: "Für das mehr intuitive und mehr naive Verständnis, das in der Volksschule vorherrscht, ist die Ungebrochenheit der konfessionellen inneren Einstellung eine Kraftquelle, auf die der Staat bei seiner Erziehungsarbeit nicht verzichten kann. Der Staat wird nur darauf zu achten haben, daß auch auf diesen Schulen das deutsche Kulturgut eine Mittelstellung behält." (ebd. S. 14).

In pädagogischer Sicht rechfertigen sich die Richtlinien vor allem durch ihre Offenheit, die Freiraum schafft für kulturelle Vielfalt und pädagogische Initiative und damit die Lehrerrolle neu definiert(1). Für die Grundschule wie die Volksschuloberstufe werden vom preußischen Minister für Wissenschaft, Kunst und Volksbildung jeweils nur Richtlinien zur Aufstellung von Lehrplänen erlassen, verfaßt von Hylla und Pretzel, die beide mit der Volksschularbeit vertraut waren. Ziel und Gegenstand der Unterrichtsfächer sind nur in Grundzügen

-----

(1) H. Deiters forderte beispielsweise für die Pläne der höheren Schulen: "Ein Lehrplan dieser Art, der von einer Unterrichtsverwaltung für ein ganzes System von Schulen und eine längere Dauer herausgegeben wird, kann nur die Gestalt von Umrissen haben, in denen die geistige Umwelt der Schule nachgezeichnet wird. In diesem Raume stellen die einzelnen Schulen ihren besonderen Arbeitsplan auf und prüfen ihn zu Beginn eines jeden Arbeitsjahres nach. Zwischen den Forderungen der Gesamtheit und derjenigen Gruppen, die in ihrem Inneren bestehen, wird auf diese Weise ein elastischer Ausgleich erzielt. Die Anpassung der Lehrplanarbeit an die wechselnden Bedürfnisse der Gesamtheit und der einzelnen Gruppen ist möglich und wenigstens grundsätzlich gesichert. Zur lebendigen Trägerin der gesellschaftlichen Kräfte, die den Lehrplan bestimmen, wird die Lehrerschaft. Von ihrer Geschlossenheit und Beweglichkeit hängt es ab, daß die innere Einheit des Schulwesens im ganzen gewahrt wird und die Besonderheiten der einzelnen Landschaften, Überlieferungen, Gruppen in der richtigen Weise zur Geltung kommen." (H. Deiters 1930, S. 148). Was hier für die Lehrplanarbeit der höheren Schule gefordert wird, bestimmt bereits die Lehrplanarbeit der Volksschule, wie die preußischen Richtlinien belegen.

entworfen, die Ausarbeitung von Lehrplänen ist der einzelnen Schule überlassen. "Die im folgenden gebotenen Richtlinien bezeichnen und begrenzen den zu behandelnden Stoff nur im allgemeinen. Auswahl und Verteilung im besonderen sind Sache der für die einzelnen Schulen aufzustellenden Lehrpläne, bei deren Gestaltung der Grundsatz der Bodenständigkeit beachtet werden muß." (Richtlinien für die Lehrpläne der Volksschule 1933, S. 35). Die damit verbundenen Änderungen in der Lehrerrolle werden durch den Verfassungsauftrag, die Lehrerausbildung nach den Grundsätzen zu regeln, die für "die höhere Bildung allgemein gelten", gestützt, wenn auch in den einzelnen Ländern gar nicht oder nur zögernd durchgesetzt.

Über das Erstellungsverfahren der Nachkriegspläne gibt es nur wenig offizielle Informationen(1). Im Begleitschreiben zu den nordrheinwestfälischen Richtlinien für die Volksschule betont der Kultusminister die enge Zusammenarbeit von Unterrichtsverwaltung und Lehrerschaft bei der Ausarbeitung. Von seiten der GEW wird diese Aussage allerdings in Frage gestellt. "Mit ebenso viel Berechtigung könnte man behaupten, daß sie (die Richtlinien) unter Ausschluß der Lehrerschaft entstanden seien. Einige vierzig Lehrer, die berufen wurden, haben unter der Bedingung strenger Vertraulichkeit diese Richtlinien erarbeitet. Dazu kam, daß die Veröffentlichung – nicht zuletzt durch den Wechsel im Kultusministerium – immer wieder verschoben wurde. Bei dem allgemeinen Mißtrauen gegen Reformen 'von oben' schuf das keine günstige Atmosphäre." (A. Klatt 1955, S. 103).

Auch die Nachkriegspläne verstehen sich als Rahmensetzung der schulischen Bildungsarbeit. Für die nordrhein-westfälischen Pläne heißt es: "Die Richtlinien zeigen die Richtung an, in der nunmehr die raum und ortsgebundenen Lehr- und Bildungspläne zu gestalten sind." (Richtlinien und Stoffpläne NRW 1963, S. 1). Ebenso geben die hessischen Bildungspläne nur einen Rahmen, innerhalb dessen sich die "Freiheit des Lehrers und Erziehers, seine pädagogische Initiative und die Erfassung und Ausnützung der jeweiligen pädagogischen Situation entfalten soll." (Bildungspläne Hessen I, 1956, S. 83). Faktisch sind die inhaltlichen Festlegungen der Pläne, nimmt man für Nordrhein-Westfalen die 1959 und 1962 erlassenen Stoffpläne hinzu, wesentlich detaillierter als die preußischen Richtlinien, an die sie konzeptionell anschließen. Das hängt nicht zuletzt damit zusammen, daß nach dem 2. Weltkrieg der Lehrplan der Volksschule zunehmend die Legitimation für die Eigenständigkeit dieses Schultyps mitübernehmen muß, seitdem nicht nur einzelne politische Gruppierungen und pädagogische Reformer, sondern der Druck der Besatzungsmächte und Pläne und Experimente in verschiedenen Ländern die Tendenz zu einer Verlängerung des Schulbesuchs aller Kinder anzeigen.

–––––

(1) Mein Versuch, aus beim nordrhein-westfälischen Kultusministerium lagernden Protokollen genauere Angaben über die an den Lehrplänen Beteiligten, ihre Informationsbasis, ihre Beurteilungsgesichtspunkte, über Dauer und Art des Arbeitsprozesses zu erschließen, wurde vom Ministerium nicht unterstützt.

Die Argumente für eine volksschuleigene Bildungsarbeit unterscheiden sich in den hessischen und nordrhein-westfälischen Plänen in typischer Weise. Sie belegen die These, daß weitgehend Konsens über die Dreigliederung der Bildungsarbeit besteht, jedoch mit unterschiedlicher Begründung. Die hessischen Bildungspläne, deren Einleitungsteil die den allgemeinbildenden Schulen gemeinsamen Aufgaben und die für alle bedeutsamen Veränderungen im gesellschaftlichen Bedingungsfeld hervorhebt, sehen die Eigenart der Volksschule in erster Linie in 'sozial neutralen' Begabungsunterschieden. "Die Schüler insbesondere der Volksschul-Oberstufe sind in der Regel praktisch veranlagt. Sie sprechen auf konkrete, lebensnahe Situationen besser an als auf abstrakte Gedankengänge. Ihr Denken und Handeln entwickelt sich vornehmlich in der unmittelbaren Begegnung mit Menschen und Dingen der Umwelt." (Bildungspläne Hessen I 1956, S. 92). Andere Merkmale, etwa die Rolle des Klassenlehrers oder die Erarbeitung der Bildungsstoffe an "natürlichen und lebensvollen Bildungsvorhaben", werden daraus begründet. Der Lehrplan für die Mittelschule erhält seine Bildungsaufgaben aus der Begabungsrichtung und aus den Berufszielen der Schüler, das Gymnasium aus den Anforderungen des Hochschulstudiums.

Die nordrhein-westfälischen Richtlinien bestimmen hingegen die Eigenart der Volksschularbeit sozial, auf den "Lebenskreis des werktätigen Menschen" bezogen, ebenso die Aufgaben der Realschule aus den künftigen Berufsmöglichkeiten ihrer Schüler. Die Legitimationsversuche zeigen die Ambivalenz pädagogischer Programmatik, hier reformpädagogischer Thesen, die unter veränderten gesellschaftlichen und schulpolitischen Bedingungen der Rechtfertigung konservativer schulpolitischer Vorstellungen und auch von Bildungsbeschränkungen dienen. Bei den nordrhein-westfälischen Richtlinien für die Volksschule ging es, wie einer der beteiligten Ministerialbeamten und engagierter Interpret, Bernhard Bergmann, erklärte "nicht zuletzt um didaktische und methodische Fragen, sondern um einen neuen Geist". Der Begriff Menschenbildung deckt als Leerformel verschiedene sich zum Teil widersprechende, zeittypische Argumente, die den klassischen aufklärerischen Bedeutungsgehalt, den der Plan aufnimmt, indem er "vom Anspruch jedes Kindes auf Menschenbildung" (Richtlinien und Stoffpläne NRW 1963, S. 4) spricht, umbiegen und einschränken.

a. "Sicherung und Entfaltung der kindlichen Eigenart"

Der "neue Geist" der Richtlinien ist am deutlichsten, wo er sich der Tradition pädagogischen Reformdenkens am engsten verbunden sieht. "Kindheit und Jugend haben ihre eigene Weise des Erlebens, Verhaltens und Erfahrens. Um zur Reife zu kommen, muß der junge Mensch seine Kindheit und Jugend in der ihm gemäßen Art möglichst ungestört leben und erfahren." (Richtlinien und Stoffpläne NRW 1963, S. 5). B. Bergmann sieht in den Richtlinien den Abschluß einer Phase reformpädagogischen Denkens und die Sicherung ihrer wesentlichen Ergebnisse:

"Alle pädagogische Reform, wenn sie nicht peripherer Natur ist, wurzelt in der tiefen Sorge um Kern und Substanz des jungen Menschenkindes. Ob Hugo Gaudig oder Berthold Otto, ob Hermann Lietz oder Georg Kerschensteiner, ob Peter Petersen oder Maria

Montessori: Kern all ihrer Bemühungen war das Kind, die Rettung des Menschen im Kinde, war der Wille, den Menschen so zu formen und zu prägen, daß er in aller Technokratie und Verfassung Mensch bleibt und sein personales Zentrum behält. Darum galt ihre gemeinsame Sorge dem Primat der Erziehung und der didaktischen Ausformung der Bildungs- und Unterrichtsarbeit, mit dem Ziel, gegenüber der "Verkopfung" des Menschen die ganze schöpfungsmäßige Breite des kindlichen Lebens wiederzugewinnen und aller Bildungsarbeit in der Volksschule bewußt die Wendung vom Allgemeinen zum Konkreten, vom Vielfältigen zum Einfachen, vom Komplizierten zum Elementaren zu geben." (B. Bergmann 1956a, S. 9).

Die pädagogische Forderung der Richtlinien, Menschenbildung habe die volle Entfaltung der kindlichen Eigenart zu sichern, begründet die didaktischen Prinzipien der "Kindgemäßheit, Anschaulichkeit und Lebensnähe" (Richtlinien und Stoffpläne NRW 1963, S. 6) bei der Auswahl von Lehrinhalten und entsprechenden Formen der Unterrichtsgestaltung. Sie sollen "dem Lebensrhythmus der jungen Menschen entsprechen" und dem "anschaulichen, gegenständlichen Denken, dem Frage- und Betätigungsdrang und der Erlebnis- und Ausdrucksfreudigkeit des Kindes entgegenkommen" (ebd. S. 7). Zur Kennzeichnung spezifischer Aufgaben der Volksschule eingesetzt, rechtfertigen diese Prinzipien allerdings Bildungsbeschränkungen. Dann ist es gerade der Volksschüler, der "in dem Element der Volks- und Lebensnähe zu einer vollen Entwicklung seiner Anlagen und Fähigkeiten" kommt (ebd. S. 2), dessen Bildung in der Heimat wurzelt und in der Muttersprache lebt, dem "durch tätigen Umgang mit den Dingen zu klaren Anschauungen und Erkenntnissen" zu verhelfen ist (ebd. S. 4), für den Lehrpläne zu entwickeln sind, die "der regionalen, weltanschaulichen, soziologischen und schulorganisatorischen Lage und damit der Eigenart der Volksschulen Rechnung tragen" (ebd. S. 1).

Begrenzend wirkt sich der Bezug zum Lebens- und Erfahrungskreis des Kindes nicht aus, weil er zum Ausgangspunkt von Lernprozessen gemacht wird, sondern weil er auch die Ziele bestimmt.

"Die Volksschule kann ihre Bildungsziele nicht von oben empfangen, gleichsam aus der 'Vogelschau', auch nicht von der Pädagogik allein oder von der Psychologie, sondern von unten her, von den echten Bildungsbedürfnissen jener Schichten, in denen sie wirkt, für die sie bestimmt ist. Sie steht nicht im luftleeren Raum, sondern im Hier und Heute. Sie muß das soziale und wirtschaftliche Terrain sehen, den Zusammenhang ihrer Arbeit mit dem wirtschaftlichen und sozialen Leben, mit den Realitäten der Arbeit und des Berufes, für die wir die Kinder des Volkes auszurüsten und geistig und sittlich stark zu machen haben." (B. Bergmann 1956b, S. 20).

Nicht nur erscheinen die Bildungsbedürfnisse der Kinder durch den sozialen Erfahrungskreis geprägt, die Bildungsziele werden auf diesen Erfahrungskreis hin begrenzt.

b.   "Lebensausrüstung und Menschenformung"

Die Schule ist "Stätte der Menschenbildung", sofern sie die Doppelaufgabe Bildung und Erziehung wahrnimmt. Diese Zielsetzung beschreiben Begriffspaare wie "Lebenstüchtigkeit" und "Lebenstiefe", "Lebensausrüstung und Menschenformung", "Realismus und Humanismus", die gegenüber einseitigem intellektuellen Training die ganzheitliche Aufgabe der Schule betonen. Die Richtlinien erläutern die Doppelaufgabe:

"Im Lande Nordrhein-Westfalen, das gekennzeichnet ist durch das Gesetz der Industrialisierung, muß die Volksschulbildung gründlich und exakt sein, wenn wir an den Nachwuchs für die qualifizierte Arbeit in Industrie, Handwerk und Landwirtschaft denken, einen Nachwuchs der geistige Aufgeschlossenheit mit klarem Sachwissen verbinden soll. Darüber hinaus will die Volksschule aber auch immer um ihre große erzieherische Aufgabe wissen: den jungen Menschen religiös und sittlich zu formen, die Charaktereigenschaften und Herzenskräfte zu pflegen, ohne die der Mensch der Arbeit, dem Kampf und den Aufgaben des Lebens nicht gewachsen ist." (Richtlinien und Stoffpläne NRW 1963, S. 3).

Bildung wird unter dem Aspekt der beruflichen Qualifikation gesehen. "Die Volksschule sieht ihre Aufgabe in der grundlegenden Bildung des werkschaffenden Volkes, in erster Linie der manuellen Berufe in sehr vielfältig abgestufter Differenzierung der zukünftigen Industriefacharbeiter, der Bauern, der Handwerker, der Landarbeiter, der technischen Angestellten, aber auch der zunkünftigen Hausfrauen und Mütter und der berufstätigen Frauen im Leben der Arbeit und Wirtschaft." (B. Bergmann 1956b, S. 20). Daß die Fixierung der Ausbildungsziele und -inhalte auf bestimmte berufliche und soziale Anforderungen nicht ohne Konsequenzen für die so Ausgebildeten bleiben kann, wird zwar erkannt, aber mit dem Argument der Gleichwertigkeit der Ausbildungsziele und -inhalte gerechtfertigt oder über den Erziehungsauftrag für die Betroffenen akzeptabel gemacht. "Wir fordern bildungsgemäß ein solides, exaktes Sach- und Leistungswissen. Jeder Volksschüler, auch der spätere Lohnarbeiter, soll so viel echte Wissenselemente mitbekommen, daß er sich später nicht als Mensch zweiter oder dritter Klasse zu betrachten braucht." (ebd. S. 21). "Aber wir wollen den Bildungsauftrag der Volksschule nicht pragmatisch verengen und rein vom Nützlichkeitsgedanken bestimmen lassen, vielmehr furchtlosen Realismus und nüchterne Sachlichkeit gegenüber den Anforderungen des Existenzkampfes verbinden mit dem Glauben und der Kraft einer tief erfaßten Humanitas, eines christlich und sozial erfüllten Humanismus." (ebd. S. 21).

Die Erziehungsbemühungen richten sich auf den Aufbau eines "schlichten Weltbildes" mit "fester Wertordnung" und eindeutigen Verhaltensmustern (vgl. B. Bergmann 1956a, S. 13f). Sie werden begründet aus der übergeordneten Zielformel vielseitiger ganzheitlicher Menschenbildung, wie aus einer Interpretation der gesellschaftlichen Situation. "Menschenbildung hat keinen Raum für Einseitigkeit und Spezialismus, für Fachsimpelei und Vielwisserei. 'Immer gilt es, im Kind den ganzen Menschen zu sehen: Leib und Seele, Körper und Geist, Natur und Übernatur'." (B. Bergmann 1956b, S. 29). Die gesellschaftliche Entwicklung wird gekennzeichnet durch die Auflösung sozialer Ordnungen und

und eine damit verbundene Erziehungsunfähigkeit.

"Wir erleben die erzieherische Gefährdung, Verwahrlosung und Bedrohung Tag für Tag. Die Aufgestörtheit und Verwilderung, die Lebensangst und Lebensgier haben den Menschen schutzlos und ungeborgen gemacht. Aber auch die Gemeinschaftsordnungen sind weitgehend im Zerfall begriffen. Die alten erzieherischen Traditionen und Formkräfte: Familie, Gemeinde, Heimat, Zucht, Sitte haben ihre Prägekräfte verloren. Neue Bildungsmächte von großer Eindringlichkeit, aber von zweifelhaftem Wert, in Bild, Wort und Schrift drängen sich dem Kinde auf. Hinzu tritt die soziale Krise, der Zerfall der sozialen Ordnungen, die Zerstörung der zwischenmenschlichen Beziehungen." (ebd. S. 22f).

Der kulturpessimistische und antitechnische Affekt in der Einschätzung der gesellschaftlichen Entwicklung wird noch deutlicher in folgender Äußerung:

"Unser Land steht wie kaum ein anderes unter dem Gesetz der Vermassung und Technisierung, der Mechanisierung und Industrialisierung, da die Perfektion der Technik und der Kulturindustrie mit ihrer fast beängstigenden Schwemme der Zivilisationsartikel den Menschen bedroht. In diesen Ungeist der Zeit sind unsere Kinder hineingerissen: unruhig nervös, überspült von den ständig sich jagenden Eindrücken und Sensationen. Die erzieherische Not, die Hilf- und Ratlosigkeit werden bei weithin desorganisierter Familie offenbar." (ebd. S. 24f).

c. Volksschule als "Bildungseinheit von eigenem Sinn und Wert"

In seiner Einführung zu den Richtlinien formulierte der Kultusminister Nordrhein-Westfalens: "Es ist meine Überzeugung, daß die Volksschule nur dann eine Zukunft hat, wenn sie betrachtet wird als eine in sich geschlossene Bildungseinheit von eigenem Sinn und Wert." (Richtlinien und Stoffpläne NRW 1963, S. 2). Die wichtigste schulpolitische Konsequenz dieser Beurteilung ist, Grundschule und Volksschuloberstufe als Einheit aufzufassen, was seit der Schaffung der vierjährigen Grundschule für alle Kinder der betreffenden Jahrgänge im Jahre 1921 Schwierigkeiten bereitet. Die Begründung dieser Einheit erfolgt im Plan, noch deutlicher in der Interpretation Bergmanns, in zweigleisiger widersrpüchlicher Weise.

Im Rückgriff auf einen organologischen Volksbegriff wird eine Idealisierung der Volksschule versucht:

"Volk sollte nicht als Massenbegriff gefaßt werden, etwa mit der Einschränkung des passiven empfangenden Teils gegenüber dem geistig schaffenden Teil des Volkes, sondern als Wertbegriff: 'Volk' als gottgewollte Schicksalsgemeinschaft, Natur- und Kulturgemeinschaft, getragen durch gemeinsame Sprache, Geschichte, Sitte, Landschaft. Die Volksschule bildet als Muttersprachschule und als Heimatschule in den breitesten Formen zum Volke hin .... sie sollte Schule des Volkes werden, nicht obrigkeitsstaatlicher Fremdkörper, sondern 'Volksorgan' (Berthold Otto) ureigenste Angelegenheit des Volkes selbst ..." (B. Bergmann 1956b, S. 16f).

Die reformpädagogische Leitidee der Schule, insbesondere der Volksschule, als einer 'Lebensgemeinschaftsschule' behält auch in der bildungspolitischen Nachkriegsargumentation ihre Doppelfunktion. Sie ist
pädagogischer Gegenentwurf zur Buch- und Lernschule, zugleich politische Rechtfertigung bestehender Sozialdifferenzierungen. So sehr auch
die gemeinschaftsbildende Aufgabe der Volksschule als Schule für das
Volk beschworen wird, so wenig besteht Zweifel darüber, daß sich
die "Eigenständigkeit" ihrer Aufgabe aus der sozialen Eingrenzung
der Adressatengruppen ergibt. Sie ist vor allem in ihrer Oberstufe
Schule des "werktätigen Menschen" (Richtlinien und Stoffpläne NRW
1963, S. 2) und in dieser Beschränkung auf die "Bildungsarbeit an
den Kindern, die später in Familie und Beruf die Daseinsgrundlagen
des Volkes schaffen helfen", leistet sie den "entscheidenden Dienst an
Volk und Staat" (B. Bergmann 1956a, S. 2). Zwei Bedrohungen sieht
Bergmann für eine einheitliche Volksschule. Sie werde erstens gefährdet durch pädagogische Diskussionen um die Einheitsschule und über
die Verbesserung der Übergangsmöglichkeiten zu weiterführenden Schulen. "... primäre Zielstellung verantwortlicher Bildungspolitik sollte
die Hebung der Gesamtvolksschule sein und sekundäres Ziel die Frage
der Übergänge! In einer Überspitzung des Begabungs- und Gliederungs-
prinzips, in intellektueller Aufspaltung ist geradezu der Ruin naturge-
wachsener Einheit und aller organischen Gliederung zu sehen." (B.
Bergmann 1956b, S. 19). Gefährdet erscheint das Volksschulkonzept
zweitens durch politische Vorstellungen über den Abbau sozialer Unterschiede. "Unser Leitbild des schlichten werktätigen Menschen dürfen
wir nicht umdeuten zu dem Schema des Massenmenschen, des Arbeits-
menschen, des homo faber. Jene Tendenzen zur Simplifizierung, die
alle Berufe und Lebensformen auf die Normalform des allgemeinen Ar-
beitertums zurückführen möchten und die reiche soziale Gliederung und
die starke Differenzierung des Abendlandes nicht achten, würden zur
tödlichen Bedrohung, ja zum Ende der westlichen Zivilisation führen."
(ebd. S. 21).

2.1.4.   Der Code der "volkstümlichen Bildung"

Umfang und Spezialisierung des Schulwissens für die Volksschule haben
sich seit 1872 nicht wesentlich verändert; die Vorstellungen über Formen der Wissensaneignung entstanden in der reformpädagogischen Diskussion und bestimmen die Volksschulpläne seit der Weimarer Zeit.
Die gedächtnismäßige Aneignung von Wissensstoffen soll abgelöst werden durch selbsttätige erlebnishafte, handwerklich-praktische oder
geistige Aneignung von Lehrgegenständen, die der Lehrer kindgemäß
und den regionalen Bedingungen entsprechend ausgewählt hat. Den
Zusammenhang des Wissens schaffen die gemeinsamen Erfahrungen der
Lernenden, die üerregional verbindliche Planungen einschränken. Der
sich nach 1945 verstärkende Zwang zur Rechtfertigung des dreigliedrigen allgemeinbildenden Schulsystems und des Eigencharakters der
Volksschule und die Flucht aus politischen Erfahrungen in weltanschauliche Bindungen führt in Hessen zu einer begabungstypologischen, in
Nordrhein-Westfalen zu einer sozialständischen, in christlicher Weltan-
schauung verankerten Begründung und Begrenzung der Auffassung von
Schulwissen. Die didaktisch-methodischen Prinzipien der reformpädago-

gischen Diskussion, insbesondere Anschaulichkeit und Lebensnähe, dienen nun der Rechtfertigung einer an den sozialen Erfahrungsraum gebundenen und auf diesen Kontext eingeschränkten Wissensauffassung.

Bernsteins Strukturanalyse von Schulwissen nach den Kategorien von Macht und Kontrolle wirft bei der Übertragung auf die Wissensorganisation der deutschen Volksschullehrpläne der Nachkriegszeit Probleme auf. Bernstein beobachtete für die englischen Primarschulen und den Unterricht leistungsschwächerer Schüler in den Sekundarschulen der 60er Jahre eine Abschwächung sowohl der die Schularbeit prägenden "Klassifikationen", etwa der Fächerabgrenzungen und des positionalen Gefüges, wie auch der Kontrollprinzipien ("Rahmungen"), die die pädagogische Kommunikation bestimmen. Diese Entwicklung zu einem "integrierten Code" von Schulunterricht sieht er im Widerspruch zu entsprechenden Regelungen im Produktionssystem hinsichtlich der Hierarchie der betrieblichen Positionen und der Kommunikations- und Kontrollstruktur. Er wertet sie deshalb als Zeichen relativer Autonomie des Erziehungswesens gegenüber dem Produktionssystem (B. Bernstein 1977, S. 248ff).

In der Bundesrepublik weist aber gerade das über Jahrzehnte hinweg wenig veränderte Curriculum der Volksschule der Nachkriegszeit, insbesondere der konfessionell gebundenen Volksschule wichtige Merkmale von Bernsteins "integriertem Code" auf. "Durch eine ... auf die Lebenssituation bezogene, auf Zusammenhänge bedachte, auf praktische Anwendung gerichtete Schularbeit, die in der Heimat und in der Muttersprache wurzelt, Zusammenleben und Zusammenarbeit ordnet, Besinnlichkeit und musisches Tun pflegt, soll jungen Menschen eine volkstümliche Bildung vermittelt werden." (Richtlinien und Stoffpläne 1963, S. 5). Verschiedene für die Schularbeit bedeutsame Differenzierungen werden damit erklärtermaßen aufgehoben oder abgeschwächt: Grenzen zwischen Alltagserfahrung und Schulwelt sollen abgebaut werden; Grenzen zwischen den Schulfächern sollen unter den konzentrierenden Gesichtspunkten von Religion, Heimat und Muttersprache möglichst in gesamtunterrichtlicher Form aufgehoben werden; bei Lehrern, die als Klassenlehrer mehrere, wenn nicht alle, Inhalte in ihrer Klasse unterrichten, fehlen hierarchische oder fachspezifische Positionsabgrenzungen weitgehend; das Verhältnis Lehrer-Schüler ist unter dem Einfluß der Vorstellung einer Lebensgemeinschaftsschule als einer Institution zur umfassenden Sozialisation realtiv offen, das Spektrum schulischer Aktivitäten dementsprechend weit. Auch die Rahmenbedingungen der Kommunikation sollen nicht isolierend und kontrollierend sein. "Die Unterrichtsweise richtet sich nach den natürlichen Arbeits- und Umgangsformen des täglichen Lebens; deshalb sollen starre Unterordnung und bloßes Nebeneinander der Schüler vermieden werden." (ebd. S. 5). Demnach zeigte die Volksschule der Bundesrepublik der Nachkriegszeit bereits Merkmale, die nach Bernstein im englischen Schulwesen einen Entwicklungstrend der späten 60er Jahre kennzeichnen. Eine veränderte Einschätzung ergibt sich allerdings, faßt man die internen Strukturmerkmale der Volksschule, ergänzt um qualitative Merkmale des angestrebten Schulwissens, zur Klassifikationskategorie Bildung zusammen und untersucht deren Abgrenzungsfunktion gegenüber vergleichbaren Bildungsinstitutionen des Sekundarbereichs. Dann erscheint das Curriculum der volkstümlichen Bildung als strenges Abgrenzungskriterium gegenüber anderen allgemeinbildenden Curricula verbunden mit einer strengen Abgrenzung der Lehrer und Schüler der Volksschule gegenüber denen anderer allgemeinbildender Schulen.

Das Curriculum der volkstümlichen Bildung ist mit der angestrebten Offenheit nach innen und zur Lebenswelt der Schüler hin nichtsdestoweniger ein geschlossener Sozialisationsplan, der durch Vielseitigkeit ebenso wie durch klare inhaltliche Begrenzung der Sozialisationseinwirkungen abgeschlossene Verhaltens-, Anschauungs- und Deutungsmuster zu festigen sucht. Der Lernende soll über Kopf, Herz und Hand angesprochen, in seiner Erlebnisfähigkeit, Gemeinschaftserfahrung und Handarbeit unterstützt werden. Dabei gilt es, wie ein Interpret der nordrhein-westfälischen Richtlinien formuliert, "den Vorrang ehrfürchtiger Schau vor der rationalen Kenntnis zu sehen" (F. Pfeffer 1956, S. 160). Diese Auffassung wird durch die Zielsetzung der verschiedenen Fächer gestützt, z.B. will der naturkundliche Unterricht "Naturliebe wecken, in der Heimatnatur einen Quell der Freude und Gesundheit erschließen, die Stellung des Menschen im Naturganzen aufzeigen, zur innerlichen Verbundenheit mit allem Lebendigen erziehen, den Gleichnischarakter der natürlichen Erscheinungen erhellen und zur Ehrfurcht vor Gott und seinem Werk führen" (Richtlinien und Stoffpläne NRW 1963, S. 32). Die angestrebte "ehrfürchtige Schau" und "schlichte Weltdeutung" werden mit Beschränkungen kognitiver Auseinandersetzungen verbunden. K. Stöcker hat sehr anschaulich gemacht, was "wirklichkeitsnahes, gegenwartsbezogenes Wissen" und "selbständig erworbenes, auf praktische Anwendung gerichtetes Können" im Rahmen volkstümlicher Bildung bedeuten: In der wissenschaftlichen Betrachtung ist Wasser H_2O, im volkstümlichen Denken ist Wasser Quelle, Regen, Fluß oder Bach, löscht Durst von Menschen, Tieren, Pflanzen. Wissenschaftlich sprechen wir von Hebelgesetzen, volkstümlich von Stemmeisen und Kneifzange (K. Stöcker 1957, S. 81). Der Schüler lernt Wissenselemente, Fertigkeiten und Verhaltensweisen, die ihn in einer statisch aufgefaßten Umwelt handlungsfähig und heimisch machen sollen. Einsicht in die Prinzipien der Wissensgewinnung und allgemeine Zusammenhänge menschlichen Wissens werden nicht gesucht. Das Schulwissen bleibt damit statisch und weitgehend auf die vorgesehenen Anwendungskontexte beschränkt und wird entscheidend gestützt durch die Einübung erwünschter Verhaltensweisen. Deshalb wird, z.B. im Deutschunterricht der Einsicht in Gesetzmäßigkeiten der Sprachbildung nur geringer Wert beigemessen gegenüber der Aufgabe, "Sprachgefühl" zu wecken und zu stärken; deshalb richtet sich die Gemeinschaftskunde mehr auf "Tun und Handeln", auf die "Pflege von Rücksichtnahme, Hilfsbereitschaft, Duldsamkeit und Zuverlässigkeit" als auf "Belehrung und Unterricht".

In den 60er Jahren hat die Erziehungssoziologie, nicht zuletzt angeregt durch Bernsteins soziolinguistische Forschungen, nicht nur schichtenspezifische Benachteiligungen im Bildungssystem offengelegt, sondern auch die Mechanismen aufzudecken versucht, über die das Bildungssystem die kulturelle und soziale Reproduktion zu erreichen sucht. Bernstein hat neben Zusammenhängen soziolinguistischer Codes der Familie mit der sozialen Schicht auch Entsprechungen des öffentlichen Erziehungscodes mit den in der Mittelschicht dominanten soziolinguistischen Formen herausgestellt. Das Curriculum volkstümlicher

Bildung knüpft jedoch an die Lebenswelt des "werkschaffenden Volkes, in erster Linie der manuellen Berufe" an. Es entspricht damit wesentlichen Merkmalen des "restringierten Codes", der von Bernstein "durch kontextabhängige Prinzipien und Bedeutungen charakterisiert" wird. "Die Prinzipien und Bedeutungen sind eingebettet in lokale Kontexte, lokale Sozialbeziehungen, Praktiken und Aktivitäten. Insofern sind sie relativ stark auf eine spezifische materielle Basis bezogen." (B. Bernstein 1977, S. 261). Durch die spezifische Auffassung von Schulwissen als auf den sozialen Erfahrungsraum der Schüler bezogen, aber auch darauf beschränkt, zeigt sich die Volksschule offen als eine soziale Verhältnisse reproduzierende und stabilisierende Einrichtung. Über diese Aufgabe der Volksschule herrscht Mitte der 50er Jahre weitgehend Einigkeit. In den Grundsätzen der Kultusministerkonferenz für die Volksschule von 1956 heißt es:

> "Im Sinne ihrer Aufgabe, eine grundlegende Bildung zu vermitteln, verzichtet die Volksschul-Oberstufe in ihrer Arbeit weitgehend auf wissenschaftliche Systematik und trifft eine Auswahl beispielhafter, in lebendiger Beziehung zur wirtschaftlichen, sozialen und kulturellen Wirklichkeit stehender Bildungseinheiten, die geeignet sind, den Schüler in einer von der Technik beherrschten Welt heimisch werden zu lassen und ihm Hilfe für die Deutung und Gestaltung des Lebens zu bieten." (ABl. KM NRW 1956, S. 110).

Allerdings werden anders als in den nordrhein-westfälischen Richtlinien neben sozialständischen stärker begabungstypologische Begründungen herangezogen.

Die so begründete Eigenständigkeit der Volksschule, die bildungspolitisch betrachtet in der klaren Abgrenzung gegenüber anderen allgemeinbildenden Schulen die Abwehr von Egalisierungsansprüchen an das Schulwesen ausdrückt, sichert pädagogisch betrachtet mit der Zurückweisung neuer Aufgaben der sozialen Auswahl und Zuweisung einen gewissen Freiraum pädagogischen Handelns nach innen, allerdings um den Preis der Begrenzung und Dogmatisierung von Schulwissen.

2.2.

VON DER VOLKSSCHULOBERSTUFE ZUR HAUPTSCHULE

Obwohl erst in der zweiten Hälfte der 50er Jahre in allen Bundesländern die Lehrplanung für die Volksschulen zu einem Abschluß gebracht worden war, erfolgte in den späten 50er und frühen 60er Jahren eine erste Belebung der bildungspolitischen Diskussion auf dem
Hintergrund der fortschreitenden ökonomischen Konsolidierung in der
Bundesrepublik. Sie enthielt Elemente nicht nur der organisatorischen,
sondern auch der inhaltlichen Dynamisierung des Schulwesens. Es sei
zunächst auf solche Planungen verwiesen, die organisatorische und
inhaltliche Veränderungen für den Bereich der Sekundarstufe I vorbe-
reiteten.

2.2.1. Das Lehrangebot im "Rahmenplan" und im "Bremer Plan"

Eine Dokumentation der bildungspolitischen Diskussion Ende der 50er
Jahre sind die beiden Organisationspläne für das Schulwesen, die
1959 der Deutsche Ausschuß (Rahmenplan) und 1960 bzw. 1962 die
Arbeitsgemeinschaft Deutsche Lehrerverbände (Bremer Plan) vorlegten.
Sie sind ein erster Schritt zu Veränderungen in der Bildungspolitik,
die Anfang der 70er Jahre in den umfassenden Planungen des Deutschen Bildungsrates und der Bund-Länder-Kommission für Bildungsplanung ihren Höhepunkt fanden(1). So wird verständlich, daß E. Fink
als Vertreter der GEW sich in seiner Interpretation des "Bremer Plans"
zunächst ausführlich um die Rechtfertigung von Planungen im Bildungswesen überhaupt bemüht und mögliche Einwände ausspricht. "Planungen sind unpopulär. Sie sind auch immer dem Verdachte ausge-
setzt, sie überschätzten die Machbarkeit der Menschenwelt, übertrieben
die Wirkmöglichkeiten eines projektiven Räsonnements, sie seien die
Anmaßung der kleinen individuellen Vernunft, dort verbessern und
ändern zu wollen, wo die große Vernunft des Gemeingeistes und die
Erfahrung der Jahrunderte ihr Werk getan haben .... ist es nicht ein
unzulässiger Eingriff in Hoheitsrechte staatlicher Unterrichtsverwaltung und in die kulturpolitische Aufgabe der Parlamente, wenn eine
freie Gruppe Reformvorschläge einbringt?" (E. Fink 1962, S. 131).

-----

(1) Gegenüber den häufig wiederholten Darstellungen, daß die bil-
    dungspolitische Diskussion in der Bundesrepublik ihre Reformanstöße
    und -instrumente aus den USA bezogen habe, wo 1958 durch den
    National Defence Education Act Voraussetzungen für eine umfas-
    sende Curriculum-Reform geschaffen worden waren (vgl. z.B. P.
    Damerow 1977, S. 40ff), ist darauf hinzuweisen, daß solche Dis-
    kussionen, je nach politischer Orientierung mehr auf Korrekturen
    oder auf grundlegendere Veränderungen zielend, in der Bundes-
    republik Ende der 50er Jahre bereits stattfanden.

Diesen Bedenken gegenüber betont Fink, daß man die prägende Wirkung institutioneller Regelungen nicht unterschätzen dürfe, wie auch nicht ihre Tendenzen zur Beharrung und Erstarrung und die Möglichkeiten zu ihrer gezielten Weiterentwicklung.

Anlaß ist für beide Pläne das Auseinanderfallen von gesellschaftlicher Entwicklung und schulischer Leistungsfähigkeit(1), allerdings setzen die Gesellschaftsdiagnosen unterschiedliche Schwerpunkte. Wie bereits in seiner "Empfehlung zum Ausbau der Volksschule" von 1957 stützt der Deutsche Ausschuß auch im Rahmenplan seine Hauptforderung nach Erhöhung und Ausweitung des Bildungsstandes der Volksschule auf die veränderten Qualifikationsanforderungen im Produktionsbereich. Fortschreitende Technisierung und Arbeitsteilung verändere die Rolle des arbeitenden Menschen und die mit ihr verbundenen Ausbildungsanforderungen. "Während es früher genügte, daß ein Lehrling in einer langen Lehrzeit bestimmte gleichbleibende Verfahrensweisen erlernte, kommt es heute immer mehr auf die Schulung der allgemein-technischen Intelligenz, der Anpassungskraft, Aufmerksamkeit und Wendigkeit an, aber auch auf den Sinn für die Einordnung an wechselnden Plätzen in ein oft vielverzweigtes Ganzes und auf die Kraft zur Mitverantwortung für einen umfassenden Bereich." (Empfehlungen und Gutachten des Dt. Ausschusses 1966, S. 353). Je stärker sich die beruflichen Tätigkeiten spezialisieren, "um so bedeutungsvoller wird die Freizeit für die Erfüllung des Lebens" (ebd. S. 354). Zusammen mit den erhöhten Anforderungen an politische Bildung und Erziehung wird mit diesen Veränderungen eine zweijährige Verlängerung der Hauptschule begründet. "Sowohl die Aufgabe, auf die moderne Arbeitswelt vorzubereiten, als auch die Vorsorge für eine sinnvolle Freizeit und die Erfordernisse der politischen Bildung drängen darauf hin, die Volksschule durch ein neuntes und zehntes Schuljahr auszubauen." (ebd. S. 355)(2).

Im Rahmenplan drücken sich die Spannungen zwischen den organisatorischen Forderungen nach Verlängerung der Schulzeit und dem Festhalten am dreigliedrigen System trotz der vorgeschlagenen Förderstufe in den Aussagen zu den Bildungsinhalten und -aufgaben aus. Zwar

-----

(1) Besonders Schelsky (1961) hat den Rahmenplan als Anpassung an die gesellschaftliche Entwicklung kritisiert, die einerseits dazu führe, daß fragwürdige Ergebnisse der Gesellschaftsdiagnose weiterhin zur Rechtfertigung etwa der Dreigliederigkeit des allgemeinbildenden Schulwesens herangezogen würden und daß andererseits gesellschaftliche Entwicklungstrends unbesehen in schulpolitische Forderungen übersetzt würden, wie z.B. die Aufspaltung der höheren Bildung in Studienschule und Gymnasium, ohne daß überlegt würde, wie wünschenswert solche Entwicklungen überhaupt sind.

(2) Zur Verbreitung eines freiwilligen 9. Schuljahres Ende der 50er Jahre und zur Geschichte der Forderungen nach Schulpflichtverlängerung im Zusammenhang mit der Arbeitsmarktentwicklung vgl. A. Leschinsky, P.M. Roeder 1980, S. 332ff.

werden mit Bezug auf gesellschaftliche Entwicklungen wie "steigende Rationalität", "schneller Wandel aller Mittel", Überschreiten "nationaler Begrenzung", Erziehungs- und Bildungsvorstellungen abgelehnt, die auf die "Weitergabe gleichbleibender Lebensordnungen und deren 'volkstümlich' gewordene Deutung" gerichtet sind, doch bleibt das, was über die sichere Beherrschung der 'elementaren' Kulturtechniken hinaus mit "Schulung der allgemeinen Intelligenz" angestrebt werden soll, zu formal (vgl. ebd. S. 86). Zur inhaltlichen und methodischen Konkretisierung der spezifischen Aufgaben der Hauptschule heißt es, daß ihr Weg "vorwiegend über diejenigen geistigen Überlieferungen und seelischen Gehalte führt, die in der Heimat lebendig oder noch aufspürbar sind, und sie nach Möglichkeit nicht um der theoretischen Systematik willen aus dem Lebenszusammenhang reißt, der sich in der Umwelt darbietet" (ebd. S. 85). In der Elementarmathematik und Naturlehre, deren Verstärkung und Verbesserung gefordert wird, führt der hauptschuleigene Weg "zum guten Teil über das Tun der Hand und die Klärung und Ausweitung der darin gewonnen Erfahrungen; zu einem anderen Teil über die Anregung, die der Beobachtung und Verfolgung elementarer technischer Vorgänge entspringen" (ebd. S. 86). Hauptschulspezifisch werden auch die Erziehungsaufgaben gesehen, die mit der schwindenden erzieherischen Wirkung der Familie begründet werden. "Gerade die Hauptschule" darf "nicht nur Unterrichtsanstalt sein; sie muß vielmehr zu einem bergenden Lebensraum der Jugend mit bindenden Ordnungen werden und die Ansätze, welche die Volksschule darin schon zeigt, weiterentwickeln" (ebd. S. 87). Die Schwierigkeiten, angesichts des weltanschaulichen Pluralismus solche Erziehungsziele zu realisieren, legt der Deutsche Ausschuß dann 1962 in seinem Gutachten "Zur religiösen Erziehung und Bildung in den Schulen" selbst offen. Zu vermitteln seien zwei einander entgegengesetzte Motive, "um der Stetigkeit und Geschlossenheit der religiösen Erziehung willen das Kind in ein weltanschaulich einheitliches Milieu hineinzustellen oder um der Erfahrung des die Gegensätze übergreifenden gemeinsamen Willens in der Erziehungswelt der Schule Kinder und Lehrer verschiedenen Glaubens zusammenzuführen" (ebd. S. 244).

Die Ansätze von 1957 und 1959 konkretisierte der Deutsche Ausschuß 1964 in seinen "Empfehlungen zum Aufbau der Hauptschule", indem er den Doppelcharakter dieses Schulzweiges einerseits als eine der drei an die Förderstufe anschließenden Oberschulen und andererseits als Eingangsstufe des dreistufigen beruflichen Bildungsweges deutlich herausstellte(1).

-----

(1) Nach den Recherchen von W. Hendricks (1975, S. 9ff) wurde über "Volksschulrichtlinien und Inhalte der Oberstufe" seit März 1957 von einer Kommission gearbeitet, der unter Vorsitz von Erich Weniger, Ilse Rother, Walter Horney, Gerhard Joppich, Gerhard Wehle, später Heinrich Roth und Paul Heimann angehörten. Als sicher kann gelten, daß die Diskussion über die Verbindung von Allgemeinbildung und Berufsbildung in der Hauptschule Anfang 1959 von P. Heimann angeregt wurde. Für die Endfassung der Aussagen zur Arbeitslehre im Hauptschulgutachten war der Berufspädagoge Heinrich Abel verantwortlich.

"Als Hauptschule kann nur eine Schulform gelten, welche die ...
charakteristischen Merkmale hat: vier Vollschuljahre (7. bis 10.
Pflichtschuljahr), orientierende Vorbereitung auf die verschiedenen
Berufs- und Lebensbereiche durch Arbeitslehre, fächerübergreifenden Unterricht und Praktika, schließlich den für alle dazu
befähigten Schüler obligatorischen Unterricht in einer Fremdsprache (Englisch). Die bloße Verlängerung der Volksschule um
ein oder zwei weitere Jahre genügt nicht; vom 7. Schuljahr an
muß eine dem neuen Erziehungsgefüge entsprechende Änderung der
Lehrpläne und eine dynamische und differenzierte Unterrichtsweise hinzukommen." (ebd. S. 406).

Die Verlängerung der Schulzeit und eine damit verbundene Effizienz-
steigerung wird wiederum mit der Technisierung und Demokratisierung
der gesellschaftlichen Lebensbereiche wie auch entwicklungspsychologisch begründet. Zur Rechtfertigung des Eigencharakters der Hauptschule innerhalb des Sekundarschulwesens dient die Arbeitsweltorien-
tierung. "Der Hauptschule erwächst (also) die Aufgabe, allgemeine
Bildung in einem neuen, zeitgemäßen Sinn zu verwirklichen. Die Richtung, in der sie zu lösen ist, wird dadurch mitbestimmt, daß diese
Hauptschule zugleich eine Eingangsstufe des beruflichen Bildungsweges
ist." (ebd. S. 381). Die Lebensbedeutung der beruflichen Arbeit wird
gegenüber früheren Aussagen des Ausschusses weiter gefaßt und in
Zusammenhang mit dem Freizeitbereich gebracht. "Der Beruf ist fast
immer mehr als Erwerbstätigkeit, er strahlt dann als die zum Bewußtsein gekommene Lebensaufgabe in Familie, Gesellschaft und Staat
aus." (ebd. S. 381). "Die Verwirklichung als Person ist niemals nur
im Beruf oder in der Freizeit möglich. Sie muß sich in beiden Bereichen vollziehen, wenn der Mensch der Aufspaltung in ·den 'Arbeits-
menschen' und den 'Freizeitmenschen' entgehen will." (ebd. S. 383).
Die "Hinführung zur modernen Arbeitswelt" soll in der Hauptschule
Arbeitslehre "als selbständige Unterrichtsform" sein, der zeitliche und
organisatorische Rahmen bleibt weitgehend offen. Ziel ist "nicht etwa
die 'Berufsreife' ... sondern eine Bildung von 'Kopf, Herz und Hand',
in der die moderne Technik und Wirtschaft mit dem, was ihren Zwei-
gen an elementaren praktischen Anforderungen gemeinsam ist, in pädagogisch verantwortbarer Weise zur Wirkung gekommen sind". (ebd. S.
401). Die praktischen Tätigkeiten innerhalb der Arbeitslehre sollen
mit Grundzügen handwerklicher wie industrieller Produktionsweise bekannt machen, Arbeitstugenden einüben, Orientierungen zur Berufswahl
bieten und darüberhinaus Motivation für andere Lernbereiche schaffen.
Ohne die didaktischen Möglichkeiten genauer zu bezeichnen, werden
die praktischen an der Berufwelt orientierten Tätigkeiten zum Zentrum
des Lernens an der Hauptschule, insofern sie Motivation für das
Lernen in den Schulfächern schaffen und besonders in den Klassen
9 und 10 fachspezifische Kenntnisse und Fertigkeiten unter fächerübergreifenden Aufgaben zusammenführen und anwendbar machen sollen. Auf diese Weise soll die Gefahr isolierten Fachunterrichts in der
Hauptschule vermieden werden. "Der Kanon der sachbezogenen Schulfächer bietet in der Hauptschule wie in anderen Oberschulen die für
ein solches Welt- und Selbstverständnis notwendigen Kenntnisse und
Einsichten, und zwar nicht als starres Lehrgefüge, sondern auf Weltbemächtigung und Selbstverwirklichung bezogen." (ebd. S. 386). Grundbildung läßt sich in dieser Auffassung nur "aus einer breiten Um-

gangserfahrung gewinnen", "die aber der geistigen Klärung, der Ausweitung ins Rationale und des Einbaus in sachlogische Zusammenhänge so zugänglich wie bedürftig" ist (ebd. S. 387).

Neben Arbeitslehre wird Sozialkunde als neuer Bildungsbereich der Hauptschule neben Geschichte vorgeschlagen. Hier soll eine über Institutionenkunde hinausgehende politische Bildung geleistet werden, die zugleich die Veränderbarkeit und Interessengebundenheit politischer Regelungen zeigt. Inhaltlich geht es darum, den "statisch-institutionellen Begriff des Politischen" zu verlassen und die "gesellschaftliche Wirklichkeit", "ihre sozialen, ökonomischen, kulturellen und ideellen Bezüge und ihre Dynamik" mit einzubeziehen (ebd. S. 397). Didaktisch-methodisch sollen politische Entscheidungen als Ergebnis politischer Handlungsprozesse verständlich werden. Zu behandeln wäre also nicht die Frage "'Wie entsteht ein Gesetz?', sondern: 'Welche konkreten Zustände zwingen zu gesetzlicher Abhilfe, welche Wege gibt es dazu, welche Schwierigkeiten ... sind dabei zu überwinden, wie ist der Gerechtigkeit zu entsprechen?'" (ebd. S. 399). Hier wird deutlich, daß die funktionale Auslegung der Unterrichtsaufgaben auf veränderte gesellschaftliche, ökonomische, politische Anforderungen tendenziell zu einer Umdefinition von Schulwissen von einer Kunde zu einem Mittel der Umweltmeisterung und -gestaltung führt. Es genügt danach nicht, gesetzliche Regelungen zu kennen und sie auf elementare Zusammenhänge beziehen zu können, Gesetze sind zu verstehen als Antworten auf gesellschaftliche Probleme und insofern als veränderbar und veränderungsbedürftig. Die Ablösung der Fächer Sozialkunde und Arbeitslehre von Geschichte belegt allerdings, daß Einsicht in Veränderbarkeit und Funktionalität von Veränderungen wie das Heranführen an veränderte Arbeitstechniken auf Anpassungsfähigkeiten gerichtet ist.

Eine Erweiterung des Volksschullehrplanes in pragmatischer Absicht stellt der Englischunterricht dar. Er soll Verständigungsmöglichkeiten eröffnen. Ausführlich beschäftigt sich das Gutachten mit den Verhalten und Einstellungen prägenden Wirkungen der Schule als einer "geformten Lebenswelt", den Sozialisationswirkungen. Die Forderung, daß Umgangsformen und Verhaltensweisen in der Schule auch "rational erfaßt und zur Einsicht gebracht werden" sollen, hebt sich deutlich von den Vorstellungen etwa der nordrhein-westfälischen Volksschulrichtlinien von 1955 ab. Die Forderung wird allerdings fragwürdig angesichts der Behauptung, "gerade der Hauptschule, die ihre Schüler nicht durch Auslese gewinnt, ist aufgegeben, durch Ordnung und Sitte zur Gestaltung zu führen" (ebd. S. 392).

Nicht die Anpassung an bestimmte Entwicklungen der Arbeitswelt und anderer gesellschaftlicher Bereiche, sondern die Entwicklungsdynamik der Lebensbereiche selbst sieht E. Fink als Bezugspunkt der neuen Bildungskonzeption im Bremer Plan an.

"Wir haben kein allgemeingültiges 'Weltbild', wohl aber einen unaufhörlichen Streit der Weltanschauungen – wir haben keine ausgeruhten Werke unserer Werktätigkeit um uns, sondern die rasch wechselnden Fabrikate der Technik, wir leben nicht in einem verharrenden Staat, sondern in politischen Provisorien. Die menschliche Erkenntnis hält sich nicht mehr an ewigen und unveränderlichen Wahrheiten fest, die Wahrheit wird selber zum Prozeß der wissenschaftlichen Forschung ... Weil das gesellschaftliche Leben der gegenwärtigen Menschheit in allen wesentlichen Lebensdimensionen, im Felde des Bewußtseins, der Arbeit und der Herrschaft, von stehenden Formen zu dynamisch gespannten Prozessen übergegangen ist, muß auch das Schulwesen dieser Wandlung entsprechen". (E. Fink 1962, S. 134). "Der entscheidende Grundvorgang des Zeitalters, in dem wir leben, ist der Übergang von fixierten Zuständen zu offenen, unabsehbaren Prozessen, die Liquidierung aller überkommenen 'statischen' Lebensverhältnisse der Menschheit, die Entfesselung der produzierenden Freiheit zu Entwürfen, für die keine Muster bereitstehen." (ebd. S. 133).

Organisatorisch wie didaktisch muß nach Finks Interpretation des Bremer Plans die Neugestaltung des Schulwesens nach wissenschaftlichen Normen erfolgen.

"Wir leben in einer Wissenschaftskultur, d.h. in einer Sozialform, wo 'Wissenschaft' nicht nur neben anderen geistigen Vollzügen vorkommt, sondern wo sie entscheidend das Lebensgepräge bestimmt. Dabei ergibt sich die seltsame Paradoxie, daß zwar alle Menschen auf der Erde von der Wissenschaft und von der durch sie ermöglichten Technik leben, daß aber nur eine winzige Minderheit diese Wissenschaft produktiv leistet. Es würde eine unerträgliche Entfremdung im menschlichen Wesen bedeuten, wenn der Weg zur Wissenschaft nicht im Horizont aller läge". (ebd. S. 135).

Mit dieser Auslegung der Bedeutung von Wissenschaft für Lebensweise, Weltverständnis und Handeln wird die Forderung nach einer Vereinheitlichung des Bildungsauftrages aller Schulen begründet. Wissenschaftsmodell sind die Naturwissenschaften bei der Forderung nach Aufhebung der Trennung von Allgemeinbildung und Berufsausbildung. "Nur sofern die neuzeitliche Wissenschaft Erkennen und Arbeit schon in sich vereinigt, kann sie das Leitbild und der Zielgedanke einer Bildungs- und Schulkonzeption sein, die den verhängnisvollen Riß zwischen 'Allgemeinbildung' und 'Berufsbildung' schließt". (ebd.).

Erstmals wird im "Bremer Plan" in einer offiziellen bildungspolitischen Stellungnahme eine Ausrichtung der Didaktik aller Schulstufen und -arten auf die Fachwissenschaften gefordert. Damit verbunden ist die Ablehnung von Auffassungen, die Bildung des breiten Volkes könnte ohne Sinnbezug zu wissenschaftlicher Forschung "aus Alltagsbedürfnissen oder auch von irgendwelchen volkstümlichen Gemütswerten her" erfolgen (ebd. S. 136). Fink formuliert dagegen als Hauptfrage der Didaktik, abgesehen von psychologischen Aspekten, "ob ein wissenschaftliches Wissen so in eine Elementarform konzentriert werden kann, gewissermaßen in einer 'reductio in nucem', daß daraus die Bewegung der Wissensentfaltung wieder neu entspringen kann. Die Anfangsgestalten der Wissenschaften müßten eigentlich von den Wissenschaften selbst bereitgestellt werden." (ebd. S. 137). Späteren Anschauungen vor allem der Bildungssoziologie greift die Auffassung voraus, eine Bildungsdemokratie sei nicht verwirklicht,

"wenn allen Staatsbürgern (nach dem Grad ihrer Begabung) die bisherigen Bildungswege eröffnet werden und sie so an einem

Bildungsgut beteiligt werden, welches nach seinen kanonisierten Inhalten von einer schöpferischen Elite 'jenseits der Arbeit', in der edlen Muße geschaffen wurde. So würde nur allgemeiner verteilt, was vorher privilegierter Besitz gewesen ist. Das Volk wäre in seiner kulturellen Passivität festgehalten. Vielmehr kann eine Bildungsdemokratie nur zustande kommen, wenn außer den Bildungswerten des otiosen Lebens, deren Rang nicht bestritten wird, die sinnhaften und schöpferischen Leistungen der menschlichen Werktätigkeit, heute vor allem der Technik, als Bildungsmächte begriffen werden." (ebd.).

In der Auffassung von Schulwissen geht der "Bremer Plan" deutlich über den "Rahmenplan" hinaus und deutet zukünftige Entwicklungen an. Es genüge nicht, Schulwissen an die jeweiligen gesellschaftlichen Veränderungen anzupassen, es zu erweitern und zu modernisieren, vielmehr müsse Schulwissen eine veränderte Qualität gewinnen, die den Lernenden in den Stand setze, auf Veränderungen überhaupt reagieren zu können. Dies sei nur möglich, wenn der Lernende in Methoden und Konzepte Einblick gewinne, die solche Veränderungen hervorbringen. Damit treten die Wissenschaften als je spezielle gesellschaftliche Anforderungen übergreifende Orientierung didaktischer Planung auf. Kritisch gewendet gegen die als sozial selektiv interpretierten "Bildungswerte des otiosen Lebens" mit ihren konservativen und technikfeindlichen Wirkungen, wird Naturwissenschaft, über die sich menschliche Arbeit und Natur zu gesellschaftlichem Fortschritt verbinden, als Modell von Wissenschaft überhaupt ausgelegt. Bereits in diesem frühen bildungspolitischen Programm einer Wissenschaftsorientierung des schulischen Lernens bringt die versprochene Befreiung aus geschlossenen Bildungsansprüchen mit der positivistischen Begrenzung des Wissenschaftsbegriffs schon wieder neue Beschränkungen der Bildungsmöglichkeiten hervor. Dem Bewußtsein, befreit aus fixen Orientierungsmustern, eröffnet sich mit den Möglichkeiten technischer Weltbemächtigung noch keine Perspektive zur Gestaltung der Lebensverhältnisse.

Die Konkretisierung dieser didaktischen Überlegungen tritt im Plan selbst hinter organisatorischen Überlegungen stark zurück. Als gemeinsame Aufgabe der drei vorgeschlagenen Oberschulzweige in den Klassen 7-10 werden sittliche und religiöse Bildung, politische Bildung, sowie muttersprachliche und musische Bildung und Leibeserziehung angesehen, wobei die erzieherischen Aufgaben besonders betont werden. Die Werk-Oberschule soll Unterricht "auf werktätiger Grundlage" erteilen und in den neu einzurichtenden Klassen 9 und 10 unter Mitwirkung von Berufsschullehrern eine Berufsgrundausbildung leisten (K. Bungardt 1962, S. 115f). Die Real-Oberschule gewinnt eigenes Profil nur noch dadurch, daß "die Werktätigkeit nicht in demselben Umfange wie in der Werk-Oberschule Grundlage der Bildungsarbeit" ist (ebd. S. 119). Dieser Annäherung der Bildungsaufgaben widerspricht allerdings die Fachgruppe Mittelschulen in der GEW in einem Minderheitsgutachten entschieden und zeigt damit die Grenzen für eine Durchsetzung des Programms.

Gemeinsam ist beiden Plänen, daß sie den besonderen Charakter der Hauptschule bzw. der Werk-Oberschule in der werktätigen Grundlage des Unterrichts sehen, aber unausgesprochen mit den Forderungen nach

Schulzeitverlängerung und Anhebung des Bildungsniveaus durch Fachunterricht eine Annäherung der Ausbildungswege im Bereich der Sekundarstufe I stützen. Dies entsprach durchaus, wie auch die Interpretation E. Finks zeigt, den pädagogischen und bildungspolitischen Absichten eines Teils der GEW.

Daß eine Schulzeitverlängerung auch einseitig als Stärkung der Eigenständigkeit der Volksschule ausgelegt werden konnte, zeigt das Beispiel Nordrhein-Westfalen. Hier wurde ein obligatorisches 9. Pflichtschuljahr erst relativ spät, 1966, allerdings noch vor Baden-Württemberg, dem Saarland und Bayern, eingeführt. 1963 sagte der damalige Kultusminister Mikat über den Zusammenhang von 9. Schuljahr und der Gliederung der Volksschule vor dem Landtag:

"Zunächst sei festgestellt, daß die Einführung eines 9. Schuljahres die organisatorische und pädagogische Einheit grundsätzlich unberührt läßt. Daß die Einführung eines 9. Schuljahres die von der Grundschule getrennte sogenannte Hauptschule mit wesentlich verändertem pädagogischen Charakter notwendig zur Folge haben müsse, ist zwar eine immer aufgestellte, aber meiner Meinung nach durch nichts schlüssig bewiesene Behauptung. Die Einheit der Volksschule ergibt sich aus der prinzipiellen Bedeutung des Gesamtunterrichts, der zwar in der Grundschule ein besonderes Gewicht hat, aber die gesamte Volksschule durchzieht, um dann im 9. Volksschuljahr wieder eine besonders starke Bedeutung zu erhalten." (Das 9. Volksschuljahr ... 1964, S. 2)

Damit bleiben auch die Erziehungsaufgaben, besonders die der religiös sittlichen Erziehung unverändert. "Der religiös gefestigte junge Mensch, dem die Tugenden rechter Arbeitshaltung und verantwortungsbewußter Einordnung in die Gemeinschaft anerzogen sind, wird den Gefahren der technischen Fortentwicklung und moderner Zivilisation nicht leicht verfallen." (ebd. S. 27).

Im Hamburger Abkommen von 1964 hatten sich die Länder der Bundesrepublik darauf geeinigt, daß an die Grundschule eine Hauptschule anschließen solle, die mit der Klass 9 endet, mit einer Fremdsprache, in der Regel Englisch, beginnend in Klasse 5, doch sollten Grundschule und Hauptschule auch weiterhin die Bezeichnung 'Volksschule' tragen können (W. Böhm, H.E. Tenorth 1977, S. 85). Es kann daher nicht erstaunen, daß erst nach dem Regierungswechsel im Dezember 1966 in Düsseldorf der Um- und Ausbau der bisherigen Volksschuloberstufe zur Hauptschule in das Programm der neuen nordrhein-westfälischen Landesregierung aufgenommen wurde.

2.2.2. Die Lehrpläne für die Hauptschule in NRW 1968

Wurden die Volksschulrichtlinien bisher in die Lehrplantradition der Elementar- und Volksschulen seit dem 19. Jahrhundert gestellt, bilden sie nun den Bezugspunkt für Vergleiche mit der Fassung der nordrheinwestfälischen Hauptschulpläne von 1968, der ersten Etappe weitreichender Veränderungen der Konzeption von Schulwissen auf der Programmebene der Lehrplanung.

Im Februar 1967 berief der damalige Kultusminister Holthoff eine Planungskommission, die eine Rahmenkonzeption für die Neugestaltung der Lehr- und Organisationspläne der neuen Hauptschule entwickeln sollte.

Da mit dem Schuljahr 1967/68 der Versuch "Hauptschule der weiterführenden Bildung" an etwa 250 Schulen beginnen sollte, wurde eine erste Fassung der "Grundsätze, Bildungspläne, Richtlinien zur Neuordnung der Hauptschule in Nordrhein-Westfalen" bereits im Juli 1967 fertiggestellt. Sie enthielt grundsätzliche Ausführungen zu schulpolitischen, schulorganisatorischen und schuldidaktischen Zielsetzungen der neuen Hauptschule und einige Lehrpläne für die Klassen 5 und 6. Nach einer zweiten Erarbeitungsphase wurden am 1.8.1968 unter Zeitdruck die "Grundsätze, Richtlinien, Lehrpläne für die Hauptschule in Nordrhein-Westfalen" mit der allgemeinen Einführung der Hauptschule zum Schuljahr 1968/69 erlassen.

Die Umgestaltung der Volksschuloberstufe zur Hauptschule begründet der Kultusminister im Vorwort zu den Richtlinien als Konsequenz aus dem Bildungsplanungsauftrag der Kultusministerkonferenz auf ihrer 100. Plenarsitzung am 5./6. März 1964. Er orientierte sich an internationalen Tendenzen der Schulentwicklung mit dem Ziel, das gesamte Ausbildungsniveau zu heben, die Zahl qualifizierter Abschlüsse zu erhöhen und die individuellen Fähigkeiten zu fördern. Die Umgestaltung stimme auch mit Vorschlägen des Hauptschulgutachtens des Deutschen Ausschusses überein und löse die Absprache des Hamburger Abkommens ein. Die bildungspolitische Entwicklung zur Hauptschule "als einer Schule weiterführender Bildung" wird interpretiert als das "Ergebnis einer Analyse der geistigen Situation unserer Zeit und unseres gesellschaftlichen Zustandes", derzufolge "die moderne Kultur durch zunehmende Abstraktheit, Rationalität und Differenziertheit bestimmt ist. Die Charakterisierung trifft für weite Bereiche der politischen und gesellschaftlichen Wirklichkeit zu. Es wäre daher gefährlich, wenn auf die Dauer die heutigen Leistungen der Kultur und ihres abstrakten zivilisatorischen Instrumentariums in weiten Schichten der Bevölkerung unverstanden bleiben. Darum ist die Kultivierung neuer Tugenden, Fähigkeiten und Haltungen eine zwingende Forderung unserer Zeit." (Grundsätze NRW 1968, A 1/1).

Wenn auch nicht deutlich wird, was insbesondere mit der zunehmenden Abstraktheit der Kultur gemeint ist, zeigen doch die damit in Zusammenhang gebrachten Zielsetzungen grundlegende Veränderungen gegenüber den Bildungszielen der Pläne von 1955. Sah man damals in der "fruchtbaren Spannung" zwischen "zweckgebundener Sachlichkeit" und "besinnlichem Verweilen" der Schularbeit die Möglichkeit, "Arbeitsgesinnung zu wecken, zur Bildung des Gemüts, und zur Wahrung der personalen Eigenart zu verhelfen, zur Lebenstüchtigung und zur Lebenstiefe zu führen" (Richtlinien und Stoffpläne NRW 1963, S. 5), soll es in der nordrhein-westfälischen Hauptschule nun gerade um die verstandesgemäße Aufklärung nicht durchschauter Zusammenhänge der Umwelt des Lernenden und seiner Stellung in dieser Umwelt gehen.

"Intellektuelle Wachheit und das Vermögen, abstrakte, weitläufige und oft verborgene Zusammenhänge im politischen, sozialen und arbeitstechnischen Bereich zu durchschauen, sowie die Fähigkeit zu Reflexionen, Anpassung und Selbstdistanzierung werden heute von jedem gefordert. In den Bereichen des beruflichen, des gesellschaftlichen, des staatlichen wie auch des privaten Lebens werden heute Ansprüche gestellt, deren Erfüllung und Bewältigung ein hohes Maß an Sachwissen und Menschenbildung voraussetzt. Hieraus folgen Bildungsansprüche, die früher nur für Eliten galten." (Grundsätze NRW 1968, A 1/1f).

Inwieweit damit auch eine Annäherung an die Ausbildungskonzeption "höherer Bildung" erfolgt, ist zu prüfen.

W. Klafki hat als Vorsitzender der Planungskommission auf die erziehungswissenschaftlichen Einsichten und Prinzipien und auf den schulorganisatorischen Rahmen hingewiesen, die die Lehrplanentwicklung geleitet haben. Er nennt zum einen die empirische Wende der Erziehungswissenschaft, insbesondere der Schul- und Lehrplanforschung, die die Einsicht verstärkte, die Lehrplanentwicklung sei ein überprüfungs- und korrekturbedürftiger Prozeß, sowohl was den Bezug der Lehrpläne auf Entwicklungen von Wissenschaft, Kultur, Gesellschaft und Politik betrifft als auch ihre Umsetzungsmöglichkeiten in der Schulpraxis. Zum anderen verweist er auf die Grenzen, die die herkömmliche Dreigliedrigkeit der Sekundarstufe auch der neuen Hauptschulkonzeption setzt, trotz der Bemühungen, wenigstens für das 5. und 6. Schuljahr eine Vereinheitlichung der Bildungsgänge vorzubereiten. Entschieden wird von Klafki die demokratisch-pädagogische Zielsetzung der neuen Hauptschulkonzeption betont.

"Die Hauptschule soll die Volksschule aus ihrer Befangenheit in Traditionen eines sozialständisch gegliederten Schulwesens befreien, Traditionen, denen gemäß sie einst als die Schule der kulturell anspruchslosen, handarbeitenden, gesellschaftlich deklassierten und politisch nicht oder nicht in vollem Maße mündigen und daher lenkungsbedürftigen Bevölkerungsschichten betrachtet wurde." (Grundsätze NRW 1968, A 2/4).

In einer demokratischen Gesellschaft könne "generelle 'Wesensverschiedenheit' einzelner Schulformen" nicht mehr behauptet und gerechtfertigt werden. "Entgegensetzungen ... wie die zwischen einer 'wissenschaftlichen' und einer 'nichtwissenschaftlichen' oder 'volkstümlichen' Bildung, zwischen 'humanistischer' und 'realistischer' Bildung, zwischen 'zweckfreier Allgemeinbildung' und 'pragmatischer Berufsbildung', zwischen Schulen der Führereliten und solchen für die ausführenden Volksschichten usf. sind geschichtlich überholt." (ebd.). Wenn es die Hauptschule auch mit Schülern geringerer theoretischer Leistungsfähigkeit, mit einem geringeren Maß an intellektueller Anstrengungsbereitschaft und sprachlichen Differenzierungsmöglichkeiten zu tun habe, könne sie sich doch nicht auf eine "praktische" in Anschaulichkeit und praktischem Tun sich beschränkende Bildung zurückziehen. Vielmehr müsse sie didaktisch-methodische Wege finden, unter Berücksichtigung der Lernmotivation ihrer Schüler das intellektuelle Leistungsniveau und insbesondere ihre Abstraktionsfähigkeit und -bereitschaft zu heben.

Der programmatische Anspruch ist vielseitig aber unentschieden. Zielt die innere Reform der Volksschuloberstufe auf Ablösung der nun auch

117

offiziell als sozialdifferenzierend bezeichneten Bildungsvorstellungen für die verschiedenen Schultypen des allgemeinbildenden Systems durch Annäherung an die Bildungsvorstellungen des Gymnasiums, durch Revision der Auffassung von Schulwissen in allen Schultypen oder durch Modernisierung des Bildungsprogramms der Volksschule gemäß den gesellschaftlichen Anforderungen besonders im naturwissenschaftlichen Unterricht und in der "Hinführung zur Wirtschafts- und Arbeitswelt"?

2.2.2.1. Umfang und Formen der Aneignung von Schulwissen

Als Auswahlgesichtspunkte für das inhaltliche Angebot der Hauptschule nennt Klafki die Absicht, "eine Einführung des Schülers in die moderne Welt zu vermitteln, wichtige, verbindliche Wirklichkeitsbereiche und Formen der Auseinandersetzung zu repräsentieren, unterschiedliche Leistungsmöglichkeiten zu berücksichtigen und eine erste Schwerpunktbildung nach individuellen Interessen anzuregen" (Grundsätze NRW 1968, A 2/7). Die beiden zuletzt genannten Gesichtspunkte haben für die Hauptschulpläne zur Folge, daß hier erstmals im dreigliedrigen System eine äußere Leistungsdifferenzierung nach 3 Niveaustufen für die Fächer Englisch und Mathematik sowie den Teilbereich Rechtschreibung vorgesehen wird. Individuelle Schwerpunktbildung soll dadurch gefördert werden, daß unter den Alternativen Kunstunterricht, Textiles Gestalten und Musikunterricht in Klasse 9 in Trimesterkursen gewählt werden kann, daß zweitens im Rahmen der Arbeitslehre Schwerpunkte im "Technischen Werken" oder in der "Hauswirtschaft" gebildet werden können und daß drittens ab Klasse 7 zweistündige Arbeitsgemeinschaften angeboten werden, für die im Vorwort der Richtlinien ein breites Themenspektrum vorgeschlagen wird (ebd. A 2/9).

Veränderungen in der Auswahl und Gliederung der Fächer sind gegenüber den Plänen von 1955 eingetreten durch den fünfstündigen obligatorischen Englischunterricht, die Differenzierung des ehemaligen Naturkunde- und -lehreunterrichts in die Fachbereiche Biologie und Chemie/Physik, und insbesondere durch die Einführung eines in den Klassen 5 und 6 zweistündigen, in den Klassen 7-9 vierstündigen Unterrichts in Arbeitslehre als Hinführung zur Wirtschafts- und Arbeitswelt. Der Unterricht in Zeichnen und Werken, in Hauswirtschaft und Nadelarbeit entfällt, die Aufgabengebiete werden sowohl der Arbeitslehre wie dem Fachbereich Kunst/Textiles Gestalten zugeordnet. Der Religionsunterricht ist auf zwei Wochenstunden reduziert, Sportunterricht auf drei Stunden erweitert.

Die "Hebung des intellektuellen Niveaus", die Entwicklung "intellektueller Wachheit" und des "Vermögens, abstrakte, weitläufige und oft verborgene Zusammenhänge im politischen, sozialen und arbeitstechnischen Bereich zu durchschauen", die Entwicklung der Fähigkeit zu "Reflexion, Anpassung und Selbstdistanzierung" sollen im Unterricht einerseits durch stärkeren Rückbezug auf Begriffe, Methoden und Systematik der mit dem Schulfach korrespondierenden Wissenschaftsdisziplin und zum anderen durch Verzicht auf den Aufbau geschlossener weltanschaulicher Orientierungen erreicht werden. Die von Klafki angesprochenen Veränderungen, daß die Zusammenhänge der technisch-industriellen Umwelt "auch auf elementarer Stufe nicht mehr unmittelbar, aus Anschauung und Umgang heraus, sondern nur noch in einem systematischen Erkenntnisprozeß verständlich werden können", treten deutlich hervor im naturwissenschaftlichen und mathematischen Unterricht. In den Richtlinien von 1955 bleibt Naturkunde, die Lebensgemeinschaften zu ihrem Gegenstand nehmen soll, unmittelbar auf den "Erlebnis- und Beobachtungskreis der Schüler" bezogen, und ist in dem Sinne Gelegenheitsunterricht, als sie die sich in diesem Kreis anbietenden Lernmöglichkeiten aufgreifen soll. Dabei sollen zwar auch der kindliche Forschungstrieb berücksichtigt und "Verständnis für die Gesetzmäßigkeiten der Natur" vorbereitet werden, vordringlich erscheint aber die Aufgabe, die erlebnishaften Begegnungen mit der natürlichen Umwelt zu fördern. "Der naturkundliche Unterricht will Naturliebe wecken, in der Heimatnatur einen Quell der Freude und Gesundheit erschließen, die Stellung des Menschen im Naturganzen aufzeigen, zur innerlichen Verbundenheit mit allem Lebendigen erziehen, den Gleichnischarakter der natürlichen Erscheinungen erhellen und zur Ehrfurcht vor Gott und seinem Werk führen." (Richtlinien und Stoffpläne NRW 1963, S. 32). Der Naturlehreunterricht soll physikalische und chemische Grundkenntnisse vermitteln. Er ist auch auf Vorgänge aus dem alltäglichen Erfahrungsbereich der Schüler zu beziehen. "Von einer systematischen Folge (der Unterrichtsthemen B.G.) ist abzusehen." (ebd. S. 34). Empfohlen wird, die Stoffgebiete der Naturlehre in gesamtunterrichtlichen Bildungseinheiten, besonders des lebenspraktischen Unterrichts, aufzuarbeiten. Diese Empfehlung ist in Zusammenhang zu sehen mit der Auffassung, der Naturlehreunterricht habe "im Hinblick auf die Bildung des werktätigen Menschen erhöhte Bedeutung" (ebd. S. 33). Im Lehrplan für Physik und Chemie von 1968 wird es nicht nur als Aufgabe angesehen, "zum Verständnis der Vorgänge in Natur und Technik im Bereich der kindlichen Umwelt und auch der späteren Arbeitswelt" beizutragen, sondern auch in naturwissenschaftliches Denken einzuführen (Grundsätze NRW 1968, B 8/1). Damit rückt die Unterrichtsmethode in den Mittelpunkt didaktischer Überlegungen, wie ein Beispiel in den Grundlegungen zu diesem Lehrplan ausführlich belegt. Die Tätigkeit der Schüler soll sich nicht beschränken auf den Nachvollzug der vom Lehrer vorgegebenen Versuchsanordnung. "Neben das experimentelle Handeln treten Planen, kritisches Überlegen, Vorausdenken, Vergleichen, In-Beziehung-Setzen und Beobachten als unerläßliche geistige Tätigkeiten." (ebd.). Für den Aufbau des Lehrgangs gilt nun: "Die im Plan vorgeschlagenen Themen werden in einzelne Sachgruppen zusammengefaßt, die in sich systematisch aufgegliedert sind. Da allein schon die Einzelthemen der Gruppen voraussetzungsgebunden sind, ist ein systematischer Aufbau unerläßlich." (ebd. B 8/7). Der Lehrplan für das Fach Mathematik fordert eine grundlegende Umgestaltung des bisherigen Rechenunterrichts zu einem propädeutischen mathematischen Unterricht und greift damit Empfehlungen vor, die die Kultusministerkonferenz am 3.10.1968 zur Modernisierung des Mathematikunterrichts beschloß. War der Entwurf von 1967 noch deutlich auf die Förderung eines anschauungsgebundenen, konkreten Denkens gerichtet - die Raumlehre der Hauptschule z.B. sollte ausdrücklich keine Geometrie sein -, wird nun am Rechenunterricht der Volksschuloberstufe kritisiert, daß er die Rechenfertigkeit im Umgang mit ganzen und gebrochenen Zahlen zu einseitig betont und die "bürgerlichen" Rechenarten nur unter dem Gesichtspunkt ihrer Nutzanwendung betrachtet habe. Das habe "einen Mangel an mathematischer Bildung und mathematischer Urteilsfähigkeit zur Folge", der in Anwendungsfällen verhindere, daß verborgene mathematische Strukturen erkannt würden und der die Transformationsmöglichkeiten stark einschränke. Ein ausgewogenes Verhältnis von Einsicht und Können sei bereits in der Grundstufe schulischen Lernens zu beachten. Dementsprechend ist eine Erweiterung der Unterrichtsinhalte um elementare Algebra, Rechenstab und geometrische Bildungsgegenstände vorgesehen. In einem Erweiterungsplan "Elementare Algebra in der Hauptschule" werden in knapper Form traditionelle Realschulstoffe für die Hauptschule aufbereitet. Das Kapitel "Algebra in moderner Sicht", das eine mengentheoretische Fundierung der Algebra enthält und didaktische Modelle zur Einführung von Strukturbegriffen vorstellt, möchte "interessierte Lehrer zu behutsamen und verantwortlichen Versuchen anregen" (vgl. P. Damerow 1977, S. 243ff). Dies Kapitel geht in seinen Reformabsichten über die Empfehlungen der Kultusministerkonferenz hinaus und wird erst in die seit 1977 vorgelegten revidierten Fassungen der Mathematikrichtlinien eingearbeitet.

Eine Erweiterung des Stoffangebotes und seine stärkere verstandesmäßige Durchdringung wird auch für die Unterrichtsbereiche gefordert, die in der Nachfolge Herbarts als Gesinnungsfächer gelten, so muttersprachlicher Unterricht, Geschichte, Gemeinschaftskunde und Heimatkunde/Erdkunde und die musischen Fächer, verbunden mit einer Einschränkung der Verhaltensnormierungen durch nicht rationale erzieherische Beeinflussung. Der Deutschunterricht sollte in den 50er Jahren die Schüler besonders über Gefühl und Erlebnisfähigkeit ansprechen, "die Sprachkraft, das Sprachgefühl und das Sprachverständnis des Kindes" entfalten. Einsichten in Gesetzmäßigkeiten des Sprachbaus und der Rechtschreibung werden gering geschätzt. "Für die Arbeit an der Sprachform haben Regeln nur geringen Wert. Weckung und Stärkung des Sprachgefühls stehen vor der Belehrung über die Gesetzmäßigkeiten der Sprachbildung." (Richtlinien und Stoffpläne NRW 1963, S. 15). Sicherheit in der Rechtschreibung wird durch Übung gewonnen. "Die Rechtschreibregel hat dagegen geringen Wert." (ebd. S. 16). Demgegenüber wird die Beschränkung auf das unreflektierte Tun der Schüler im Sprachunterricht 1968 als "unnatürlich" bezeichnet (Grundsätze NRW 1968, B 3/8). Vielmehr soll die Erfassung sprachlicher Phänomene "stets mit der Reflexion verbunden bleiben. Man sollte in der Hauptschule an keiner Stelle auf der Stufe der bloßen Funktionserfassung stehen bleiben. Die Erscheinungen in der Sprache tendieren sozusagen von sich aus auf ein Bewußtwerden hin." (ebd.). Die stärkere Betonung der kommunikativen Funktion der Sprache gegenüber individuellen Ausdrucksmöglichkeiten stützt nicht nur die Forderung nach rationaler Sprachbetrachtung, die sprachliche Mittel verfügbar machen könnte, sondern auch eine Erweiterung des Literaturunterrichts. Als Literatur im weiteren Sinne sollen Sach- und Fachbücher, Zeitungen und Zeitschriften, juristische Texte und ähnliche Gebrauchstexte im Unterricht analysiert werden. Die traditionelle Aufgabe des Literaturunterrichts, ästhetische Bildung wie Lebenshilfe im Sinne von Verhaltensorientierung zu befördern, tritt damit zurück. Die Richtlinien von 1955 sahen vor allem in diesem letztgenannten Punkt die zentrale Aufgabe des Literaturunterrichts. "Die Dichtung soll nicht allein Sinn und Gefühl für Schönheit erwecken, sondern zur vollen

Wirklichkeit des Lebens hinführen, Lebensmut und Lebensfreude geben, Ehrfurcht vor Gott und Achtung vor den Mitmenschen wecken und zur echten Mitmenschlichkeit erziehen." (Richtlinien und Stoffpläne NRW 1963, S. 17).

Musische Bildung insgesamt sollte in der Volksschule der Gefahr begegnen, daß der Unterricht "in einen rationalisierten und mechanisierten Lehrbetrieb" entartet. In enger Anlehnung an die Kunsterziehungsbewegung der Reformpädagogik um die Jahrhundertwende sollte der Unterricht in diesem Bereich die Ausdrucksmöglichkeit der Kinder wecken. "Neben der Pflege des klanglichen und sprachlichen Ausdrucks und einer allseitigen Körperbewegung, die den engen Zusammenhang zwischen rhythmischer Bewegung in der Leibeserziehung, körpergebundener Musikerziehung und gesprochener Dichtung beachten und sich bemühen muß, Singen, Sprechen und körperliche Bewegung zur ursprünglichen Einheit zurückzuführen, tritt die Entfaltung der bildnerischen Gestaltungskräfte des Kindes." (ebd. S. 36). Blieben in den "Richtlinien für die Musikerziehung in der Volksschule" von 1951 die anspruchsvollen Ziele der musikalischen Erziehung und Bildung eng mit den Tätigkeiten des Kindes in Spiel, Bewegung und körperlicher Darstellung verknüpft, stellen die Hauptschulrichtlinien Möglichkeiten des theoretischen Zugangs heraus. "Der Schüler soll zu sachkundiger Beschäftigung und Auseinandersetzung mit Musik befähigt werden und als Hörer wie auch als Ausübender in der Lage sein, kritisch auszuwählen und seine Auswahl von der Sache her zu begründen. Dies setzt eine intensive musikalisch-technische Unterweisung voraus, mit dem Ziel der Freilegung des Geistigen in der Musik. Ohne Notenschrift und Fachsprache bleibt Musik pädagogisch unzulänglich." (Grundsätze NRW 1968, B 11/1). In ähnlich radikaler Weise unterscheidet sich der "Lehrplan für das Fach Kunst" von der Konzeption "Bildnerischen Gestaltens". "Bildnerische Betätigung und Kunstbetrachtung sind nicht als Gegengewicht und Ausgleich gegenüber intellektueller Beanspruchung anzusehen, sondern bedürfen in gleichem Maße wie jedes andere Fach der ausgebildeten Intellektualität." (ebd. B 12/7). Wie zur Bestätigung dieser Behauptung gerät der Lehrplan zu einem komplizierten Begriffsnetz, aus dem der Lehrer einen Eindruck des intellektuellen fachlichen Anspruchs gewinnen soll.

Die Möglichkeiten für Geschichtsunterricht in der Volksschule wurden in den 50er Jahren als sehr begrenzt eingeschätzt. "Dem geschichtlichen Verstehen des Volksschulkindes sind enge Grenzen gesetzt. Die Volksschule entläßt ihre Schüler zu einem Zeitpunkt, da diese erst anfangen, geschichtliche Zusammenhänge zu verstehen. Deshalb muß sich der Geschichtsunterricht darauf beschränken, die Voraussetzungen für ein tieferes, einer späteren Altersstufe vorbehaltenes Verstehen vorzubereiten." (Richtlinien und Stoffpläne NRW 1963, S. 19). Die notwendige Stoffbeschränkung und -auswahl soll unter dem Gesichtspunkt der gesinnungsmäßigen Konzentration auf solche Inhalte erfolgen, "die wirklich geeignet sind, im deutschen Volk ein gemeinsames geschichtliches Bewußtsein zu schaffen und das Gefühl für die eigene geschichtliche Verantwortung zu wecken" (ebd. S. 20). Erklärtermaßen distanzieren sich die Hauptschulrichtlinien für Geschichte/Politik von "geschlossenen Systemen", sei es als "Geschichts-, Welt- oder Gesellschaftsbild". Unter dem Ziel, zu offenem Denken führen zu wollen, werden auch Festlegungen "auf eine politisch-gesellschaftliche Wirklichkeit der Gegenwart oder auf irgendwelche abstrakten Zielvorstellungen" abgelehnt. Im Lehrplan weicht die chronologische Auflistung wichtiger Ereignisse und Personen einer Epochengliederung mit jeweils besonders hervortretenden systematischen Problemfeldern. Wurde die Gemeinschaftskunde verstanden als Information über Rechte und Pflichten des einzelnen im politischen, sozialen und ökonomischen Bereich unter dem Leitbild des in der Gemeinschaft aufgehobenen und ihr verantwortlichen Einzelnen, soll der Hauptschüler Einblick gewinnen in politische Ideen, Organisationen und die Mechanismen ihres Zusammenwirkens, um seine Mitwirkungsmöglichkeit realistisch einschätzen zu können. Die Notwendigkeit, Gemeinschaftskunde wie auch politische Bildung mit dem Schulleben in Beziehung zu setzen, führte für die Volksschule zu einem Katalog auch inhaltlich bestimmter Verhaltensnormierungen, die geeignet sind, die Einordnung des einzelnen in eine unpolitisch verstandene Gesellschaft zu fördern. "Die Grundlage der Gemeinschaftskunde bildet die gesamte Erziehungs- und Bildungsarbeit in der Schule: die Weckung der Glaubens- und Liebeskraft und der religiös sittlichen Verantwortung, die Pflege der Rücksichtnahme, Hilfsbereitschaft, Duldsamkeit und Zuverlässigkeit, die sich mehr auf Tun und Handeln als auf Belehrung und Unterricht richtet, den Schüler zu zuchtvoller Schulsitte anleitet und ihm Gelegenheit gibt, tätig am Schulleben teilzunehmen." (ebd. S. 21). Im Rahmen dieses erzieherischen Konzepts scheint es wichtig, im Schulleben möglichst viele Gelegenheiten zu schaffen, erwünschte Verhaltensweisen zu praktizieren. "Die praktische Arbeit im Schulgarten und in der Schulküche, Laien- und Puppenspiel, Schulausstellungen, Elternbesprechungen, Schulfeste und Mithilfe der Schule bei allgemeinen karitativen Maßnahmen fördern in besonderem Maße die mitmenschlichen Beziehungen." (ebd. S. 23). Auch für die Hauptschüler soll der Schulalltag "erzieherische Vorformen" politischen Verhaltens bieten. Sie sollen Verhaltensdispositionen für eine aktive Auseinandersetzung mit Problemen und Konflikten ausbilden können. "Kritikvermögen und Zivilcourage, Fähigkeit zu Gespräch und Diskussion sowie Kompromißbereitschaft können nicht erst und nicht nur im Fachgebiet geweckt werden." (Grundsätze NRW 1968, B 4/2).

Als Schulform "von eigenem Charakter" erweist sich die Hauptschule als "weiterführende Schule" organisatorisch durch die kürzere Schulzeitdauer, inhaltlich durch den neuen Unterrichtsbereich Arbeitslehre, wenn auch Klafki, der die nordrhein-westfälische Konzeption des Faches maßgeblich prägte, in anderen Veröffentlichungen Arbeitslehre ausdrücklich als Aufgabe aller Schulen verstanden wissen will. Die Volksschule als Schule des werktätigen Menschen hatte sich in ihrer gesamten Bildungsarbeit als Vorbereitung auf beruflich Tätigkeitsbereiche verstanden. Gemäß dem Prinzip der Lebensnähe sollte besonders der sachkundliche und heimatkundliche Unterricht als lebenspraktischer Gesamtunterricht in enger Verbindung zur sozialen und wirtschaftlichen Umwelt der Schüler stehen. "Der lebenspraktische Unterricht als Prinzip sieht vor, das sachkundliche Bildungsgut in Naturkunde und Naturlehre, in Hauswirtschaft, Nadelarbeit und Werkarbeit unter besonderer Beachtung der Lebensnähe und der praktischen Anwendbarkeit auszuwählen und zu erarbeiten. In der Oberstufe können diese Arbeitsgebiete - lebenspraktisch betrachtet - gesamtunterrichtlich behandelt werden." (Richtlinien und Stoffpläne NRW 1963, S. 29f). Der Zugang zur Arbeitswelt sollte in Betriebsbesichtigungen als Kunde über Produktionstechniken und Sozialbeziehungen erschlossen werden.

"Beobachtungsgänge und Werkbesichtigungen vermitteln dem Schüler Einblick in die heimatlichen Lebens- und Wirtschaftsverhältnisse und deren gegenseitige Abhängigkeit. Damit gewinnt er aus dem Erleben die Grundlagen für das Verstehen von Büchern und Vorträgen, die sich mit physikalischen, chemischen und technischen Fragen beschäftigen. Nach Möglichkeit sollte jeder Schüler Einblick in wichtige Betriebe seines Heimatortes erhalten ... Die Grundkenntnisse für das Verstehen der einzelnen technischen Arbeitsvorgänge sind vor der Besichtigung zu vermitteln ... Besondere Beachtung verdient der 'Mensch im Betrieb', verdienen seine Sorgen und Nöte, seine Leistung und sein Anteil am gemeinsamen Werk. Die Schüler gewinnen dadruch wertvolle Einblicke in die Anforderungen der verschiedenen Berufe und erhalten Hilfe für die eigene Berufsfindung." (ebd. S. 30f).

Die starke Differenzierung des lebenskundlichen Unterrichts für Mädchen und Jungen wurde aus der Annahme natürlicher Interessenunterschiede abgeleitet. Mit dem Begriff des "Werks", der bis in die 60er Jahre hinein die betriebs- und arbeitskundlichen Konzepte der Volksschule prägte, sind partnerschaftliche Einstellungen und Verhaltensweisen gemeint, wie sie auch der Gemeinschaftskundeunterricht anstrebt, die Unterordnung des einzelnen unter die "gemeinsame" Sache. Der Hauswirtschafts- wie der Werkunterricht der Volksschule sollten neben Grundfertigkeiten in den traditionellen Tätigkeiten wie Kochen, Haus- und Gartenarbeit, Pappe-, Holz- und Metallarbeiten auch Arbeitstugenden vermitteln. "Der Unterricht in der Hauswirtschaft weckt und formt, entfaltet und fördert die fraulichen und mütterlichen Anlagen und Kräfte des Mädchens: häuslichen Sinn und die häuslichen Tugenden der Ordnung und Umsicht, der Sauberkeit und Pünktlichkeit, des Fleißes und der Selbstlosigkeit, die sozialen und pflegerischen Kräfte." (ebd. S. 35). Im Werkunterricht zwingt "die sorgfältige Ausführung einer Arbeit bis zum vollendeten Werk... zu genauem Beobachten und werkgerechtem Denken, zu Ausdauer, Fleiß und Ordnungsliebe. Die gemeinsame Benutzung von Arbeitsräumen und Werkzeugen erzieht zur Einordnung und Kameradschaft, zur Rücksichtnahme und Hilfsbereitschaft." (ebd.).

Wie bereits der Lehrplanentwurf für die Hauptschule in Nordrhein-Westfalen von 1967, so verfolgt auch die Neufassung des Faches Arbeitslehre von 1968 eine deutlich erweiterte Zielsetzung. Es geht

"um eine elementare, wenn auch zunehmend anspruchsvollere Einführung in Zusammenhänge, Erkenntnisformen und grundlegende Fähigkeiten und Fertigkeiten, die geeignet sind, dem Schüler ein erstes Verständnis der modernen Arbeits-, Berufs- und Wirtschaftswelt, ihrer technologischen Voraussetzung und der gesellschaftlichen und politischen Zusammenhänge, in die sie verflochten ist, zu vermitteln, ihnen Hilfe für eine sinnvolle Berufswahl zu geben und Voraussetzungen für den späteren Beginn einer Berufslehre oder Berufstätigkeit zu schaffen (Berufswahlreife)." (Grundsätze NRW 1968, B 10/1).

Die hier beschriebenen Aufgaben sollen die traditionellen Disziplinen mitübernehmen, vor allem aber die neuen Fächer Technisches Werken, Wirtschaftslehre und Hauswirtschaft. In der Fassung von 1967 steht neben dem Technischen Werken noch eine die Tradition des Werkunterrichts fortsetzende "praktische Werklehre"(1). Das Fach Technisches Werken ist erstmals durchgehend an "Technischer Bildung" orientiert. Allerdings fehlen Vorschläge zur Zusammenarbeit mit den beiden anderen Bereichen der Arbeitslehre ebenso wie Hinweise, wie historische, gesellschaftliche und politische Bezüge vermittelt werden könnten. Das Fach Hauswirtschaft zielt bereits stärker auf eine Hinführung zur Wirtschafts- und Arbeitswelt durch eine elementare Wirtschaftslehre des einzelnen Haushalts und die Darstellung seiner Stellung innerhalb der Volkswirtschaft (Grundsätze NRW 1968, B 10/3). Wirtschaftslehre soll als systematischer Lehrgang sowohl wirtschaftliche Grundkenntnisse vermitteln und die Einwirkungen wirtschaftlicher Vorgänge auf den persönlichen Erfahrungsbereich der Schüler zeigen, als auch "die Interdependenz wirtschaftlicher, gesellschaftlicher und politischer Vorgänge, als deren wesentliches Merkmal Konfliktsituationen darzustellen sind" deutlich machen (Grundsätze NRW 1968, B 10/64). Dieser Programmschwerpunkt wird im Lehrplan kaum umgesetzt. Die Wirtschaftslehre soll insbesondere auch den Orientierungsrahmen für "Erkundungen" schaffen, die nun nicht die Funktion der Einführung in die Arbeitswelt oder der Berufswahlorientierung erfüllen, sondern der systematischen Informationsbeschaffung und -überprüfung dienen sollen. Während technologisch-ökonomische Kenntnisse durch solche Erkundungen zugänglich gemacht werden können, soll der Schwerpunkt der zwei- bis vierwöchigen Schulpraktika stärker berufsorientierend sein und soziale Fragen der Wirtschafts- und Arbeitswelt ansprechen.

2.2.2.2. Zusammenhang des Lehrangebots

Das Prinzip der Lebensnähe, demzufolge in den Richtlinien von 1955 das Lehrangebot auch der Volksschuloberstufe gemäß den räumlichen und sozialen Erfahrungen der Schüler ausgewählt und aufgebaut werden sollte, verliert 1968 gegenüber der fachdidaktischen Systematik der Einzelpläne an Bedeutung. Die weltanschaulich gebundene Gesamtzielsetzung und die gesamtunterrichtliche Durchführung waren geeignet, einen assoziativ-erlebnishaften Zusammenhang des Wissens zu vermitteln. Die Verstärkung der Fachsystematik im Aufbau der einzelnen Schuldisziplinen macht spezielle didaktische Maßnahmen nötig, um die Zusammenhänge zwischen den Unterrichtsbereichen sichtbar zu machen.

"Gerade weil in den Einzelplänen dieses Lehrplanwerkes die fachdidaktische Systematik so stark betont wird, müssen die Grenzen und die Ergänzungsbedürfigkeit des Fachprinzips hervorgehoben werden; eine Zersplitterung der Schularbeit in sich isolierende

---

(1) Vgl. den detaillierten Vergleich der nordrhein-westfälischen Arbeitsschulkonzepte von 1967 und 1968 bei W. Hendricks 1975, S. 199ff.

Spezialfächer würde die Hauptschulkonzeption von vornherein zum Scheitern verurteilen. Kooperation der Lehrer einer Schule, vor allem in Fachgruppenteams, ggf. im regelmäßigen Wechsel von Fachgruppenkonferenzen, ist ein dringendes Erfordernis." (Grundsätze NRW 1968, A 2/9).

Zu diesem Zweck gibt Klafki in den "Pädagogischen und didaktischen Prinzipien der Hauptschule", die den Lehrplänen vorangestellt sind, drei Empfehlungen. Empfohlen wird 1. eine stoffliche und zeitliche Konzentration in der Form des Epochalunterrichts, die bereits im Lehrplan für die Fachgruppe Musik, Kunst, Textiles Gestalten und die Teilbereiche der Arbeitslehre/Hinführung zur Wirtschafts- und Arbeitswelt mit einem Trimesterwechsel der Teilbereiche vorgesehen ist. Vorgesehen ist 2. ein fächerübergreifender Unterricht, der "weder identisch mit Gesamtunterricht im herkömmlichen Sinne noch mit 'Gelegenheitsunterricht'" sein soll, sondern als eine Weiterbildung des gebundenen Gesamtunterrichts verstanden wird. In diesem Unterricht sollen Fragen erörtert werden, die "a. dem jungen Menschen verständliche und ihn betreffende Gegenwarts- und Zukunftsprobleme im politischen, wirtschaftlichen und kulturellen Geschehen in ihrer gesellschaftlichen und individuellen Bedeutung zum Inhalt haben, b. zur Stellungnahme herausfordern, weil in ihnen aktuelle Entscheidungen und Wertungen eine zentrale Rolle spielen, c. den Zuständigkeitsbereich eines einzelnen Faches von vornherein überschreiten, d. zur Klärung der Erkenntnisse und Methoden mehrerer Fächer bedürfen" (Grundsätze NRW 1968, A 2/10). Klafki stellt einen Katalog umfassender Fragestellungen für den fächerübergreifenden Unterricht zusammen (Fragen der Arbeits- und zukünftigen Berufswelt als Konflikt-, Entscheidungs- und Wahlfelder/ innen- und außenpolitische Brennpunkte/ Auseinandersetzung mit dem Kultur- und Freizeitangebot/ "existenzielle" Probleme der Jugendlichen/Kommunalpolitik), aus denen Unterrichtsthemen ausgewählt werden sollen. Er setzt aber als notwendiges Minimum nur zwei fächerübergreifende Themen pro Jahr beginnend im 5. Schuljahr an. Als 3. didaktisch-methodische Grundform, mit deren Hilfe die Fachsystematik überschritten werden kann, nun in Richtung auf Handlungsmöglichkeiten, empfiehlt Klafki für die Hauptschule "Vorhaben". Sie sollen wie Erkundungen und Praktika unmittelbar verdeutlichen, daß schulisches Lernen auf außerschulische Wirklichkeit bezogen ist und zugleich Handlungsmöglichkeiten eröffnen. Die Schüler können die Erfahrung machen, "daß man bei sinnvoller Planung und durchdachter Zielstrebigkeit einer gemeinsam handelnden Gruppe in das schulische Geschehen oder in die außerschulischen Vorgänge im kommunalen Bereich verändernd, mitgestaltend eingreifen kann" (ebd. A 2/12). Die Erfahrung gemeinsamer Handlungsmöglichkeiten und die daraus erwachsenden Anforderungen an Verhalten, Können und Wissen werden als Ansätze für Sozialerziehung und politische Erziehung angesehen. "Eine Schule, die ihren Schülern nie die Erfahrung gemeinsamen Handelns und verändernden Eingriffs in die Wirklichkeit vermittelte, hat eine ihrer wesentlichen Aufgaben versäumt." (ebd. A 2/13). Die Hinweise darauf, daß ein Schulproblem im gleichen Schuljahr Gegenstand mehrerer Schulfächer sein kann, sind in den Fachlehrplänen lückenhaft. Als Vorlauf für ein Lehrplankapitel über "Fächerübergreifenden Unterricht und Vorhaben" gibt eine Synopse, ausgehend von den Fächern Geschichte, Biologie und Technisches Werken, Hinweise auf Themenverbindungen zu anderen Fächern.

2.2.2.3. Legitimation des Lehrangebots

Zu den Hauptschulrichtlinien von 1968 gibt es erstmals offizielle Hinweise auf den Bearbeitungsprozeß und die dabei beteiligten Personen. Dem Bericht W. Klafkis zufolge, als Erziehungswissenschaftler vom nordrhein-westfälischen Kultusminister mit der Leitung der Planungskommission beauftragt, gehörten dieser Kommission zunächst je ein Fachdidaktiker der Pädagogischen Hochschulen Nordrhein-Westfalens für die Fächer Deutsch, Englisch, Mathematik, Naturlehre (Physik – Chemie) und mehrere Mitarbeiter des Kultusministeriums an. Klafki selbst vertrat zudem zunächst den Sachbereich "Arbeitslehre – Einführung in die Arbeits- und Wirtschaftswelt". Die Kommission konnte sich auf Vorarbeiten von Hauptschularbeitsgemeinschaften und Schulversuche in Dortmund und Köln stützen (W. Klafki 1968, S. 817). In der zweiten Planungsphase arbeitete eine um Fachdidaktiker der noch nicht bearbeiteten Schulfächer erweiterte Kommission Richtlinien und Lehrpläne für alle Klassen und Fachbereiche unter Berücksichtigung von Erfahrungen mit der ersten Fassung aus. Für die Neufassung des Faches Arbeitslehre wurde eine Unterkommission aus Vertretern der Fächer "Werken", "Wirtschaftslehre", "Hauswirtschaft" und der "Allgemeinen Erziehungswissenschaft" (Klafki) gebildet. Für jeden Fachbereich gab es eine Unterkommission aus drei bis fünf Fachvertretern der Pädagogischen Hochschulen und eine Ergänzungskommission kompetent erachteter Lehrer und Vertreter der Schulverwaltung. Mit diesen Kommissionen sollten die Lehrplanentwürfe diskutiert und eine Endfassung jeweils allen Fachvertretern der betreffenden Disziplinen an den Pädagogischen Hochschulen des Landes zur Stellungnahme übergeben werden. Der politisch festgelegte Termin einer allgemeinen Einführung der Hauptschule in Nordrhein-Westfalen zum Schuljahr 1968/69 zwang zu Einschränkungen des Programms.

W. Klafki betont die veränderte Planungsqualität der Richtlinien und bringt sie mit Entwicklungen der Schul- und Lehrplanforschung in Zusammenhang. Die neuen Lehrpläne verstehen sich als offen, überprüfbar und korrigierbar entsprechend der Weiterentwicklung in Wissenschaft, Kultur, Gesellschaft und Politik aber auch der pädagogischen Praxis, in der sich die Entwürfe zu bewähren haben. Dieser Auffassung entspricht die 1967 eingerichtete Begleitforschung zum "Schulversuch Hauptschule", die über 1968 hinaus fortgeführt wird, wie auch die Aufforderung des Kultusministers im Einführungserlaß an die Schulaufsichtsbehörden, Schulen und Pädagogischen Hochschulen, jährlich über die Erfahrungen mit den neuen Richtlinien zu berichten. Mit dieser Öffnung der Richtliniendiskussion ist ein erster Schritt zur Minderung des Legitimationsdrucks getan, der entsteht zum einen aus der Auflösung der weltanschaulich gebundenen Gesamtkonzeption für die Volksschulbildung und dem Fehlen bildungstheoretischer Konzepte, zum anderen aus den zunehmenden Forderungen nach Rechtfertigung politischer und besonders auch bildungspolitischer Entscheidungen. Eine stärkere Rationalität der Lehrplanentscheidungen sichert nach Klafki die Lehrplantheorie, die nach bisher überwiegend historisch-hermeneutischer Ausrichtung auf dem Wege sei, "eine erhöhte Objektivität ihrer Aussagen und Vorschläge durch die Erweiterung um empirische Forschungsmethoden zu erreichen" (Grundsätze NRW 1968, A 2/2). Gleichwohl bleiben die Rechtfertigungen der Lehrpläne dadurch gekennzeichnet, daß sie sich auf anthropologische und gesellschaftliche Anforderungen berufen, deren Einklang behaupten und damit einen Konsens über die Lehrpläne außer Frage stellen. Ging es 1955 darum, "die sittlichen, geistigen und körperlichen Kräfte im Kinde zu entfalten und durch Vermittlung eines grundlegenden Wissens und Könnens die Jugend für das Arbeits- und Kulturleben des Volkes zu befähigen" (Richtlinien und Stoffpläne NRW 1963, S. 1), geht es 1968 um "individuelle(n) Begabungsförderung" und darum, "mit den Anforderungen in der Welt der Erwachsenen fertig zu werden", oder anders umschrieben eine "Einführung des Schülers in die moderne Welt zu vermitteln, wichtige, verbindliche Wirklichkeitsbereiche und Formen der Auseinandersetzung zu repräsentieren, unterschiedliche Leistungsmöglichkeiten zu berücksichtigen und eine erste Schwerpunktbildung nach individuellen Interessen anzuregen" (Grundsätze NRW 1968, A 2/). Beide Bezugsfelder für die Lehrplanbegründung werden im zeitlichen Abstand wesentlich verändert ausgelegt, allerdings gemäß der Rechtfertigungsabsicht sich jeweils argumentativ stützend.

Die Kräfte im Kinde zu entfalten, bedeutet in den Richtlinien für die Volksschule nicht individuelle Förderung, sondern der sozialen Herkunft des "werktätigen Menschen" entsprechende unterrichtliche und erzieherische Prägung unter dem Leitbild volkstümlicher Bildung. Individuelle Begabungsförderung bedeutet in den Hauptschulplänen differenziertes Lehrangebot zur Ausschöpfung der intellektuellen Möglichkeiten und zur Berücksichtigung von individuellen Interessensschwerpunkten in Übereinstimmung mit behaupteten Anforderungen der modernen Gesellschaft. Klafki begründet die Übereinstimmung pädagogischer und politischer Zielsetzung mit dem Anspruch der Gesellschaft, demokratisch verfaßt zu sein, der, wie die Anforderungen der technischindustriell bestimmten Produktion, prinzipielle Einschränkungen des Bildungsangebotes in verschiedenen Schulformen nicht zulasse. Damit ist generell begründet, warum sich Schule nicht nur auf die Aneignung von Sachwissen, Fertigkeiten und auf emotional-erlebnishafte Einstellungs- und Verhaltensprägungen konzentrieren kann. Sie soll den Modell- und Werkzeugcharakter von Wissen zeigen, d.h. die Entstehungsbedingungen und Methoden der Erarbeitung systematischen Wissens und die Möglichkeiten der Anwendung von Wissen. Offen bleibt die Frage nach den Auswahlkriterien für die "wichtigen, verbindlichen Wirklichkeitsbereiche" und die "Formen der Auseinandersetzung", die der Lehrplan repräsentiert, die Frage der Begründung des schulischen Fächerkanons. Die allgemeinen Umschreibungen der Bildungsaufgaben der Hauptschule geben nur sehr unpräzise Orientierungen für die Ausarbeitung der Fachlehrpläne. Jeder der 14 Fachlehrpläne rechtfertigt seine Stoffauswahl, -anordnung und Arbeitshinweise selbst, durchweg in Form von Aufgabenbeschreibungen, die das Fach für das Selbst- und Weltverständnis des Lernenden zu erfüllen hat. Lerntheoretische und entwicklungspsychologische Überlegungen zum Aufbau von Wissenszusammenhängen fehlen weitgehend, wohl auch wegen der Kritik an entwicklungspsychologischen Phasenlehren.

Die Annäherung der Konzepte von Schulwissen für die Mittelstufe des allgemeinbildenden Systems erfolgt in der Hauptschule über eine Differenzierung der Fächer des naturwissenschaftlichen Bereichs wie eine generell verstärkte Ausrichtung an der Systematik und an Konzepten der entsprechenden Fachwissenschaften. Da gleichwohl am Gedanken fächerübergreifenden Unterrichts festgehalten wird, stellen sich neue, in der Lehrplanung nicht gelöste Aufgaben. So bleibt es auch ein offenes Problem der Arbeitslehre, wie die Fächer Wirtschaftslehre, Technisches Werken und Hauswirtschaft untereinander und mit Betriebserkundungen und Praktika aber auch mit naturwissenschaftlichen Fächern und Geschichte in Beziehung zu setzen sind, damit nun nicht Entgegensetzungen zwischen wissenschaftsorientierter und praktischer Bildung, zweckfreier Allgemeinbildung und pragmatischer Berufsbildung im Bildungsgang der Hauptschule aufbrechen.

2.3.

DIE HAUPTSCHULE INNERHALB DER SEKUNDARSTUFE I

2.3.1. Curriculare Konzepte für die Sekundarstufe I in den bildungspolitischen Gesamtplanungen Anfang der 70er Jahre

"Die Hauptschule benötigt ein neues Angebot von Inhalten und Verfahren" befand die Kultusministerkonferenz in ihren "Empfehlungen für die Hauptschule" vom 3. Juli 1969, nachdem in den nordrhein-westfälischen Plänen Vorschläge zur Organisation, Differenzierung und Arbeitsweise der Hauptschule bereits vorlagen(1). Den Rahmen und die Leitprinzipien für eine inhaltliche wie organisatorische Neugestaltung des gesamten Schulsystems hat die Bildungskommission des Deutschen Bildungsrates im "Strukturplan für das Bildungswesen" formuliert mit dem Anspruch, das zu repräsentieren, was an "bildungspolitisch gemeinsamer Programmatik in der Bildungsrepublik möglich ist" (Deutscher Bildungsrat 1970, S. 15).

Das organisatorische und curriculare Programm des Strukturplans stützt sich, wie ältere Planungen auch, auf die verfassungsmäßig garantierten Grundrechte, legt diese nun aber auf die gemeinsamen Aufgaben aller Bildungseinrichtungen aus.

"Aus den Grundrechten und den abgeleiteten Pflichten im demokratischen und sozialen Rechtsstaat ergibt sich, daß das öffentliche Bildungsangebot bestimmte für alle Lernenden gemeinsame Elemente aufweisen muß. Die Zielorientierung, die pädagogische Grundlinie, die Wissenschaftsbestimmtheit sowohl der Lerninhalte als auch der Vermittlung müssen für alle Schullaufbahnen in gleicher Weise gelten." (ebd. S. 29).

Die Bildungsvorstellungen wenden sich entsprechend dem veränderten gesellschaftlichen Bedarf klar vom geschlossenen, sozial selektiven Bildungssystem ab und den Möglichkeiten individueller Förderung nach Leistung und Interesse zu. Pädagogisch-psychologische Grundlage ist ein verändertes Begabungskonzept, das die Umweltbedingungen als Erklärung individueller Leistungsfähigkeit betont. Daß die Begabungstheorie auch hier erscheint "als das, was sie ist, als eine Funktion gesellschaftlicher Interessen" (H.J. Heydorn 1980, S. 140f), ist sichtbar am Stellenwert, der ihr bei der Lösung des bildungspolitischen Haupt-

-----

(1) Daß über die allgemeine Entwicklungsrichtung der Hauptschule Ende der 60er Jahre ein weitgehender bildungspolitischer Konsens herrschte, zeigt sich daran, daß bereits vor den programmatischen Verlautbarungen der Kultusministerkonferenz und des Bildungsrates in verschiedenen Bundesländern, neben den Stadtstaaten und Nordrhein-Westfalen auch Niedersachsen (1967) und Bayern (1969), entsprechende schulorganisatorische Änderungen durchgeführt worden waren.

problems, der Koordination von Bildungsangebot, individueller und gesellschaftlicher Nachfrage zugemessen wird. Wurde die Verteilung auf Schullaufbahnen und die damit verbundene Zuweisung in soziale Positionen im vertikal gegliederten Schulsystem durch soziale Ordnungsvorstellungen oder Begabungstypologien gerechtfertigt, so werden nun die Verteilungsprobleme über die Förderung individueller Lerninteressen und Leistungsschwerpunkte durch ein entsprechend differenziertes Lehrangebot für lösbar erklärt. Es ist der Begabungsbegriff, auf den sich die gewünschte Disponibilität des Bildungssystems stützt. Wenn auch der Strukturplan nicht darauf angelegt sein könne, "einen vollen Ausgleich von persönlichem und gesellschaftlichem Anspruch herbeizuführen", ziele er doch darauf, "den möglichen Konflikt offenzulegen und ihn durch eine Anpassung des Bildungsangebotes an veränderte Verhältnisse in angemessenen Grenzen zu halten" (Deutscher Bildungsrat 1970, S. 32).

Die veränderte Auffassung von Schulwissen in diesem System, abgehoben von den Entgegensetzungen "volkstümlicher" und "wissenschaftlicher", "allgemeiner" und "beruflicher" Bildung, ist zusammengefaßt in den Formeln "wissenschaftsbestimmtes Lernen", "Lernen des Lernens", "schwerpunktbestimmte Allgemeinbildung" und "soziales Lernen". "Wissenschaftsorientierung der Bildung bedeutet, daß die Bildungsgegenstände, gleich ob sie dem Bereich der Natur, der Technik, der Sprache, der Politik, der Religion, der Kunst oder der Wirtschaft angehören, in ihrer Bedingtheit und Bestimmtheit durch die Wissenschaft erkannt und entsprechend vermittelt werden." (ebd. S. 33). Diese Orientierung gilt für den Unterricht auf allen Altersstufen. Es soll nicht lediglich ein Besitzstand an Kenntnissen und Fertigkeiten vermittelt werden, sondern die Art und Weise, die es ermöglicht, "das Gelernte weiterzuentwickeln, Veränderungen zu beurteilen und aufzugreifen und selbständig weiterzulernen" und auf diese Weise den "Prozeß des lebenslangen Lernens" zu begründen. Wegen der schnell anwachsenden Wissensbestände und der angestrebten Individualisierung der Lernprozesse wird eine umfassende inhaltliche Bestimmung von Allgemeinbildung für unmöglich gehalten. Ziel der Arbeit im Sekundarbereich ist vielmehr eine "schwerpunktbestimmte" Allgemeinbildung, erworben in einem Kernbereich obligatorischer Fächer und in Schwerpunktfächern. Die Schwerpunktbildung zielt nicht auf Spezialisierung, sondern – formalen Bildungsvorstellungen folgend – auf allgemeine Fähigkeiten "wie die zu methodischer Analyse und Argumentation, zu kritischer Beurteilung und begründeter Entscheidung", die auf verschiedenen inhaltlichen Gebieten erworben werden können (ebd. S. 34).

Für die Sekundarstufe I, deren Organisationsprobleme ausgespart bleiben, wird eine gemeinsame Revision der Lehrpläne der Hauptschule, der Realschule und des Gymnasiums im Hinblick auf den neu konzipierten Abschluß des Abiturs I angestrebt. Um eine "anspruchsvolle Grundbildung" zu sichern und die zwischenschulische Durchlässigkeit zu erhöhen, wird ein für alle Schulen verbindlicher Bereich von Pflichtfächern vorgeschlagen, der nach den Bezeichnungen des traditionellen Fächerkanons Sprache, Mathematik, Naturwissenschaften, Politik, Musik, bildende Kunst und Literatur, Leibesübungen, Religion und Arbeitslehre umfaßt (ebd. S. 154). Zur Lehrplanreform wird angeregt eine Aufgliederung des Faches Deutsch in "Muttersprache" und "Literatur", eine Integration der naturwissenschaftlichen Unterrichtsfächer und der Fächer Geschichte, Sozialkunde und Erdkunde und eine Hinführung aller Schüler der Sekundarstufe I zur Arbeits- und Berufswelt. Der Pflichtlernbereich soll durch einen Wahllernbereich aufgelockert und ergänzt werden, der in den Klassen 9 und 10 ein Viertel der Unterrichtszeit einnimmt.

Während die traditionellen Lehrpläne die Schüler einer Schulart in ihrem Lernprogramm weitgehend festlegten, sollen nun verschiedene Lernprogramme gemäß der Schwerpunktbildung der Lernenden innerhalb eines gemeinsamen Bezugsrahmens möglich sein. Der Lehrplan bestimmt das curriculare Gesamtprogramm einer Schulart, in den Curricula werden Lernziele und -inhalte adressatenspezifisch differenziert und in Lernsequenzen mit entsprechenden Methoden, Materialien und Unterrichtstechnologien zerlegt.

Mit dem Curriculumbegriff, der "die organisierte Anordnung auch inhaltlich bestimmter Lernvorgänge im Hinblick auf bestimmte Lernziele" meint, verbinden sich grundlegend veränderte Einschätzungen von Schulwissen und schulischen Bildungsmöglichkeiten im Anschluß an die Diskussion in den USA. Die inhaltliche Dimension von Schulwissen bleibt unbestimmt, differenziert beschrieben werden Formen der Wissensaneignung:

"Welche Lernbereiche auch immer die Gesellschaft festlegen mag, alles, was gelernt werden kann, hat entweder die Form des Wissens von Inhalten, die von Einzelfakten über Begriffe, Prinzipien und Regeln bis zu Theorien reichen können, oder die Form von Fertigkeiten und Fähigkeiten (Leistungs- und Verfahrensformen), die sich entweder auf Verfahren beziehen, die zur Lösung von Aufgaben innerhalb bestimmter Sachbereiche gehören (z.B. eine chemische Analyse durchzuführen) oder die sich auf Fertigkeiten und Fähigkeiten beziehen, die unabhängig von bestimmten Sachbereichen dem Menschen zur Bewältigung verschiedenartiger Aufgaben zur Verfügung stehen (z.B. Informationen reproduzieren, lesen, logisch denken können)." (ebd. S. 84).

Eine zusätzliche Differenzierung der Lernzielfestlegungen ergibt sich aus der Überlegung, daß Wissen und Fähigkeiten nur dann voll angeeignet werden, "wenn der Lernende auch die Wertschätzung des Gelernten und die Einstellung zu seinem sozialen und sittlichen Gebrauch lernt" (ebd.). Dementsprechend sollen Lernziele sich auch auf "Motive und Interessen erstrecken, die das zu Erlernende und Erlernte wertschätzen lassen, und auf die Einstellungen, die seinen rechten Gebrauch sichern" (Ebd. S. 85).

Für die Lernzielplanung im kognitiven Bereich wird ein Stufenmodell (Taxonomie) vorgestellt, das verschiedene Weisen erfassen soll, in denen Gelerntes "in den Besitz und die Verfügbarkeit des Lernenden" übergehen kann:

Stufe	Lernziele
1	Aneignung von Einzelwissen
2	"selbständige Reorganisation des Gelernten" "eigene Verarbeitung und Anordnung des Stoffes"
3	Transferleistungen
4	"Neuleistungen" Förderung von problemlösendem Denken und entdeckendem Denkverhalten" (ebd. S. 78ff)

Mit dieser Lerntaxonomie und der weiterreichenden Forderung, die Lernziele möglichst operational zu formulieren, wird eine technische Verfügbarkeit über den Lernprozeß unterstellt, die trotz der Versicherung, in allen Altersstufen sei auf allen Ebenen der Lernzielhierarchie zu lernen, auch beliebige Beschränkungen auf untere Ebenen machbar erscheinen läßt. Da zugleich die Gesamtaufgabe der Curriculumreform sehr weit gefaßt wird, für eine "neue Entwicklungsphase der Gesellschaft, für einen veränderten humanen, intellektuellen und zivilisatorischen Anspruch auszurüsten" (ebd. S. 60) und ein Bezugsrahmen angenommen wird, "von den Berufsfeldern über die verschiedenen Stufen wissenschaftlicher Orientierung bis zu jenen Lebensbereichen, die durch Wohnen, familiäres Zusammenleben, Umgang mit Menschen, politische Tätigkeit, Religion, Kunst, Sport, Unterhalten und anderes umschrieben werden können" (ebd.), erscheint zugleich mit der Möglichkeit optimaler individueller Förderung die Möglichkeit totaler Manipulation, zumindest aber problemloser Anpassung an beliebige gesellschaftliche Veränderungen.

Lernziele sind "Haltungen, Entscheidungen, Fähigkeiten", die nicht an bestimmte Erfahrungszusammenhänge gebunden, sondern möglichst vielseitig einsetzbar sein sollen, die deshalb auch an austauschbaren Inhalten ausbildbar erscheinen, die einzig durch die Formel der Wissenschaftsorientierung zusammengehalten werden. "Wissenschaftsbestimmtes Lernen" ist die Konsensformel einer angemessenen bildungspolitischen Reaktion auf die gesellschaftlichen Entwicklungen. Auf sie sind im Strukturplan alle Reformmaßnahmen bezogen, der Abbau von sozialen Bildungsbeschränkungen ebenso wie die Aufhebung des Gegensatzes von Berufs- und Allgemeinbildung. Auch der Lehrplanungsprozeß selbst, dessen Legitimationsprobleme u.a. in der Pluralität der Wertvorstellungen über Lernziele, in lückenhaften Forschungsergebnissen zu Transferbedingungen und -möglichkeiten und in unzureichenden Begründungen der Zusammensetzung eines Pflichtfächerkanons gesehen werden, soll in einem wissenschaftlich angeleiteten Verfahren konsensfähig gemacht werden. "Experten der Praxis in Schule und außerschulischer Ausbildung, Experten der Fachdisziplinen und Sachgebiete sowie Experten, welche die Probleme der Lernprozesse unter übergreifenden anthropologischen, soziologischen, ökonomischen, historischen und ethischen Aspekten bearbeiten", sollten Empfehlungen an politische Entscheidungsinstanzen erarbeiten.

Was Wissenschaft bedeutet, wird als geklärt vorausgesetzt. Im Kontext des Strukturplans erscheint Wissenschaft allerdings einseitig am Modell der Naturwissenschaften und ihrer technischen Verwertbarkeit orientiert, auch und gerade wo es um Bildung und Lernen geht. Für die Planung der Lernprozesse wird technische Optimierung in Aussicht gestellt, die Lerngegenstände werden relativiert, unterliegen dem Prozeß der ständigen Erneuerung des Wissens, sind mehr oder weniger gut geeignet zur Ausbildung gesellschaftlich erwünschter Haltungen und Fähigkeiten. Die wissenschaftlich fundierte Optimierung von Lernprozessen, Voraussetzung effektiver individueller Lernförderung und damit des Abbaus von ungleichen Bildungsmöglichkeiten, erscheint richtungslos, Heydorn faßt zusammen: "... die Reform nimmt das alte Befreiungsthema der Bildung auf, um es unerkennbar zu machen" (H.J. Heydorn 1980, S. 149).

Die im Strukturplan ausgearbeiteten und begründeten Reformvorstellungen wurden im "Bildungsbericht 70" des Bundesministers für Bildung und Wissenschaft weitgehend zum Programm. Dort heißt es: "Gesellschaftspolitisches Ziel aller Bildungsreformen ist die Verwirklichung des Rechts auf Bildung: Nicht privilegierende Auslese, sondern Chancengleichheit durch individuelle Begabungsförderung ist ihr wichtigster Grundsatz, nicht Nivellierung, sondern Differenzierung der Bildungsziele und qualitative Verbesserung sind ihr notwendiger Maßstab." (Bildungsbericht 70, S. 17). Im Gegensatz zur bildungspolitischen Entwicklung der 60er Jahre, die als "Expansion ohne Reform" bezeichnet wird (ebd. S. 20), sind nun inhaltliche Ziele leitend, die auf Sicherung des Rechts auf Bildung, freie Wahl von Ausbildung und Beruf, Förderung von Mobilität und Flexibilität und Demokratisierung des Bildungswesens gerichtet sind. Für die Sekundarstufe I werden daraus die Forderungen nach einer wissenschaftsorientierten Grundbildung mit einem gemeinsamen Lernbereich für alle Schüler abgeleitet, nach Einrichtung einer Orientierungsstufe, Ausbau der Differenzierungs- und Wahlmöglichkeiten im Lehrangebot ab Klasse 6 und Vereinheitlichung der Abschlüsse. Lehrplan- und Curriculumreform solle sich besser als bisher an den gesellschaftlichen Entwicklungen und den Anforderungen einer demokratischen Gesellschaftsordnung orientieren (ebd. S. 134).

Dem bildungspolitischen Reformprogramm folgte sehr schnell seine Unterordnung unter finanz- und konjunkturpolitische Vorgaben im Bildungsgesamtplan der Bund-Länder-Kommission für Bildungsplanung (vgl. P. Koch, H.G. Prodoehl 1979, S. 16ff). Die Gedanken der Förderung und des Abbaus individueller Benachteiligungen im Bildungssystem, die den Strukturplan wie auch den Bildungsbericht 70 bestimmten, schrumpfen im Bildungsgesamtplan zu einem Punkt der Einleitung, dessen Umsetzung offen bleibt. Dafür tritt die Ausrichtung des Bildungswesens am Ausbildungsbedarf stärker hervor. Dem Bildungssystem wird offiziell als zentrale Aufgabe zugeschrieben, was es, z.T. durch liberalistische, sozialständische oder begabungstypologische Rechtfertigungen verbrämt, immer leisten mußte, nämlich die Koordinierung von Bildungsnachfrage und -bedarf. Der Bildungsgesamtplan sieht Schwierigkeiten voraus, "wenn die Bereitstellung adäquater Arbeitsplätze nicht parallel mit der Vergrößerung des Angebots an höher qualifizierten Arbeitskräften erfolgt. Eine Lösung dieser Schwierigkeiten hängt auch von der Bereitschaft von Wirtschaft und Verwaltung ab, das Angebot an Arbeitsplätzen dem steigenden Qualitätsniveau der Erwerbstätigen laufend anzupassen. Dennoch muß auch die Bildungsplanung versuchen, unter der ständigen Verarbeitung von Erfahrungen das Bildungsangebot mit der strukturellen Entwicklung des Arbeitsmarktes in Einklang zu halten." (Bund-Länder-Kommission für Bildungsplanung 1973, S. 119f). Inhaltlich curriculare Fragen des Bildungswesens verschwinden, kaum in ihrer Bedeutung für eine Gesamtreform erkannt, bereits wieder hinter quantitativen und strukturellen Überlegungen.

2.3.2. Die Lehrpläne für die Hauptschule in NRW 1973

Waren die Fragen der Bildungsorganisation und -gestaltung kurzzeitig auch auf Bundesebene zu einem innenpolitischen Zentralthema geworden, das die Erwartungen auf eine gesellschaftliche Neuorientierung, wie sie die Studentenbewegung zum Ausdruck brachte, am leichtesten aufnehmen konnte, so mußte die bildungspolitische Umsetzung in den durch gesamtstaatliche Empfehlungen nur lose gebundenen Ländern erfolgen. Hier mußte sich zeigen, wie Richtlinien und Curricula wissenschaftlich angeleitet und demokratisch kontrolliert entwickelt werden können und was die Forderungen nach individueller Förderung und wissenschaftlicher Grundbildung für alle für die Lehrplanung bedeuten.

Die nordrhein-westfälischen Richtlinien für die Hauptschule von 1968 wurden nach einer fünfjährigen Erprobungszeit 1973 von einer Kommission unter der Leitung von I. Lichtenstein-Rother überarbeitet und 1975 für alle Schulen des Landes verbindlich. Die revidierte Fassung der Richtlinien für die Hauptschule in NRW ist gebunden an die Zielsetzungen des Strukturplanes, an die Vereinbarungen der Kultusministerkonferenz zur Vereinheitlichung der Stundentafeln und die im Nordrhein-Westfalen-Programm 75 aufgestellte Forderung nach Kooperation aller Schulformen des Sekundarbereiches I. Zu einem offen diskutierten Problem wird nun, welche pädagogische und gesellschaftliche Funktion die Hauptschule überhaupt haben könne angesichts der verstärkten Bemühungen um "Realisierung von Chancengleichheit und die Überwindung der ständischen Orientierung des Schulsystems zugunsten eines in Stufen konzipierten Schulaufbaus" (Richtlinien NRW 1973, S. 2).

Die Öffnung und Angleichung der Ausbildungsgänge der Sekundarstufe I führt bei der weiterbestehenden vertikalen Organisation zu einer rückläufigen Entwicklung des relativen Schulbesuchs der Hauptschulen und zugleich zu einer Konzentration der Unterrichtsarbeit in der Hauptschule auf die Förderung der "Begabungsreserven", die die Schule verlassen sollen. Vor allem für diese Schüler sind in der dreigliedrigen Organisation der Sekundarschulen Maßnahmen wie die Vereinheitlichung der Stundentafeln, die Zusammenarbeit der Schulformen und die vorgeschlagenen Maßnahmen der Leistungsdifferenzierung wichtig. Demgegenüber betont der Kultusminister, daß es sich bei den an der Hauptschule verbleibenden Schülern keineswegs "um eine durch das Ziel der Hauptschule überforderte 'Rest-Gruppe'" handele, und er warnt vor einer "defizitären" Einschätzung dieser Schüler, indem ihnen "geringerer Lernerfolg, schwache Lern- und Leistungsmotivation, niedrige Abstraktions- und Systematisierungsleistungen, allgemeine

Verhaltensunsicherheit, sowie eine unterentwickelte Fähigkeit zu rationaler Entscheidung im Bezug auf Normen und Kriterien" zugeschrieben würde (ebd.).

2.3.2.1. Umfang und Formen der Aneignung von Schulwissen

Neben der Ausrichtung auf bundesweite und landespolitische Zielplanungen für das Bildungswesen gab es weitere konkrete Anlässe für eine erneute Revision der nordrhein-westfälischen Hauptschulpläne mit Wirkungen auf Umfang und Art des konzipierten Schulwissens. Die neue auf Vereinbarungen der Kultusministerkonferenz bezogene Stundentafel für die Sekundarstufe I (Rd. Erl. d. Kultusminister v. 23.3.1973 – II B 3.36-21/0-152/73) brachte für die nordrhein-westfälischen Schulen eine weitgehende Annäherung der Stundenanteile der aufgeführten neun Lernbereiche des Pflichtunterrichts. In den Klassen 5 und 6, der Erprobungsstufe, ist die Angleichung der Schularten nahezu durchgeführt. Hauptschüler erhalten eine Stunde mehr Deutschunterricht und eine Stunde weniger Unterricht im Bereich Musik/Kunst/Werken/Textilgestalten als andere Schüler der Erprobungsstufe; der zweistündige Arbeitslehreunterricht, den die Richtlinien von 1968 für diese Stufe vorsahen, entfällt. Der wesentliche Unterschied zwischen Hauptschule und Gymnasium besteht nach wie vor in der verpflichtenden zweiten Fremdsprache für Gymnasialschüler und dem dreistündigen Arbeitslehreunterricht für Hauptschüler ab Klasse 7.

Einfluß auf die Festlegung der fachlichen Ziele, des Umfangs der Inhalte und der Differenzierungsformen hatten in der revidierten Fassung der Richtlinien von 1973 die Untersuchungsergebnisse der "Forschungsgruppe Hauptschule". Die Arbeit der Forschungsgruppe war zum Jahresende 1971 eingestellt worden, die wissenschaftliche Begleitung der eingeleiteten Reformen damit abgebrochen. Die Untersuchungsergebnisse wurden 1972 veröffentlicht ("Zur Situation der Hauptschule in Nordrhein-Westfalen"), erst im Mai 1973 wurde die Auslieferung der Bände vom Ministerium genehmigt. P. Kraft stellt zu Recht fest, daß die curricularen Veränderungen, die sich auf die Ergebnisse der Begleitforschung beziehen, weder auf informierte Lehrer noch auf eine informierte pädagogisch interessierte Öffentlichkeit treffen konnten (P. Kraft 1975, S. 99ff). Nach den Lehrerbefragungen hatte die Mehrzahl der Fachlehrer gegenüber der Neuorientierung der Zielsetzungen in ihren Fächern keine grundsätzlichen Einwände. Das gilt

- für die stärkere Betonung der rationalen Dimension der Sprache im Deutschunterricht und den Bezug auf neuere linguistische und literaturwissenschaftliche Entwicklungen,

- die Mathematisierung des Rechenunterrichts,

- die erschließende Funktion von Physik/Chemie für empirisches Denken auf experimenteller Grundlage,

- die Betonung kultur- und sozialgeographischer Themen und räumlicher Zusammenhänge im Erdkundeunterricht,

- auch für die Umorientierung des Musikunterrichts vom Ziel der "musischen Erziehung" auf das der "musikalischen Bildung".

Selbst wenn, wie im Musikunterricht die Ziele kaum erreicht werden konnten, stimmte die Mehrheit der Lehrer ihnen zu und hielt sie für erreichbar. Problematisch erschienen in den untersuchten Fächern Stofffülle und Stoffauswahl. Die Richtlinien von 1968 enthalten Stoffverteilungspläne als Maximalpläne, die die Entscheidung über Unterrichtsthemen, ihre Anordnung, die leitenden Gesichtspunkte ihrer Behandlung den Lehrern überlassen. Viele der befragten Lehrer und die Mitglieder der Forschungsgruppe schlugen deshalb vor, Minimalpläne auszuarbeiten, die den "wesentlichen Kern des Richtlinienwerks" klar herausschälen, und diese Pläne hinsichtlich der Ziele, der Themenabfolgen, der Zeitverteilung, der methodischen Vorgehensweise zu präzisieren und sie als Pflichtpensum verbindlich zu machen. In der Richtlinienfassung von 1973 werden diese Empfehlungen berücksichtigt. Sie gibt verbindliche Minimal- oder Grundpläne vor, die allerdings nur drei Fünftel der in der Stundentafel vorgesehenen Unterrichtszeit in Anspruch nehmen sollen. Die verbleibende Zeit soll der Sicherung, Übertragung, Erweiterung und Anwendung des Gelernten gemäß den spezifischen Bedingungen der Lerngruppe dienen. Für die Grundpläne wird eine radikale Stoffebeschränkung behauptet, nicht um bestimmte Formen des Wissens, der Weltanschauung und des Umgangs intensiv zu festigen, sondern um Methoden und Funktionen des Lernens und des Gelernten im Lernvorgang bewußt machen zu können. Grundbildung soll nicht nur "Kenntnisse und Einsichten", sondern ebenso "instrumentelle Fertigkeiten, methodisches Können, Fähigkeiten zu situationsadäquater Übertragung des Gelernten, Bereitschaft zum Weiter- und Umlernen entwickeln" (Richtlinien NRW 1973, S. 4). Zu diesem Zweck sollen die Eigentätigkeit der Schüler intensiviert, das 'Lernen des Lernens' und Sozialformen des Lernens stärker beachtet werden.

Welche Veränderungen der Fachlehrpläne mit diesen Zielsetzungen, zusammengefaßt unter den Integrationsformeln "Lernzielorientierung", "Wissenschaftsorientierung" und "Orientierung an Lebenssituationen", verbunden sind, sei an einigen Beispielen erläutert. Das traditionelle Muster der Fachlehrpläne, das nun von "lernzielorientierten" Plänen abgelöst wird, dokumentiert bereits in seiner Anlage (allgemein gehaltene Aussagen zu Bildungsaufgaben, -inhalten und -formen, ergänzt durch klassenweise gegliederte Stoffpläne), daß es in der Schule um die Einführung in inhaltlich bestimmte Deutungs- und Wissenszusammenhänge und die Einübung inhaltlich bestimmter Verhaltensweisen gehen soll. Die Volksschulrichtlinien zielen auf einen Konsens über den "Geist volksschuleigener Bildungsarbeit", konkrete methodische Hinweise erscheinen weniger dringlich. Die lernzielorientierten Pläne, die einen solchen Konsens weder unterstellen noch erwarten, versuchen über spezifizierte, meist verhaltensbezogene Lernzielangaben den Umfang, vor allem aber die Qualität der Lernprozesse und damit des Schulwissens genauer zu bestimmen, wenn auch in den Hauptschulplänen vor einer "Programmierung der Lernprozesse" gewarnt wird. Wie unterschiedlich die Funktionen von Lernzielformulierungen im Hinblick auf die Bestimmung von Schulwissen gleichwohl sein können, läßt sich für Sprache und Naturwissenschaften zeigen.

Für den Deutschunterricht werden allgemeine verhaltensbezogene Lernziele aus einem Kommunikationsmodell abgeleitet und begründet, z.B. soll der Schüler lernen, "als Produzent

- seine Intentionen sprachlich zu verwirklichen

- die Hörer/Lesererwartung zu erkennen und einzuschätzen und

- die Wirkung sprachlicher Mittel zu erproben und einzuschätzen"
  usw. (ebd. D4).

Diese allgemeinen Ziele im Umgang mit Sprache werden für die Teilbereiche des Deutschunterrichts in immer noch inhaltsferner formaler Weise ausgelegt, z.B. für den Bereich

"mündliche Produktion von Äußerungen/Texten":

"– Der Schüler soll als Sprecher informieren (berichten, erklären, beschreiben) und als Hörer angemessen reagieren" (ebd. D/22).

Wie dieses sogenannte "Grundziel" im Unterricht der verschiedenen Klassen inhaltlich und methodisch erreicht werden kann, und in welcher Form der Lernerfolg zu prüfen ist, bleibt ausdrücklich der Entscheidung und pädagogischen Verantwortung der Fachkonferenzen an den Schulen überlassen, der Plan macht hierzu lediglich Vorschläge. Im Englischunterricht fehlen selbst solche Vorschläge. Die Deutschrichtlinien bestimmen also, welche formalen Einsichten, Fähigkeiten und Fertigkeiten der Lernende im Umgang mit Sprache ausbilden muß, um kommunikationsfähig zu werden. An welchen Inhalten diese Fähigkeiten ausgebildet werden, ist prinzipiell gleichgültig. Diese formale Auffassung des sprachlichen Bildungsprozesses gilt auch für den Teilbereich "Rezeption von Texten" (in den Richtlinien von 1955 "Weg zur Dichtung"). Die Lernziele sollen differenziert gefaßte formale Qualifikationen für Kommunikationsprozesse sichern, die ihre Rechtfertigung eher von dem Gesichtspunkt der Funktionalität als aus kulturellen Traditionen, Sprachnormen und Sprachkunstwerken beziehen.

Hingegen gliedern die Lernziele der Biologierichtlinien Fachthemen in ihre unterrichtlichen Elemente. Sie erscheinen hier, abgesehen von der allgemeinen Zielformulierung für das Fach, überwiegend als operationalisierte Feinlernziele, die die Arbeit von Lehrern und Schülern festlegen, ohne daß die Prinzipien der Festlegung deutlich gemacht und begründet würden. Für den Inhaltsbereich: "Nutzung und Erhaltung der Natur" ist in Klasse 5 das Thema "Wichtige Nahrungsquellen: Getreide, Kartoffeln, Reis" vorgeschrieben mit folgenden Zielsetzungen:

-"Getreide (Weizen, Roggen, Gerste, Hafer, Mais), Kartoffeln und Reis als wichtigste Nahrungsmittel von Mensch und Tier ansprechen.

- den Bau eines Getreidekorns und den Bau einer Kartoffel sachlich richtig beschreiben und die Bedeutung dieser Wirtschaftspflanzen für die Ernährung herausstellen;

- Die Getreidearten als Gräser erkennen".
  (ebd. BI/11).

Unterricht, der diesen Zielvorgaben folgt, steht in der Gefahr, den Prozeß der Konstituierung von Wissen gegenüber dem Bemühen um abrufbare Ergebnisse zu vernachlässigen. Methodische Anregungen enthalten diese Zielvorgaben kaum. Die Auflistung der Lern- und Lehrziele (die Formulierungen sind uneinheitlich) erscheint auch insofern für die Unterrichtsplanung wenig hilfreich, als sie lediglich mit übergeordneten Themen und Inhalten in Zusammenhang gebracht werden und damit eine Anhäufung von Wissenselementen befördern ohne fachspezifische Fragestellungen, Konzepte und Untersuchungsverfahren deutlich werden zu lassen, die diese Elemente strukturell verbinden.

Der Lehrplan Physik/Chemie ist vergleichbar aufgebaut. Themenbereiche werden ohne weitere Erläuterung auf die Jahrgänge verteilt, in Unterrichtsthemen gegliedert, die dann in verhaltensbezogene Lernziele zerlegt werden, die zugleich mit den angestrebten Lernschritten den Unterrichtsfortgang beschreiben. Die curriculare Erweiterung gegenüber dem Biologielehrplan besteht in den ausführlichen Hilfen und Hinweisen zum Unterricht, die jeweils angeben, auf welchem Weg die geforderte Einsicht, Fähigkeit oder Fertigkeit gewonnen werden soll.

Die einschränkende Bemerkung im Vorwort zu den Lehrplänen, daß "die Lernziele ... überwiegend als lernbereichsbezogene Ziele mittlerer Reichweite formuliert" seien, "um eine 'Programmierung' des Unterrichts als Folge einer zu genauen Fixierung aller Teilschritte zu vermeiden" gilt für den Physik/Chemie-Plan nicht.

Der Bezug zu eigener Erfahrung und individueller Anwendung, der nach den Vorbemerkungen durch die Pläne nicht verloren gehen sollte, bliebe bei der simplen Verfolgung der Lernzielangaben in diesem Plan weitgehend ausgeklammert. Eine Begründung der Lehrplanelemente, wie im Vorwort in Anspruch genommen, leisten die Lernzielangaben in den Plänen für die Naturwissenschaften nicht.

Neben der Wissenschaftsorientierung wird nach den Erfahrungen aus der Hauptschularbeit 1973 verstärkt wiederum die Notwendigkeit betont, die Hauptschüler zur "konkreten Lebensbewältigung" zu befähigen. Einerseits wird behauptet, "die Auswahl der Inhalte, die Gestaltung der Lernprozesse und das methodische Vorgehen sind wissenschaftsorientiert". Im Hinblick auf die Fachlehrgänge heißt es sogar, "sie führen in die für die einzelnen Disziplinen wesentlichen Inhalte, kennzeichnenden Fragestellungen und Methoden ein" (ebd. S. 5). Andererseits wird eingeräumt, daß die Orientierung an Lebenssituationen auch "Aufgabe und Inhaltskomplexe" der bisherigen Fächer verändert.

"Die Inhalte sind nicht primär als ein zu tradierender Kulturbesitz aufzufassen, sondern als Beispiele zum Erfassen von Strukturen, Prozessen, Bedingungen situationsangemessener Verhaltensweisen in einer von spezifischen Traditionen geprägten Umwelt zu verstehen. Fachliche Inhalte sind nicht schon durch ihren Stellenwert in der Fachsystematik, sondern erst durch ihre Bedeutung für die personale und gesellschaftliche Existenz als Lehrplanelemente gerechtfertigt." (ebd.).

Die zentrale didaktische Frage insbesondere für die Sekundarstufe I, auf der die Mehrzahl der Schüler ihre allgemeine Grundbildung abschließen, wie die Wissensentwicklung in den den Schulfächern korrespondierenden Disziplinen mit Erfahrungen gegenwärtiger und Anforderungen künftiger Lebenssituationen, mit entwicklungspsychologischen und lernpsychologischen Bedingungen der Lernenden – ein Problem, das in den Plänen von 1973 überhaupt nicht thematisiert wird – vermittelt werden kann, bleibt in diesen Aussagen ungelöst und wird dementsprechend in den Fachlehrplänen auch recht unterschiedlich beantwortet.

Der Biologielehrplan stellt sich im Bemühen, Wissen um biologische Tatbestände und Einsichten in biologische Zusammenhänge als für das Denken, Urteilen und Handeln der Schüler bedeutsam erscheinen zu lassen, unter vier pragmatischen Aspekten dar (Lebenserscheinungen, Zusammenleben und Beziehungen zwischen den Lebewesen, Nutzung und Erhaltung der Natur, Gesundheit und Sicherheit). Sie sind für jedes Schuljahr in zahlreiche Unterthemen und Lernziele aufgeschlüsselt, z.B. für Klasse 6:

1.1 Samenbau und Samenkeimung und Leistung der grünen Pflanzen,

1.2 Vom Leben der Insekten,

1.3 Anpassung von Pflanzen und Tieren an den Winter,

1.4 Leistungen der menschlichen Haut,

1.5 Vielfalt der Sinnesorgane,

1.6 Erscheinungen der Pubertät,

2.1 Leben im Teich (Ergänzung)

2.2 Staatenbildung und Verständigung bei Tieren,

3.1 Helfer und Schädlinge in Garten, Feld und Wald,

3.2 Bedeutung des Waldes,

3.3 Ausländische Nutzpflanzen und Nutztiere (Ergänzung)

4.1 Vergiftungen durch Pflanzen,

4.2 Heilpflanzen,

4.3 Hautpflege und Körperhygiene

Es bedarf hier intensiver Strukturierungsleistungen des Lehrers, von denen im Plan durch den Ausweis von Feinlernzielen eher abgelenkt wird, um die leitenden pragmatischen Aspekte und darüber hinaus auch noch leitende Konzepte biologischer Wissensproduktionen deutlich werden zu lassen. Das Spektrum der Themen entspricht sehr weitgehend dem in den Stoffplänen von 1962.

Dagegen hat sich der Physik/Chemie-Lehrplan von der Themengliederung nach Sachverhalten des täglichen Lebens gelöst, bei der offen blieb, in welcher Weise physikalische und chemische Erkenntnisse zur Erklärung herangezogen und ob und wie diese Erkenntnisse in Zusammenhang gebracht werden sollten. Die Lernzielgliederung der fachbezogenen Themen bezieht stellenweise Umwelterfahrungen der Schüler bei der Problemdefinition, der experimentellen Überprüfung und der Anwendung der Ergebnisse ein. Der generelle didaktische Hinweis, Ansatz für den Lernprozeß seien "Problemsituationen", reicht als Hilfe für die Vermittlung der didaktischen Leitprinzipien Wissenschafts- und Lebensorientierung nicht aus.

139

Die didaktischen Entwürfe der Sprachfächer und des Kunstunterrichts sind eng an Kommunikations- und zeichentheoretischen Modellen orientiert. Damit bekommt für Deutsch und Englisch der "situationsbezogene Gebrauch" der Sprache und der "Aufbau kommunikativer Kompetenz von der je individuellen Ausgangssituation her" Vorrang vor der Einübung in Normen von Rechtschreibung oder bestimmter Darstellungsformen. Das Bemühen, Sprachgefühl zu vermitteln, wird abgelöst von der Absicht, eine rationale Wahl von Sprachmitteln anzuleiten. Auch für die Literaturbetrachtung gewinnen funktionale Gesichtspunkte an Bedeutung vor literaturhistorischer Analyse, ästhetischer Bewertung oder Ausdeutungen zur Lebenshilfe. Es dokumentiert nicht nur den Willen zur Stoffbeschränkung, sondern diese mit dem Kommunikationsmodell akzentuierte kritische Haltung gegenüber kulturellen Normierungen, daß in den Deutschplänen auf jegliche Lektüreempfehlung verzichtet wird.

Die gleiche Tendenz zu rationaler hier zeichentheoretisch ausgerichteter Analyse zeigt sich im Fach Kunst/Design. Zwar werden Struktur und Methoden der Bezugswissenschaften (Kunsttheorie, Designtheorie, Kunst- und Designgeschichte, Kommunikationstheorie) ausdrücklich nicht als konstitutiv für den Unterricht angesehen, doch liefern Begriffe und Methoden der Semiotik die Instrumente zur Reflexion und Kommunikation über ästhetische Gegenstände und Probleme. Inwieweit der Semiotiklehrgang in verschiedenen Klassen den Sachbereich tatsächlich repräsentiert, ästhetische Wirklichkeit erschließt, Motivation auslöst, exemplarische Lernprozesse ermöglicht und sozialkulturell relevant ist, wie es für Auswahl und Aufbau von Lehrgängen gefordert wird, müßte im Plan diskutiert und in der Schulpraxis überprüft werden.

Die didaktische Zentralfrage der Vermittlung von Wissenschaftsorientierung und Erfahrungsbezug erfährt hier, wie auch in den Fächern Gesellschaftslehre und Arbeitslehre eine besondere Lösung in der Kombination von Lehrgängen und Projekten. "Während der Lehrgang die Aufgabe hat, Grundlagen zu schaffen, Kontinuität und Systematik von Sache und Unterricht zu gewährleisten, dient das Projekt dem Zweck, von konkreten Fakten und Ereignissen in der Umwelt des Schülers ausgehend an den gegebenen ästhetischen Sachverhalten reflektiert planvolles und zielorientiertes Handeln zu erproben, zu erlernen und zu üben." (Ebd. KU/3). Es kennzeichnet auch hier die kritische Distanz gegenüber Normierungen durch kulturelle Traditionen und ästhetische Bewertung, daß in den Projektvorschlägen vorwiegend Objekte des Design und der Trivialkunst berücksichtigt werden. In Projekten geht es nicht mehr in erster Linie um "die Entfaltung der keimhaft angelegten bildnerischen Gestaltungskräfte" (Richtlinien und Stoffpläne NRW 1963, S. 38), sondern darum, "kreative Operationen zu trainieren und sie in ihrem spezifischen Zusammenhang und ihren Funktionen bewußt zu machen" (Richtlinien NRW 1973, KU/4).

Die differenzierteste Verknüpfung fachwissenschaftlicher Konzepte mit den Umwelterfahrungen der Lernenden erfolgt im Bereich Gesellschaftslehre. Auch im Fach Geschichte/Politik baut sich der Unterricht aus Kursen auf, die fachspezifische Einsichten, Kategorien und Methoden vermitteln sollen, und aus Projekten, die erfahren lassen, "daß die komplexe Lebenswirklichkeit stets nur durch ein Bündel von Fachaspekten erfaßt wird" und die Gelegenheit geben, "ein offenes Verhaltensrepertoir bezüglich Partizipation an Entscheidungsprozessen einzuüben" (ebd. GP/4). Die für die Lehrgänge ausgewählten Arbeitsschwerpunkte sollen "epochal, entstehungs- und gattungsgeschichtlich" repräsentativ sein. Beispielsweise ist die Jungsteinzeit Arbeitsschwerpunkt, "weil in ihr diejenigen grundlegenden agrarisch-hierarchisch bestimmten Verhältnisse entstehen, die erst durch die industriell-demokratische Revolution der Moderne prinzipiell umgestaltet werden" (ebd.). Jedem Schwerpunktthema sind Hinweise auf aktuelle politische Bezüge beigefügt mit dem Ziel, in punktuellen Vergleichen historischer mit modernen Verhältnissen Gegenwart und Vergangenheit wechselseitig zu erhellen. Zum Thema Jungsteinzeit werden Bezüge zur modernen bäuerlichen Lebensweise vorgeschlagen, doch sollen besonders Vorstellungen und Assoziationen der Schüler berücksichtigt werden. Als Fallstudie in Absprache mit Nachbardisziplinen wird ein Vergleich der modernen bäuerlichen Lebenswelt in einer stadtnahen und einer stadtfernen ländlichen Gemeinde der Bundesrepublik vorgeschlagen. So schwierig und für die Ausbildung historischen Verständnisses problematisch die Beziehung historischer Sachverhalte zu oder ihre Konfrontation mit aktuellen gesellschaftspolitischen Sachverhalten im einzelnen sein mag, auf diese Weise läßt sich eher der historische Charakter aktueller Zusammenhänge erfassen als über eine vorwiegend als Rechts- und Institutionenkunde ausgelegte politische Bildung (vgl. Richtlinien und Stoffpläne NRW 1963, S. 49f).

Die veränderte Auffassung über den Umgang des Lernenden mit fachspezifischem Wissen belegt die verpflichtende Einführung von Fallstudien und Projekten, in denen der Schüler aktiv unter Nutzung seiner bereits erworbenen Kenntnisse neues Wissen erwirbt und Neigungen oder Interessen zu verfolgen versucht, also sowohl handlungsorientierende wie problemlösende Wissenszusammenhänge herstellt. Demgegenüber sollten nach den Richtlinien von 1955 Arbeits- und Erkundungsaufgaben "das Verbundensein mit den übergreifenden Ordnungen" erfahrbar machen und "gemeinschaftsverbundenes Verhalten" fördern, also eine Einführung in bestehende Ordnungs- und Deutungszusammenhänge leisten.

2.3.2.2.   Zusammenhang des Lehrangebotes

Daß die verstärkte fachsystematische Ausrichtung der Hauptschulrichtlinien bewußte Anstrengungen zur Verknüpfung der Wissensbereiche nötig macht, war bereits in der ersten Phase der Lehrplanentwicklung deutlich, wie die Synopse über Beiträge verschiedener Fächer zu bestimmten Themenbereichen auf den jeweiligen Klassenstufen in den Richtlinien von 1968 zeigt. In den Plänen von 1973 wird der Zusammenhang von Wissen funktional zur Bewältigung von Problemen des Alltags neu gefaßt. Es werden vier Lernbereiche gebildet (Gesellschaftslehre, Kunst/Musik/Textilgestalten, Naturwissenschaften, Technik/Wirtschaft (Arbeitslehre)), in denen mehr oder weniger ausgeprägt eine Koordination des Angebots der selbständigen Fächer angestrebt wird. Während für den naturwissenschaftlichen und den künstlerischen Bereich Koordinationsgesichtspunkte nicht formuliert werden, sollen in der Gesellschaftslehre im 5. und 6. Schuljahr die Fächer Geographie, Geschichte, Politik, Haushaltslehre und Wirtschaftslehre kooperierend Themen unter jeweiligen Fachaspekten behandeln, ohne daß allerdings in Fachplänen die Kooperationsmöglichkeiten deutlich genug bezeichnet werden. In den höheren Klassen bereiten dann die Fächer in Form von thematischen Lehrgängen die fachlichen Grundlagen und methodischen Erfahrungen vor, die bei fächerübergreifenden Projekten, Rahmenthemen, Fallstudien und Wirklichkeitserkundungen eingesetzt werden sollen. Als Beispiel für ein fächerübergreifendes Rahmenthema der Gesellschaftslehre wird für die Klassen 5/6 "Die Stadt" genannt. Ziel ist es, "dem Schüler die Stadt, die der Lebensbereich von über 70% unserer Bevölkerung ist, in ihren wesentlichen geschichtlich-politischen, geographischen und wirtschaftlichen Strukturen deutlich zu machen". "Dabei kommt es darauf an, daß den Schülern die Interdependenz der einzelnen Fächer und ihr Aspektcharakter deutlich werden". (Richtlinien NRW 1973, GP/1).

Auch für den Lernbereich Arbeitslehre werden Rahmenthemen vorgeschlagen, die Aspekte der Fächer Haushaltslehre, Wirtschaftslehre und Technik integrieren und "über die fachspezifischen Fragestellungen hinausgehend in einem nicht verplanten Freiraum gegen Ende des Schuljahres beim Schüler ein umfassenderes Verständnis der komplexen gesellschaftlichen Wirklichkeit" anbahnen. "An konkreten Beispielen sollen Einsichten in Verflechtungen und Abhängigkeiten technischer, wirtschaftlicher, politischer und sozialer Handlungen und Entscheidungen gewonnen und Vorstellungen von ihren Auswirkungen auf den einzelnen, die Familie, den Haushalt, die Wirtschafts- und Arbeitswelt und die Gesellschaft entwickelt werden." (ebd. AL-Proj./3).

Die Entwicklung ist folgerichtig. Die Volksschulrichtlinien der 50er Jahre bewegten sich im Rahmen bestimmter sozialkulturell geprägter Sinndeutungen des Schulwissens, für die die aktuellen und künftigen Erfahrungen der Lernenden als bestimmend unterstellt wurden und die vom Lehrer durch die selektive Behandlung von Erfahrungszusammenhängen zwar aufgeklärt aber auch in gewünschter Weise verstärkt wurden. Systematisches Regel- oder Erklärungswissen erschien nur insofern bedeutsam, als es für das Verständnis ausgewählter Sinnzusammenhänge und für eine bessere Bewältigung praktischer Probleme für nötig erachtet wurde. Wenn nun die Fachlehrgänge erklärtermaßen in für die einzelnen Disziplinen wichtige Inhalte, Fragestellungen und Methoden einführen sollen, Wissen also von spezifischen Deutungs- und Anwendungskontexten des alltäglichen Lebens losgelöst konstituieren, müssen im schulischen Rahmen spezielle Vorkehrungen getroffen werden, um die Bedeutung des Wissens für die "Bewältigung von Lebenssituationen" erfahrbar zu machen. Projekte sollen dabei eine doppelte Aufgabe erfüllen: sie fordern eine fächerübergreifende Anwendung von Wissen auf Probleme und stiften so anwendungsbezogene Wissenszusammenhänge, sie fordern Reflexion der Ziele und Planung der Bearbeitungsschritte und stiften so handlungsorientierte Wissenszusammenhänge.

2.3.2.3.   Legitimation des Lehrangebots

Die Kommissionsarbeit wurde auch bei der Revision der Lehrpläne fort-
gesetzt. Eine Namensliste der Beteiligten ist der Fassung von 1973 beigefügt.
Inhaltlich haben sich die Argumente für eine Revision der Hauptschulpläne verschoben. Die Gesichtspunkte der individuellen Begabungsförderung und des Abbaus sozial gebundener Bildungsbenachteiligungen, die 1968 die Differenzierungsmaßnahmen und die generelle
wissenschaftsorientierte Anhebung der Bildungsziele stützten, treten
nun weitgehend zurück. Sie sind bereits bildungspolitisch akzeptiert
und bestimmen den Strukturplan des Bildungswesens ebenso wie die
Bildungsvorstellungen im Nordrhein-Westfalen-Programm 75. Angesichts
der weitgehenden Angleichung der Stundentafeln der Schularten der
Sekundarstufe I ergibt sich aufgrund der Vereinbarungen der Kultusministerkonferenz bildungspolitisch die Notwendigkeit, die spezifische
didaktische Leistungsfähigkeit der Hauptschule herauszustellen. Die
Ergebnisse der Begleituntersuchungen führen pädagogisch zu vergleichbaren Forderungen: eine Benachteiligung der an der Hauptschule verbleibenden Schüler auf Kosten der Förderung und Selektion der Leistungsfähigeren soll vermieden werden. Die Öffnung des Schulsystems
unter der bildungspolitischen und pädagogischen Forderung nach Abbau sozialer Bildungsbeschränkungen offenbart die pädagogische Be-
lastung, die die Selektionsaufgaben für Schule und insbesondere für
die Schule der Leistungsschwächeren bedeuten.

Zur Begründung einer spezifischen didaktisch-methodischen Aufgabe
der Hauptschule werden nun wieder, in gewisser Analogie .zu den Begabungstypologien, die die Dreigliederung in den 50er Jahren stützen,
besondere Lerndispositionen beim Hauptschüler unterstellt, nämlich
"Offenheit ... für den konkret gegebenen Lebensraum, für das Praktische und Lebensbedeutsame". "Denkerziehung, Anhebung des intellektuellen Niveaus, Steigerung der Kritikfähigkeit und der Rationalität
hängen davon ab, daß Ausgang und Motivation für solche Anstrengungen in konkret anschaulichen Bezügen liegen und handlungsorien-
tiertes Denken berücksichtigen. Damit wird das Praktische und Lebensbedeutsame zum kognitiven Element der Problembewältigung, und es
eröffnet sich ein Zugang zur wissenschaftlich-theoretischen Orientierung." (Richtlinien NRW 1973, S. 2). Wenn im gleichen Zusammenhang
"Lebens- und Wissenschaftspropädeutik" als Aufgabe aller Schulstufen
bezeichnet wird, verliert der Bezug zum Lebenspraktischen als Diffe-
renzierungsgesichtspunkt allerdings an Überzeugungskraft.

Die beiden didaktischen Integrationsformeln Wissenschaftsorientierung
und Lebensorientierung bleiben für sich genommen wie in ihrer Vermittlung zu unbestimmt, als daß sie die didaktische Aufbereitung der
Fachlehrpläne anleiten könnten. Wie bereits gezeigt, kommen die Fachlehrpläne zu recht unterschiedlichen Auslegungen. Daß das kontextgebundene Wissen volkstümlicher Bildung nicht in Widerspruch stehen
kann zu Ergebnissen wissenschaftlicher Forschung, war auch für die
Volksschularbeit selbstverständlich. Das neue und in den Hauptschulrichtlinien sehr unterschiedlich berücksichtigte Problem ist, wie ausgehend von konkret anschaulichen, kontextgebundenen Bezügen Fähigkeiten zu situationsadäquater Übertragung des Gelernten oder das

kontextfreiere "Lernen des Lernens" gefördert werden kann. In den Vorbemerkungen zu den Richtlinien wird eingeräumt, daß "Erkenntnisse und Erfahrungen der für solche Lernprozesse nötigen Motivation und besonderen methodischen Führung des Hauptschülers ... bisher nur punktuell und ansatzweise verfügbar" sind (ebd. S. 5).

Die in den Fachlehrplänen aus der didaktischen Diskussion übernommene Form der verhaltensbezogenen Lernzielformulierungen spitzt die Legitimationsprobleme eher zu als sie zu lösen. Der tatsächliche oder angenommene Konsens über die Aufgaben der Schularbeit erlaubte in den Volksschulrichtlinien eine Beschränkung auf die generelle Beschreibung von Aufgaben und Methoden bei konkreteren Angaben über die zu behandelnden Themen und Inhalte.

Mit den Lernzielformulierungen wird eine weitreichende Verfügbarkeit über Lernprozesse und eine kontrollierbare Qualität des Schulwissens behauptet, die allenfalls davon ablenken, daß ein Konsens selbst über sehr allgemeine Zielformulierungen trotz ihres Bezuges auf Grundgesetz und Wissenschaft, wie Diskussionen über Lehrpläne in der Öffentlichkeit zeigen, kaum unterstellt werden kann.

2.3.3. Der Code "wissenschaftsorientierten Lernens"

Die Auflösung des Codes "volkstümlicher Bildung", auf der Programmebene in Nordrhein-Westfalen 1968 eingeleitet, erscheint in den Hauptschulrichtlinien von 1973 abgeschlossen und durch Integrationsformeln abgesichert.

Strukturell betrachtet führt die Wissenschaftsorientierung der Inhaltsauswahl zu einer lehrgangsmäßigen Verselbständigung der Fächer verbunden mit einer Verstärkung des Fachlehrerprinzips und entsprechenden Veränderungen in der Lehrerausbildung. Die Annäherung der Hauptschule an die anderen Ausbildungsgänge der Sekundarstufe I erfolgt hier als Anpassung. Inhaltlich zielt die Ablösung der didaktischen Leitformel Bildung durch wissenschaftsorientiertes Lernen oder Lernen des Lernens auf die Aufhebung unbefragter Orientierungen und Normierungen des Lehrangebots wie die Aufhebung von Lernbeschränkungen überhaupt. "Die Inhalte sind nicht primär als ein zu tradierender Kulturbesitz aufzufassen, sondern als Beispiele zum Erfassen von Strukturen, Prozessen, Bedingungen situationsangemessener Verhaltensweisen zu verstehen." (Richtlinien NRW 1973, S. 5).

In den Einzellehrplänen führt das generell zu einer Auflösung des strikten Erfahrungs- oder Anwendungsbezuges, zu einer Aufschlüsselung von Lehrangeboten unter zum Teil recht einseitigen, zumeist gar nicht oder unzureichend begründeten fachsystematischen Gesichtspunkten. So entstehen z.B. für den Bereich der Naturwissenschaften oder auch der Wirtschaftslehre in der Form von unterschiedlich weitreichend operationalisierten, von fachsystematischen Themen ausgehenden Lernzielplanungen anspruchsvolle Lehrprogramme, bei denen die auf Detailwissen zielenden Feinlernziele verdecken, daß es auch um das Erfassen von Strukturen, Prozessen, Methoden, von Denk- und Handlungsformen in fachbereichsgebundener Perspektive gehen soll. In den Kulturwissenschaften wird wissenschaftsorientiertes Lernen ausgelegt als Weg zu rationaler Analyse auch in Bereichen, die vor allem in der Volksschule gefühlmäßig, erlebnishaft und durch Übung erschlossen wurden. Deshalb lehnen sich Deutschunterricht und Kunstunterricht eng an Kommunikations- und zeichentheoretische Vorstellungen an. Kommunikationstheoretisch betrachtet erscheint Sprache als Kommunikationsmittel in einem individuellen und gesellschaftlichen Bedingungsfeld, das sich funktional und ideologiekritisch analysieren wie strategisch einsetzen läßt. Sprachliche und ästhetische Bildung geraten damit allerdings in Gefahr, ihren Inhalt zu verlieren, wenn Qualität und Bedeutung von Aussage und Form sich in funktionalen Analysen auflösen.

Das Programm der Befreiung aus geschlossenen Formen volkstümlicher Bildung durch wissenschaftsorientiertes Lernen schafft sogleich neue Formen der Wissensbegrenzung dadurch, daß sich die Erwartungen einer rationalen Lehrplanung überhaupt wie einer rationalen Unterrichtung auch im kulturwissenschaftlichen Bereich an positivistischen Theorieansätzen orientieren, die zwar die Rationalität des Lernenden im Sinne angemessenen Reagierens zu fördern geeignet sind, aber verdecken, daß er selbst Bedeutungsproduzent und Handelnder ist oder sein sollte. Damit kommt es anders als im organisatorischen Bereich hinsichtlich der Auffassungen von Schulwissen, trotz der Integrationsformel einer wissenschaftsorientierten Grundbildung für alle, nur zu einer scheinbaren Annäherung der Ausbildungsgänge der Sekundarstufe I. In Nordrhein-Westfalen wurden zwar 1973 Unterrichtsempfehlungen für die Sekundarstufe I Gymnasium herausgegeben, aber erst 1979 lösten vorläufige Richtlinien die bis dahin geltenden Richtlinien von 1963 ab. Im Gymnasium konnte also z.B. am Ziel der Begegnung mit der Kulturtradition als Angebot für Weltdeutung und Identitätsfindung festgehalten werden, das ja stets mit der Einführung in rationale Sprachanalyse und Interpretationstechnik verbunden war.

2.4.

ENTWICKLUNGSRICHTUNGEN

Das Konzept wissenschaftsorientierten Lernens, wie es sich in den nordrhein-westfälischen Hauptschulplänen beispielhaft darstellt, geboren aus der Hochschätzung von Wissenschaft und Bildung als Produktions- und Demokratisierungsfaktor in einer Phase wirtschaftlicher Expansion und produktiver gesellschaftspolitischer Unruhe, erweist sich in seinen Auswirkungen auf Schulwissen dialektisch befreiend und einschränkend zugleich. Die organisatorische und inhaltliche Annäherung der Ausbildungsgänge der Sekundarstufe I, gerichtet auf eine generelle Anhebung des Ausbildungsniveaus, besonders aber der ehemaligen Volksschuloberstufe, stellt durch die Entwicklungen des relativen Schulbesuchs im dreigliedrigen System die Möglichkeiten der Hauptschule, zu fördern und Wahlmöglichkeiten anzubieten, bereits wieder in Frage (vgl. A. Leschinsky, P.M. Roeder 1980, S. 311ff). Daß diese Widersprüche, nicht ohne Bezug auf die Disparitäten zwischen Ausbildungs- und Beschäftigungssystem aufgrund der ökonomischen Entwicklung und im Bildungssystem selbst aufgrund der demographischen Entwicklung, teils produktiv teils regressiv aufgenommen werden, sei skizziert

a. an der fachdidaktischen Diskussion im Fach Deutsch und den damit verbundenen Veränderungen in der Auffassung von Schulwissen,

b. an der Stellung von Projekten in der Unterrichtsarbeit der Hauptschule und

c. an den Grundsätzen für die Lehrplanrevision der allgemeinbildenden Schularten in Baden-Württemberg.

a.   Kern der Volksschule als Muttersprachschule waren die gesinnungsbildenden Fächer Religion, Deutsch, Geschichte, Gemeinschaftskunde und Erdkunde, der Schwerpunkt der Deutschunterricht. Eine Hauptaufgabe des Deutschunterrichts lag in der Sprachpflege, normiert durch die Formel "volkstümliche Hochsprache". Der Weg zu diesem Ziel führt über das sprachliche Vorbild, das der Sprachgebrauch des Lehrers oder literarische Texte bieten. Dem Schüler erschließen sich die sprachlichen Vorbilder gefühlsmäßig, er bedarf dazu nicht notwendig der Einsicht in Gesetzmäßigkeiten der Sprachbildung. In der Sprachlehre geht es um "Weckung des Sprachgefühls", in der Stilpflege um das "Erlebnis des Zusammenstimmens von Sinngehalt und sprachlicher Gestalt", im literarischen Bereich ist das "Erleben von Dichtung" vorzubereiten. Fertigkeiten der Rechtschreibung und des Lesens sind einzuüben. Der Stoffplan von 1962 fordert erstmals auch eine "Hinwendung zum denkenden Erfassen der Wortgestalt". Der andere Aufgabenschwerpunkt des Deutschunterrichts lag im Umgang mit literarischen Texten, besonders dem Lesebuch, die als Erziehungs- und Lebenshilfen erlebnismäßig Modelle richtigen Verhaltens und richtiger Weltdeutung erschließen sollen. Auf diese Weise bleiben für den Volksschüler der Zugang zur "Geistes- und Gemütswelt" und die Teilnahme am "geistigen Leben" seines Volkes im einschränkenden Sinne volkstümlich, nämlich durch Erlebnis und Übung auf Vorbilder fixiert ohne Möglichkeiten zur Distanzierung.

Verschiedene Untersuchungen belegen, daß "Erlebnis" als fachdidaktische Kategorie den Literaturunterricht aller Schularten bis in die 60er Jahre hinein geprägt hat. Fend deutet Lesebuch, Lektürekanon und Interpretationsmuster des gymnasialen Deutschunterrichts auf dem Hintergrund der Bildungstheorie W. Filtners, national-konservativer Denktraditionen und des fachdidaktischen Konzepts "werkimmanenter Interpretation". Er kommt zu dem Ergebnis, daß in dieser didaktischen Tradition besonders "der Erlebnischarakter von Dichtung" betont wird. Dichtung hat danach ihren Ursprung wie ihre Wirkungsmöglichkeiten auf der Erlebnisebene. "Der dabei zum Ausdruck kommende Irrationalismus ist von einer Abneigung zur rationalen Analyse und Rekonstruktion von Texten begleitet." (H. Fend 1980, S. 142). Die Begegnung mit Modellen humaner Lebensbewältigung schafft im literarisch-ästhetischen Unterricht des Gymnasiums Sozialisationsbedingungen für das Bildungsziel einer autonomen Persönlichkeit, aber auch für die Übernahme gesellschaftlich verantwortungsvoller Ämter im Sinne W. Filtners. Bei aller Ähnlichkeit des didaktischen Musters kann nicht übersehen werden, daß das Gymnasium verglichen mit der Volksschule im Deutsch- und Literaturunterricht nicht zuletzt wegen der längeren Schulzeitdauer andere inhaltliche Identifikationsangebote und kulturelle Traditionen bewußt macht und die ästhetische Erlebnisfähigkeit und damit ein kulturelles Elitebewußtsein dadurch verstärkt, daß es Einsicht in die Regeln der Sprache und die Mittel literarischer Interpretation verschafft.

Differenzierter untersucht J. Kreft auf dem Hintergrund der Entwicklung der Lehrerausbildung die Aufgabe der Literatur in der Deutschdidaktik von Volksschuloberstufe und Gymnasium. Bis Mitte der 60er Jahre steht die Sozialisationswirkung von Literatur im Deutschunterricht bedingt durch das Zusammenwirken ästhetischer, weltanschaulicher und moralischer Elemente im Zentrum didaktischer Überlegungen. Obwohl oder gerade weil die didaktischen Konzeptionen darin übereinstimmen, "daß die Beschäftigung mit der Literatur nicht primär eine Literatur(erschließungs)-Kompetenz aufbauen soll, sondern allgemeinere pädagogische Intentionen verfolgt ..." (J. Kreft 1980, S. 570), bekommt "literarische Bildung" im Gymnasium "die Funktion eines prestigewertigen und unterscheidenden Gruppenmerkmals und Statussymbols" (ebd. S. 568), erklärbar aus den sozialen Unterschieden zwischen Volksschule und Gymnasium, der unterschiedlichen Unterrichtsstruktur und der unterschiedlichen Lehrerbildung. Der Umgang mit literarischen Texten besonders dem Lesebuch diente in der Volksschule der Einübung in Kulturtechniken, der weltanschaulichen und charakterlichen Prägung wie auch der Information. "Die (dabei) übliche Vermengung sachlicher, moralischer und ästhetischer Aspekte von Texten bedeutete nicht nur eine Funktionalisierung der ästhetischen Dimensionen, sondern sie ließ auch die moralischen Normen als ein Sachlich-Vorgegebenes und zugleich die Sachen als normative erscheinen." (ebd. S. 566).

Die Wandlungen der Deutschdidaktik und der lehrplanmäßigen Konzeption des Deutschunterrichts seit etwa 1965, von Kreft als Umbruch und

Paradigmenwechsel im Zusammenhang mit Wandlungen der Lehrerbildung, Entwicklungen der Literaturwissenschaft und mit bildungsökonomisch und gesellschaftspolitisch motivierter Bildungsreform einschließlich Curriculumreform interpretiert, von Fend im Rahmen einer "grundlegende(n) Neuorientierung des Denkens der 'Führungsschichten'" gedeutet (H. Fend 1980, S. 143), spiegeln sich in typischer Weise in den Etappen der nordrhein-westfälischen Lehrplanentwicklung für Hauptschule und Gesamtschule. In den Hauptschulrichtlinien von 1968 wird die einseitige Ausrichtung des Deutschunterrichts auf Erlebnis, Gefühl und Übung aufgehoben. "Die Sprache spricht in gleichem Maße Denken und Fühlen an. So sollte man im Deutschunterricht stets darauf bedacht sein, die rationalen und musischen Qualitäten der Sprache in gleichem Maße zu berücksichtigen..." (Grundsätze NRW 1968, B 3/2). Diese Auffassung hat Konsequenzen für die verschiedenen Bereiche des Deutschunterrichts. Für die Übung des schriftlichen Ausdrucks wird als neue "für die Erziehung zum 'mündigen', d.h. kritik- und urteilsfähigen Menschen die entscheidend wichtige Form des Erörterns" aufgenommen. Für die Sprachbetreuung wird gefordert, "... die Erfassung sprachlicher Phänomene sollte stets mit der Reflexion verbunden bleiben. Man sollte in der Hauptschule an keiner Stelle auf der Stufe bloßer Funktionserfassung stehen bleiben. Die Erscheinungen der Sprache tendieren sozusagen von sich aus auf ein Bewußtmachen hin." (ebd. B 3/8).

Die Berücksichtigung von Sprachnormen soll aufbauen auf der Einsicht in situationsangemessenes Sprechen und in geschichtliche Veränderungen der Sprache. Im Literaturunterricht wird eine Differenzierung in Literatur im engeren und im weiteren Sinne, die Sach- und Fachbücher, Zeitschriften und Zeitungen einschließen soll, vorgenommen. Für die Hinführung zur Dichtung wird ein literarästhetisch-literaturwissenschaftlicher Ansatz gewählt, der nach Kreft vor allem aus dem Nachholbedarf der Volksschule und der Volksschullehrerbildung im Bereich der Literaturwissenschaft zu erklären ist (J. Kreft 1980, S. 572). Zwar wird die erzieherische Wirkung von Dichtung noch in Betracht gezogen, doch soll der Schwerpunkt nun im "Erschließen der poetischen Struktur" liegen. "Dabei muß deutlich werden, daß Dichtung zwar mit der Wirklichkeit verbunden ist, daß sie im übrigen jedoch eine eigene Wirklichkeit ist, in der ästhetische Gesetze gelten." (Grundsätze NRW 1968, B 3/12). Der Zugang zur Dichtung soll den Schülern über die Literaturgattungen eröffnet werden. Unter diesem Gesichtspunkt ist der Literaturkanon, der auch außerdeutsche Literatur enthält, zusammengestellt. Eine von fachwissenschaftlichen Interessen geleitete Überreaktion drückt sich darin aus, daß z.B. für die Klassen 7 Dramen wie A. Gryphius "Peter Squenz", G.E. Lessing "Minna von Barnhelm", H.v. Hofmannsthal "Jedermann", F. Schiller "Wilhelm Tell", B. Brecht "Mutter Courage und ihre Kinder" für den Unterricht vorgeschlagen werden (ebd. B 3/26).

In der revidierten Fassung der Hauptschulpläne von 1973 erfolgt unter dem Einfluß der Curriculumdiskussion und der kommunikationstheoretischen Orientierung der Sprachdidaktik eine starke Instrumentalisierung des Sprachunterrichts unter weitgehendem Verzicht auf inhaltliche Festlegungen. Das Globalziel des Deutschunterrichts "Fähigkeit und Bereitschaft zur sprachlichen Kommunikation" als wichtige Voraussetzung für die "Bewältigung des Lebens in einer demokratischen Gesellschaft" wird mit Hilfe eines sprachlichen Kommunikationsmodells konkretisiert. Danach soll der Schüler lernen, die Bedingungen und Intentionen einer Kommunikationssituation zu erkennen und dementsprechend die sprachlichen Mittel zu wählen oder zu beurteilen und ideologiekritisch Behinderungen der Kommunikation aufzuweisen. Die an Vorbildern orientierte Sprachübung und die gefühlsmäßige Vorbereitung auf "stimmige" Ausdrucksformen soll durch einen "zunehmend reflektierten Einsatz sprachlicher Mittel" ersetzt werden, der durch "rationalen", "experimentierenden" und "ordnenden" Umgang mit Sprache vorbereitet wird. Vom Kommunikationsmodell werden auch die Interpretationsmuster für die "Rezeption von Texten" abgeleitet. Der Begriff "Dichtung" wird nicht mehr gebraucht, Texte werden vielmehr gegliedert nach der Absicht der Autoren zu "informieren", appellieren und darzustellen". Damit die Rezeption sich nicht in "Zustimmung und Ergriffensein" erschöpft, sondern "Distanz und Widerspruch" ermöglicht, muß der Schüler lernen, Darstellungsmittel, Inhalte, Intentionen des Autors, Erwartungen der Leser zu befragen und zu prüfen (Richtlinien NRW 1973, D/7). Der Katalog der verbindlichen Grundlernziele in diesem als lernoffenes System konzipierten Lehrplan zeigt, daß Inhalte zu Mitteln sprachstrategischer und sprachanalytischer Schulung reduziert werden. Der Grundlernzielkatalog hat deshalb auch keinen über die Erläuterungen zum Kommunikationsmodell hinausgehenden Informationswert, er gerät zur curricularen Pflichtübung. Grundlernziel 1 für den Bereich "Mündliche Produktion von Texten" lautet: "Der Schüler soll als Sprecher informieren (...) und als Hörer angemessen reagieren", für den Bereich "Schriftliche Kommunikation": "Der Schüler soll als Schreiber informieren (...)" und schließlich für den Bereich "Rezeption und Analyse von Texten": "Der Schüler soll als Leser/Hörer/Betrachter/Zuschauer Inhalt, Sprache und Struktur informierender (...) Texte rezipieren, analysieren und kritisch/zustimmend auf sie reagieren". Beunruhigend ist bei dieser Auflistung die Aufforderung, "angemessen zu reagieren". Die einseitig strategische Auslegung des Sprachunterrichts hat Konsequenzen, die Fend folgendermaßen beschreibt: "Sprache und insbesondere literarische Texte verlieren ihren autonomen Charakter; die Eigenständigkeit literarischer Form und die welterschließende Funktion der Sprache treten in den Hintergrund. In den Vordergrund schieben sich Instrumentalisierung der Sprache im Rahmen des Zieles, Kommunikationsfähigkeit zu steigern und Instrumentalisierung der Literatur zum 'Lehrgehalt' im Sinne der Anweisung zu gesellschaftspolitischem Handeln." (H. Fend 1980, S. 144f). Die qualitativen Probleme sprachlicher Norm, ästhetischen Werts und inhaltlicher Bedeutsamkeit werden unter strategischem Aspekt weitgehend relativiert, Legitimationsprobleme entschärft.

Zieht man vergleichsweise die "vorläufigen Richtlinien" für Deutsch an den Gesamtschulen in Nordrhein-Westfalen von 1977 heran, wird das Bemühen sichtbar, einseitige didaktische Positionen zu überschreiten. Curriculare Bestrebungen, die Planung möglichst durchsichtig und überprüfbar zu machen, führen allerdings zu weiteren informationsarmen Ausführungen, etwa zur Auflistung der Verfahren der Lernerfolgskontrolle und der Zusammenstellung bevorzugter Aufgabenformen für Tests. Konzeptionell versucht man sich differenzierter vom Modell "Muttersprachlicher Bildung" abzusetzen. "Die Auffassung von der

Sprache als einer wirkenden, weltgestaltenden Kraft begreift Sprache (nämlich) beinahe ausschließlich als Objektivgebilde. Sie vernachlässigt den didaktischen Zusammenhang von Sprache und sozialer Situation, betont zu stark das normative Moment und gerät leicht in die Gefahr, Sprachbetrachtung von Sprachförderung zu trennen." (Der Kultusminister des Landes NRW 1977, S. 3). In der Gesamtschule soll es vielmehr darauf ankommen, "den Schüler zu normbezogenem wie zu normreflektierendem sprachlichen Handeln zu befähigen" (ebd. S. 13). Im Lehrplan hat dies zur Folge, daß u.a. verbindlich angegeben wird, welche Formen der schriftlichen und mündlichen Textproduktion, welche Textarten, welche Normen der Standardsprache im Unterricht zu behandeln sind. Daß darüberhinaus nun auch eine Übersicht über für den Deutschunterricht geeignete "Kommunikationsbereiche" und geeignete Unterthemen gegeben wird, erscheint eher als Spätwirkung curricularer Präzisionsbemühungen, die nach einer Phase der Formulierung von Verhaltenszielen deren inhaltliche Konkretisierung wieder stärker betonen. "Literarische Bildung" soll über literarisch-ästhetische Elementarbildung aufgrund werkimmanenter Analysen hinausgehend "Produktions- und Rezeptionsbedingungen von Texten mit einbeziehen" und einen weiten Textbegriff zugrundelegen. Gegenüber einseitig sprachstrategischem oder ideologiekritischem Umgang mit Texten werden die Inhalte selbst als Reflexionsanlässe und Identifikationsangebote wieder wichtiger. "Didaktische Entscheidungen müssen immer die Bedeutung von Texten und ihrer Behandlung im Unterricht für den Vorgang der Ichfindung und Selbsterkenntnis berücksichtigen." (ebd. S. 3). Der Lernende, aus seiner Rolle als Rezipient moralischer und ästhetischer Wertungen befreit zur Analyse gesellschaftsbezogener ideologischer Funktionen von Texten und ihrer Bedeutung, kommt als Person in den Blick, die Bedeutungen sucht und gibt.

b.   Gegenüber der gesamtunterrichtlichen Ausrichtung der Volksschule, konzentriert auf sozial begrenzte Erfahrungen und religiöse Unterweisung, bringt das Konzept wissenschafts-orientierten Lernens, ausgerichtet auf fachsystematisch erschlossene Unterrichtsinhalte, eine Spezialisierung und Verselbständigung der Fachlehrgänge mit sich, die die Fixierung von Wissen auf Anwendungssituationen und seine Unterordnung unter tradierte Normen erklärtermaßen lösen sollen.

Bereits in der zweiten Fassung der nordrhein-westfälischen Lehrpläne für die Hauptschule von 1968 wurde die Notwendigkeit deutlich, die nun stärker fachsystematisch, lehrgangsmäßig organisierten und getrennten Lehrangebote didaktisch zu verbinden. Synopsen sich ergänzender Themen aus verschiedenen Fächern sollten dem Lehrer Hilfen bieten. In den Plänen von 1973, in denen sich der Gedanke der Wissenschaftsorientierung, wenn auch in unterschiedlichen Auslegungen, entschieden durchsetzte und damit die Organisation des Lehrangebots in allen Fächern von den Erfahrungsmöglichkeiten der Lernenden abhob, stellte sich das didaktische Problem einer Verklammerung der Wissensbestände und vor allem einer Verklammerung von Wissen, Anwenden und Handeln noch dringlicher, verstärkt durch die bildungspolitischen Bemühungen um eine positive Abgrenzung des Ausbildungsgangs der Hauptschule von den übrigen Ausbildungsgängen der Sekundarstufe I als Reaktion auf die rückläufigen Schülerzahlen. Als Lösung werden im Lehrplan in Ergänzung zu den Fachlehrgängen Fall-

studien und Projekte vorgeschlagen, die im "Curriculumjargon" des
Plans "Lebenspropädeutik" leisten sollen. Gemeint ist eine Öffnung der
Schule zur Alltagswelt hin, um die Komplexität von Alltagsproblemen
und damit die Notwendigkeit fachübergreifender Lösungen einsichtig
zu machen und auch im handlungsentlasteten Schulraum Anwendungs-
und Handlungsmöglichkeiten zu eröffnen. Eine "Offenheit der Hauptschüler für den konkret gegebenen Lebensraum, für das Praktische
und Lebenbedeutsame" und ein Denken in "anschaulichen Bezügen" wird
als entsprechende anthropologische Bedingung konstruiert, um das
beschriebene didaktische Problem und die vorgeschlagenen Lösungen
als hauptschulspezifisch zu qualifizieren (Richtlinien NRW 1973, S.
2).

Die didaktische Umsetzung beschränkt sich in diesem Plan durchweg
auf Vorschläge für Projektthemen, die den Fächern zugeordnet werden;
wie Lehrgangswissen und Projektarbeit zusammengeführt werden können, bleibt offen.

Mit der Verlängerung der Vollzeitschulpflicht auf zehn Jahre in Nordrhein-Westfalen im Jahre 1979, bildungspolitisch wichtig auch zur Entlastung der Lehrstellennachfrage, verschärfen sich die Schwierigkeiten, trotz zunehmender organisatorischer Angleichung der Ausbildungsgänge der Sekundarstufe I selbständige Schularten weiterhin zu
rechtfertigen. Den widersprüchlichen Zielen einer Öffnung der Hauptschule zu den weiterführenden Bildungsgängen und der Betonung spezifischer Ausbildungsaufgaben entsprechend werden in der Hauptschule
selbst für die Klassen 9 und 10 zwei Ausbildungsprofile entworfen.
Für die Schüler, die den Fachoberschulabschluß anstreben, wird der
Fachunterricht in Deutsch, Englisch und Mathematik verstärkt, für
diejenigen die einen Hauptschulabschluß nach Klasse 9 oder 10 anstreben, soll der Unterricht im Bereich Arbeitslehre erweitert werden.
Damit würde die soziale Höherbewertung fachsystematisch orientierter
Unterweisung sogar innerhalb der Hauptschule zu einer weiteren Differenzierung und prestigemäßigen Sonderung unter den Schülern führen,
soweit die Entwicklung der absoluten und relativen Schülerzahlen solche Maßnahmen noch erlaubt. Entgegen den Reformabsichten setzt sich
die falsche Entgegensetzung einer berufsbezogenen "praktischen" und
einer fachsystematisch orientierten "theoretischen" Grundbildung wieder
verstärkt durch, und das umso leichter, als eine Annäherung bis
dahin überwiegend als Anpassung der Hauptschularbeit an den Fachunterricht der Gymnasien erfolgt war. Die Projektentwürfe, die neuer-
dings für den Wahlpflichtbereich der Klasse 9 der Hauptschule in
Nordrhein-Westfalen in Naturwissenschaften und Arbeitslehre vorgelegt
worden sind, könnten allerdings dazu beitragen, das tradierte soziale
Bewertungsgefüge von "theoretisch" und "praktisch" orientiertem Schulwissen von der Basis her aufzubrechen. Vor allem für den naturwissenschaftlichen Bereich wird in den Projektentwürfen Schulwissen zwischen
theoretisch systematischer Wissensaneignung und Bearbeitung alltagsweltlicher Probleme differenziert gefaßt: Theoretisches Wissen ist keine
zureichende Bedingung für wirksames Handeln. Gewohnheiten, Geschicklichkeit, unreflektierte Erfahrung gehen in die Bearbeitung praktischer Probleme mit ein. Andererseits entwirft theoretisches Wissen
Perspektiven des Weltverständnisses und reicht damit über die Grundlegung begrenzter Problemlösungsstrategien hinaus (vgl. Projektent-

würfe NRW 1979, Vorbemerkungen). So verstanden könnte die bildungspolitisch als hauptschulspezifisch qualifizierte Projektarbeit zusammen
mit fachsystematisch aufgebauten Lehrgängen zu einem zukunftsweisen-
den didaktischen Modell werden.

c. In den für die Arbeit der Lehrplankommission in Baden-Württemberg vom Kultusministerium 1977 erlassenen Grundsätzen werden Jahr-
gangsklassen, Unterrichtsfächer und Schularten als besonders geeignete Organisationsformen für Schule erneut hervorgehoben und festgeschrieben. In den auf "gesicherten Ergebnissen der Fachwissenschaften
aufbauenden Unterrichtsfächer(n)" werden die Schüler "in fachlich jeweils verschiedene Modelle von Denk- und Handlungsformen eingeführt". Ein "System sich ergänzender Schularten" soll unterschiedliche
Ausbildungsgänge "für die unterschiedlichen Begabungstypen und Be-
gabungsrichtungen" anbieten (Grundlagen für die Lehrplanarbeit 1977,
S. 575). Die inhaltlichen Grundlinien der für Grundschule, Hauptschule
und Gymnasium im Schuljahr 1980/81 begonnenen Lehrplanrevision enthält ein Einführungspapier des Ministeriums für Kultus und Sport.
Danach sind die geltenden Lehrpläne sowohl hinsichtlich ihrer "Ver-
ständlichkeit", "Altersmäßigkeit" und der Möglichkeit "inhaltlicher
Entlastung" zu überprüfen und zu verbessern als auch vor allem hinsichtlich ihrer "Orientierung an Normen und Werten" und hinsichtlich
der Deutlichkeit, mit der sie das "Profil der Schulart" zum Ausdruck
bringen (Landtag von Baden-Württemberg, Drucksache 8/1268, S. 3).
Unter Berufung auf Erfahrung mit der Lehrplanarbeit in den Schulen
werden Tendenzen einer "unangemessenen Verwissenschaftlichung"
kritisiert, die sich ausdrücken in der einseitigen Betonung wissenschaftlicher Systematik, enzyklopädischer Vollständigkeit und theoretischer Geschlossenheit und in der einseitigen Beschränkung auf die
Sichtweisen einer wissenschaftlichen Spezialdisziplin, z.B. der Kommunikationstheorie. Mit dieser Kritik verbindet sich die Weisung an die
Kommission, die Erziehungsziele, die das Schulgesetz des Landes formuliert, zu berücksichtigen und den "Gedanken des Bildungsplanes"
auf die jeweilige Schulart bezogen in den Vordergrund zu stellen
(ebd. S. 6f).

Wie diese Weisungen für die verschiedenen Schularten auszulegen sind,
formuliert das Ministerium in einem weiteren Vorgabepapier, dem Schul-
artenpapier, für die Revisionsgruppen. Danach hat sich die Bildungsaufgabe der Hauptschule "an lebensnahen Lernsituationen, an konkreten Aufgabenstellungen" und "an praktisch-manuellem Handeln" zu
orientieren. Damit spricht die Hauptschule, so die begabungstheore-
tische Rechtfertigung, Schüler an, "die den Schwerpunkt ihrer Begabungen, Leistungen und Interessen im anschaulich konkreten Denken,
und im handelnden Umgang mit den Dingen haben" (ebd. S. 17). "Vor
allem in ländlichen Gebieten" (!) ist die Hauptschule "familiennahe
Schule", ihr Bildungsangebot ist "schulnah, gemeinschafts- und ge-
meindebezogen zu entwickeln". Bei der Inhaltsauswahl müssen "ganzheitliche Sichtweisen" leitend sein, eine Konzentration soll auf die
Arbeitswelt hin erfolgen: "Der Unterrichtsbereich Arbeit-Wirtschaft-
Technik hat in vorberuflicher Hinsicht für alle Inhalte der Haupt-

schule eine Leitfunktion." (ebd. S. 19)(1). Zu reaktivieren ist dementsprechend auch das Klassenlehrerprinzip: "Der Lehrer kann dem
Prinzip überfachlicher, ganzheitlicher Sichtweisen in besoderem Maße
entsprechen, wenn er einen wesentlichen Anteil des Unterrichts in
seiner Klasse selbst übernimmt." (ebd. S. 20).

Noch deutlicher wird im Vergleich mit den Beschreibungen der Bildungsaufgaben von Realschule und Gymnasium, daß die berechtigte
Kritik an Einseitigkeiten und Begrenzungen wissenschaftsorientierten
Lernens aus politischen Gründen zurückführt zu sozial gebundenen
Konzepten von Begabung und Schulwissen. Sie binden den Hauptschüler
erneut in volkstümliche und religiöse Sozialisationskontexte ein, die
ihn klar von anderen Ausbildungsgängen, damit auch sozial, sepa-
rieren, ihn zugleich aber im Sinne von Verfassung und Schulgesetz
zu "sozialer Bewährung" erziehen wollen. Während dem Realschüler
immerhin zugestanden wird, daß er in einem gefächerten, von Fachlehrern geführten Unterricht nicht nur ein vertieftes Grundwissen und
praktische Fertigkeiten erhält, sondern auch die Befähigung "zu theoretischer Durchdringung", wenn auch nur "lebensnaher Probleme", wird
vom Gymnasialschüler erwartet und ihm unterstellt, daß er "Neugierde
und Aufgeschlossenheit für theoretische und abstrakte Zusammenhänge"
mitbringt und es ihm gelingt, "auch schwierige Sachverhalte geistig"
zu durchdringen. Ihm bleibt vorbehalten, "durch die Auseinandersetzung mit der Tradition und mit den Inhalten und Entwicklungen der
Natur- und Geisteswissenschaften zu einem geschichtlich begründeten
Verstehen der heutigen Welt" zu kommen und ein "ethisch begründetes
Wertbewußtsein", das "die Kenntnis von Alternativen einschließt", zu
gewinnen (ebd. S. 22).

-----

(1) Als bildungspolitisch "günstig" erwies sich, daß in Baden-Württem-
    berg der Lernbereich "Arbeit-Wirtschaft-Technik" nach einer mehr-
    jährigen Versuchsphase erst mit dem Schuljahr 1979/80 an allen
    Hauptschulen von Klasse 7 ab eingeführt wurde. So ließ sich mit
    dieser Maßnahme zu diesem Zeitpunkt der Zweck verbinden, den
    Ausbildungsgang der Hauptschule gänzlich auf einen frühen Be-
    rufseintritt zu orientieren (vgl. A. Leschinsky, P.M. Roeder 1980
    S. 318).

3.

VERÄNDERUNGEN DER AUFFASSUNGEN VON SCHULWISSEN UND CURRICULARER KOMPETENZ IN DIDAKTISCHEN KONZEPTIONEN NACH 1945

Zusammenhänge zwischen Veränderungen der Auffassungen von Schulwissen in Lehrplänen und didaktischer Theorieentwicklung lassen sich nur schwer präzisieren. Voraussetzung wären nicht nur Rekonstruktionen von Veränderungstendenzen auf beiden Ebenen, sondern darüber hinaus deren Verknüpfung mit Veränderungen in anderen gesellschaftlichen Bereichen wie auch genaue Einblicke in Wege bildungspolitischer Einflußnahme und Mechanismen bildungspolitischer Entscheidungsfindung. Vorliegende Untersuchungen bestätigen, was A. Leschinsky und P.M. Roeder für die Aufarbeitung der didaktischen Entwicklung der Nachkriegszeit und ihren Bezug auf gesellschaftliche Veränderungen feststellen, daß "eine integrale Betrachtung der Entwicklung auf den verschiedenen Ebenen ... vorerst kaum denkbar (ist), eher eine (der jeweiligen 'Eigenlogik') folgende Darstellung von Parallelentwicklungen unter Hervorhebung von Überschneidungen, Knotenpunkten, dynamischen Zentren usw." (1980, S. 363).

Aufarbeitungen der didaktischen Theorieentwicklung der Nachkriegszeit in systematischer und historischer Perspektive erscheinen in der Bundesrepublik seit Ende der 60er Jahre. Blankertz analysiert 1969 die didaktische Diskussion "zwischen Bildungstheorie und Kybernetik" sowie die ihr zuzuordnende Lehrplantheorie zwischen "hermeneutischer Identifikation und Taxonomie von Lernzielen", um die These zu belegen, daß die drei von ihm erörterten Grundpositionen (bilgungstheoretische, lerntheoretische und kybernetische Didaktik) "nur scheinbar miteinander konkurrieren, daß sie sich vielmehr in fruchtbarer Kritik und dauerndem Problembewußtsein halten oder jedenfalls halten könnten" (H. Blankertz 1971, S. 7). Es folgen zahlreiche Darstellungen, teils von Vertretern der genannten didaktischen Richtungen in der Absicht, die Konzeptionen zu verdeutlichen und gegeneinander abzugrenzen (z.B. H. Ruprecht u.a. 1972), teils in vergleichender Analyse, wie z.B. bei K. Reich (1977) der methodologischen Grundlagen der Konzeptionen unter Einschluß der didaktischen Entwicklung in der DDR.

Eine historisch-gesellschaftliche Aufarbeitung der Entwicklung der Didaktik zwischen 1945 und 1970 unternimmt F. Huisken (1972). Er charakterisiert die Entwicklungstendenz als "Wandel von der bildungstheoretischen zur bildungsökonomisch orientierten Didaktik" (ebd. S. 13) und versucht, Veränderungen der Fragestellungen und Methoden unter Berücksichtigung gesellschaftlicher Bedingungen didaktischen Handelns zu erfassen: "Welche gesellschaftlichen, d.h. insbesondere welche ökonomischen und politischen Entwicklungen haben in ihrer Auswirkung auf das Bildungssystem und den Unterricht in einer Gesellschaft mit kapitalistischer Produktionsweise zu dem Wandel der Didaktik einerseits und zu ihrem Verhältnis zur Bildungsökonomie andererseits beigetragen, und welche konkreten Bedingungen in der Entwicklung der BRD nach 1945 lassen sich diesbezüglich ausmachen?" (ebd. S. 24). Die Schwierigkeiten, ein solches Programm durchzuführen, zeigt die monokausale, undialektische Reduktion der historischen Analyse auf ökonomische Qualifikationsanforderungen. Die Aufeinanderfolge didaktischer Konzepte wird vereinfacht gegliedert in eine Phase 1, in der , geprägt von der geisteswissenschaftlichen Bildungstheorie der "inhaltlich-intentionale Aspekt" dominiert habe, eine Phase 2, in deren lerntheoretischer, kybernetisch-informationstheoretischer und unterrichtstechnologischer Richtung, beeinflußt durch lern- und informationstheoretische Forschungen, der "prozessuale Aspekt" in den Vordergrund gerückt sei, und eine Phase 3, in der seit etwa 1967 in Untersuchungen zur Curriculum-Theorie erneut der "inhaltlich-intentionale Aspekt" unter dem Anspruch erhöhter Objektivierbarkeit diskutiert würde und der "organisatorisch-institutionelle Aspekt" Bedeutung gewänne (ebd. S. 32/33). R. Messner (1977) interpretiert in einem kurzen Rückblick auf die didaktische Nachkriegsdiskussion die Curriculumprogramme als eine entscheidende Wende zu einem höheren Rationalitätsanspruch der didaktischen Entscheidungen. Ein Zusammenhang mit Entwicklungen in anderen gesellschaftlichen Bereichen wird sehr pauschal unterstellt. "Ein so dramatischer Versuch, in Sachen Bildung neu, anders, besser, grundlegender und wissenschaftlicher zu verfahren, kann letztlich nur daraus verstanden werden, daß das im dominierenden Wissenschaftsverständnis 'geronnene' Welt- und Gesellschaftsverständnis der Didaktik der Nachkriegszeit mit den neu aufgetretenen gesellschaftlichen Strömungen und den von ihnen getragenen und sich zu ihrer Deutung und Beherrschung neu anbietenden wissenschaftlichen Ansätzen in ein immer größeres Mißverhältnis geraten war." (ebd. S. 35). Begrenzter im Anspruch, aber präziser in der Fragestellung und in den Ergebnissen ist die Aufschließung des gesellschaftlichen Bedingungsfeldes didaktischer Entwicklung bei A. Leschinsky und P.M. Roeder (1980). Sie beschränken sich auf die Darstellung struktureller Veränderungen im Entstehungs- und Verwendungszusammenhang von Unterrichtskonzeptionen, zum einen auf die Akademisierung der Lehrerbildung und Expansion der Hochschulen zum anderen auf Angleichung und Verfachlichung des Unterrichts in der Sekundarstufe I.

Unter wissenschaftsgeschichtlicher und wissenschaftstheoretischer Perspektive versuchen S.F. Müller und H.E. Tenorth (1979), die Entwicklung der Theorien des Bildungssystems seit Mitte der 60er Jahre zu rekonstruieren und den Erkenntnisfortschritt abzuschätzen. Der Wandel der untersuchten Theorieentwürfe, zu denen auch didaktische Konzepte gehören, wird typisierend gesehen als Übergang von pädagogischer Forschung, die unter dem Leitbegriff Bildung handlungsrelevante Deutungen der Realität vornimmt, zu einer Erziehungswissenschaft als Sozialwissenschaft. Dieser allgemeine Wandel der Theorieentwicklung, gekennzeichnet durch die Merkmale der Empirisierung und Methodisierung, wird interpretiert im Zusammenhang fachintern wahrgenommener Kritik an der pädagogischen Forschung (z.B. Empiriedefizit) und der organisatorischen Ausweitung erziehungswissenschaftlicher Forschung. Beide Gesichtspunkte sind, wenn auch pauschal, eingebunden in die allgemeine bildungspolitische Entwicklung, die die Autoren untergliedern in eine Phase "aktiver Bildungspolitik" seit 1964 mit einem erhöhten Bedarf an Informationswissen, in Versuche globaler Strukturreformen seit 1969 verbunden mit der Nachfrage nach Planungs- und Konstruktionswissen und in eine Phase der Verwaltung von Folgeproblemen seit 1973/74, verbunden mit einem Auseinanderfallen von theoriebezogener und politischer wie praktischer Arbeit.

Anders als in den zuletzt genannten Arbeiten geht es hier nicht um Determinanten der Theorieentwicklung, sondern um Theorieentwicklung als Erklärungsvariable bildungspolitischer Entscheidungen. In dieser Absicht wird gefragt, ob und wie sich Auffassung und Begründung von Schulwissen in der Erziehungswissenschaft der Nachkriegszeit verändern und wie die Wissenschaft ihre Aufgabe bei der Bestimmung von Schulwissen einschätzt. Für den Zusammenhang von Theorieentwicklung und die sich im Lehrplan bildungpolitisch durchsetzenden Auffassungen ist aufgrund der wissenssoziologischen und didaktischen Überlegungen im 1. Kapitel zumindest eine naive Reproduktionsannahme auszuschließen, derzufolge didaktische Theorie lediglich gesellschaftlich durchsetzungsfähige Interessen rechtfertigt. Damerow (1977) konnte für die Reform des Mathematikunterrichts seit Mitte der 60er Jahre zeigen, wie allgemeine gesellschaftliche Reformforderungen nach besserer Qualifizierung durch Schulunterricht fachdidaktisch und nachfolgend auch allgemeindidaktisch ausgestaltet und in Lehrpläne umgesetzt worden sind. Er konnte auch zeigen, daß didaktische Konzepte bildungspolitisch instrumentalisiert und verkürzt werden, wenn Reformintentionen sich verändern oder zurückgenommen werden - ein Tatbestand, der historisch vielfach belegbar ist.

Die Einflußmöglichkeiten der Erziehungswissenschaft wie anderer Disziplinen auf politische Entscheidungen sind davon abhängig, inwieweit sie den gesellschaftlichen und politischen Problemen und Erwartungen entsprechende Erkenntnismodelle und Wissensbestände bereitstellen und diese Erwartungen mitprägen. Aus Daten der Forschungsförderung belegt E. Schmitz (1981) eine geringe gesellschaftliche Schätzung der Leistungsfähigkeit der Erziehungswissenschaft verglichen mit konkurrierenden Disziplinen und stützt Zweifel daran, ob die Erziehungswissenschaft überhaupt geeignete Gegenstandsdefinitionen, Erkenntnismodelle, Methoden und Wissensbestände erarbeitet hat, um gesellschaftliche Erwartungen auf "Rationalisierung von Erziehung" mitbestimmen und in politische Gestaltungsabsichten einwirken zu können.

3.1.

LEHRPLANTHEORETISCHE IMPLIKATIONEN DES BILDUNGSBEGRIFFS

Die schmale institutionelle und personelle Basis der Erziehungswissenschaft in der Bundesrepublik bis in die 60er Jahre (vgl. A. Leschinsky, P.M. Roeder 1980, S. 291ff) begünstigte eine relative Einheitlichkeit des Wissenschaftsverständnisses in geisteswissenschaftlicher Tradition und am Bildungsbegriff orientiertes didaktisches Problembewußtsein.

3.1.1.   W. Wenigers Lehrplantheorie

Die Grundpositionen der geisteswissenschaftlichen Didaktik, sowohl in der Frage didaktischer Entscheidungskompetenzen als auch bei der Auslegung des Bildungsbegriffs für Umfang und Qualität des Schulwissens, hat E. Weniger dargestellt in einem bereits 1930 für das "Handbuch der Pädagogik" (herausgegeben von H. Nohl und L. Pallat) verfaßten, 1952 in einer neu bearbeiteten und erweiterten Fassung unter dem Titel "Didaktik als Bildungslehre, Teil 1, Theorie der Bildungsinhalte und des Lehrplans" veröffentlichten Band. Ihm folgte 1960 als Teil 2 "Didaktische Voraussetzungen der Methode in der Schule".

Gemäß den methodologischen Prämissen geisteswissenschaftlicher Pädagogik kann nach Weniger die Frage nach Aufgaben, Inhalten und Wegen schulischer Unterrichtsprozesse nur über historische Analysen geklärt werden, die Veränderungen in der Bestimmung der Bildungsaufgaben und des Kanons der Bildungsinhalte wie auch des Einflusses der "gesellschaftlichen Mächte" auf diese Veränderungen sichtbar machen. Die Gefahr solcher Analysen sieht er in der Rekonstruktion einseitiger Abhängigkeiten des Lehrgefüges und gesamten Bildungssystems von gesellschaftlichen Entwicklungen, wie sie F. Paulsen in der These unterstellt, die Schule folge der Kultur immer nach. Weniger versucht dagegen, die wechselseitige Einflußnahme herauszustellen, wenn er die These von der Geschichtlichkeit des Gegenstandes der Didaktik dreifach auslegt:

"erstens, daß das Ganze der geistig-geschichtlichen Welt immer auch in diese seine Bestandteile hineinwirkt und sie an seinem Wandel teilhaben läßt; zweitens, daß der Zusammenhang des Bildungsgefüges als ein eigener Bedeutungs- und Wirkungszusammenhang eine nur aus seinen Voraussetzungen zu verstehende Entwicklung, einen Fortgang in seiner eigenen Struktur hat, in die dann die Betrachtung eindringen muß; drittens endlich, daß von diesem geschichtlich fortschreitenden Strukturzusammenhang, wie von jedem Teilgebiet der geistig-geschichtlichen Wirklichkeit, Rückwirkungen auf den Gesamtzusammenhang ausgehen, Umwandlungen der allgemeinen Struktur des Lebens." (E. Weniger 1971, S. 9).

Er gibt Analysehinweise, indem er nach der Rolle "der großen historischen Bildungsmächte", der Wissenschaft, der Religion, des Staates,
der Berufe für den Lehrplan fragt, Veränderungen in der Fächer- und
Stoffgewichtung als Veränderungen im Kräfteverhältnis dieser Mächte
zu interpretieren versucht, eine historische Klassifizierung der Einflüsse auf die Lehrpläne vornimmt und die Frage nach dem beherr-
schenden oder regulierenden Faktor im "Kampf der geistigen Mächte
um den Lehrplan" aufwirft(1). Die Antwort der geisteswissenschaftlichen Didaktik auf die Frage nach der Konstitution von Schulwissen
bliebe insoweit deskriptiv und ohne konstruktive Gesichtspunkte, wie
später S.B. Robinsohn bemängelt hat. Doch zeigt gerade die Behandlung des "regulierenden Faktors" in der Lehrplanentwicklung, daß
historische Analysen im geisteswissenschaftlichen Theorieverständnis
"finale Energie" freisetzen, von der Weniger mit Bezug auf Nohl
spricht. "Träger des Lehrplans und regulierender Faktor ist, seit es
Lehrpläne im modernen Sinne gibt und bis zur Gegenwart hin, der
Staat." (ebd. S. 33). Diese Aussage wird sowohl in deskriptivem wie
in präskriptivem Sinn verwandt. Der Staat übt bei der Lehrplangestaltung eine Doppelfunktion aus: a. Wie die gesellschaftlichen Interessengruppen sieht er in der Erziehung eine Möglichkeit, seine Existenz
zu sichern. b. Darüber hinaus versucht er oder soll er versuchen,
eine die Interessengegensätze übergreifende "Volksgemeinschaft" zu
stiften. Die gemeinschaftsbildende, indentitätsstiftende Aufgabe des
Staates insbesondere durch die öffentliche Erziehung ist Wenigers Antwort auf die bereits das 19. Jahrhundert durchziehende Frage: Wer
stiftet die Einheit des Gemeinwesens, nachdem die formalen Prinzipien
des Demokratisierungsprozesses (Freiheit und Gleichheit) die gesellschaftlichen Interessengegensätze deutlich haben hervortreten lassen?

Die Antwort ist an nationalstaatlichen Konzepten der preußischen Re-
formbewegung des frühen 19. Jahrhunderts orientiert, wie die Bezüge
auf Süvern, Humboldt und Schleiermacher zeigen. Das über den Verfas-
sungsstaat hinausgehende Programm eines Volks-, Kultur- und Erzie-
hungsstaates, der die Bürger zu produktiver Mitarbeit am politischen
Leben heranführt, produktives Schaffen ermöglicht und für Einrichtungen sorgt, in denen politisch und kulturell mündige Bürger gebildet werden, erhielt seinen Gruppenidentität stiftenden Gehalt allerdings, was Weniger übersieht, aus der Verbindung mit Demokratisie-
rungsforderungen, also aus universalistischen Ideen. Unter den politischen Bedingungen demokratischer Verfassung verliert der Nationalgedanke an Substanz und wird, wie Habermas herausstellt (1974, S.
57f) zum "gefährlichen Regressionsphänomen" (Faschismus) oder zu
"ohnmächtiger Programmatik" (Gaullismus).

-----

(1) Die Behauptung K. Reichs (1977, S. 40), daß sich die Beziehung
    zwischen Gesellschaft und Erziehung bei Weniger in "relativ belie-
    bige Arbeitszusammenhänge" auflöse, läßt sich aus den dort beige-
    brachten Zitaten nicht belegen und übersieht, daß Weniger die
    Einsichten in die gesellschaftliche Abhängigkeit des Erziehungs-
    systems mit der Einsicht in die institutionell bedingten Freiräume
    zu verbinden sucht, Versuche, die wissenschaftssoziologisch wie
    systemtheoretisch aufgenommen worden sind.

Die Analyse der gesellschaftlichen Nachkriegssituation, die Weniger
für beide Teile Deutschlands in seiner "Didaktik als Bildungslehre"
1952 versucht, kommt für die Bundesrepublik zu folgenden Aussagen:

> "So ist nirgends zu sehen, daß die Gesellschaft aus sich heraus
> ein Bildungsideal hervorbringen könnte. Sie bedarf ihrerseits drin-
> gend Hilfe, politischer vom Staat her, geistiger von der Bildung
> her. Das Problem ist heute 'Bildung der Masse', als welche sich
> das durcheinandergewürfelte Volk und die durcheinandergeratene
> Gesellschaft vielfach darstellen. Die Masse wieder mit Hilfe von
> Politik und Bildung in gesellschaftliche Ordnung zu überführen,
> die dem Einzelnen sein Recht geben und allen ein gesundes Mit-
> einanderleben ermöglichen, ist die Aufgabe. Bildung und Politik
> müssen die Gesellschaft erst wieder Wirklichkeit werden lassen."
> (E. Weniger 1971, S. 42).

Die analytischen Bedenken, das Bildungssystem einseitig als abhängige
Variable gesellschaftlicher Kräfte zu betrachten und damit die institutionellen Beharrungstendenzen und die Eigendynamik des Systems zu
vernachlässigen, werden hier normativ gewendet zu der Forderung,
Bildungs- und politisches System hätten das gesellschaftliche Leben
erst eigentlich zu gestalten, gesellschaftliche Ordnung herzustellen.
Welche Rolle spielt die Didaktik bei der Bewältigung dieser Aufgabe?

Die Verknüpfung der Gestaltungsaufgaben des politischen Systems und
des pädagogischen Systems versucht Weniger über Nohl hinausgehend
in einem Drei-Schichten-Modell der Lehrplanentscheidungen, das zugleich beschreibend und normierend gebraucht wird. Die Schichten bezeichnen keine institutionelle oder zeitliche Abfolge von Lehrplanentscheidungen, sondern ineinandergreifende Problemfelder. Das erste
Problemfeld betrifft das "Bildungsideal", das in zweierlei Hinsicht für
die Lehrplanerstellung notwendige Voraussetzung ist. Eine Lehrplankonzeption ergibt sich nicht schon aus der Addition der Erwartungen
gesellschaftlicher Interessengruppen an die Schule, insbesondere dann
nicht, wenn diese Erwartungen widersprüchlich sind. Sie ergibt sich
auch nicht aus einer Inventarisierung der inhaltlichen Werte, die die
Erwachsenengeneration für wichtig hält, in historischer Analyse.
Vielmehr bedarf es der Entscheidungen über Richtlinien für die Lösung
von Gegenwartsaufgaben der Gesellschaft, für den Bildungsbereich
'Bildungsedeal' genannt, in dem nach Wenigers Auffassung der ideale
Nationalstaat eine Einheit gesellschaftlicher Interessengegensätze vor-
wegnimmt. Formal geht es dabei, gemäß der nationalen Komponente,
um die Stiftung einer "höhere(n) Potenz der Gemeinschaft und das
Bewußtsein derselben", gemäß des liberaldemokratischen Gedankens um
die Förderung der "innere(n) Mächtigkeit und Reinheit der Faktoren,
die die Lebendigkeit des modernen Staates ausmachen" (ebd. S. 65).
Den Bildungsinstitutionen und dort Tätigen muß dieser Staat so-
viel Freiraum gewähren, daß sie auch gegen die empirische Wirklichkeit der Gesellschaft Bedingungen für die Realisierung des Bildungsideals bereits vorwegnehmen können.

Leistet das Bildungsideal, "das im Bewußtsein der Aufgabe aus den
gegebenen Kräften und aus dem Zukunftswillen produktiv entwickelt"
werden soll, die Konzentration der Lehrplanelemente, sollen in der
zweiten Schicht der Lehrplanentscheidungen in Abhängigkeit und be-

grenzt durch die Konzentrationsgesichtspunkte der ersten Schicht didaktische Erwägung im engeren Sinn angestellt werden, um die "Vielseitigkeit und Fülle des Lebens" im Lehrplanangebot zu sichern und die "Kontinuität des geistig-geschichtlichen Lebens" aufrechtzuerhalten. Diese "Didaktik der geistigen Grundrichtungen" wie Weniger sie nennt, hat die Fragen nach "Allgemeinbildung" zum Gegenstand. Als wesentliche "Kategorien zur Beherrschung der Welt und des Lebens" nennt Weniger in unsystematischer Reihung "das religiöse Verhalten", "das geschichtliche Verständnis", "das naturwissenschaftliche Denken", "die wissenschaftliche Einstellung", "die philosophische Fragestellung", "die ästhetische Betrachtung der Welt". Für die andere didaktische Aufgabe der zweiten Schicht der Lehrplanentscheidungen, die Kontinuität des geistig-geschichtlichen Lebens" aufrechtzuerhalten, führt Weniger die Kategorie "Erinnerung" ein. Historische Inhalte sollen für das Individuum zukunftsgerichtete Bedeutung gewinnen.

In der dritten Schicht der Lehrplanentscheidungen sind die didaktischen Überlegungen nicht mehr auf die generellen Bildungsziele menschlicher Haltung und Gesinnung gerichtet, sondern konkreter auf im Unterricht zu vermittelnde Kenntnisse und Fertigkeiten, die die Voraussetzung für die übergeordneten Zielsetzungen darstellen. Hier ist auch über propädeutische Kenntnisse zu entscheiden. Bestimmte Lehrplanaufgaben dieser Schicht, die in Lehrplan und Unterrichtspraxis den breitesten Raum einnehmen, haben nach Weniger "überhaupt nichts mehr mit Bildung zu tun". "Sie sind bezogen auf außerschulische Ziele außerschulischer Mächte und auf gewisse praktische Notwendigkeiten der Berufe, der Wirtschaft, der Kirche (Hebräisch!) usw. Sie gehen auf Schulung, Gewöhnung, Stoffbeherrschung. Man muß aus irgendwelchen Gründen bestimmte Dinge können und wissen. Hier wollen die Lebensmächte nicht zu Bildungsmächten werden, sondern sie verlangen einfach verfügbare Techniken und gesicherte Wissensbestände." (ebd. S. 87f). Die Nähe zu esoterischen Bildungsideologien ist bei dieser Beschränkung der eigentlichen Bildungsaufgaben auf Bildung der Gesinnung und menschlichen Haltung nicht zu übersehen. Zwar werden die Pädagogen aufgefordert, auch solchen Gegenständen pädagogischen Sinn zu geben (ebd. S. 88), doch werden die Forschungs- und Strukturierungsaufgaben der Didaktik hinsichtlich des Zusammenhangs von Fertigkeiten und Kenntnissen mit Fähigkeiten und Handlungen nicht wahrgenommen.

Was die pädagogische Theorie im Rahmen einer Theorie der Bildungsinhalte insbesondere für Entscheidungen von Problemen der zweiten Lehrplanschicht leisten kann, prüft Weniger an drei Theorieansätzen. Die "Theorie der Bildsamkeit", die an der qualitativen Differenzierung der individuellen Begabungen interessiert ist, könne allenfalls zu begabungsspezifischen Angeboten und damit zur Entwicklung spezieller Ausbildungsgänge beitragen. Allgemeine Prinzipien der Auswahl und Anordnung von Bildungsinhalten könne sie nicht liefern. "Theorien der Bildungsgüter" unterstellten entweder einen objektiven Zusammenhang der Kulturgüter und beschränkten sich auf deren Übertragung in Bildungsgüter oder betrachteten Bildungsgüter als "geistige Nahrungsmittel", die man gemäß der Nachfrage oder ausreichend und zuträglich abgeben müsse, ohne ihre Bildungswirkung zu beachten. Daß von bestimmten Inhalten breite Bildungswirkungen ausgehen können, berechtige keineswegs dazu, sie als Bildungsgüter festzuschreiben, da sich mit den Interessen auch die Wirkungen der jeweiligen Inhalte veränderten. Auch "Theorien der Bildungswerte" befreien nach Weniger Entscheidungen über Bildungsinhalte nicht aus der Willkür von Machtentscheidungen. In "Theorien des Klassischen" ließe sich eine gültige Auswahl weder metaphysisch noch historisch nachweisen. "Theorien der formalen Bildung" versuchten das Auswahlproblem zu umgehen, indem sie es für nebensächlich erklärten. Und ebensowenig scheinen ihm Versuche radikaler Schulreformer geeignet, den Lehrgang auf die schöpferischen Fähigkeiten des Kindes zu gründen, da sie trotz entgegengesetzter Versicherungen zumeist von einem mehr oder weniger klaren inhaltlichen Problem geleitet werden.

Schulwissen ist nicht ein fraglos gegebener Kanon von Stoffen, es wird auch nicht einsinnig bestimmt von gesellschaftlichen Interessen oder pädagogischen Theorien, vielmehr konstituiert es sich in einem komplizierten Prozeß des Zusammenwirkens gesellschaftlicher Mächte und Wissenschaften. Da Kriterien, Kompetenzen und Verfahren des Zusammenwirkens nicht erörtert werden, bleiben die konstruktiven Möglichkeiten des Ansatzes beschränkt.

"Das Bildungideal kann in jedem Lebensgebiet entstehen, es formt sich in der Erfahrung von Lebensnöten und Lebensaufgaben. In der Politik, in der Wirtschaft, in der Kunst, in den Zusammenhängen des gesellschaftlichen Lebens kann die Notwendigkeit eines neuen Ideals zuerst aufgehen, das dann auch, wenn es in sich kräftig genug ist und die übergreifenden Bezüge einschließt, für die anderen Lebensgebiete gültig wird und schließlich Eingang in die Erziehung findet." (ebd. S. 95).

Vor dem Anspruch geisteswissenschaftlicher Analyse erstaunt nicht nur die angenommene Beliebigkeit der Entstehungsbedingungen von Bildungsvorstellungen, sondern auch die Selbstverständlichkeit, mit der dem Staat identitätsstiftende Entscheidungen übertragen werden für eine Gesellschaft mit divergierenden Bildungsvorstellungen. In der Frage, welche Stoffe die geistigen Kräfte der Zeit repräsentieren, werden die Antworten einzelner pädagogischer Theorieansätze wie auch die Ansprüche gesellschaftlicher Gruppen relativiert. Die Kompetenz der Didaktik bei der Rahmensetzung ist weitgehend eingeschränkt. "Die Inhalte der Konzentration im Heute und Hier anzugeben und Vorschläge für die Auswahl vorwegzunehmen, würde Rahmen und Kompetenz der Theorie überschreiten, die ja nicht im Dienst irgendwelcher Bildungsmächte steht." (ebd. S. 98). Auch was die Bestimmung von Kenntnissen und Fertigkeiten der dritten Lehrplanschicht anbetrifft, ist die Didaktik nur aufgefordert, gesellschaftlichen Anforderungen pädagogischen Sinn zu geben.

Positiv bestimmt sich die Rolle von Pädagogik und Didaktik im bildungspolitischen Feld aus ihrem Bezug auf den Bildungsbegriff. Die Entwicklung dahin sieht Weniger auch im Zusammenhang mit der Entwicklung des Volksschullehrerstandes: "Da sie (die Volksschullehrerschaft, B.G.) die Ziele der Bildungsarbeit nicht selbst zu bestimmen hatte, mußte es ihr darauf ankommen, wenigstens über die anzuwendenden Mittel, die Methoden, nach objektiven Maßstäben entscheiden zu können. Da aber ein Zusammenhang zwischen Zielen und Mitteln nicht zu verkennen war, mußte sie versuchen, wenigstens über die pädagogische Berechtigung der von den Bildungsmächten aufgestellten Erziehungsziele etwas zu ergründen. Schließlich mußte sie, da Erziehung ihrem Wesen nach nur in Freiheit geschehen kann, sich bemühen, die Freiheitssphäre des Lehrers und Erziehers innerhalb der unerläßlichen Bindung zu erkennen und zu behaupten" (E. Weniger 1957, S. 88f). Schienen im Anschluß an Herbart die Prinzipien für die Wahl eigenständiger pädagogischer Methoden verfügbar und war in kritischer Auseinandersetzung mit der Lehrplanpraxis der Zeit die Frage nach dem inhaltlich vollständigen Lehrplan als lehrplantheoretisches Problem von Dörpfeld zumindest gestellt, kommt es, im Gegenzug zu Dogmatisierungs- und Mechanisierungstendenzen, in den verschiedenen reformpädagogischen Richtungen zu grundlegenden Veränderungen in der Auffassung von Bildung und schulischem Lernen. Das theoretische Konzept von Bildung als den "geistigen Begegnungen zwischen den Generationen, als der bildenden Begegnung zwischen dem Nachwuchs und der geistigen Welt" (E. Weniger 1971, S. 16), das Weniger von Nohl übernimmt, rückt die Erziehungswissenschaft überhaupt wie die Didaktik im besonderen in ein verändertes Verhältnis zur Praxis und bezeichnet neue Aufgabenschwerpunkte. Eine sehr wichtige Aufgabe der Didaktik wird es nun, "den wahren Ort der Freiheit des Lehrers zu bestimmen" (ebd. S. 14), das heißt innerhalb der Beschränkungen, denen der Lehrer als Amtsträger unterliegt, Entscheidungsfreiräume zu bezeichnen und zu begründen als Voraussetzung für die notwendige "Unmittelbarkeit und Lebendigkeit" von Bildungsprozessen. Die Didaktik bietet nicht die Sicherheit einer pädagogischen Methode, sondern soll die Freiheit methodischen Handelns begründen, indem sie Bedingungen, Voraussetzungen, Möglichkeiten und Grenzen unterschiedlichen methodischen Vorgehens einsehbar macht. Ausführlich erörtert und begründet wird die Ablehnung eines Methodendogmatismus in der Erziehung:

"Erstens hat es die Erziehung mit lebendigen Menschen zu tun, die niemals und unter keiner Bedingung geopfert, also auch den mechanischen Lösungen nicht unterworfen werden dürfen; zweitens haben die Zöglinge immer etwas in sich, was jeder Berechnung spottet, etwas Irrationales, Individuelles, Unwiederholbares; drittens aber, und das ist das Entscheidende, ist es unmöglich, daß der Lehrer, der zur Einsicht und Freiheit erziehen soll, selber auf Einsicht und Freiheit verzichtet, selber nur mechanische Gewohnheiten hat. Hier heißt es wirklich, daß Geist nur durch Geist erweckt werden kann, Freiheit nur durch freie Menschen, Einsicht nur durch Einsicht" (E. Weniger 1963, S. 71).

Welche Elemente den Bildungsprozeß über die negative Abgrenzung mechanisch eingeübten Wissens und gewohnheitsmäßig angeeigneten Verhaltens hinaus positiv bestimmen und auf welche Weise sie durch pädagogisches Handeln ausgelöst oder doch vorbereitet werden, bleibt auch bei Weniger offen, obgleich er ausdrücklich von der Möglichkeit spricht, auch zum Erleben methodisch hinführen zu können (ebd. S. 27). Vielmehr wird gerade die Unbestimmtheit und Unplanbarkeit der Bildungsprozesse zu ihrem bestimmenden Merkmal, auf das sich die Forderung nach pädagogischer Freiheit des Lehrers stützt. Verbesserungen der Handlungskompetenz der Lehrer erscheinen nicht vordringlich.

Auch für Lehrplanentscheidungen über Bildungsziele und -inhalte
bleibt das Konzept "bildender Begegnung" mehr regulative Idee als
Entscheidungskriterium. "Bildende Begegnungen" sind innerhalb verschiedener inhaltlicher Rahmensetzungen möglich, die also auch der
Auseinandersetzung der gesellschaftlichen Mächte und staatlichen Letztentscheidungen überlassen werden können, sofern nur dem Lehrer Ge-
staltungsfreiraum zugestanden wird. Die Festlegungen des Lehrplans
sind nicht als Stoffsammlungen zu verstehen, sondern als Mittel, "die
geistigen Kräfte und Gehalte auszudrücken, auf die es ankommt"
(E. Weniger 1971, S. 63). Diese Zielrichtung bleibt nach Weniger die
gleiche für das differenzierte und vielseitige Lehrangebot der höheren
Schulen wie für das begrenzte der Volksschulen. Das Konzept "bildender Begegnung" fügt sich in seiner ganzheitlichen, analysefeindlichen
Form jeglicher staatlicher Rahmensetzung und damit auch vertikalen
Differenzierungen des Allgemeinbildungsangebotes. Weniger läßt auch
in Veröffentlichungen nach 1945 keinen Zweifel daran, daß der Staat
über das Bildungswesen eine gesellschaftliche Ordnung anstreben
müsse, die nach berufsständischen Merkmalen gegliedert ist und deshalb weder die Bildungsziele der Arbeiter noch der Bauern, des Klein-
bürgertums, mittlerer und akademischer Schichten verabsolutieren
dürfe. Zwar ist der Bildungsbegriff gegen Beschränkungen einseitiger
mechanisierter Instruktionsmethoden gerichtet, legitimiert aber zugleich
über den Begriff des Bildungsideals die Orientierung an gesellschaftlich oder staatlich festgesetzten Normen, aktuell eine die Sozialglie-
derung reproduzierende schulische Gliederung mit entsprechenden inhaltlichen Differenzierungen, die angeblich "Grundmöglichkeiten menschlicher Haltung" (E. Weniger 1952, S. 535) repräsentieren.

3.1.2. Auslegung des Bildungsbegriffs für das schulische Lehr-
angebot

Der Bildungsbegriff bringt in seiner geisteswissenschaftlichen Fassung
einerseits die Öffnung des Bildungssystems zur Gesellschaft hin zum
Ausdruck, indem er auf die Entwicklungsmöglichkeiten der Gesellschaft, ihre Bildungsideale, bezogen ist, zugleich aber auch den spezifischen Anspruch des Bildungssystems, die Heranwachsenden vor In-
doktrination zu bewahren. Vertreter der geisteswissenschaftlichen Richtungen der Pädagogik haben es gleichwohl stets als zentrale Aufgabe
ihrer Wissenschaft betrachtet, die Bildungsmöglichkeiten ihrer Zeit zu
konkretisieren, sei es aus der Analyse der Bildungstradition, der gesellschaftlichen Gegenwart oder aus anthropologischen Überlegungen
heraus.

W. Flitner etwa hat historisch den Zusammenhang von Erziehungstätig-
keit und Lebensformen aufgewiesen, mit denen er solche Sozialisationsbedingungen meint, die "Sitte, geistiges Lebensverständnis und dar-
stellende 'Gebärde' oder 'Haltung' in Übereinstimmung mit der sozialen Funktion der Gruppe formen" (1954, S. 32ff). Als historische
Muster solcher Lebensformen nennt er u.a. den Ritter, die christlichen
Werkleute, das Bauern- und Handwerkerhaus. In Europa gäbe es immer
noch Gebiete und Sozialgruppen mit geschlossenen Erziehungsformen.
Die Masse der Bevölkerung, auch die politisch und ökonomisch dominie-

renden Gruppen seien pädagogisch gespalten und verunsichert. Hier nun soll die Schule einspringen. "Sie muß eine Stätte des geselligen geistigen Verkehrs sein, in der sich eine Atmosphäre der 'Menschlichkeit' bildet, und wo jedem einzelnen Lebenshilfe geboten wird." (ebd. S. 47). Die Formen des "geistigen Verkehrs" gestalten sich jedoch unterschiedlich, je nachdem, ob sie sich auf "volkstümliche Bildung" oder die "gebildeten Schichten" beziehen(1).

Flitners Überlegungen sind vorwiegend auf die höheren Schulen gerichtet, an denen die "künftigen Studierenden, als Anwärter für eines der tragenden geistigen Ämter" (ebd. S. 53) lernen. Er hält es für falsch, diese Schulen "als 'wissenschaftliche Oberschulen' zu bezeichnen und sie psychologisch einem 'theoretischen Typus' zuzuordnen". Den Bildungsprozeß bezeichnet er vielmehr als "ein geistiges Schauen, Benennen und Gestalten, das elementarer ist als die Wissenschaft im engeren Sinne" (ebd. S. 53). Deshalb verbietet sich auch jede Differenzierung und Funktionalisierung des Bildungsangebots für Berufs- und Studienbereiche. Geistesbildung und ihr ethisches Fundament formen sich nur in Auseinandersetzung mit der abendländischen Kultur, die Flitner in sieben zeitliche und inhaltliche Stufen gliedert: 1. die Erfahrungen der Transzendenz in archaischen Märchen, Sagen, den ältesten Teilen der Bibel; 2. die religiöse Erfahrung der "Vergebung und Gotteskindschaft"; 3. die "Erweckung des persönlichen Gewissens" in Platons Darstellung des Wirkens und Sterbens von Sokrates; 4. die "Erfahrung der geformten Sprache, der Urbanität und gesitteten Existenz ..., die Wertschätzung der Musen, des gesellschaftlichen Anstandes, freier Forschung und geistiger Mitteilung" vermittelt durch die humanistische Literatur; 5. naturwissenschaftliches Denken; 6. mathematisches Denken seit der Antike, und 7. das "naturrechtliche(n) und historische(n) Denken(s) über die Verantwortung gegenüber dem öffentlichen Leben, dem Recht und der Politik" (ebd. S. 53/54). In diesen Stufen entwickelte sich auch der Kanon der Lehrfächer für die höhere Bildung, der systematisch damit gerechtfertigt wird, daß in ihm die "Allseitigkeit der menschlichen Geistestätigkeit" zum Vorschein komme. Der Kanon umfaßt sieben Fachbereiche: 1. Leibesübungen, 2. technische Künste (Handarbeit, Werkunterricht, Haus-

─────

(1) In einem Einzelgutachten der Denkschrift der Universität Hamburg gegen schulische Neuordnungspläne des Senats von 1949 sieht Flitner keine Möglichkeit für eine pädagogische Begründung einer organisatorischen Einheit der Schule, vielmehr hält er organisatorische Differenzierungen gemäß den Berufen und ihrer unterschiedlichen sozialen Verantwortung für nötig:
"1. Volksschulen, Berufs- und Fachschulen für die ausführenden Berufe, Handwerker und Facharbeiter;
 2. Schulen für die leitenden Stellen des praktischen Lebens - realistische Studienschulen, höhere Fachschulen, technische Hochschulen, Teile der Universität und Fachhochschulen;
 3. wissenschaftliche Studienanstalten für die geistigen Ämter - Gymnasien und Universitäten" (zit. nach H.E. Tenorth 1975, S. 88).

wirtschaft), 3. schöne Künste, 4. Sprache (Muttersprache und Fremdsprachen), 5. Weltkunde, 6. Mathematik und 7. Logik, in denen "Techniken der Naturbearbeitung, Übungen des Leibes, Gebrauch von Zeichen (Symbolik), das Verstehen von Symbolen (Hermeneutik), das zergliedernde, abstrahierende, rechnende Denken, das Bilden der Phantasie, in der Anschauung, die Meditation" entwickelt werden (ebd. S. 101). Diese Vielseitigkeit der Bildung führt den Lernenden in den Kreis der Gebildeten, die in Kenntnis der abendländischen Tradition verantwortliche öffentliche Ämter übernehmen sollen. Nicht die gesellschaftliche Bedeutung der Gegenstände oder ihre Stellung im Kanon der Wissenschaften bestimmen über ihre Stellung im Kanon der Schulfächer, da dies nach Flitner zu einer beliebigen Vermehrung der Unterrichtsgegenstände führen würde. Vielmehr sei ein "Zyklus weniger Grundeinsichten und fundamentaler 'Künste', auf denen das moderne Leben und seine menschenwürdige Ordnung beruhen" (W. Flitner 1955, S. 142f). Als wesentliche Momente "höherer Allgemeinbildung" nennt er den "geistige(n) Verkehr über die nationalen Grenzen hinaus und eine(n) offene(n) Sinn für die Humanität der Vergangenheit". Die Tendenz zur Flucht aus der Volksschule, die bereits die schulpolitische Situation der 50er Jahre charakterisiert und eine Gefährdung der Bildungsziele des Gymnasiums im Flitnerschen Sinne bedeutet, bestärkt nicht nur Flitners Verteidigung des klassischen Gymnasiums, sondern führt ihn auch zu der Forderung nach einer "wesentlichen Verbesserung" der "Hauptstufe der Volksschule". Es sei sozialpolitisch wie pädagogisch gefährlich, wenn die Volksschule zu einer Restschule für schwach begabte Kinder aus niedrigen Sozialgruppen herabsänke. Die Oberstufe der Volksschule müsse so gehoben werden, daß der Niveauunterschied zu den weiterführenden Schulen geringfügig werde, sie aber ihren "eigenen Stil" entwickele (ebd. S. 140). Antworten auf die Frage nach dem "eigenen Stil" der Volksschule bei weitgehender Angleichung der Schulzeit und ihres Ausbildungsniveaus an die Mittel- und Realschule, sucht Flitner in Sprangers Schrift über den "Eigengeist der Volksschule" und vor allem in der historischen Analyse der Aufgaben der Volksschule. Er belegt die Entwicklung von vier Aufgabenkreisen der Volksbildung:

- den Ausgangspunkt von den Kulturtechniken des Lesens, Schreibens und bürgerlichen Rechnens;

- den Einfluß der christlichen Kirchen mit ihrem katechetischen und laientheologischen Verständnis;

- die Forderungen des modernen Staates und der industriellen Entwicklung nach Grundlegung "rationaler Werkfähigkeit", mathematischen Denkens, rationaler Sachkunde und volkstümlicher Sprachlehre;

- die nationalen Bestrebungen zur "volkstümlichen Überlieferung bedeutsamer Dichtung, Geschichte, Musik, humanen öffentlichen Betragens und guter Sitte" (W. Flitner 1963, S. 106).

Die historische Analyse zeigt nach Flitner die Quellen der Grundbildung, die in der aktuellen Auslegung von Volksbildung lebendig bleiben müssen, insbesondere die "Pflege der vorrationalen Geistesbeschäftigungen" (ebd. S. 100), die Pflege der "volkstümlichen Kultur" als

Gegengewicht gegen Forderungen des technischen Zeitalters nach Beförderung der "rationalen und technischen Schulung, der rein zivilisatorischen Intelligenz, der äußeren Lebenstüchtigkeit" (ebd. S. 101).

Unter dem Stichwort "realer Humanismus" entwirft und rechtfertigt **H. Weinstock** eine dreigliedrige Organisation des allgemeinbildenden Schulsystems und seiner Aufgaben weniger aus der christlichen humanistischen Tradition als auf ein "realistisches" Gesellschaftsbild hin, das die Arbeitsteilung, speziell das Verhältnis des Menschen zur Maschine zum Ausgangs- aber auch Zielpunkt des Ausbildungssystem macht.

Die Beschreibung der sozialen Gegenwart gerät recht einfach: "Ohne die Maschine aber müßten wir alle verhungern; ohne Apparat, Technik, klug berechnete Arbeitsteilung könnten wir nicht einmal mehr das nackte Leben fristen." Der 'Realismus' des Autors drückt sich nun darin aus, daß er die Mechanisierung zum Maßstab der Bildung erhebt und fragt:

> "Was verlangt diese Maschine vom Menschen dafür, daß sie ihm sein Leben garantiert?" Die berüchtigte Anwort lautet: "Dreierlei Menschen braucht die Maschine: den, der sie bedient und in Gang hält; den, der sie repariert und verbessert; schließlich den, der sie erfindet und konstruiert. Hieraus ergibt sich: Die richtige Ordnung der modernen Arbeitswelt gliedert sich ... in drei Hauptschichten: die große Masse der Ausführenden, die kleine Gruppe der Entwerfenden und dazwischen die Schicht, die unter den beiden anderen vermittelt." Übersetzt in menschliche Leistungsanforderungen heißt das: "Die ersten müssen zuverlässig antworten, die dritten selbständig fragen können; die Mittelschicht aber ist dafür verantwortlich, daß die Fragen der einen von den anderen richtig verstanden werden" (H. Weinstock 1958, S. 121).

Es wird unterstellt, daß die rationalisierte Arbeitswelt in allen Bereichen so gegliedert ist und gefolgert: "Offenbar verlangt die Maschine eine dreigegliederte Schule: eine Bildungsstätte für die Ausführenden, also zuverlässig antwortenden Arbeiter, ein Schulgebilde für die verantwortlichen Vermittler und endlich ein solches für die Frager, die sogenannten theoretischen Begabungen." (ebd. S. 122). Die "Grundverhaltensweisen" (Fragen, Verantworten, Antworten) sollen entwickelt werden durch wissenschaftliche Vorbildung der theoretischen Begabungen, nicht näher bestimmte Angebote für den "denkenden Praktiker" und durch eine vertiefte Einführung in die Kulturtechniken für die Praktiker. Weinstock versichert, daß die "um das Heil des Menschen besorgte Pädagogik" mit diesem schichtspezifischen Ausbildungsmodell keineswegs das Ziel der Allgemeinbildung aufgeben wolle. "Allgemeinbildung wird freilich hier nicht verstanden im Sinne einer verblasenen Ideologie von dem Menschen, den es nirgends gibt, sondern im realen Verstande konkreter Menschlichkeit", die in allen, auch den politischen, kulturellen, sittlichen und religiösen Dimensionen bereits durch den Bezug auf eine künftige Arbeitswelt begrenzt wird. Das heißt: "Die jedem Menschen zukommende und von jedem Menschen zu erstrebende allgemein-menschliche Bildung ist immer nur als spezifische Allgemeinbildung zu verwirklichen, wie im Leben, so in der Schule." (ebd. S. 125f). Das heißt aber auch, ob der Lernende später

einmal nur antworten, Verantwortung tragen oder gar Fragen stellen
darf, bemißt sich nach den Auslesekriterien einer Schule, die bereits
für den entsprechenden Aufbau von Orientierungen und Einstellungen
Sorge trägt.

Eine quasi anthropologische Variante zur Begründung der Eigenständigkeit der Bildungsaufgaben der verschiedenen Schulzweige des allgemeinbildenden Systems und speziell der Volksschule entwickelt E.
Spranger 1955. Er läßt keinen Zweifel daran, daß die Angleichung
im allgemeinbildenden System, das er in Kerschensteiners Sinn als
"Einheitsschule" bezeichnet, seiner Einschätzung nach inhaltlich und
organisatorisch 1955 Grenzen erreicht hat, "die sinnvoll sind und über
die man nur zum Schaden des Volksganzen hinausgehen könnte"
(E. Spranger 1966, S. 9). Es käme vielmehr darauf an, darüber nach-
zudenken, "was der Volksschule eigentümlich ist und ihr den unersetz-
baren Wert gibt" (ebd. S. 10). Den theoretischen Rahmen für die Begründung des "Eigengeistes der Volksschule" bildet die Umwelttheorie
von Uexkülls mit ihrem artenspezifisch relativierten Umweltbegriff.
Der Nachweis, daß jeweils spezielle Merk-Wirkzusammenhänge oder
Reiz-Reaktionszusammenhänge artenspezifische Bedeutung erhalten, läßt
nicht nur die anthropomorphe Welt zum Spezialfall werden. Die große
Freiheit des Menschen, Umwelt verändern zu können und Bedeutungs-
zusammenhänge herzustellen, hat eine Fülle von "Eigenwelten" zur
Folge, gemäß der Kombination historischer, sozialgruppenbezogener und
räumlicher Merkmale. Die Antworten auf die Frage, wie gleichwohl
intersubjektiv gültige Erkenntnis möglich sei, bereitet die Antwort
Sprangers auf die Frage nach dem Eigengeist der Volksschule vor.
Die Wissenschaft suche Erkenntnisse aus ihrer subjektiven und eigenweltlichen Gebundenheit zu lösen, sie zu objektivieren. Dies gelingt
Spranger zufolge in den Naturwissenschaften eher als in den Geisteswissenschaften. In den Geisteswissenschaften, wo es um Formen und
Ergebnisse menschlichen Ausdrucks, Denkens und Handelns geht, sind
die Schritte zur Entsubjektivierung der Erkenntnisse insofern kompli-
zierter, als der Gegenstandsbereich wie die daran geknüpften Bedeutungen gruppenspezifisch differieren und historisch relativ schnellen
Veränderungen unterworfen sein können. Gruppenintern ist ein intersubjektives Erfassen und Erklären von Ausdrucks-, Denk- und Handlungsformen eher möglich. Der Eigenweltcharakter, der sich in der
Bedeutungszuweisung zu bestimmten Merk- und Wirkzusammenhängen
zeigt, wird nur über Annäherung von außen erfaßbar und damit erklärbar.

Spranger ist zuzustimmen, wenn er es als Aufgabe jeder Schule bezeichnet, "junge Menschen aus der Befangenheit in den Eigenwelten, in
denen sie leben, hinauszuführen" (ebd. S. 20). Auch K. Mannheim
hatte die Forderung gestellt, Schüler systematisch mit fremden Lebens-
verhältnissen und Weltsichten bekannt zu machen. Diese beiden Aufgaben der Schule, die Hinführung zu der "maßgebenden Kulturwelt"
und die "Pflege der Eigenwelten", will Spranger arbeitsteilig auf
die Schulen des allgemeinbildenden Systems verteilen.

"Während sie (die höhere Schule) aber entschieden in das Abend-
ländisch-Allgemeine hinüberführt, ist es die Aufgabe der Volksschule, außerdem die Gärten der Eigenwelten verschiedenster Bedeutung anzubauen, weil in ihnen Kräfte liegen, die nicht unent-

faltet bleiben dürfen. Sie bewegt sich nicht ausschließlich auf den einen Pol, die gemeinsame Geisteswelt, hin; sondern sie ist auch verpflichtet, dem anderen Pol, der individuell bedingten Seelenwelt zu dienen; anders gesagt: Verkehrs- und Wurzelwelt sind nie ganz voneinander abtrennbar, ohne daß der Mensch Wesentliches von seiner Menschlichkeit verlöre." (ebd. S. 13).

Die Volksschule wird dabei zur "pädagogische(n) Brücke zwischen den Eigenwelten und der einen maßgeblichen Kulturwirklichkeit. Es liegt im Wesen einer Brücke, daß man sie in zwei Richtungen beschreiten kann." (ebd.)

Obwohl das Denkenlehren Aufgabe aller Schulen sei, als Voraussetzung zur Intersubjektivierung eigenweltlicher Erfahrungen, macht Spranger den erfolglosen Versuch, eine "eigentümliche Denkweise" in der Volksschule zu konstruieren. Auch in die Aufgabe, in die Symbolsysteme der Kultur einzuführen, teilen sich alle allgemeinbildenden Schulen. Wieso die damit verbundene Forderung, daß alles, was "die Kinder der Volksschule tun und denken", ihnen "zueigen werden" müsse, auf diese Kinder beschränkt werden sollte, bleibt uneinsichtig. Die drei Hauptcharakteristika volkstümlichen Denkens "anschauungsnahes Denken", "Denken im Tun", "Denken in der Gemeinschaft der Lernenden" werden aus der "altersbedingten Eigenwelt" der Kinder begründet und können deshalb nicht nur für eine Schulart gelten. Ebensowenig enthält Sprangers Diskussion des "Elementaren", die sich nicht nur auf "Grundgebilde" und "Grundvorgänge" der Objektseite bezieht, sondern auch auf "grundlegende Denkformen" und "Verstehensschemata" des Subjekts, eine volksschulspezifische Komponente (ebd. S. 96ff). Es bleibt für die Begründung der besonderen Volksschulaufgaben nur die Notlage, die erzieherisch aus einer nur achtjährigen Volksschulzeit erwächst, die "den jungen Menschen nicht eigentlich fertig machen kann" (ebd. S. 106). Sie erfordert nach Spranger vom Volksschüler ein Weiterlernen und Selbsterziehung über die Schulzeit hinaus. Grundlage dafür soll eine religiös orientierte Gewissensbildung in der Schule sein(1).

Kennzeichnend für die Sprangersche Auffassung ist, daß eine in ihren Hauptmerkmalen klar bestimmbare geschlossene Kulturwirklichkeit unterstellt wird, zu der die höhere allgemeinbildende Schule ihre Schüler aus ihren eigenweltlichen Bildungen herausführt, während die Volksschule ihren Schülern helfen soll, etwas aus dieser Kulturwirklichkeit in ihre sozial geprägten Eigenwelten hineinzunehmen. Dementsprechend bleiben auch die "Bildungsgüter" der Volksschule unter die Leitprinzipien des Heimatlichen und des Religiösen gestellt.

-----

(1) Auf dem 3. Deutschen Pädagogischen Hochschultag (1956) kommt etwa J. Guthmann zu einer völlig anderen Einschätzung der Möglichkeiten der Volksschule, Selbsterziehung vorzubereiten: "Die Volksschule muß also auf Grund der Schulpflichtdauer vor der Aufgabe versagen, das Streben nach systematischer Selbsterziehung zu unterstützen" (1957, S. 14).

Unter dem Thema "Volksschule und Erziehungswissenschaft" hat E. **Weniger** auf dem 3. Hochschultag der Arbeitsgemeinschaft Pädagogischer Hochschulen (1956) u.a. seine Vorstellungen zur Neugestaltung der Volksschuloberstufe, wie er sie auch dem Deutschen Ausschuß für das Erziehungs- und Bildungswesen vorgelegt hatte, konkretisiert. Den Begründungsversuch Sprangers für eine volksschuleigene Bildungsaufgabe relativiert er mit dem Hinweis auf die auch für die höhere Schule geltende Verpflichtung, methodisch wie inhaltlich Rücksicht auf die kindlichen, sozialgeprägten Eigenwelten zu nehmen (E. Weniger 1957, S. 96).

Die Volksschuloberstufe entspricht im Urteil Wenigers weder der geschichtlichen Entwicklung noch den Veränderungen im gesellschaftlichen Umfeld und in der Entwicklung der Kinder und Jugendlichen. Historisch gesehen hätte die Volksschule eine eigenständige Schulform der im 19. Jahrhundert mündig gewordenen Volksschichten werden müssen, die nicht als unvollendete Stufe einer höheren Bildung und damit als neue Form der Klassen- und Standesschule erscheint. Die Beschränkung auf die Vermittlung einfacher Kulturtechniken verbiete sich im Hinblick auf den immer stärker fortschreitenden Rationalisierungsprozeß in Technik, Wirtschaft und Gesellschaft. Demgegenüber verliert die alte Unterscheidung von theoretischer und praktischer Begabung für die Differenzierung von Schularten zumindest einen Teil ihrer Bedeutung (ebd. S. 98). Faktisch mache die Masse der nach relativ äußerlichen und einseitigen Kriterien ausgelesenen "Begabten" die Volksschule zu einer Schule "der geistig Minderbemittelten", "deren Lebenschancen sich auf ungelernte, höchstens angelernte Arbeit oder auf bäuerliche Kleinstbetriebe erstrecken" (ebd. S. 99f). Die Aufgabe der Neugestaltung faßt Weniger gleichwohl wiederum uneingeschränkt berufsständisch: "Vor uns steht die Aufgabe, die Volksschule (Volksschul-Oberstufe) zu einer wirklichen Schule des Volkes, der Arbeiterschaft, des kleinen und mittleren Bauerntums, des kleineren Handwerks und der unteren Verwaltungsdienste zu machen ..." (ebd. S. 100). Der "eigene Bildungszusammenhang" dieser Volksschule soll sich ergeben aus dem Bezug zur Lebens- und Arbeitswelt der Umgebung der Kinder und den dort entwickelten Lebensformen, es soll aber auch "die Verbindung zur weiten Welt" mit der Einführung einer Fremdsprache hergestellt werden. Entschieden tritt Weniger für eine Verlängerung der Volksschulzeit auf neun oder gar zehn Schuljahre ein, begründet mit Veränderungen der biologischen Entwicklung (Akzeleration), mit dem Phänomen der Reizüberflutung und veränderten Bedingungen in der Lehrlingsausbildung.

Die Auslegungen des Bildungsbegriffs von seiten der wissenschaftlichen Pädagogik in den frühen 50er Jahren stimmen trotz unterschiedlicher Ansätze darin überein, daß in der gegebenen gesellschaftlichen Situation für das allgemeinbildende System schulartenspezifische, an den sozialen Lebenszusammenhängen orientierte Bildungsmöglichkeiten geschaffen werden müßten. Die Forderung nach geschlossenen, gesinnungsbildenden und handlungsorientierten Bildungszusammenhängen, gerichtet gegen Tendenzen gesellschaftlicher Vermassung und Technisierung, wird begründet aus Ergebnissen statisch konservativer Geschichts- und Gesellschaftsbetrachtung, die sich auf Traditionen (Flitner) oder sozio-ökonomische Zustände (Weinstock) beruft, oder,

wie Spranger, sogar noch einmal auf anthropologisch biologistische
Forschungsergebnisse. Gemeinsam ist den Analysen ihr gesellschaftlicher Konservatismus, der die Reproduktionsfunktionen des Bildungssystems durch universalistische Zielformeln, wie Bildung zu "konkreter
Menschlichkeit" verdeckt.

3.2.

VERWISSENSCHAFTLICHUNG DER DIDAKTIK

Fragen nach dem Wissenschaftscharakter der Didaktik und ihrer Rolle
in Lehrerausbildung, Schule und Bildungspolitik wurden in der zweiten
Hälfte der 50er Jahre eng mit Forderungen nach einer wissenschaftlichen Ausbildung der Volksschullehrer verknüpft, gleichgültig ob
diese Forderungen bildungspolitisch auf den Ausbau eigenständiger
wissenschaftlicher Hochschulen oder auf eine Angleichung der Ausbildungsgänge aller Lehrer abzielten(1). Faktisch machten die verschiedenen institutionellen Lösungen der Volksschullehrerausbildung in den
Bundesländern, besonders hinsichtlich der Stellung von Wahlfach und
Fachdidaktik, eine nähere Bestimmung der Aufgaben der Didaktik und
ihres Wissenschaftscharakters und eine Klärung des Verhältnisses von
allgemeiner und Fachdidaktik nötig.

Auf dem 4. und 5. Deutschen Pädagogischen Hochschultag 1959 und
1962, dem damaligen Forum der Pädagogischen Hochschulen, wurden
diese Fragen intensiv erörtert. Der Schwerpunkt lag gemäß der am
Bildungsbegriff orientierten geisteswissenschaftlichen Tradition bei den
Fragen nach der Auswahl der Bildungsinhalte, die in den 50er Jahren
zunächst unter dem Gesichtspunkt exemplarischen Lehrens und Lernens
für das Gymnasium diskutiert wurden. Die Übertragung auf die Volksschule erfolgte in den Begriffen des "Fundamentalen und Elementaren,
als Forderung nach Auswahl typischer, repräsentativer, paradigma-
tischer Inhalte, nach Konzentration auf das Wesentliche und existen-
tiell Bedeutsame, nach Besinnung auf die Urphänomene der geistigen
und natürlichen Welt, nach Rückgang auf die 'Ursprungssituationen'
der Bildungsinhalte, nach Klärung der zentralen Kategorien und Methoden der Weltbewältigung und des Selbstverständnisses, nach 'Grundbildung' bzw. 'grundlegender Bildung', nach einer 'Pädagogik des

-----

(1) Der "Bremer Plan" sprach von "Didaktik als wissenschaftlichem
Sachforschungsproblem" zur Begründung der Forderung einer uni-
versitären Volksschullehrerbildung. E. Fink interpretierte: "Die
Einsicht in den wissenschaftlichen Rang des Didaktikproblems entscheidet letztlich auch den Rang des Lehrers in der modernen Gesellschaft." (E. Fink 1962, S. 137). – Mit etwas anderer bildungspolitischer Zielsetzung forderte O. Hammelsbeck in seiner Begrüßungsansprache zum 4. Pädagogischen Hochschultag auf, die Pädagogischen Hochschulen als "'wissenschaftliche Hochschulen' eigenständiger Bedeutung zu erweisen und ihre Anerkennbarkeit durch
die positive Zuwendung der Universität zu erzielen". Die verantwortlichen staatlichen Stellen müßten "auf die sich anbahnende
neue wissenschaftliche Bedeutung der Didaktik" aufmerksam gemacht werden, um bildungspolitische Fehlentscheidungen zu verhindern (O. Hammelsbeck 1960, S. 1 und 3).

fruchtbaren Moments'". (W. Klafki 1961, S. 121). Diese Überlegungen sind eine Reaktion auf das Problem der Stoffüberbürdung der Schulen, das Klafki zurecht als äußeres Symptom einer Bildungskrise deutet, die die Folge mangelnder Anpassung insbesondere der Volksschulen an die gesellschaftspolitischen Veränderungen seit der Mitte des 19. Jahrhunderts ist. Reformpädagogische Bemühungen um neue Arbeitsformen hatten inhaltliche Fragen weitgehend ausgeklammert, die Bemühungen der geisteswissenschaftlichen Didaktik in den 20er Jahren erreichten nicht die Lehrplan- und Unterrichtspraxis.

In der Zusammenfassung der Ergebnisse des 4. Pädagogischen Hochschultags interpretiert es F. Vilsmeier als ein "Symptom für den inneren Wandel des didaktischen Denkens der letzten Jahrzehnte", daß in allen Beiträgen von "Didaktik", nicht aber von "Methodik" die Rede ist, war doch in den Lehrerseminaren und den sie ablösenden Lehrerbildungseinrichtungen im Gegensatz dazu nur von Methodik die Rede (F. Vilsmeier 1960, S. 153). In dieser Veränderung manifestiert sich das Bemühen um eine bessere wissenschaftliche Fundierung und damit um eine größere Eigenständigkeit der Volksschullehrerausbildung und der Volksschularbeit. Klafki setzt sich auf dem 5. Hochschultag erneut für die Begrenzung der Didaktik auf Fragen der Bildungsaufgaben und -inhalte ein in Verbindung mit der Forderung ihrer wissenschaftlichen Bearbeitung. Davon erhofft er wachsenden Einfluß der Erziehungswissenschaft auf bildungspolitische Entscheidungen und zunehmende berufliche Selbstregulierungsmöglichkeiten auch in der Volksschule (W. Klafki 1965, S. 84). Dazu mußten die didaktischen Probleme forschungsmäßg erschlossen werden.

3.2.1. Didaktische Fragestellungen unter dem Begriff kategorialer Bildung

Vor allem W. Klafki hat die Auswahl von Bildungsinhalten problematisiert. Er folgt Weniger in der Ablehnung einseitiger Begründungen von Bildungsinhalten, sowohl funktionalistischer in der "Pädagogik vom Kinde aus" oder in den Theorien der Bildsamkeit, als auch objektivistischer in der Kultur- und Wertphilosophie oder im Scientismus (W. Klafki 1964, Kap. 8 und W. Klafki 1965) und betont, daß erst mit dieser kritischen Erörterung die Möglichkeit eröffnet ist, "eine eigenständige Didaktik und Erziehungslehre zu begründen" (W. Klafki 1964, S. 312). Einseitigkeiten in den Auffassungen materialer und formaler Bildung sollen unter dem Begriff "kategorialer Bildung" "in einer höheren Einheit" aufgehoben werden (ebd. S. 298). Sie wird sprachlich in der formalen dialektischen Verschränkung des materialen und des formalen Aspekts gefaßt. "Bildung ist Erschlossenheit einer dinglichen und geistigen Wirklichkeit für einen Menschen – das ist der objektive oder materiale Aspekt; aber das heißt zugleich Erschlossenheit dieses Menschen für diese seine Wirklichkeit – das ist der subjektive oder formale Aspekt zugleich im 'funktionalen' wie 'methodischen' Sinne." (W. Klafki 1965, S. 43). Didaktische Konsequenzen für die Auswahl.der Inhalte werden aus dieser Bildungsbestimmung zunächst nur negativ gezogen. Inhalte, die nicht repräsentativ für grundlegende Sachverhalte und Probleme sind, die der Schüler nicht als seine Wirklichkeit, seine

Zukunft oder Vergangenheit betreffend erfahren kann, haben kaum Bildungswert. Als Grundlage zur Ermittlung von Bildungsinhalten fordert Klafki darüber hinaus eine "eigenständige pädagogische(n) Kategorialforschung", deren Aufgabe es sei, ausgehend von der Bildungswirklichkeit "die Kategorien und Strukturen jener geistigen Grundrichtungen zu ermitteln, in denen dem jungen Menschen heute sein Leben als verpflichtende Aufgabe oder als freie geistige Möglichkeit gegeben ist. Eine solche Struktur- und Kategorialforschung hätte also das Bezugssystem zu entwickeln, angesichts dessen die Auswahl des Elementaren, Exemplarischen, Typischen getroffen werden kann." (W. Klafki 1965, S. 45)(1).

-----

(1) Das Exemplarische, das hier für Klafki nur eine Stufe der Bestimmung von Bildungsinhalten bezeichnet, hat in den 50er und frühen 60er Jahren als Methode der Stoffreduktion die didaktische Diskussion um das Lehrangebot der höheren Schule bestimmt. Bereits 1951 war in den "Tübinger Beschlüssen" für die höhere Schule und Hochschule auf die Gefahr verwiesen worden, daß die Stoffülle das geistige Leben ersticke. Der pragmatische Gegenvorschlag zielt auf exemplarische Stoffauswahl: "Ursprüngliche Phänomene der geistigen Welt können am Beispiel eines einzelnen, vom Schüler wirklich erfaßten Gegenstandes sichtbar werden, aber sie werden verdeckt durch eine Anhäufung von bloßem Stoff, der nicht eigentlich verstanden ist und darum bald wieder vergessen wird. ... Die Durchdringung des Wesentlichen der Unterrichtsgegenstände hat den unbedingten Vorrang vor jeder Ausweitung des stofflichen Bereiches." (Zit. n. B. Gerner 1970, S. IX). Vor allem M. Wagenschein (1968) hat diesen Begriff, schwerpunktmäßig für die Naturwissenschaften, sehr komplex ausgelegt, indem er mit dem exemplarisch ausgewählten Gegenstand nicht nur den gesamten Gegenstandsbereich einschließlich seiner sozialen Entstehungs- und Wirkungsbedingungen repräsentieren, sondern auch den Lernenden vielseitig, nicht nur intellektuell, ansprechen wollte. "Die Spiegelung muß nicht nur das Ganze des Faches, - im günstigen Fall das Ganze der geistigen Welt -, sie muß auch das Ganze des Lernenden (nicht nur z.B. seine Intelligenz) erhellen." (ebd. S. 14). Wagenscheins Versuch, bei der Bestimmung exemplarischen Vorgehens Kind und Sache gleichermaßen im Blick zu behalten, nimmt vorweg, was Klafki unter dem Begriff kategorialer Bildung gefaßt hat, nämlich im Bildungsprozeß Objekt- und Subjektseite wechselseitig füreinander zu erschließen. Zurecht weist B. Fichtner (1980, S. 38ff) darauf hin, daß der Schwerpunkt der didaktischen Diskussion um das Exemplarische bei der Untersuchung der formal-logischen Beziehungen zwischen Besonderem und Allgemeinem lag. Beispielsweise untersucht H. Scheuerl solche Beziehungen für das Exemplar, den Fall, den Typus, das Muster oder Modell, das Gleichnis, das Übungsfeld, das Demonstrationsobjekt, die Varianten des Exemplarischen darstellen (1958, S. 11ff). Der Prozeß der Begriffsbildung verläuft in diesem Verständnis stets von anschaulich-konkretem zu abstrakt-allgemeinem Wissen. Das Allgemeine ist definiert durch die übereinstimmenden Merkmale des Konkreten, ist insofern "fertiges Wissen". Funktion und Entstehung von Verallgemeinerungen im Prozeß der Erkenntnisgewinnung und Weltaneignung bleiben unbegriffen.

3.2.1.1. Differenzierung des Problems der Auswahl von Bildungsinhalten

In der Frage der Inhaltsauswahl gelangt Klafki über Wenigers Überlegungen hinaus, indem er drei Ebenen zur Bestimmung kategorialer Bildungsinhalte unterscheidet: 1. das "Fundamentale" oder die "geistigen Grundrichtungen", 2. die "kategorialen Voraussetzungen geistiger Aneignung und Bewältigung" und 3. das "Geschichtlich-Elementare" (vgl. bes. W. Klafki 1964, Kap. 9). Das Fundamentale begrifflich vom Elementaren unterschieden, "meint die allgemeinsten Prinzipien, Kategorien, Grunderfahrungen, die einen geistigen Grundbereich bzw. ein Unterrichtsfach konstituieren: das 'Geschichtliche', das 'Politische', jenen Weltaspekt, den wir 'Physik' nennen und der durch wenige methodische Grundprinzipien bestimmt ist, das 'Technische', das 'Poetische' usf." (W. Klafki 1961, S. 123). Eine genauere Bestimmung des Fundamentalen als Bezugssystem für die Auswahl des Elementaren gehört in das Programm der Kategorialforschung, doch macht Klafki einen allerdings nicht näher begründeten Vorschlag. Im Hinblick auf die gegebene Situation hält er für den mittleren und höheren Bildungsbereich eine Gliederung in folgende Grundrichtungen für angemessen:

" 1. Leibeserziehung,
2. handwerklich-technische Bildung,
3. gesellschaftliche Bildung,
4. musisch-ästhetische Bildung (mit ihren Hauptrichtungen des Gymnastischen, des Musikalischen, des Bildnerischen und des Sprachlich-Darstellerischen),
5. sprachlich-literarisch-kulturkundliche Bildung,
6. historisch-politische Bildung,
7. wirtschaftlich-erdkundliche Bildung,
8. mathematisch-naturwissenschaftliche Bildung,
9. biologische Bildung,
10. philosophisch-lebenskundliche Bildung,
11. sittlich-soziale Bildung,
12. gleichsam quer oder besser: vertikal zu den bisher genannten Grundrichtungen, sie dialektisch transzendierend, sie zugleich aber auch insgesamt betreffend, öffnet sich die Dimension des Glaubens und der Religion ..." (W. Klafki 1964, S. 334).

Vergleicht man diesen Vorschlag Klafkis mit Gliederungsvorschlägen, die etwa P.H. Hirst (1974, S. 84ff) für Erfahrung und Wissen macht, so wird sowohl das Fehlen eindeutiger Gliederungskriterien deutlich, die Hirst in den je spezifischen Begriffssystemen und den Prüfverfahren sieht, als auch die eher ganzheitliche und emotional geprägte Konzeption der "geistigen Grundrichtungen".

zu 1: "In der Erdkunde etwa läßt sich das Fundamentale mit Worten wie 'Reiz der Ferne', 'Wander- und Reisesehnsucht' andeuten, in der Biologie begegnet es uns im Erlebnis der Schönheit von Pflanze und Tier, im Staunen vor dem Wachsen und Sich-Verwandeln der Pflanzen, in der seltsamen Mischung von Fremdheit und Vertrautheit gegenüber dem Tier. Im Sport lebt das Fundamentale im Phänomen des Körpergefühls." (W. Klafki 1958, S. 19). Solch fundamentale Erfahrungen sollen das Interesse wecken, sich intensiv und längerfristig mit einem Be-

175

reich zu beschäftigen. Wie aber werden solche fundamentalen Erfahrungen gewonnen? Klafki sieht ähnlich Nohl und Weniger drei Zugangsmöglichkeiten: 1. Die Schule muß die Situationen schaffen, in denen fundamentale Erfahrungen gemacht werden können, z.B. politische Grunderfahrungen in der Schülermitverwaltung. 2. Der Lehrer muß "Geist" und "Ethos" der Grundrichtungen in seiner Person darstellen. 3. Fundamentale Grundrichtungen können exemplarisch in großen Persönlichkeiten oder Werken lebendig werden.

Innerhalb dieser Grundbereiche "gibt es eine mehr oder minder große, immer wieder neu zu bestimmende Anzahl wesentlicher, zentraler, bedeutsamer Einsichten, Zusammenhänge, Verfahren. Auf sie zielt der Begriff des Elementaren" (W. Klafki 1961, S. 123).

zu 2: Auf der zweiten Ebene geht es um solche Kategorien, die Erkenntnis oder Erfahrung in den Grundbereichen möglich machen: "Naturwissenschaftliche Methoden und Prinzipien, biologische Strukturzusammenhänge, mathematische Grundeinsichten, Kategorien geschichtlichen Verstehens, ästhetische Formelemente und Gattungen, Urformen handwerklich-technischen Schaffens, sittliche Grunderfahrungen usw." (W. Klafki 1964, S. 387). Klafki betont, daß es sich dabei nicht nur um "Erkenntnis- und Verstehenskategorien – Zahlbegriffe, 'Staat', 'Entwicklung', 'Ursache – Wirkung', usf." handelt, sondern auch um "Motivationsstrukturen ... oder um motivierende 'Wertideen' ...: Wahrhaftigkeit, Gerechtigkeit, Treue, Hilfsbereitschaft o.ä." (ebd. S. 326).

zu 3: Die in der geisteswissenschaftlichen Tradition verstärkte Einsicht in die Geschichtlichkeit der Bildung mündet auf einer dritten Problemebene in die Frage nach dem geschichtlich Elementaren. "Geschichtlich elementar ist all das, was an konkreten Erscheinungen, Lagen, Aufgaben, einerseits das Leben des Kindes und Jugendlichen in unserer Zeit, andererseits das Dasein des Erwachsenen, in das die Jugend stufenweise hineinwächst, nicht nur dann und wann, zufällig und rein individuell beeinflußt und bestimmt, sondern was zu den uns alle berührenden Problemen der Gegenwart gehört." Genannt werden beispielsweise Probleme des geteilten Deutschland oder Fragen der Bau- und Wohnkultur. Geschichtlich elementar sind Inhalte, an denen gegenwärtige Probleme erkennbar und erfahrbar werden.

Bei der Bestimmung elementarer Bildungsinhalte, der Konstitution von Schulwissen, will Klafki folgende Gesichtspunkte berücksichtigen:

a. Das Elementare ist nicht immer das leicht zu Begreifende. "Das Elementare ist das Erschließende" (W. Klafki 1958, S. 13) in dem Sinn, daß es dem Lernenden ein Stück Wirklichkeit wie die Lernenden für bestimmte Zusammenhänge der Wirklichkeit erschließt. In dieser dialektischen Auffassung des Bezuges von Lernendem und Lernumwelt geht nach Klafki das Elementare über das Exemplarische hinaus, das die erschließende Wirkung von der Inhaltsseite her beurteile.

b. "Das Elementare (ist) das im Besonderen zu gewinnende oder im Besonderen erscheinende Allgemeine" (ebd. S. 14). Diese Bestimmung erfaßt das Elementare nicht mehr nur phänomenologisch in seiner wechselseitig erschließenden Funktion, sondern vom Erkenntnisvorgang her. Jede Tatsache, Begebenheit wird nur verständlich von einem Allgemeinen, wenn es Gesetzen, Wirkungszusammenhängen, Strukturen, Prinzipien, Bedeutungen, Sinngehalten zuzuordnen ist. Das Bildungsangebot ist also so auszuwählen, daß diese allgemeinen Zusammenhänge erfaßbar werden; aber auch so, daß das Kind vom anschaulichen Besonderen angesprochen wird. "Das Allgemeine muß mich angehen, wenn es in mich eingehen soll." (W. Klafki 1961, S. 131).

c. Die Grundformen des Elementaren stellen sich in den verschiedenen Sinn- und Gegenstandsbereichen unterschiedlich dar: in den Naturwissenschaften als der einen gesetzmäßigen Zusammenhang repräsentierende Fall, in der Geographie als spezifischer Faktorenkomplex etwa eines Landschaftstyps, im Sprachunterricht als Spielmaterial für Satzbaupläne zur Erfassung variabler Strukturen, im Literaturunterricht etwa als klassisches Deutungsmuster von Lebensbezügen, im Kunstunterricht als einfache ästhetische Form. Zurecht weist Klafki darauf hin, daß die angesprochenen didaktischen Probleme und ihre erkenntnistheoretischen Voraussetzungen noch wenig geklärt seien.

d. Wenn das Elementare Wirklichkeit erschließen soll, muß es stets mit dieser Wirklichkeit in Zusammenhang gesehen werden. Das pädagogisch Elementare ist in diesem Verhältnis stets ein Element eines nicht erst pädagogisch geschaffenen Sinnzusammenhangs.

e. Das Elementare schließt die didaktisch-methodischen Prinzipien der Selbsttätigkeit und Anschauung in sehr weitgehender Weise ein. Erschließende Wirkung haben Bildungsinhalte nur, wenn sie "im Akt der geistigen Aneignung zur geistigen 'Funktion' werden" (ebd. S. 137). Die Bestimmung des Elementaren als prägnante Konkretion eines Allgemeinen kann zugleich als eine Umschreibung des Prinzips der Anschauung aufgefaßt werden.

Für die didaktischen Probleme der 2. und 3. Ebene der Lehrplanentscheidungen nach Weniger wird damit ein weitreichendes pädagogisches und interdisziplinäres Forschungsprogramm entworfen. Zugleich entwickelt Klafki ein didaktisches Analyseschema (W. Klafki 1965, S. 126ff), das dem Lehrer helfen soll, den Prozeß der Konstitution von Schulwissen, der zu Lehrplänen führte, nachzuvollziehen und für seine Lerngruppe auszulegen. Umfang, Qualität und Legitimation von Schulwissen bestimmen sich nach folgenden Gesichtspunkten:

a. Umfang und Gliederung des Bildungsangebots ergeben sich aus der Gesamtheit der geistigen Grundrichtungen, für die je spezifische Formen des Zugangs und des Umgangs mit der Welt angenommen werden. Die Präzisierung von Gliederungskriterien sieht Klafki als didaktische Aufgabe im weitesten Sinn an, die nur mit einer weitgespannten interdisziplinären Struktur- und Kategorialforschung von der Erkenntnistheorie bis zur Soziologie auch in ihren historischen Dimensionen hinreichend lösbar würde. Klafkis eigene Gliederungsversuche zeigen einen unsicheren Bezug einerseits auf vorliegende Gliederungen der Objektseite (Wissenschaftsdisziplinen, Schulfächer), andererseits auf Sinnprinzipien (ethisches, ästhetisches, theoretisches, pragmatisches, religiöses Prinzip), die unterschiedliche Zugangsweisen des Subjekts zu sich und zur Umwelt bezeichnen.

b. Die Auswahl elementarer Bildungsinhalte soll entsprechend ihrer Eignung erfolgen, zentrale Probleme, Begriffe, Konzepte, Methoden, Handlungsmöglichkeiten der Grundrichtungen faßbar zu machen. Dabei geht es sowohl um die Erschließung solcher Kategorien, die Erkennen und Handeln in den Grundrichtungen bedingen als auch solcher Probleme und Themen, die für das Verstehen von Gegenwart und Zukunft bedeutsam erscheinen. Die Bildungswirkungen der Elementaria sind aber davon abhängig, inwieweit sie mit den verschiedenen Perspektiven des Welt- und Selbstverständnisses und der Motivation der Lernenden vermittelt werden können.

c. Kategoriale Bildung meint "lebendiges, arbeitendes Wissen", die Erschließung von Auffassungsschemata und Methoden, um den Einzelfall einordnen und bearbeiten zu können. Die historische Dimension der operativen Katgorien wie der für Bildung wichtigen Problembereiche wird zwar für die Auswahl elementarer Inhalte als bedeutsam angesehen, wird jedoch nicht selbst zum Element der Bildung.

d. Den Fachwissenschaften kommt bei der Diskussion um die geistigen Grundrichtungen und Schulfächer und bei der Ermittlung elementarer Bildungsinhalte keine konstitutive, sondern eher eine regulative Funktion zu. Eine der Gliederung der Wissenschaftsdisziplinen folgende Unterrichtsfächerung widersrpicht dem Prinzip des Elementaren ebenso wie ein der Fachsystematik folgender Aufbau des Unterrichtsfaches. Ob sich dem Lernenden Wirklichkeit erschließt, ob ihm Allgemeines am besonderen Inhalt erfaßbar wird, hängt ab von der Bildungsstufe und der gegenwärtigen Lebensumwelt des Lernenden, es ist nach Klafki aber auch im Zusammenhang zu sehen mit dem Anspruchsniveau und dem künftigen Lebenskreis des Lernenden (W. Klafki 1961, S. 129ff).

3.2.1.2. Bildung in der Volksschule

Bei der inhaltlichen Konkretisierung des Bildungsbegriffs für die allgemeinbildenden Schulen, speziell für die Volksschule, dominiert bei Klafki anders als in den Ansätzen exemplarischen Lehrens der Gesichtspunkt der Adressatengebundenheit in dem doppelten Bezug auf den gegenwärtigen wie den zukünftigen Lebenskreis der Lernenden. In einer kritischen Auseinandersetzung mit dem von K. Odenbach sehr restriktiv gebrauchten Begriff der volkstümlichen Bildung hält Klafki an der Vorstellung von "speziellen Denkformen des volkstümlichen Menschen" (W. Klafki 1955, S. 68) fest. Er lehnt zwar ab, volkstümliche Bildung an solchen Formen volkstümlichen Denkens zu orientieren, die Odenbach als "traditionsgebunden und im wesentlichen unkritisch", als "subjektiv gefärbt" und zugleich "zweckgerichtet" und "ökonomisch" charakterisiert und denen er eine "organische" und "personifizierte" Sichtweise der Welt unterstellt, und hält dagegen die kritische, konstruktive, auf Intersubjektivität zielende Qualität des Denkens. Gleichwohl versucht er, volkstümliches Denken vom wissenschaftlichen Denken abzuheben, indem er der Situation und Lebensaufgabe des "einfachen Menschen" gemäße "Sinnhaltungen" und entsprechende Fragestellungen und Gegenstände annimmt. Das so umschriebene wissenssoziologische Problem der gruppenspezifischen Rekonstruktion der Wirklichkeit enthält allerdings auch einen normativen Aspekt, wenn im Hinblick auf eine zu konkretisierende "volkstümliche Allgemeinbildung" gefragt wird: "Welcher Art sind die Gegenstände und Sinnhaltungen und welcher Art die ihnen entsprechenden Denkformen des volkstümlichen Menschen?" (ebd. S. 68). Zu untersuchen sei auch, so zitiert Klafki A. Mann, "ob auf dieses 'Volksdenken' ein besonderes Weltbild ... sich gründen kann" (ebd. S. 69). Undiskutiert wird unterstellt, daß "Volksdenken" und "volkstümliche Allgemeinbildung" ein soziologisch einfaches Problem, nämlich das der Volksschüler sei. Mit den gleichen Argumenten stützt Klafki 1958 die These von spezifischen Formen des Elementaren für die Bildungsarbeit der Volksschule.

"Nur wer die Fragestellungen der Wissenschaften kennt und übernimmt, versteht ihre Antworten ... Die Art, in der etwa unsere Volksschüler als Kinder und in ihrem späteren Leben der Welt begegnen und sich mit ihr auseinandersetzen, ist meist nicht von wissenschaftlichen Fragestellungen bestimmt, aber sie ist durchaus sinnvoll. Und es gibt in diesem Raum eine Form der Bildung, die ihren eigenen Wert hat." (W. Klafki 1958, S. 15).

Die didaktische Form der "Aufklärung über das gelebte Leben" und der Horizonterweiterung über die unmittelbar erlebbaren Zusammenhänge hinaus ist vor allem für die volkstümliche Bildung die Kunde als das Gegenkonzept zu einem der Wissenschaftssystematik folgenden Fachunterricht (W. Klafki 1955, S. 64).

Auf dem 5. Pädagogischen Hochschultag 1962 in Trier versuchte Klafki noch einmal, einen Konsens darüber herzustellen, daß inhaltliche Fragen der Bildung und Erziehung im Mittelpunkt pädagogischen Denkens stehen müßten und dementsprechend eine Konzentration der Didaktik auf Fragen nach Bildungsauftrag und Bildungsinhalten zu erfolgen habe. Er sieht diese Entwicklung des pädagogischen Denkens als Konsequenz von insbesondere drei Erkenntnissen: der methodologischen Einsicht vom Primat der Didaktik im engeren Sinn im Verhältnis zur Methodik, der stärkeren Rückbindung formaler Bildungstheorien an Inhalte aufgrund der Ergebnisse der Transferforschung und der Einsicht in die Notwendigkeit einer Revision der schulischen Bildungsziele und -inhalte als Antwort auf die gesellschaftlichen und politischen Probleme der Zeit (W. Klafki 1965, S. 87ff).

Als "zentrale Kategorie für die Klärung des Problems der Didaktik" unterstellt er trotz bereits formulierter Einwände weiterhin den Bildungsbegriff zur Kennzeichnung einer menschlichen Verfassung, die auch "Personalität, Menschlichkeit, mitmenschliche Verantwortung, Mündigkeit, ... zeitgerechtes Selbst- und Weltverständnis" genannt werden könne, der die Integration pädagogischer Zielsetzungen und unterrichtlicher Bemühungen zu leisten habe. Schwerpunkte der bildungstheoretischen Diskussion der Zeit lägen bei den Themen Individualität und Sozialität, Schule und Leben, personale Konzentration des Gelernten, Bildungsarbeit als Paradigma demokratischer Gesellschaft, Ausweitung des heimatlichen und nationalen zu einem weltweiten Horizont, Wandlungsfähigkeit als Moment der Bildung (ebd. S. 94ff). Damit wird das Konzept des geschlossenen Bildungsraumes ausdrücklich durchbrochen, doch bleiben die didaktischen Überlegungen schulartspezifisch auf die Volksschule beschränkt (ebd. S. 109). Kritische Stimmen rezipierend distanziert sich Klafki nun aber von den Begriffen "volkstümlicher Mensch" und "volkstümliche Bildung" und bestreitet ihre Orientierungsfunktion für die Volksschuldidaktik.

"Wenn der sog. 'volkstümliche Mensch' wirklich nur 'anschaulich', 'situationsbezogen' und unmittelbar 'praktisch-zweckhaft' zu denken vermag, wenn er nur in festen sozialen Ordnungen und in unmittelbar einleuchtenden, durch seine soziale Umwelt selbstverständlich beglaubigten sittlichen Normsystemen leben kann, dann ist das nicht der Laie, den unsere Zeit braucht." (ebd. S. 108f).

Ausdrücklich wird nun jede bewußte und unbewußte sozialständische Ausrichtung der Bildungsorganisation verurteilt. "Der inhaltliche und organisatorische Aufbau der Bildungsarbeit sollte geradezu das Paradigma einer demokratischen, mobilen Gesellschaft der Gleichberechtigten und sozial Gleichwertigen sein ..." (ebd. S. 97). Als wichtiges Merkmal der Bildung tritt an die Stelle der "volkstümlichen Sinnhaftigkeit" Wandlungsfähigkeit, die "Bereitschaft auf neue Situationen produktiv zu antworten. Solche Bereitschaft setzt aber die Einsicht in die Begrenztheit des jeweils erreichten individuellen Status an Wissen, Können, Einsatzbereitschaft, Urteilsfähigkeit, Wertempfänglichkeit voraus." (ebd. S. 98).

Der veränderte Orientierungshorizont der Didaktik wird nun von Klafki als "Perspektive des gebildeten Laien" bezeichnet, in der die positiven Bildungselemente des Konzepts volkstümlicher Bildung aufgehoben werden sollen. "Es ist die Perspektive des aufgeklärten Zeitgenossen, des sich politisch mitverantwortlich fühlenden Bürgers, des Laien in der kirchlichen Gemeinde, die Perspektive, die wir als Konsumenten eines riesigen Waren- und Kulturangebots, als Mütter und Väter, als Verkehrsteilnehmer oder als Nachbarn tagtäglich sachlich und menschlich zu erfüllen suchen." (ebd. S. 108). Die didaktische Reflexion auf das Selbst- und Weltverständnis des Laien bleibt zwar im Rahmen des Vortrags zum Pädagogischen Hochschultag auf die Volksschule bezogen, thematisiert wird aber bezeichnenderweise nicht mehr die Gebundenheit des Bildungsangebots an Lebenskreis und Lebensaufgabe des Volksschülers, sondern die schulartunspezifische Frage stufengemäßer Bilsamkeit und ihrer geschichtlichen Veränderungen und die Perspektive des Laien in unserer Welt als Forschungsaufgabe für Didaktik, Sozialpsychologie, Soziologie und Kulturantthropologie. Gemäß dieser zu entwickelnden Perspektive bestimmt sich auch die Rolle der Fachwissenschaften in der didaktischen Diskussion.

"Es geht in den Schulfächern weder in der Höhren Schule noch in der Volksschule primär um Wissenschaftspropädeutik, auch nicht nur um theoria 'um ihrer selbst willen', nicht um den Aufbau eines stimmigen Systemzusammenhanges, sondern zentral darum, 'leben zu lernen', d.h. also: recht und angemessen sprechen zu können im Alltag und im Beruf, im ernsten oder im heiter-unterhaltsamen Gespräch; schreiben zu können im Wirtschafts- und Geschäftsleben und in der privaten Korrespondenz, rechnen zu können im Haushalt und in der beruflichen Arbeit, verantwortlich mitdiskutieren, wählen, handeln können, mit innerem Gewinn ein gutes Buch zu lesen, d.h. es für sich selbst auslegen und darüber gegebenenfalls mit einem interessierten Mitmenschen sprechen zu können usf." (ebd. S. 111).

Diese Auffassung über die Bildungsaufgaben der Schule steht in Verbindung mit W. Flitners Interpretation der Schulfächer als "Künste" und "Kunden", in denen zum einen Grundformen des Handelns und Tuns praktiziert und zum anderen ein elementares Verständnis der Welt, wie ein Selbstverständnis erworben werden sollen (W. Flitner 1954, S. 78ff).

Der Zusammenhang von Tun und Handeln, Selbst- und Weltverständnis im Bildungsprozeß wird hier nicht diskutiert. Die fünf "umfassenden didaktischen Sinnprinzipien", aus denen sich nach Klafki die Schulfächer begründen müssen, lassen diesen fehlenden Zusammenhang deutlich werden. Neben dem ethischen, ästhetisch bzw. musischen, theoretischen und religiösen Prinzip wird das pragmatische genannt, das "gewöhnlich anderen Prinzipien zu- oder untergeordnet" sei, "als solches doch einen eigenen humanen als sinnvoll erfahrbaren Gehalt" habe: "Inhalte und Aufgaben können deshalb sinn- und wertvoll sein, weil sie um des gemeinsamen familiären, beruflichen, sozialen oder politischen Lebens willen schlicht notwendig sind." (W. Klafki 1965, S. 118). Die positive Bewertung des Pragmatischen, "besonders für die Didaktik der Volksschule, aber keineswegs nur für sie", trage bei zur Entideologisierung der Pädagogik. Wieso Lebensmeisterung als Perspektive des Laien nunmehr nur als zu- oder untergeordnetes Prinzip gilt, und inwiefern es gleichwohl eigenen Gehalt hat, ist nicht einsichtig. Zu einer Entideologisierung von Gesinnungspädagogik und Buchschule trägt das pragmatische Prinzip nicht bei, wenn sein "eigener Gehalt" sich auf die Habitualisierung von nutzbringenden Verhaltensformen und Tätigkeitsabläufen bei Volksschülern reduziert, auf eben die Bereiche, die Weniger in seiner dritten Lehrplanschicht als nicht zur Bildung gehörig disqualifiziert.

In der Studie "Engagement und Reflexion im Bildungsprozeß" (W. Klafki 1965) thematisiert Klafki das Grundlagenproblem 'Bildung und Handeln', um zugleich das Defizit pädagogisch didaktischer Theorien in diesem Feld aufzudecken und zu erklären. Als die vier Hauptdimensionen des ganzheitlichen Bildungsbegriffs werden hier bezeichnet 1. "Spiel und Muße" als "Freisein von Verbindlichkeiten und Verpflichtungen", 2. "Theorie" als Bemühen um Erkenntnis "um ihrer selbst willen", und die beiden pragmatischen Dimensionen 3. "Vorbereitung auf Beruf und Arbeit in ihren sachlichen Wissens- und Könnensvoraussetzungen" und 4. Vorbereitung auf "verantwortliches Handeln" (ebd. S. 49). Klafki deutet die Tatsache, daß die pädagogische Theorie die Vorbereitung auf verantwortliches Handeln zwar als Bildungskriterium formuliert hat, ohne die Realisierungsbedingungen dieser Forderung abzuklären, als prinzipielle Schwierigkeit bildungstheoretischer Konzeptionen. Ihre Interpretation des pädagogischen Bezuges beschränke auch die Verantwortlichkeit des Handelns auf das interne Erziehungs- und Bildungsgeschehen, ohne die Übertragungsmöglichkeiten auf andere Handlungsfelder zu überprüfen. Die Auslegung des Prinzips der relativen pädagogischen Autonomie begünstige die Entwicklung "pädagogischer Provinzen", die "Real- und Ernsterfahrungen und -ansprüche des Lebens" nur gefiltert zulasse (ebd. S. 61). Dahinter stehe ein Denkmodell, dem, so muß man hinzufügen, Klafki selbst zeitweilig sehr nahe kommt, das davon ausgehe, "der junge Mensch soll in der Schule einen grundsätzlich geschlossenen, je nach seinen zukünftigen Berufs- und Lebenszielen unterschiedlich ausgedehnten, eigengesetzlich strukturierten Bildungsraum durchschreiten, an dessen Grenze er reif geworden sein soll, 'in das Leben einzutreten' und dort schrittweise in die Verantwortung dieses Lebens hineinzuwachsen" (ebd. S. 62). Dem stellt Klafki nun seine Forderung "exemplarischer Selbsterfahrung" gegenüber, die die Schule bietet, indem sie intern Handlungsmöglichkeiten schafft und sich außerschulischen Handlungssituationen öffnet (ebd. S. 71). Voraussetzung wären Strukturanalysen schulinterner und außerschulischer Handlungssituationen (ebd. S. 60). Wie es in jedem Fach ein "Arsenal von Grundbegriffen und Kategorien" gibt, mit dem der einzelen Fall überhaupt erst formuliert werden kann, so werden Handlungskonstellationen angenommen, denen sich Einzelhandlungen zuordnen lassen. Didaktisch käme es jeweils darauf an, exemplarische anschauliche Inhalte, Aufgaben, Handlungssituationen zu finden, an denen den Lernenden allgemeine Begriffe oder allgemeinen Handlungskonstellationen erfahrbar werden.

In Fortführung geisteswissenschaftlicher Ansätze legt Klafki das didaktische Grundproblem der Vorbereitung von Bildungsanlässen aus als Vermittlung systematischer oder traditionsgebundener Wissensbestände und der motivierenden Kräfte der "Grundrichtungen" mit gesellschaftlich notwendiger und sozial wie entwicklungsmäßig differenzierter individueller oder gruppenspezifischer Bildungsnachfrage. Der Differenzierungsgrad der didaktischen Problemsicht ist verglichen mit anderen Konzepten sehr hoch, doch zeigen die Konkretisierungsversuche, daß die Didaktik in der Rolle einer Superkoordinierungsstelle zur Vorbereitung von Bildungsanlässen überfordert ist, zumal die zahlreichen interdisziplinären Forschungs- und Bewertungsfragen nicht einmal hinreichend präzisiert geschweige denn bereits bearbeitet wären. In der Auslegung des Begriffs kategorialer Bildung bleibt Klafki in den 50er Jahren bei der Annahme zweier getrennter Bildungskonzepte volkstümlicher und höherer Bildung stehen, die er rechtfertigt, indem er die sozialen Erfahrungen und Motive der Lernenden nicht nur als Bedingung von Lernen, sondern auch als Norm gesellschaftlich notwendigen Wissens heranzieht. Erst mit dem Begriff der Laienbildung wird Aufklärung und Bewältigung alltagsweltlicher Erfahrungen und Aufgaben im demokratischen Staat als Bildungsaufgabe für alle Kinder gefaßt. Die damit sich verschärfenden Legitimationsprobleme bleiben anders als bei Weniger weitgehend verdeckt. Das Programm didaktischer Forschung ist weit gespannt (W. Klafki 1965, S. 124f), die Frage, wie didaktische Entscheidungen, etwa Lehrplankonzepte, bildungspolitisch umsetzbar sind, bleibt dagegen ausgeklammert. Auf der Ebene der Schularbeit treten die bildungspolitischen Entscheidungen dann als nicht mehr zu hinterfragendes Faktum der Lehrpläne auf. Die didaktische Aufgabe des Lehrers soll es sein, "verborgene pädagogische

Vorentscheidungen der Lehrplangestalter gleichsam noch einmal zu vollziehen" (W. Klafki 1965, S. 128), um den Bildungsgehalt der Lehrplaninhalte zu erschließen. Ob überhaupt zentral festgelegte Inhalte auch bei dezentraler Auslegung ihres Bildungsgehaltes für alle Lernenden ähnliche Erschließungswirkungen haben können, wird noch nicht problematisiert. (vgl. dazu kritisch K. Reich 1977, S. 79).

3.2.2. Didaktische Überlegungen zur Vermittlung von Erkennen und Handeln im Bildungsprozeß

Auch Derbolav geht in seinem Vortrag auf dem 4. Pädagogischen Hochschultag davon aus, daß kein Konsens über Gegenstand und Methoden der Didaktik bestehe und das wissenschaftliche Ansehen dieser pädagogischen Teildisziplin recht bescheiden geblieben sei (J. Derbolav 1960, S. 17). Sein Versuch einer "wissenschaftstheoretischen" Grundlegung der Disziplin bleibt ebenfalls auf den Bildungsbegriff bezogen, für den er die Vermittlung von Erkennen und Handeln als konstitutiv ansieht.

Nicht Wissen gilt bereits als Bildung, "Bildung konstituiert sich erst, sokratisch gesagt, an der Grenze des Wissens, oder in platonischer Weiterführung des Gedankens: aus den Normgehalten (Ideen), die im Wissen kategorial vorausgesetzt sind. Die Bildungsbewegung transzendiert also den Bereich des theoretischen Sinnes und zielt auf seine praktische Dimension ..." (ebd. S. 18). Anders formuliert:

> "In jenem Auseinandersetzungsprozeß, den wir als Bildung charakterisiert haben, geht das theoretische Aufschließen der Welt als Gegenstandsfeld unseres Wissens dem praktischen Vernehmen ihres Anspruchs, der Aneignung von Normen und Beweggründen fürs Handeln, ebenso notwendig voraus, wie der Übergang ins Praktische, die Gewissenserschließung, dem theoretischen Ausgriff folgen muß, wenn überhaupt von 'Bildung' die Rede sein soll." (ebd. S. 22).

Das klassische Problem der Pädagogik, der Zusammenhang von Unterricht und Erziehung, Wissens- und Gewissensbildung, wird damit ins Zentrum didaktischer Überlegungen gerückt, der dialektische Zusammenhang beider Aufgabenbereiche im Bildungsprozeß wird in ein "Reflexionsstufenmodell" übersetzt: Erkenntnis ist dem Gesetz der Sache verpflichtet und bedeutet tendenziell auch eine Herauslösung aus dem Normenhorizont des Alltagshandelns. Allein auf diesem Weg der Entsubjektivierung wäre keine Individualisierung möglich. "Was ihn (den Menschen, B.G.) erst wirklich zur 'Individualität' erhöht, ist nicht sein (abstrakt-allgemeiner) Wissenshorizont, sondern die (positiv-allgemeine) Strukturierung seines persönlichen Gewissens, die Besetzung seines Motivationshorizontes mit bestimmten Beweggründen zur Bewältigung der ihm wissenmäßig aufgeschlossenen Lebenssituationen." (ebd. S. 23). Aufgabe der Didaktik ist es, die Ebenen des theoretischen "Verstandes" und der praktischen "Vernunft" positiv zu vermitteln (wie immer dies auch durch pädagogische Eingriffe möglich sein mag), die Forschungsaufgabe der Didaktik wird insofern als "wissenschaftstheoretisch" angesehen, als sie darauf gerichtet sein soll, normative Strukturen von Bereichen wissenschaftlicher Forschung für den Lernenden freizulegen. "Da die didaktische Intention zentral auf das Gewissen des Educandus orientiert ist, für welches alle Wissenshorizonte eben nur ein propädeutisch Vorläufiges bleiben, darf sie selber nicht in der Immanenz der einzelwissenschaftlichen Reflexionen verharren, sondern muß sich den Blick auf die normativen Voraussetzungen der Wissenschaften offenhalten." (ebd. S. 23). Den Begriff der Bildungskategorie bezieht Derbolav im Unterschied zu Klafki nicht in erster Linie auf den Erkenntnisbereich, sondern auf die Motivation. "Wie nämlich im Raum der theoretischen Vernunft die Kategorie als das gilt, was dem Denken gegenständlichen Inhalt zu gewinnen ermöglicht, so wäre es nicht unpassend, im Bereich einer pädagogischen Vernunft jenes Prinzip Kategorie zu nennen, das dem Handeln die Möglichkeit schafft, sich nach Motivationsgehalten zu bestimmen." (ebd. S. 27). Wohl kritisiert Derbolav die Reduktion der Bildungskategorien auf Erkenntniskategorien, konkretisiert aber nicht, was mit den "spezifischen Normstrukturen und Sollensgehalten" der Wissenschaften gemeint ist, wie sie mit den Erkenntniskategorien in Zusammenhang stehen und wieso der Erziehungswissenschaftler diese Probleme kompetent bearbeiten könne.

Bei der Überprüfung didaktischer Prinzipien der zeitgenössischen Diskussion am Maßstab bildungskategorialer Aufgaben kommt Derbolav zu dem Ergebnis, daß das Prinzip des Elementaren lediglich das Gegenstandbewußtsein des Lernenden betreffe, was verschleiert würde durch die Suche nach Elementarstrukturen im praktisch-sittlichen Bereich und daß in den Prinzipien der existenziellen Konzentration und der Begegnung der Gegensatz von Erziehung und Unterricht wieder aufbräche. Das exemplarische Prinzip umschließe zwar die Forderung, beispielhafte Handlungssituationen nicht nur in ihrer gegenständlichen Struktur, sondern auch in ihrem Normgehalt und Motivsinn zu erschließen, ohne bereits die Dialektik der Bildungsbewegung von der scientifischen Auslegung der Umgangserfahrung zu ihrer verantwortlichen praktischen Bewältigung erfaßt zu haben.

3.2.3.   Didaktische Strukturanalyse

Auch die Berliner Konzeption einer wissenschaftlichen Behandlung und Vermittlung didaktischer Probleme entwickelte sich mit der Umstrukturierung der Lehrerausbildung. Das Berliner Lehrerausbildungsgesetz von 1958 sah eine Koordination des allgemeinen pädagogischen Studiums, des Fachstudiums und der schulpraktischen Ausbildung vor. Zentrum dieser Ausbildung sollte nach Vorstellung einer Dozentengruppe das sogenannte Didaktikum bilden, ein praktisches Halbjahr zwischen drittem und fünftem Semester, das die Verknüpfung der verschiedenen Ausbildungselemente ermöglichen sollte. So wurden "konkrete Ausbildungsanlässe", nämlich die Notwendigkeit von Unterrichtsanalyse, Unterrichtsplanung und Unterrichtsexperiment Ausgangspunkt und Gegenstand didaktischer Reflexion (P. Heimann 1962,

(S. 407)(1). Um in diesen Fragen "unterrichtliches Naiv-Verhalten" in "theoretisch gesteuertes Verhalten" überführen zu können, muß sich die didaktische Theorie bemühen "um eine weitgehend erfahrungswissen- schaftlich orientierte Druchforschung und Klärung unserer Unterrichts- wirklichkeit, um die Kategorien zu gewinnen und gebrauchen zu ler- nen, welche uns befähigen, unser unterrichtliches Handeln rationaler und erfolgreicher zu gestalten und uns frei zu machen von dem häß- lichen Zwang der Gewohnheit ..." (P. Heimann 1962, S. 408).

Heimann weist selbst darauf hin, daß es letztlich nicht schul- und unterrichtsimmanente Anlässe waren, die eine didaktische Neuorien- tierung in Gang brachten, sondern "die allseits bekannten tech- nischen, wissenschaftlichen, politischen, gesellschaftlichen und kultu- rellen Entwicklungen der letzten Jahrzehnte", die mit zeitlicher Verzö- gerung das Bildungswesen erfassen (P. Heimann 1972, S. 7). Der viel- berufene Bildungsnotstand sei (1965) mehr ein politisches und ökono- misches denn ein pädagogisches Thema.

Den richtungsweisenden Anstoß – Heimann spricht sogar von "schockie- render Wirkung" – für eine didaktische Neuorientierung sieht er in neuartigen, durch technische und wissenschaftliche Entwicklungen be- stimmten Konzeptionen des Lehr- und Lerngeschehens. Genannt werden Modelle der Unterrichtsprogrammierung, die Integration des Fernsehens in die Bildungsarbeit der Schule und das Eindringen kybernetischer und informationstheoretischer Betrachtungsweisen in die Pädagogik.

Gegenstand seiner Theorie der Didaktik ist nicht länger schwerpunkt- mäßig das Problem der Konstituierung von Bildungsinhalten, sondern Unterricht "als Ort, wo die ungelösten Fragen der didaktischen Gesamt- situation als konkret zu lösende Lehr- und Lernprobleme auftreten" (ebd. S. 9). Die auf einen Bildungsbegriff bezogenen didaktischen Kon- zeptionen werden wegen ihres "bildungsphilosophischen Stratosphären- denkens" kritisiert, das zu wenig Entscheidungshilfe für die Praxis biete und infolgedessen das Feld der didaktischen Kompendienliteratur überlasse. Darüber hinaus vertritt Heimann 1962 die These, "daß der 'Bildungsbegriff' vielleicht grundsätzlich ungeeignet ist, auf ihm eine praktikable Didaktik aufzubauen" (P. Heimann 1962, S. 410), da er notwendig ideologieverhaftet sei und zudem in einigen Auffassungen Planungsfeindlichkeit fördere. Deshalb orientiert sich die Begriffsbil- dung Heimanns "weniger an einer bildungstheoretischen als an einer schlichten lerntheoretischen Auffassung von Unterricht" (P. Heimann 1972, S. 9).

Das Gegenprogramm, das nicht als normatives, programmatisch und inhaltlich festgelegtes System mit konkreter Anweisungsfunktion miß- verstanden werden soll, will "theoretisieren lehren". Zu diesem Zweck
------

(1) K. Reich (1976, S. 27f) hat darauf hingewiesen, daß Heimann mit seinen didaktischen Überlegungen nicht etwa auf ein staatlich vorgegebenes Didaktikum reagierte, sondern als der eigentliche theoretische Begründer dieses Didaktikums gelten muß, dessen Institutionalisierung er bereits seit 1947 forderte.

unterscheidet Heimann zwei Denkebenen. Die erste bezieht sich auf die "zeitlose Struktur des Unterrichts", seine "formale Baugesetzlichkeit" (P. Heimann 1962, S. 409). Bereits in phänomenologischer Annäherung wird die Grundstruktur von Unterricht sichtbar in sechs Entscheidungs- und Bedingungsfeldern. Die Kompetenz der didaktischen Theorie beschränkt sich auf das Aufdecken struktureller Kategorien des Unterrichtsprozesses und der innerhalb dieser Kategorien auftretenden Strukturelemente(1). Die inhaltliche Auslegung der Strukturkategorien zur Analyse oder Planung von Entscheidungen über Absichten, Gegenstände, Vermittlungsweisen und Hilfsmittel unter erkennbaren sozialen und anthropologischen Bedingungen auf der zweiten Reflexionsebene gehört nicht mehr in den Bereich allgemeingültiger didaktischer Aussagen. Sie wird durch bildungspolitische Erwägungen ebenso bestimmt wie durch Einsichten in den Stand der Theoriebildung der für den Unterricht wichtigen Forschungsdisziplinen, etwa der Soziologie, vor allem aber der Lernpsychologie. Der Entscheidungsprozeß, der die Analyse der normbildenden, meist außerpädagogischen Faktoren, der bedingungsetzenden Sachfaktoren oder der organisierenden Faktoren voraussetzt (P. Heimann 1962, S. 423), liegt in der Kompetenz des Lehrers, der Grad der Rationalität der Entscheidungen entspricht seinem Struktur- und Problembewußtsein (vgl. K. Reich 1977, S. 164f). Zugespitzt formuliert Reich: "Die Vagheit des Heimannschen Ansatzes kann ihm die Zustimmung aller Lehrer sichern, weil sie alle im nachhinein die Begründung ihres Unterrichts mit seinen zwei Reflexionsstufen leisten können." (ebd. S. 166). Auch die kritisch emanzipatorische Wendung, die W. Schulz der Berliner Didaktikkonzeption (1972 a, b) zu geben versucht, führt hier faktisch nicht weiter. Schulz rückt von dem Postulat unumschränkter Wertfreiheit für die didaktische Theorie ab, das er sehr viel enger als Heimann ausgelegt hatte, indem er seine erkenntnisleitenden Interessen offenzulegen bemüht ist. "Dieses emanzipatorische Interesse ist mehr als das bloß egoistische Interesse an individueller Bedürfnisbefriedigung, weil es die Realisierung voller Menschlichkeit fordert, die Überwindung der Einstellung in Beherrschte und Herrschende, die beide Seiten verkümmern läßt, und über die Individualität hinaus auf die Solidarität mit jeder unterdrückten Humanität gegen inhumane Ordnungen gerichtet ist." (W. Schulz 1972 b, S. 177). Hier nimmt Schulz Reformziele der ausgehenden 60er Jahre auf, beläßt es aber bei diesen Denkanregungen. Auf diese Weise wird zwar das methodologische Problem, das sich aus dem Wertfreiheitspostulat auf der einen Seite und der Forderung von Normen-

------

(1) Eine eingehende und kritische Erörterung der methodologischen Grundlagen der Heimannschen Konzeption und ihrer Entwicklung findet sich bei K. Reich 1977, S. 142ff. In dieser Untersuchung wird mehrfach darauf Bezug genommen, daß Heimann zwar behauptet, eine "zeitlose Struktur" von Unterricht gefunden zu haben, aber kaum theoretische Begründungen etwa über den Zusammenhang der Strukturkategorien und -elemente beibringt. Reich ist zuzustimmen, wenn er feststellt, daß Heimann entgegen seinem Programm keine "kausale", auf theoretischen Erklärungen basierende Abbildung entwirft, um eine Strategie des Lehrerhandelns anzuleiten.

kritik auf der anderen Seite ergab, ausgeräumt, Entscheidungshilfen ergäben sich aber erst aus der Auslegung des erkenntnisleitenden Interesses auf Normenkritik, Faktenbeurteilung und Formanalyse der zweiten Reflexionsstufe.

3.2.3.1. Dimensionen des Inhalts

Eine Didaktik, die sich als "offenes nicht aber als normatives, programmatisch und inhaltlich festgelegtes System" vorstellt, weniger eine Theorie mit Erklärungsgehalt als eine Topologie eines Feldes, in dem Theoretisieren gelehrt werden soll, verspricht wenig Informationen über Art und Umfang dessen, was als Schulwissen gelten kann. Gleichwohl soll die Frage hier verfolgt werden, weil Heimann selbst auf der Ebene der Strukturanalyse nach Dimensionen der Inhaltlichkeit des schulischen Lehrangebotes fragt und weil er sich zum anderen auf der Ebene der Faktorenanalyse ausführlich über Art und Umfang von Schulwissen besonders der Volksschule äußert (vgl. 3.2.3.3.).

Die Beschränkung der didaktischen Überlegungen auf die im Unterricht getroffenen oder zu treffenden Entscheidungen schließt die Frage nach dem Wissenskanon als bereits vorentschieden aus. Doch gehört es zu Heimanns Anforderungen an die Rationalität didaktischer Reflexion, sich auch diese Vorentscheidungen bewußt zu machen. "Ein klassischer Fall ist die gedankenlose Verwendung von Lehr- und Stoffplänen. Die theoretische Reflexion hat ihr besonderes Augenmerk auf diese verdeckten Vorentscheidungen zu richten und zu ihrer Aufdeckung beizutragen. Nicht unbedingt mit der Absicht der Rebellion, sondern um in Akten der Identifikation einen bewußten Entscheidungsvollzug zu provozieren." (P. Heimann 1962, S. 414). Daß der "Berliner Arbeitskreis Didaktik" die enge Verbindung von Lehrplanfragen und didaktischer Analyse sah, zeigt die Beschreibung der Aufgabengebiete durch Schulz (1960) als Zusammenfassung von Ausführungen Heimanns. Dort heißt es u.a.:

"Der Didaktiker muß den heutigen Bildungshorizont zu überblicken versuchen, alles was heute lernbar ist, um bei seiner Frage, 'Was könnte, was sollte realisiert werden?' nicht von vornherein einer traditionsbedingten Verengung des Lehrplans zum Opfer zu fallen. Er muß die gewählten Inhalte nach ihrer Eigengesetzlichkeit, ihrer Faßlichkeit, ihrer sozial-kulturellen Bedeutung ordnen, um Zusammenhang in den Unterricht zu bringen und den Stellenwert einzelner Unterrichtsinhalte zu bestimmen ... Die stoffliche und methodische Exemplarität unserer Schulfächer ist angesichts unserer sozial-kulturellen Situation fragwürdig geworden. Ihre funktionale Bedeutung für den Heranwachsenden ist zu überprüfen." (zit. nach K. Reich 1977, S. 176).

Was mit den Kriterien, die für die Konstituierung von Bildungsinhalten genannt werden, gemeint ist, wird nicht theoretisch entwickelt und auch nicht über Beispiele konkretisiert. Die inhaltliche Entfaltung der Kriterien muß auf der zweiten Reflexionsebene erfolgen, über die das didaktische Strukturkonzept keine Aussagen macht.

Doch stellt Heimann auch auf der Ebene der Strukturanalyse die Frage nach Elementen der Inhaltlichkeit für einen schulischen Wissenskanon.

"Was ist nun von der 'Inhaltlichkeit' des Unterrichts strukturell vorgegeben? Das Gesamtpotential der Bildungsgüter (der Bildungskosmos einer Epoche) ist natürlich nicht konstant, sondern ein geschichtliches Produkt. Es muß auf der zweiten Reflexionsstufe diskutiert werden und gehört zur Faktorenanalyse. Aber es gibt m.E. mindestens drei konstante Grundformen, in der alle 'Inhaltlichkeit' auftritt und strukturell vorgegeben auftreten muß: Die Inhalte präsentieren sich entweder als Wissenschaften, Techniken oder Pragmata ..." (P. Heimann 1962, S. 418).

Offenbar ist Heimann der Ansicht, daß diese "Grundformen" im Bildungskanon vorkommen müssen und daß sie in den einzelnen Bereichen oder Fächern in bestimmten Proportionen vorkommen sollten. Für den Politikunterricht problematisiert er z.B.: "Wieviel Reflexion und 'Wissenschaft' muten wir unseren Schülern in der 'Politischen Bildung' auf schmalster pragmatischer Erfahrung zu? Hier herrscht innerhalb der strukturellen Grundformen eine durch die Moderne ganz besonders angeheizte Dynamik und gelegentliche Disproportionalität." (ebd. S. 419). Eine theoretische Basis für diese Forderungen wird nicht entwickelt. Die Trennung der Aspekte verdeckt, daß wissenschaftlichen Methoden, Begriffen und Theorien ebenso wie den von Heimann so genannten Wort-, Bild-, Zahl- und Maßtechniken Werkzeugcharakter bei der Erschließung der Welt zukommt und daß sie nur auf operativem Wege angeeignet und entwickelt werden können. Heimanns Trennung der Aspekte stützt die Auffassung, daß in der Grundschule, die es mit der Einübung von Kulturtechniken zu tun habe, etwas ganz anderes getan werde als in den weiterführenden Schulen.

Als Strukturproblem bezeichnet Heimann weiterhin die "Transformation der Kunst- und Wissenschaftgehalte in die Ebene der 'Bildungsgehalte'" oder des "Lernpotentials", in der von ihm bevorzugten Terminologie. Doch lassen sich die damit aufgeworfenen Fragen nicht in der Strukturanalyse lösen, "denn was heute als 'Lernpotential' deklariert werden kann, entscheidet sich zu einem großen Teil auf einer anderen Ebene als der der wissenschaftstheoretischen bzw. bildungsstrukturellen Betrachtung. Hier greifen Mächte, Ideologien und Faktizitäten des gesellschaftlichen Raumes ein und bringen sich zur Geltung." (ebd. S. 420). Das gleiche gilt für die "Problematik der fachlichen Sektorierung und Spezialisierung (Allgemeinbildung), der durchgehenden, wenn auch modifizierten 'Wissenschaftlichkeit' des modernen Unterrichts (E. Fink), der 'Exemplarität' der Unterrichtsinhalte und nicht zuletzt für die einer 'volkstümlichen Bildung' mit ihren spezifischen Inhaltsproblemen". Offen bleibt, was bei der Behandlung dieser Fragen die strukturelle Betrachtung mit ihren eingeschränkten Möglichkeiten überhaupt leisten kann oder soll. Schulz verdeckt diese ungelösten Probleme dadurch, daß er Heimanns Strukturkategorie "Inhalt" auf im Lehrplan festgesetzte Themen bezieht (W. Schulz 1972 a, S. 28ff). Die Strukturanalyse ermittelt dann nachvollziehend den Ordnungsrahmen, dem ein Thema entnommen ist und in den es einmündet. Genannt werden "vorfachliche Ordnungen der Umgebung des Lernenden", fachspezifische Ordnungen und fächerübergreifende Themenkreise. Sie weist weiterhin den exemplarischen Charakter des Themas "für jemanden und für etwas" wie die Zukunftsbedeutsamkeit des Themas nach (ebd. S. 30).

Weil Heimann die Möglichkeiten wissenschaftlicher Didaktik unter dem Postulat der Wertfreiheit auf die Ermittlung von Strukturen des Unterrichts mit überhistorischer Geltung einschränkt, kann diese Didaktik keine Aussagen mehr über die Bedeutung der Inhalte des Lernens machen. Sie überläßt die Auseinandersetzungen hierüber "Mächten, Ideologien und Faktizitäten des gesellschaftlichen Raumes", fordert aber zur empirisch-wissenschaftlichen Aufklärung der Entscheidungen und damit auch zu wissenssoziologischer Analyse der Festlegungen von Schulwissen auf.

3.2.3.2. Dimensionen des Lernens

Obwohl das didaktische Strukturmodell mit positivistischem Geltungsanspruch vorgetragen wird, sieht Heimann die dort vorgenommene Akzentuierung der Methoden und Medien des Lernens keineswegs nur als wissenschaftsinterne Entwicklung, sondern im Zusammenhang mit gesellschaftlichen Veränderungen der Wirtschaftsformen, der Verwissenschaftlichung, Technisierung, Industrialisierung und Demokratisierung. "In dem Augenblick, wo sich der Schwerpunkt von einer Eliten- auf die breite Massenbildung zu verlagern beginnt, wird das Wissen um die faktische Lernkapazität der Massen und die in diesem Bildungsraum geeigneten Lehrformen zu einem entscheidenden Problem." (P. Heimann 1976, S. 84). Als Hinweis dafür, daß auch in der Bundesrepublik wie bereits in den USA und der Sowjetunion diese Wende sich anbahne, nennt er das kurzabständige Erscheinen von drei systematischen lernpsychologischen Werken von Guyer, Hillebrand und Roth. Auf Roths "Psychologie des Lehrens und Lernens" sind Heimanns Überlegungen eng bezogen, mit ihm teilt er die Erwartung, die Lernpsychologie könne sich zu einer allgemeinen "Theorie der menschlichen Natur" entwickeln (P. Heimann 1962, S. 411). Ergebnisse lernpsychologischer Forschung dienen ihm als Beispiel dafür, daß die Spannungen und Widersprüchlichkeiten der theoretischen Ansätze auf diesem Feld ihren Verbindlichkeitswert erheblich herabsetzen.

Allgemein gesprochen sind mit der lerntheoretischen Orientierung der Didaktik größere Erwartungen an die Planbarkeit von Unterrichtsprozessen verbunden als sie bildungstheoretische Vorstellungen auch nur als möglich zugestehen mochten. Damit gewinnen die Fragen der Lehr- und Lernorganisation, die Fragen nach Methoden und Medien des Unterrichts an Bedeutung, sie werden als konstitutiv angesehen für die Realisierung unterrichtlicher Ziele und gelten Heimann als das eigentliche Experimentierfeld für Lernhilfen. Es scheint ihm selbstverständlich, daß das Schicksal der gesellschaftlichen und kulturellen Entwicklung mit abhängen wird "von dem Ausmaß unseres Wissens um die Weisen des Lernens, die der durchschnittliche Mensch von heute mit Erfolg zu ergreifen vermag. Einen solchen Dienst leistet uns keine dogmatisch-didaktische oder spekulative Theorie, sondern nur die mühsame lernpsychologische Klein- und Detailforschung." (P. Heimann

1976, S. 86).

Auf der Ebene der Strukturanalyse legt Heimann verschiedene Hypothesen über Persönlichkeitsstruktur und Struktur der Lehrvorgänge zugrunde. Ausgehend von der anthropologischen Auffassung des Menschen als eines Handelnden versteht er auch den Lernenden als einen Handelnden. "Lernen ist auch ein Handeln! Es geschieht dies zwar nicht immer in motorisch sichtbarer Weise, sondern auch ohne jede Motorik, dann ist es eben eine Art Denkhandeln." (P. Heimann 1976, S. 123). Als die drei Dimensionen, in denen menschliches Handeln verläuft, werden quasi phänomenologisch beschrieben Denken, Wollen und Fühlen als Möglichkeiten der Daseinserhellung, Daseinsbewältigung und Daseinerfüllung (ebd. S. 123ff). Zwar warnt Heimann vor dem Mißverständnis, diese drei Dimensionen menschlichen Handelns voneinander isoliert zu behandeln, gibt dann aber als Beispiel für die pragmatisch-dynamische Dimension der Daseinsbewältigung und die dafür nötigen Lernvollzüge das Erlernen von Kultur- und Sozialtechniken an und bringt es damit in Analogie zu motorischen Vollzügen. "Wenn also Kinder im ersten Schuljahr das Lesen lernen und mühsam diese Technik erwerben, so ist das durchaus in Analogie zu setzen zu motorischen Vollzügen. Es handelt sich dabei um das Erwerben von Techniken, das uns instandsetzt, das Leben, wie es sich in Problemsituationen darbietet, besser zu bewältigen." (ebd. S. 125).

Gegenüber der philosophischen Tradition wird in dieser Gliederung menschlichen Verhaltens und Lernens die Dimension pragmatisch-dynamischen Verhaltens reduziert sowohl um die emotionalen Elemente der Motivation als auch um die kognitiven der Zielreflexion. Sie rückt damit in die Nähe der in der Taxonomie von Bloom und Krathwohl als "psychomotorisch" bezeichneten und rein physiologisch erfaßbaren Dimensionen menschlichen Verhaltens (vgl. dazu H. Blankertz 1971, S. 101f).

Problematisch ist an diesem Gliederungsversuch, daß Heimann unterstellt, qualitativ unterschiedliche Ebenen zu beschreiben, auch wo kontinuierlich sich differenzierende Prozesse gemeint sind. Für die kognitive Dimension unterstellt er, "daß wir die Kinder aus der Stufe des Kennenlernens langsam in den Stand der Erkenntnis hineinheben". In der pragmatisch-dynamischen Dimension wird eine Ebene der Fähigkeiten und der Fertigkeiten unterschieden, als ließe sich über die Fähigkeit, etwas zu tun, etwas ausmachen, ohne daß Fertigkeiten ausgebildet sind. Für die emotionale Dimension räumt Heimann selbst ein, daß Anmutungen und Erleben nicht zu trennen seien. Solche Annahmen qualitativer Unterschiede haben einschränkende Folgen für die Schularbeit besonders der unteren Stufe. Die Differenzierung der Dimension in Überzeugung, Können und Gesinnung bringt zum Ausdruck, daß die Dimensionen im Hinblick auf den handelnden Menschen nicht trennbar sind. Überzeugungen beziehen Handlungsbereitschaft mit ein, Können das Verstehen und Gesinnungen blieben ohne Reflexion der zugrundeliegenden Bewertungen zwar handlungsbedeutsam aber dumpf. Für die Zusammenführung dieser Dimensionen gebraucht Heimann den Bildungsbegriff.

"Gebildet wäre demnach der Mensch, bei dem in seinen Taten, in seiner Lebensgestaltung und in seinen Werken der hier angedeutete Reichtum an möglichen Weltverhältnissen erkenntnismäßiger Art, pragmatischer Art, gefühlsmäßiger Art auch immer realisiert gewesen sind! Sie müßten so realisiert sein, daß sie ein Maximum an Daseinserhellung aufweisen, ein Maximum an Daseinsbewältigung und ein Maximum an Daseinserfüllung." (P. Heimann 1976, S. 137).

Den didaktischen Wert dieses taxonomischen Versuches sieht Heimann zum einen in der Hilfe für den Lehrer, sich über die im Unterricht verfolgten Ziele größere Klarheit verschaffen und damit auch die Leistungsüberprüfung gezielter vornehmen zu können. Allerdings warnt er davor, die Ziele des Unterrichts an ihre Überprüfbarkeit zu koppeln, weil dadurch "dem ganzen Bildungsvorgang im Grunde seine Perspektivik" verloren gehe. Einer behavioristischen Reduktion redet allerdings W. Schulz das Wort, wenn er formuliert: "Der pädagogische Wert des Unterrichts liegt ausschließlich in seinem Einfluß auf die Lernprozesse, in den Anpassungsleistungen, die er bei den Lernenden bewirkt ... Die beobachtbaren Ergebnisse des Lernens werden im folgenden Neuanpassung oder einfach Anpassung genannt." (W. Schulz 1972 a, S. 19). Zum anderen sollen solche taxonomischen Übersichten nach Heimann dem Lehrer ermöglichen, pädagogisch-methodische Einseitigkeiten zu entdecken und zu vermeiden, wie Heimann sie mit dem Herbartianismus, der Arbeitsschulpädagogik und der Erlebnispädagogik verbunden sieht.

So sinnvoll die Spezifizierung des Bildungsbegriffs in Dimensionen und Ebenen des Lernens erscheint, so unbefriedigend ist der hier beschrittene Weg einer phänomenologischen Erfassung, da er keine begründbaren Aussagen über den Zusammenhang der Dimensionen und Ebenen erlaubt, aber auch keine begründete Zielvorstellungen über das anzustrebende Verhältnis der taxonomischen Bereiche im schulischen Bildungsprozeß entwickelt. Unerörtert bleibt bei Heimann auch der Zusammenhang der Lern- und der Inhaltsdimensionen. Schulz konkretisiert diesen Zusammenhang unterrichtspraktisch so, daß er bei der Bestimmung von Unterrichtszielen eine Festlegung auf beiden Ebenen fordert. "So sicher es ist, daß die Thematik ein konstituierendes Moment des Unterrichts ist, daß Erkennen, Fertigen, Erleben immer Erkennen, Fertigen und Erleben von etwas ist, so sicher dürfte es sein, daß ein Thema erst in Verbindung mit mindestens einer Absicht ein eindeutiges Unterrichtsziel darstellt." (W. Schulz 1972 a, S. 28). Die Lernzieldiskussion ist damit eröffnet.

Die Politisierung der didaktischen Konzeption (W. Schulz 1972 b, S. 184), die mit der Aufgabe des Postulats Wertfreiheit für die didaktische Theorie und dem Versuch, ihre erkenntnisleitenden Interessen offenzulegen, verbunden war, relativiert die Auffassung von Unterricht als beliebig steuerbarer und kontrollierbarer Verhaltensbeeinflussung. Die didaktische Reflexion des Verhältnisses von Selbst- und Fremdbestimmung, die auch für den Bildungsbegriff zentral ist, stellt Unterrichtsplanung wie -kontrolle unter veränderte Bedingungen, deren Konkretisierung Schulz (ebd. S. 188) ankündigte, aber nicht vorlegte.

3.2.3.3. Lernen in der Volksschule

Beispiele dafür, wie Heimann mit einem besonnenen Eklektizismus im Umgang mit Forschungsergebnissen und bildungspolitischen Bewertungen zu Beurteilungen auch von Art und Umfang des Schulwissens kommt, zeigen seine Schriften zu schulpolitischen Fragen(1).

In den Schriften zur Schulreform dominiert die soziologische Orientierung, "daß, zwar die sozialkulturelle Determination des Erziehungsgeschäfts nicht das Ganze seiner Absichten und Verfahren fundiert und bestimmt, daß aber die gesellschaftlichen Voraussetzungen die Bildungsbemühen aller Zeiten von jeher entscheidend modifiziert und mit größerer Wirkung bestimmt haben als das hohe Pathos philosophischer Bildungstradition". Gegenüber den sich auf Begabungstypologien oder auf in der Arbeitswelt begründete gesellschaftliche Gliederungen beziehenden Verfechtern des dreigliedrigen Schulsystems führt er einerseits die Rothsche Begabungsauffassung ins Feld, schwerpunktmäßig aber die Notwendigkeit zur Anpassung an die wissenschaftlich-technische Entwicklung.

"Wir wissen heute, daß die in einer Kultur vorherrschenden Wissensformen und das Selbstverständnis der Wissenschaften das Unterrichtsleben stark mitbestimmen, daß es objektive Gründe und der Druck gesellschaftlicher und arbeitstechnischer Verhältnisse sind, die uns heute den Kanon der Unterrichtsdisziplinen um neue Inhaltsaspekte – musisch-künstlerische und praktisch-technische – zu erweitern zwingen. Paradigmatisch ist dafür die Diskussion um eine sog. polytechnische Grundausbildung, die ein Weltproblem geworden und keineswegs auf die Ostblock-Länder zu beschränken ist. Ähnliche dramatische Umgruppierungen, die auf gesellschaftliche Veränderungen und wissenschaftliche Schwerpunktverschiebungen zurückgehen, spiegeln sich in den großen, klassisch gewordenen Analysen der amerikanischen Bildungswirklichkeit, im Havard-, Rockefeller- und Conant- Report, wider." (P. Heimann 1962, S. 424).

Bereits in zwei Aufsätzen von 1955 und 1957 wird die sozialkulturelle Analyse der Zeit zum Ausgangspunkt für Forderungen einer konzeptionellen Neuorientierung der Volksschuloberstufe. Die Neuorientierung, von den sozialkulturellen Bedingungen auszugehen, begründet Heimann (1955) damit, daß diese Bedingungen einer Verwirklichung des anthropologischen Leitbildes, für das er in den westlichen Demokratien Konsens unterstellt, entgegenstehen könnten. Der Mensch ist nach diesem Leitbild

"ein weltoffenes, nicht festgestelltes Wesen, das sich konstituiert vor allem durch das Bewußtsein der Freiheit und der Fähigkeit, sich selber bestimmen zu können, das ein elementares Bedürfnis nach geistiger Sinngebung hat, wofür der Besitz und Gebrauch

-----

(1) Die schulpolitischen Vorstellungen Heimanns sind bislang kaum mit seinen didaktischen Überlegungen in Zusammenhang gebracht worden. Eine Ausnahme macht die Arbeit von K. Reich (1977).

der Sprache ein unmißverständliches Zeugnis ist, das nicht ausweichen kann, unter dem Einfluß seines Gewissens zu handeln, also stets und in allem Mitwisser (conscientia) seiner selbst, seiner Taten und Gedanken, Veranwortlicher seiner selbst zu sein ... es wäre im menschlichen Sinn unvertretbar, wenn man im Falle einer Praktischen Oberschule und in Ansehung der besonderen Kategorie von Schülern, die sie besucht, auf dieses anthropologische Leitbild zugunsten einer bürgerlichen Brauchbarkeit verzichten wollte." (P. Heimann 1976, S. 172).

In seiner Diagnose der Gesellschaft und Kultur seiner Zeit beruft sich Heimann auf die großen Analysen der technisch-industriellen Revolution und ihrer Folgen in allen Daseinssphären bei H. Freyer, G. Friedmann, J. Fourastié, A. Weber, A. Gehlen. Das soziologische Konzept von Elite und Masse nicht weiter problematisierend zieht er weitreichende, bildungspolitisch zukunftweisende Konsequenzen für die Massenbildung.

"Was heute auch von dem 'einfachen schlichten Mann des Volkes' in zunehmendem Maße gefordert wird, ist unter anderem intellektuelle Wachheit, das Durchschauen abstrakter weitläufiger und oft verborgener Zusammenhänge politischer, sozialer und arbeitstechnischer Art, Fähigkeit zur Reflexion, Wendigkeit, Selbstdistanzierung und Affektbeherrschung. Hier werden Bildungsansprüche erhoben, die bislang nur bei der Erziehung von Eliten und ausgelesenen Menschengruppen eine Rolle gespielt haben." (P. Heimann 1976, S. 191).

Diesen Anforderungen steht der "selbstgenügsame Rahmen" einer "volkstümlichen Bildung" im Wege. Deshalb sieht Heimann die Notwendigkeit einer Änderung der Grundeinstellungen zum Bildungsauftrag der Volksschuloberstufe und einer curricularen Neuorientierung.

"Das Durchdenken der neuen Bildungsnotwendigkeiten kann nicht den Weg unserer Lehrplan-Kommissionen gehen, die gezwungen sind, sich an den herkömmlichen Schulwissenschaften und Bildungsgegenständen zu orientieren. Von der didaktischen Reform einzelner Fächer ist nichts zu erwarten. Man muß schon übergeordnete Gesichtspunkte wählen, um zu neuen Schwerpunktbildungen und Akzentuierungen des Unterrichtslebens zu kommen, die es gestatten, auch schulmäßig bisher nicht legitime Bildungsgegenstände in dieser Schule zu beheimaten." (ebd. S. 194).

Die Technisierung der Arbeitswelt macht eine neue Bestimmung des die Volksschule prägenden Begriffs des 'Praktischen' nötig. "Das Tun steht heute in der Entscheidung, entweder zur geistlosen Mechanik abzusinken oder in Denken umzuschlagen." (ebd. S. 197). Sie fordert auch eine stärkere Berücksichtigung der mathematisch-naturwissenschaftlichen Disziplinen in den allgemeinbildenden Schulen. Die verstärkte Rationalisierung und Bürokratisierung der sozialen Beziehungen macht über die Gruppen- und Gemeinschaftserfahrungen, die vom 'Lebensklima der Schule' geprägt werden, eine Aufklärung des sozialen Bewußtseins nötig.

"Es sieht so aus, als ob in einer fächerübergreifenden Weise geschichtlich-politische, geographisch-ökonomische und soziologisch-psychologische Betrachtungsweisen sich zu einem System zusammenschließen müßten, das in den 'social studies' bereits angelsächsischer Gebrauch geworden ist, wobei die Lehrer der Volksschuloberstufe ... die Scheu überwinden müßten, auch schulunübliche Disziplinen wie die Soziologie und Psychologie für das Bildungsleben der Schule fruchtbar zu machen." (ebd. S. 202).

Der wachsende Freizeitbereich fordert eine Erziehung zu sinnvollem Kulturverhalten, dem Heimann kompensatorische Funktionen gegenüber den eingeschränkten Verhaltensmöglichkeiten am Arbeitsplatz zuschreibt. Negativen Kultureinflüssen und Reizangeboten könne nur begegnet werden, der produktive Umgang mit der künstlerisch-technischen Massenproduktion nur angeleitet werden, wenn sich diese Erziehung nicht auf die Tradierung volkstümlichen Lied-, Bild- und Sprachguts beschränke. Es gehe vielmehr um die Ausbildung der Fähigkeiten zu produktivem Nachvollzug des Kulturangebots der Massenmedien und um die Ausbildung der Gestaltungskräfte an zeitgemäßen Gegenständen und Verfahren z.B. in der Beschäftigung mit der Photographie.

Diese "Phänomenologie" der Zeitumstände führt Heimann schon seit Mitte der 50er Jahre zu Forderungen an den schulischen Bildungskanon, die H. Roth noch 1968 in seinem Aufsatz "Stimmen die deutschen Lehrpläne noch?" wiederholen konnte. "Eine Schule, welche die Aspekte der Zukunft ernst nimmt, ist einfach genötigt, ihren Schülern auch die politischen, die sozialen, die technischen, die wirtschaftlichen Dimensionen unseres Daseins zu erschließen, Dimensionen, die ja durch das Gitterwerk unserer Schulfächer nur ganz ungenügend hindurchdringen" (P. Heimann, zit. nach K. Reich 1977, S. 171).

Diese auf den Lehrplan gerichteten Überlegungen Heimanns bleiben für seine didaktische Konzeption ohne Bedeutung. Insofern ist Reich zuzustimmen, daß die Grenzen der Didaktik sehr eng gezogen sind und die Identifikation mit gegebenen Strukturen bedingen. Darüber hinaus sieht Reich hier die größte Gemeinsamkeit des Heimannschen Ansatzes mit bildungstheoretischen Ansätzen. "Beide wollen den Nachvollzug der im Lehrplan verankerten und gemeinten Bildungsinhalte, beide verlangen die kritische Reflexion dieser Inhalte zwar ... jedoch wird auch die unaufhebbare systemreproduzierende und -stabilisierende Funktion der Didaktik sichtbar." (K. Reich 1977, S. 137) Diese Aussage gilt für die Heimannsche Strukturanalyse wie für Klafkis Schema didaktischer Analyse, sie vernachlässigt aber die Überlegungen, die Klafki zur Konstituierung elementarer Bildungsinhalte vorgetragen hat.

3.2.4.   Schwerpunkte didaktischer Theorieentwicklung

Das Interesse von Vertretern der Berufswissenschaft wie von Standesvertretern, die Volksschullehrerausbildung als vollwertigen akademischen Ausbildungsgang auszubauen, förderte mit dem Anspruch der Verwissenschaftlichung konkurrierende, in den Arbeitsschwerpunkten sich ergänzende Theorieentwicklungen(1). Der Lehrermangel der frühen 60er Jahre und die Rezeption der Professionalisierungsdiskussion aus der amerikanischen Erziehungssoziologie hatte die Aufmerksamkeit darauf gelenkt, den Lehrerberuf attraktiver zu machen durch Präzisierung der Berufsaufgaben, Ausbau des berufsspezifischen Wissens und Ausbildungsgangs oder auch Entlastung durch Hilfspersonal oder technische Hilfen(2). So wurden Möglichkeiten programmierten Lehrens und Lernens in der Schule in der pädagogischen Öffentlichkeit heftig diskutiert und kybernetische Modellbildungen zur Beschreibung von Lernprozessen vorangetrieben.

In geisteswissenschaftlicher Tradition werden didaktische Probleme im weiten Sinne der Planung von Bildungsanlässen von Klafki auf zwei Ebenen bearbeitet, einmal lehrplantheoretisch als Bestimmung fundamentaler Bildungsbereiche und elementarer Inhalte und zum anderen als Analysehilfe für den Lehrer, der die Lehrplanvorgaben in ihrem didaktischen Gehalt verstehen und auf die spezifischen Bedingungen in seinem Unterricht auslegen soll. Er schlägt ein interdisziplinäres Forschungsprogramm vor, das in bildungsphilosophischer und erkenntnistheoretischer Perspektive einen Kanon fundamentaler Bildungsbereiche auslegen und unter fachsystematischen, sozialen, psychologischen und erkenntnistheoretischen Gesichtspunkten elementare Bildungsinhalte bestimmen soll. Eine "kategoriale Erschließung" der Welt, in ihren je historischen Bezügen, eine qualitative Bestimmung von Schulwissen mit wissenschaftlich-hermeneutischen Methoden in pädagogischer Absicht wird für möglich und nötig gehalten. Wie sie bildungspolitisch umzusetzen wäre, bleibt unerörtert. Wenigers Einsicht in den gesellschaftlichen Interessenkampf um Lehrpläne und seine Forderung, die pädagogische Freiheit des Lehrers zu bestimmen, treten hinter der Absicht zurück, die Leistungsfähigkeit wissenschaftlicher Didaktik zu beweisen.

Wenn auch Klafki der Erziehungswissenschaft in den Auseinandersetzungen um den Lehrplan weitreichende Aufgaben zuweist, so zeigen doch seine um den Bildungsbegriff zentrierten Interpretationen der Unterrichtsaufgaben, daß sie im Bildungsbegriff nicht jenen behaupteten Maßstab besitzen, bildungspolitische Entscheidungen kritisch zu befragen oder gar anzuleiten. Der historisierte Bildungsbegriff erweist sich vielmehr als geeignet, Veränderungen des Bildungskanons als gesellschaftlich notwendig zu rechtfertigen und erziehungswissenschaftliches Problembewußtsein auch grundlegenden Umschwüngen in der bildungspolitischen Diskussion um schulische Ausbildungsgänge anzupassen. Die Notwendigkeit zur Demokratisierung des Bildungsangebots, zum Aufbrechen schulartenspezifischer Bildungsbegrenzungen wird keineswegs an die kritische Tradition des Bildungsbegriffs geknüpft, sondern ausgelegt als Anpassung an gesellschaftliche Veränderungen,

-----

(1) H. Blankertz (1971) hat in seiner Systematisierung didaktischer Ansätze der 50er und 60er Jahre die sich ergänzenden Arbeitsschwerpunkte herausgearbeitet.

(2) Vgl. zur Diskussion um die Professionalisierung des Lehrerberufes B. Gaebe 1971, Kap. V

die sich in der bildungspolitischen Diskussion bereits durchzusetzen beginnen. Klafki erläutert seine veränderte Sicht der Bildungsaufgaben der allgemeinbildenden Schulen in späteren Auflagen seines Buches "Das pädagogische Problem des Elementaren und die Theorie der kategorialen Bildung" gegenüber der Auffassung in der ersten Auflage so:

"Dem Anschein gegenüber, den unsere frühere Darstellung erwecken konnte, daß nämlich von den Erwägungen zum Elementaren aus die herkömmliche Dreigliederung unseres allgemeinbildenden Schulwesens und die Hypothese einer jeder der drei Schularten zuzuordnenden, in sich geschlossenen Leitvorstellung von Bildung gestützt würde, muß betont werden: Erkennt man die teils faktische, teils wenigstens mögliche Entwicklung der gegenwärtigen Gesellschaft in Richtung auf Demokratisierung, Gleichheit der Chancen, Abbau ständischer Vorurteile und Privilegien, kurz: auf eine Gesellschaft der Gleichwertigen und Gleichberechtigten nicht nur als feststellbaren Trend oder als Möglichkeit, sondern als eine ethisch positiv zu bewertende und daher zu fördernde Entwicklung an, so kann die inhaltliche Differenzierung ... nicht mehr als isoliertes Nebeneinander in sich jeweils geschlossener Bildungswege verstanden werden." (W. Klafki 1964, S. 394f).

Heimann erspart der Didaktik solche Anpassungsleistungen, indem er unter Verzicht auf den Bildungsbegriff und die mit ihm verbundenen pädagogischen Deutungsansprüche, ihren Gegenstand auf Modellbildung für didaktische Analysen beschränkt. Als neue, angeblich ideologiefreie Integrationsformel für die unterrichtliche Praxis wie die didaktische Theoriebildung wird 'Lernen' eingesetzt. Doch zeigen Heimanns Gliederungsversuche des Lernbegriffs, die wiederum in einen Zielbegriff Bildung einmünden, ebenso wie Schulz' Auffassung von Lernen als Anpassungsprozeß, daß, solange die komplexen Vorgänge des Lernens wissenschaftlich so untersschiedlich beschrieben und erklärt werden, jede pädagogische Orientierung an dem einen oder anderen theoretischen Konzept, Bewertungen von Unterricht impliziert. Auch bildungstheoretischen Didaktikkonzepten liegen Annahmen über Lernen zugrunde, die Auswahl und Präsentation der Inhalte mitbestimmen. Die Ausrichtung der Modellbildung am Lernbegriff ist verbunden mit einer Verschiebung des didaktischen Forschungsinteresses von Problemen der Inhaltsauswahl zu Problemen der Lernwege, der Methoden- und Medienwahl. Hatten die bildungstheoretischen Didaktikansätze die Konstituierung von Schulwissen problematisiert, indem sie die Auswahlprozesse des Lehrangebots historisch als von gesellschaftlichen Interessen mitbestimmte Prozesse beschrieben und dann auch Möglichkeiten einer wissenschaftlichen Bearbeitung von Teilfragen aufzeigten, wird nun der Lernweg in seiner Ausgestaltung durch Methoden und Medien als konstitutiver Faktor für Schulwissen herausgestellt. Der operative Aspekt von Wissen gewinnt auch für Schulwissen an Bedeutung. Ziel des Unterrichts und damit auch der didaktischen Planung ist nicht mehr eine nicht näher qualifizierbare bildende Begegnung des Lernenden mit den Inhalten, sondern ein durch Inhalt und Form der Aneignung bestimmter Lernprozeß.

Die für pädagogisches Handeln notwendigen normativen Entscheidungen über Inhalte und Formen der Aneignung auf bildungspolitischer und schulischer Ebene bleiben außerhalb der wissenschaftlichen didaktischen Analyse, sollen aber in ihrer ideologischen Bedingtheit im Sinne Mannheims aufgeklärt und ins Bewußtsein der Entscheidenden gehoben werden. Das didaktische Analyseschema ist verbunden mit unbegrenzten empirischen Aufklärungsabsichten, die in Zusammenhang zu sehen sind mit der "realistischen Wende" in der Erziehungswissenschaft. Es soll die gesellschaftliche Perspektivität didaktischer Entscheidungen offenlegen helfen und kann möglicherweise verhindern, daß sie "vorwissenschaftlich-naiv", nicht aber, daß sie "nachwissenschaftlich-privat" getroffen werden (vgl. H. Blankertz 1971, S. 111).

Ironischerweise hat Heimann, wenn er es auch nicht als Problem einer wissenschaftlichen Didaktik betrachtete, über Aufgaben und Ausbildungsinhalte der Volksschule viel früher weitsichtigere Einsichten formuliert als Vertreter bildungstheoretischer Ansätze.

3.3.

CURRICULARE PLANUNGSKONZEPTE

Ließen sich die von Klafki und von Heimann und Mitarbeitern entwor-
fenen didaktischen Analysekonzepte und die damit verbundenen For-
schungsprogramme auffassen als erziehungswissenschaftliche Antworten
auf das aktuelle bildungspolitische Problem der Professionalisierung
des Lehrerberufes und einer Verbesserung der Volksschullehrerausbildung im besonderen, so stellen sich die didaktischen Überlegungen
und Entwürfe zum Curriculum seit 1967 als Antworten auf die bildungspolitische Schulreformdiskussion und die mit ihr verbundenen Erwartungen auf Planungshilfe durch die Wissenschaft dar.

Wie die Didaktik die Reformdiskussion aufnimmt und wo sie die Möglichkeiten zur Ausarbeitung wissenschaftlicher Planungshilfen sieht, belegen exemplarisch S.B. Robinsohns Programmschrift über "Bildungsreform als Revision des Curriculum" (1971) und H. Roths Aufsatz "Schule
als optimale Organisation von Lernprozessen" (1969). Die Forderungen
nach struktureller Bildungsreform zur Verhinderung einer drohenden
Bildungskatastrophe aus Mangel an qualifziert Ausgebildeten, die bereits ins öffentliche Bewußtsein gedrungen sei und auch schon bildungsökonomische Planungsansätze hervorgebracht habe, müsse durch
qualitative Reformziele ergänzt und angeleitet werden. Robinsohn setzt
sich kritisch mit den auf empirischen Erhebungen und statistischen
Prognosen gründenden Ansätzen der Bildungsökonomie wie auch mit
den Möglichkeiten der Lernprogrammierung auseinander, weil in beiden
Ansätzen die inhaltlichen Normen des Bildungssystems und damit die
Notwendigkeit einer Reform von den Inhalten her vernachlässigt werde,
ohne die auch die Strukturreformen, etwa die Differenzierung des Sekundarschulwesens oder die Annäherung von Berufs- und Allgemeinbildung undurchführbar blieben. Die Aufgabe einer Reform der Inhalte
wird von Robinsohn in dieser ersten Phase der curricularen Neuorientierung angesichts der euphorischen öffentlichen Einschätzung von Re-
formmöglichkeiten und -notwendigkeiten, der bildungspolitischen Erwartungen an wissenschaftliche Planungshilfen und der unterstellten Pla-
nungsrelevanz einer sich stärker empirisch und gesellschaftlich aus-
richtenden Erziehungswissenschaft sehr grundsätzlich und weitreichend
ausgelegt. Sie umfaßt für Robinsohn "die Überprüfung der pädagogischen Relevanz des gesamten Gefüges (des Curriculums B.G.) in
einem Prozeß, in dem gesellschaftliche Kräfte und wissenschaftliche
Erkenntnisse unmittelbar bestimmend werden können" (S.B. Robinsohn
1971, S. 10).

Auch H. Roth zielt auf eine Globalreform, indem er den Rahmen für
eine Theorie der Organisation optimaler Lernprozesse entwirft, die der
Schule helfen soll, "Aufgaben, Lernsequenzen, Lernprozesse, Lehrver-
fahren, Lehr- und Lernmaterial und Lernzielkontrollen zu entdecken
und bereitzustellen, die es erlauben und ermöglichen, Lernfähigkeit
für alle zu entwickeln" (H. Roth 1969, S. 62). Während Robinsohn an
die geisteswissenschaftliche Tradition, vor allem an Weniger anknüp-
fend das Programm über eine Strukturierung der Lehrplanungsebenen
einzulösen sucht, folgt Roth eher lerntheoretischen Ansätzen in der

Erfassung der Teilaufgaben der Lernorganisation. Gemeinsam und über vorliegende Ansätze hinausgehend ist beiden Autoren die konstruktive Absicht und der Konsens, den sie gesellschaftlich und pädagogisch für die allgemeinen Zielrichtungen der Reform unterstellen. Übereinstimmung besteht darüber, daß die didaktische Auslegung der bildungspolitischen Forderung nach Chancengleichheit auf eine Aufhebung von Bildungsbeschränkungen zielt, wie sie sich in der "Unterscheidung zwischen 'volkstümlicher Bildung' ... und der Bildung für die zur Abstraktion und zum begrifflichen und imaginativen Denken Fähigen" (S.B. Robinsohn 1971, S. 18) ausdrückt. Roth sieht das Lehrangebot der traditionellen allgemeinbildenden Schulformen als Mittel der Herrschaftssicherung an und bestreitet jegliche Berechtigung, "für jemand die Ebene festzulegen, innerhalb der er nur denken darf, oder die Lernziele, die er nur erreichen darf, oder die Methoden des Lernens und Denkens, die er nur kennenlernen darf" (H. Roth 1969, S. 8f). Weitgehende Übereinstimmung besteht auch über die allgemeinen Ziele für Schularbeit, wie sie der Demokratie und Wissenschaftskultur der Zeit angemessen seien. Von Robinsohn erwogen, von Roth als konsensfähig unterstellt werden (vgl. S.B. Robinsohn 1971, S. 16ff; H. Roth 1969, S. 64ff):

- "Kommunikation aller mit allen" – Das "erfordert eine neue Allgemeinbildung", die Einsichten verschafft "in Kommunikationssperren und Kommunikationshilfen, aber auch in die Sprache der wissenschaftlichen Abstraktion".

- "Lernen des Lernens" – Wichtiger als das "Präsenthaben und Wissen" ist die Ausbildung von Fähigkeiten und die Einarbeitung in Methoden des Wissenserwerbs. Gefördert werden muß die "Bereitschaft zur Veränderung", der "Erwerb einer Disposition, immer neue und wechselnde Horizonte der physischen und geistigen Welt aufzunehmen, immer neue Allianzen zu akzeptieren ...".

- "Selbstbestimmung" – Sie ist nicht möglich ohne "Sach- und Sozialkompetenz", die Zustände und Fakten als das Produkt von Prozessen erkennt und in Mitbestimmung mündet. "Erziehung zur Wahl" und zu "geistiger Urteilfähigkeit" bezeichnen die Aufgabe.

Es ist die gesellschaftliche Entwicklung, die diese Ziele über einen längeren Zeitraum hinweg hervorgebracht hat und die sie nun notwendig und realisierbar erscheinen läßt und auch künftig Veränderungen schulischer Aufgaben bedingen wird. Die Koordination von Gesellschafts- und Kulturprozeß mit Lern- und Bildungsprozessen muß, und das ist der dritte Konsenspunkt, der auch durch Hinweise auf die amerikanische Schulentwicklung gestützt wird, wissenschaftsorientiert sein. Wissenschaftsorientierung wird in dreifacher Hinsicht zum Orientierungspunkt didaktischer Arbeit in Forschung und Schule und nährt damit Erwartungen auf planungsrelevante Ergebnisse: Wissenschaftsgesteuert sind Organisation und Optimierung von Lernprozessen. Die Fachwissenschaften stellen wichtige Kriterien zur Auswahl von Ausbildungsinhalten bereit. Der Prozeß der Curriculumentwicklung selber ist erfahrungswissenschaftlicher Kontrolle und Steuerung unterworfen.

3.3.1. Steuerung der Lernprozesse über verhaltensorientierte Lernziele

Die lehrplanpraktischen Auslegungen des Bildungsbegriffs in geisteswissenschaftlicher Tradition belegen, daß er "anscheinend immer dann
einspringt, wenn es gilt, Orientierungslosigkeit durch Berufung auf
Werthaftes zu überspielen" (N. Luhmann, K.E. Schorr 1979, S. 83).
In der Konkretisierung sozialspezifischer Bildungswelten ist die formale Universalität des Bildungsbegriffs, wie sie sehr abstrakt formuliert mit der Verknüpfung von Individuum und Welt unabhängig von
gesellschaftlichen Einschränkungen gemeint ist, aufgegeben. Innerhalb
des fixierten Rahmens sozialspezifischer Bildungswelten, die die Funktion der Sicherung sozialer Ordnung übernehmen, beläßt der Bildungsbegriff die Lernvorgänge selbst weitgehend der Entscheidung des
Lehrers unter den Bedingungen der jeweiligen Lernsituation. Der
"fruchtbare Moment" einer bildenden Begegnung zwischen Lernendem
und Bildungsinhalt ist didaktischer Planung nicht zugänglich, bezieht
er sich doch gerade auf die Diskontinuitäten, Umbrüche, komplexen
Veränderungen im Lernprozeß.

Gegenüber den Erwartungen auf effektivere Bildungsplanung unter der
Zielsetzung, mehr, und im Sinne von Robinsohn und Roth, besser
Qualifizierte auszubilden, erscheint gerade diese Ambivalanz des Bildungsbegriffs, fixierend und offen zugleich, in doppelter Weise be-
schränkend. Angesichts der gesellschaftspolitischen Forderungen nach
Abbau von Bildungsbarrieren und der Popularisierung der Einsichten
in die Veränderbarkeit der Lebensverhältnisse auf der Grundlage wissenschaftlichen Fortschritts wie der Expansion und schnellen Umwäl-
zung wissenschaftlichen Wissens erscheint ein reduzierter Bildungsbegriff unbrauchbar, der den Bezug von Individuum und Welt sozialgruppenspezifisch einzuschränken und dauerhaft zu normieren sucht.
Angesichts der gesellschaftlichen Erwartungen höherer Effizienz im Bildungssystem erscheint ein Bildungsbegriff, der betont, daß die wesentlichen Lernereignisse didaktischer Planung nicht verfügbar sind, geradezu als planungsfeindlich.

Das Abrücken von den dem Bildungsbegriff zugerechneten Dogmatisie-
rungstendenzen tradierter Deutungssysteme und Bildungsinhalte und
das neue Selbstverständnis als Planungswissenschaft zeigt sich an dem
in der deutschen didaktischen Diskussion auf breiter Front vorgenom-
menen Etikettenwechsel vom pädagogischen Zielbegriff der Bildung zu
dem des Lernens oder auch dem Lernen des Lernens. H. Roth behauptet
sogar, daß der Begriff "Lernprozeß", aus der Lernpsychologie und
Pädagogik stammend, inzwischen zu einem allgemeinen gesellschaftspolitischen Begriff geworden sei, der nahezu alles in sich aufgenommen habe, was für eine Theorie der künftigen Schule benötigt werde.
(H. Roth 1969, S. 57) Dieser Etikettenwechsel signalisiert die Bereitschaft der Erziehungswissenschaft und speziell der Didaktik, Probleme
der gesellschaftlichen und bildungspolitischen Reformdiskussion aufzunehmen und zu bearbeiten:

- Lernen läßt sich kaum mehr als sozialgruppenspezifisches Ziel auslegen, wie bereits Heimann betont hatte. "In allen Schulen sind in
  gleicher Weise die kognitiven Fähigkeiten zu fördern und kognitive

Strukturen aufzubauen: Wissen und Können, Verstehen und Denken, Anwenden und Produzieren, Beobachten, Beurteilen und Werten. Die Schule hat das selbständige und kritische Denken zu entwickeln und zu fördern durch alle Stufen hindurch, die der Weg vom Einfachen zum Komplexen, vom Konkreten zum Abstrakten, vom zufälligen Versuch-Irrtum-Verhalten zu methodisch gesicherteren Verfahren bis hin zum wissenschaftlichen Denken fordert." (H. Roth 1969, S. 6).

- Die psychologische Lernforschung, vor allem Taxonomien der Lernvorgänge, wie sie in den USA bereits seit Mitte der 50er Jahre entwickelt wurden (vgl. B.S. Bloom 1956; D.R. Krathwohl u.a. 1964; R.M. Gagné 1965), versprechen eine wissenschaftlich fundierte Planbarkeit von Lernprozessen, indem Ebenen der Abstraktheit, Komplexität oder Methodisierung von Wissen und Fertigkeiten lerntaxonomisch gestuft zur Basis der Lernzielentwicklung und Ausarbeitung entsprechender Lehr-Lernstrategien gemacht werden sollen.

- Die allgemeinen Zielformeln wie z.B. Lernen zu lernen, entschärfen oberflächlich betrachtet das Problem der Legitimation der Inhaltsauswahl, indem sie es als nachgeordnet darstellen. Auch für untergeordnete Zielebenen gilt, daß Lehrgegenstände keine Lernziele sind und keine gezielte Beeinflussung der Lernprozesse ermöglichen. "Wenn Inhalte in Wissen und Können ... umgewandelt werden sollen, müssen sie in Lernziele übersetzt werden, die vom Individuum her zu formulieren sind, und zwar verhaltenstheoretisch als angebbare Fähigkeiten und Fertigkeiten, die der Lernende präsent haben oder rasch präsent zu machen imstande sein muß. Man muß wissen, ob man als Ziel setzt, die Lehrbuchseiten über die Französische Revolution auswendig zu wissen oder in angemessener Frist über ein geschichtliches Ereignis ein vielseitig orientiertes Referat halten zu können." (ebd. S. 7).

Der Strukturplan des Deutschen Bildungsrates, an dem auch H. Roth maßgeblich mitgearbeitet hat, ist das erste bildungspolitische Programm, das den Bildungsbegriff als pädagogisch-didaktischen Zielbegriff durch den Lernbegriff ablöst, was nicht ausschließt, daß der Begriff Bildung allein und in allen möglichen gängigen Zusammensetzungen weiterhin bedeutungsentleert verwendet wird. Daß mit der Formel vom Lernen des Lernens nicht nur äußerlich an eine Formulierung Humboldts angeknüpft wird, wird nicht bewußt. Tatsächlich sind mit dem Begriff Lernen im Strukturplan diejenigen formalen Aspekte verknüpft, die auch den emanzipatorischen Anspruch des neuhumanistischen Bildungsbegriffs kennzeichneten:

- Das organisierte Lernen aller folgt der gleichen Zielsetzung. Jeder soll das Lernen lernen, es soll für alle wissenschaftsorientiert sein. Damit ist der Abbau von Bildungsbarrieren durch Verzicht auf schulartspezifische Orientierungs- und Deutungssysteme gefordert.

- "Das Lernen soll den ganzen Menschen fördern." (Dt. Bildungsrat 1970, S. 30). Die Norm der gebildeten Persönlichkeit ist zwar aufgegeben, doch schließt der Lernbegriff ausdrücklich "soziales Lernen" und "berufliches Lernen" ein. "Wissenschaftsorientiert" soll das Lernen die Methoden des Wissensgewinns und -erwerbs ebenso wie Anwendungsmöglichkeiten mitumfassen.

- "Ein enzyklopädisches Wissen und eine umfassende Allgemeinbildung" kann auch im Sinne des Strukturplans nicht Ziel schulischer Bildung sein, vielmehr soll zusätzlich zu einem obligatorischen Kernbereich von Fächern zwischen Wahlpflicht- und Wahlfächern gewählt werden können. Dieser Vorschlag stützt sich ähnlich wie die Globalformel vom Lernen des Lernens auf undifferenzierte formale Bildungsvorstellungen und Transferannahmen: "Allgemeine Fähigkeiten wie die zu methodischer Analyse und Argumentation, zu kritischer Beurteilung und begründeter Entscheidung können auf verschiedenen inhaltlichen Feldern eingeübt und erworben werden." (ebd. S. 34).

War der im Bildungsbegriff ausgedrückte Gestaltungsauftrag für die Person und die Gruppe in bestimmte kulturelle Traditionen eingebunden und damit bei Humboldt wie auch bei Nohl historisch qualitativ auslegbar, so präsentieren sich die allgemeinen Ziele des Lernens bei Robinsohn und Roth wie im Strukturplan als Bestimmungen menschlicher Funktionsfähigkeiten (selbständiges und kritisches Denken, intellektuelle Beweglichkeit, kulturelle Aufgeschlossenheit, Ausdauer, Leistungsfreude, Sachlichkeit, Kooperationsfähigkeit, soziale Sensibilität, Verantwortungsbewußtsein, Fähigkeit zur Selbstverantwortung usw.), die in ihrem strikten Bezug auf die Möglichkeiten des Lernenden eine veränderte gesellschaftliche Perspektive zum Ausdruck bringen, sich aber als konsensfähig gerade deshalb erweisen, weil sie inhaltlich offen bleiben. Die Neuorientierung auf Verhaltensdispositionen, die den Lernenden nicht auf Inhalte und Deutungen fixieren, sondern ihn zu einem rationalen Umgang mit allen möglichen Inhalten instand setzen sollen, ist im Ansatz der neuhumanistischen Abkehr von pragmatischen Ausbildungsvorstellungen zu vergleichen, bleibt allerdings ohne bildungsphilosophische Perspektive. Unvermittelt erscheint daher im Strukturplan das inhaltlich gerichtete Ziel einer Förderung der Lernmotivation. "Wissen, Denken und Urteilen werden nur dann zum Besitz des Lernenden, wenn er gleichzeitig für das, was er lernen soll, motiviert wird und das zu Erlernende wertschätzen lernt." (Dt. Bildungsrat 1970, S. 85).

Wie wird dieses Zielspektrum vom kritischen Denken bis zum wertschätzenden Lernen angesichts der Erwartungen an wissenschaftsgeleitete Planung didaktisch umgesetzt? Den Diskussionsstand der sich als Planungswissenschaft verstehenden Didaktik zeigt das Gutachten von K.H. Flechsig u.a.: "Die Steuerung und Steigerung der Lernleistung durch die Schule" (1970), das im Auftrag der Bildungskommission des Deutschen Bildungsrates verfaßt wurde. Der Lehrplan, in seiner neuen Erscheinungsform auch Curriculum genannt, wird als globales Steuerungsinstrument der schulischen Lernprozesse angesehen, das folgende Aussagen macht:

"1. Aussagen über die Lernerfordernisse der Gesellschaft und die Lernbedürfnisse der Heranwachsenden,

2. Aussagen über die Lernziele und Lernbereiche,

3. Aussagen über die von den Lernzielen her geforderte Mitwirkung der anderen Faktoren im Lehr-Lernprozeß,

4. Aussagen über Verfahren und Instrumente, mit denen die Er-

reichung der Lernziele kontrolliert werden kann." (ebd. S. 462).

Die an der amerikanischen Curriculumforschung orientierte empiristische Auffassung der Forschungsaufgaben erwartet Aussagen der ersten Gruppe aus "umfassenden Verhaltensanalysen" (ebd. S. 463), das sind "Analyse und Prognose in den verschiedensten Verstehens- und Verhaltensbereichen wie Familien- und Gruppenleben, Beruf, Studium, Politik, Religion usw." sowie Analysen der "entwicklungspsychologisch, sozialkulturell und zeitgeschichtlich bedingten Lernbedürfnisse der Jugend" (ebd. S. 462). Eine ständige Revision erscheint hierbei notwendig. Ergebnisse dieser Verhaltensanalysen sind in Lehrplänen in Lernziele umzusetzen, die als Verhaltensziele zu formulieren sind. Die "Lernbereiche", aus denen heraus die stofflichen Konkretisierungen erfolgen, können wissenschaftsorientiert oder "lebensbezogen" ermittelt werden. Im Gutachten wird mit Bezug auf gesellschaftliche Entwicklungstendenzen die Frage nach den "rechten Proportionen der Wissenschaften" im Schulcurriculum betont. Das Lernziel als Verhaltensziel bezieht sich in Form und Funktion ausdrücklich auf das Muster der Lernprogrammierung, wie es z.B. R.F. Mager (1965) eingängig vorgetragen hat. Es gilt dann als präzise bestimmt, wenn beobachtbare Verhaltensweisen angegeben sind, die der Schüler nach dem Lernvorgang zeigen muß. Taxonomien der Lernvorgänge und sachlogische Analysen der Inhaltsbereiche bestimmen die zeitliche Abfolge der Lernziele. Sind die Lernziele im angegebenen Sinn klar formuliert, erlauben sie "die optimale Entwicklung und Abstimmung aller Faktoren des Lehr-Lernprozesses" (ebd. S. 463). Der Lehrplan als Curriculum hat auch die Kontrollinstrumente zu benennen, die eine Erfolgskontrolle des Programms ermöglichen. Sind die Lernziele nach dem Muster Magers vollständig operationalisiert, formulieren sie die Kontrollen bereits mit. Ein Curriculum dieser Art trägt nach Auffassung des Gutachtens bereits durch seine veränderte Form zur Steigerung von Lernleistungen bei (ebd. S. 465).

Zwar wird im Strukturplan im Unterschied zu einigen rein mechanistischen Planungsansätzen, die die Operationalisierungsstrategie in konstruktiver Absicht als Ableitungszusammenhang behaupten (bes. C. Möller 1969), die Verknüpfung zwischen allgemeinen und spezieleren Lernzielen als Entscheidungsverfahren eingeschätzt, doch dominieren für die weitere didaktische Aufbereitung technologische Planungs- und Kontrollvorstellungen. Zu den allgemeinen Lernzielen soll über fachlich-inhaltliche und fachlich-prozessuale Lernziele hingeführt werden, die ihrerseits über Lernzielstufen, angelehnt an Klassifizierungen von Lernvorgängen nach dem Kriterium der Komplexität, erreicht werden sollen. Ob es sich um die Stufe gedächtnismäßiger Aneignung von Wissensstoffen oder die Stufe problemlösenden Denkens handelt, operationale Formulierungen der Lernziele sollen nach den Vorstellungen des Strukturplans objektive Kontrollen der Lernerfolge ermöglichen und auf diese Weise nun tatsächlich eine der individuellen Leistungsfähigkeit entsprechende Zuweisung zu den Bildungsgängen sichern. Selbst die Möglichkeiten zur "Entwicklung eigener Lerninteressen" geraten in der Planungseuphorie unter Operationalisierungszwang. In Anlehnung an einschlägige Forschungsergebnisse der Pädagogischen Psychologie, die die Abhängigkeit der Lernmotivation von den durch die Aufgabenstellung bedingten Erfolgs- oder Mißerfolgserlebnissen aufgewiesen haben, wird die Differenzierung von Lernzielen gemäß den individuellen Lernvoraussetzungen als Mittel zum Aufbau von Lerninteressen angesehen. Der "Grad der Verankerung geistiger Interessen in der persönlichen Anteilnahme des Lernenden", der so erhöht werden könne, sei dann wiederum in Lernzielkontrollen zu überprüfen (Dt. Bildungsrat 1970, S. 85f)(1).

Hier zeigt sich nun, daß die technisch-organisatorische Wende der Curriculumdidaktik zur Lernzieloperationalisierung, die effektivere Planungen verspricht, die Neuorientierung der Zielsetzungen schulischen Lernens in Richtung auf selbständiges, eigenverantwortliches, eigeninitiatives Verhalten nicht aufzunehmen vermag(2). Unterstellt wird, daß sich die Ziele der Instruktion, die zum Zweck der Erfolgskontrolle als Lernverhalten auf verschiedenen Ebenen der Komplexität geplant werden, beim Lernenden irgendwie zu Selbständigkeit des Denkens und Urteilens, zu Wertungen und Interessen addieren. Unbedacht bleibt in diesen didaktisch-technischen Entwürfen, daß mit der Unterstellung, Urteilsfähigkeit, Wertschätzung, Interesse seien letztlich methodisierbar und damit lehrbar, diese Zielsetzungen als Fähigkeiten des Subjekts, Lernerfahrungen zu synthetisieren, aufgehoben werden. Urteilsfähigkeit verliert als extern geplante Konstruktion von Verhaltenszielen ihren Sinn.

3.3.2. Wissenschaftsorientierung als Auswahlkriterium des Lehrangebots

Die kritische Distanz didaktischer Diskussion zum Bildungsbegriff, in der sich die Absicht ausdrückt, schulisches Lernen aus festgefügten lebensweltlichen und traditionsgebundenen Deutungszusammenhängen zu befreien, wirft zugleich das Problem einer inhaltlichen Neuorientierung des Curriculums insgesamt wie einzelner Lernbereiche nach veränderten Auswahlkriterien auf. Übereinstimmend richtete sich die Kritik sowohl gegen die Varianten volkstümlicher Bildungsauffassung, die entgegen den neuformulierten Zielsetzungen für Schule die Lernmöglichkeiten auf Primärerfahrungen begrenzen, als auch gegen Auffassungen "wissenschaftlicher Grundbildung" für die "moralisch und politisch Führenden" im Sinne Flitners.

-----

(1) In dieser Auffassung wird nicht etwa, wie K. Prange (1977, S. 1047) meint, Motivation, weil nicht lehrbar, als Lernbereich preisgegeben, sondern vielmehr als lehrbar und damit auch in operationalisierten Lernzielen ausformulierbar gedacht.

(2) Auf die Differenz zwischen pädagogischen Zielsetzungen und Möglichkeiten der Lehrplanung ist inzwischen vielfach hingewiesen worden, häufig mit dem generellen Vorbehalt, daß nicht alle Ziele operationalisierbar seien. Grundsätzlichere Überlegungen zu dieser Frage stellen an L. Koch (1972), K. Prange (1977).

"Eine auch nur oberflächliche Besinnung bringt uns zum Bewußtsein", schreibt Th. Wilhelm (1967, S. 136) "daß gerade die Primärwelt, deren Pflege der Volksschule von der Theorie des 'Eigengeistes' besonders empfohlen wird, in der Gegenwart durch den Komplex von Heimat und Volkstum, Gemüt und Nation, in keiner Weise mehr ausreichend bestimmt wird. Das Ferne ist zugleich auch das Nächste, und nichts was dem Zehnjährigen heute begegnet, ist noch von jener Art, daß es nur die Anteilnahme des Gemüts und nicht immer zugleich auch die kritische Rationalität herausfordern würde."

S.B. Robinsohn sieht die Grenzen des Flitnerschen Versuchs, bildende Gehalte in der kulturellen Tradition zu identifizieren und in ihrer anthropologischen Systematik auszuweisen, in der Vernachlässigung der Anforderungen und Bildungsmöglichkeiten der Gegenwart. "Es wird also die Tradition auf ihre lebensfördernde Gehalte hin analysiert, nicht die Wissensleistung der Gegenwart auf ihre bildende Funktion." (S.B. Robinsohn 1971, S. 28f).

H. Roth charakterisiert die Praxis der Auswahl von Inhalten für den Unterricht der allgemeinbildenden Schulzweige schlagwortartig: "Für die Volksschüler die 'volkstümliche Bildung' (heute die 'Arbeitslehre'), für die Realschüler die Propädeutik der angewandten Wissenschaften für angewandte Zwecke, für die Gymnasiasten die Propädeutik der 'reinen Wissenschaften'." (H. Roth 1969, S. 8).

Das Zauberwort, mit dem auf die als unzeitgemäß erkannten sozialen Bildungsbeschränkungen reagiert wird, ist Wissenschaftsorientierung des Lehrangebots, wie es die Gesellschaftsentwicklung fordere. Hatte Heimann aus der gleichen kritischen Einschätzung der Bildungswirklichkeit heraus vor allem eine empirisch soziologische Aufklärung von didaktischen Entscheidungen gefordert, scheinen nun mit der Orientierung an den Wissenschaften Auswahlkriterien für Unterrichtsinhalte gewonnen.

"Es ist eine große gemeinsame Anstrengung aller Schulgattungen zusammen erforderlich, damit die rationalen Anforderungen des 20. Jahrhunderts in so ausgedehntem Umfang, wie das durch die Entwicklung der Zivilisation nötig geworden ist, bewältigt werden können. Wissenschaftlichkeit und Intellektualität sind nicht mehr das Sondergebiet einer speziellen Bildungselite; sondern auf allen Stellen der Gesellschaft, auf allen Ebenen der Berufstätigkeiten sind geschultes Denken und eine geordnete Vorstellungswelt unentbehrlich." (Th. Wilhelm 1967, S. 139).

Auf die Frage, wie heute "das Gemeinwohl der Gesellschaft zu sichern" sei, antwortet Roth, daß der Weg über die Wissenschaften führe. "Alle Lebens-, Berufs- und Freizeitbereiche haben in ihren Spitzen, wo die Erkenntnisse gewonnen werden und die Entscheidungen fallen, Wissenschaften hervorgebracht, d.h. sie helfen sich durch Forschung und Wissenschaft weiter, indem Akademiker mit wissenschaftlichen Denkmitteln die sich mehrenden Probleme zu lösen versuchen, die. einfach nicht mehr rein praktisch oder

mit bloßem gesunden Menschenverstand zu beantworten sind ...
Wenn wir nicht wollen, daß in einer nicht fernen Zukunft Experten, deren Wissenschaften und Künste wir nicht mehr verstehen,
über unsere Köpfe hinweg entscheiden, müssen bald vielmehr Menschen als heute - rezeptiv oder aktiv - instand gesetzt werden,
und fähig sein, an diesem Prozeß der oft beschworenen Verwissenschaftlichung unseres Lebens mitverstehend und mitverantwortlich
teilnehmen zu können ..." (H. Roth 1969, S.5f). Solche Überlegungen zusammenfassend heißt es im Strukturplan: "Die Bedingungen
des Lebens in der modernen Gesellschaft erfordern, daß die Lehr-
und Lernprozesse wissenschaftsorientiert sind." (Dt. Bildungsrat
1970, S. 33). "Das organisierte Lernen soll für alle wissenschaftsorientiert sein." (ebd. S. 30).

So weitgehend Ende der 60er Jahre Übereinstimmung darüber erreicht
scheint, daß die Verwissenschaftlichung aller Lebensbereiche Konsequenzen auch für Erziehung und Unterricht nach sich ziehen müsse,
wenn Orientierungs-, Verständigungs- und Handlungsmöglichkeiten der
Gesellschaftmitglieder erhalten oder verbessert werden sollen, so offen
oder verschiedenartig geraten die didaktischen Auslegungen der Konsensformel von der Wissenschaftsorientierung schulischen Lernens.

Der in den USA in den 60er Jahren ausgearbeitete und theoretisch begründete Ansatz von den "structures of the disciplines" wurde in der
Bundesrepublik erst Anfang der 70er Jahre mit der Übersetzung einiger
Schriften J. Bruners (1970, 1974) stärker rezipiert, wenn auch vor
allem fachdidaktisch (vgl. P. Damerow 1977, S. 109ff). Das hängt
wohl nicht nur mit der normalen zeitlichen Verzögerung bei der Ausbreitung wissenschaftlicher Erkenntnisse zusammen, sondern auch
damit, daß gerade das Auswahlproblem von Unterrichtsinhalten in der
geisteswissenschaftlich orientierten Didaktik sehr differenziert und
unter Ablehnung einsinniger Lösungen erörtert worden ist. Deshalb
wurde kaum wahrgenommen, daß Bruner eine theoretische Verknüpfung
von Objekt- und Subjektseite im Lernprozeß versucht, die wissenschaftliche Forschung als Prozeß kollektiver gattungsgeschichtlicher Erkenntnis und individuelles Lernen als Aneignung des gattungsgeschichtlichen Erbes aufeinander bezieht. Für die Auslegung von Wissenschaftsorientierung wurde auch nicht auf Bruners "instrumentellen Konzeptua-
lismus", eine kulturbezogene Erweiterung der genetischen Erkenntnistheorie Piagets, Bezug genommen, nach dem jedem kodifizierten Wissen
ebenfalls kulturell geprägte kognitive Strukturen als Auffassungs- und
Handlungsorientierungen zugrunde liegen. Die Wissenschaften haben
in ihren grundlegenden Begriffen und Methoden als den Instrumenten
ihres Handelns die am weitesten entwickelten Formen kognitiver Strukturen hervorgebracht, an denen sich nach diesem Ansatz auch die
Curriculumentwicklung zu orientieren hätte.

Gegenüber den Beschränkungen des Lehrangebotes vor allem bei wirtschaftlichen, sozialen und naturwissenschaftlichen Gegenständen unter
Berufung auf den Bildungsbegriff, führt für Th. Wilhelm die Neuver-
messung der Wirklichkeit für schulische Zwecke am "Vermessungsmaß-
stab" der Wissenschaften (Th. Wilhelm 1967, S. 209) zu einer Öffnung
des Bildungskanons "zur offenen Enzyklopädie", in der nicht mehr der
Gedanke der inhaltlichen Reduktion auf das Wesentliche, sondern die

Ordnung der Vielfalt leitend sei. "Ordnung wird sich angesichts der überwältigenden Masse der Einzelheiten, die unser Dasein bestimmen, nur noch herstellen lassen, indem die Relationen erkannt werden, in denen die Einzelheiten zueinander stehen." (ebd. S. 211). In der hier zugrunde liegenden naiv realistischen Auffassung wissenschaftlicher Erkenntnismöglichkeiten legt die Wissenschaft zunehmend diese Relationen und Ordnungen frei, indem sie sich auf die "Sachen" einläßt. Im Gegensatz zur Bildungsschule, der es nach Wilhelm immer um Selbstentfaltung und Selbstgestaltung der Individualität gegangen sei – wobei er allerdings verschweigt, daß dies immer nur "im Durchgang durch die Welt" für möglich gehalten wurde – befreie die Wissenschaftsschule den Lernenden zur Sachlichkeit und mache ihm seine Entwicklungsfähigkeit in einer offenen gestaltungsfähigen Welt erfahrbar. Wie nun aber die "objektive Sachordnung" der Wissenschaften für die Ordnung der Vorstellungswelt der Schüler fruchtbar gemacht werden kann, wie die konkreten Auswahlprobleme, nämlich die Auswahl von Fächern oder Lernbereichen und ihre Strukturierung zu bewerkstelligen sind, wird kaum geklärt. Eine überraschende, nicht näher begründete Antwort findet Wilhelm auf die Frage nach der Gliederung des gesamten schulischen Angebots, das die Vorstellungswelt des Lernenden prägen soll, indem er fünf "Horizonte" unterscheidet, "mit denen die Wissenschaften die Welt der Gegenwart 'mindestens' umgeben – Recht, Struktur, Interpretation, Religion, Geschichte ..." (ebd. S. 242 u. S. 293ff). Innerhalb dieser Horizonte soll der Schüler nach Maßgabe der Wissenschaften denkend seine Vorstellungswelt ordnen, im Religionsunterricht etwa durch Anleitung zur Reflexion über die christlich-abendländische Tradition, wobei wie selbstverständlich unterstellt wird, daß dieser Unterricht nicht die "Anarchie des Herzens" sondern eine "ordre du coeur" hervorbringe (ebd. S. 310). Spätestens hier wird deutlich, daß das Prinzip der "objektiven Sachordnung", das bereits auf der Ebene der Wissenschaften die Konkurrenz der Konzepte unterschlägt, auf der Ebene des Unterrichts lediglich die "richtige" Sachordnung rechtfertigen soll.

In den Fragen der Ökonomie des Lehrens und Lernens, die Wilhelm als didaktische Aufgabe im engeren Sinn bezeichnet, sind die Fachwissenschaften selbst zur Analyse ihrer eigenen "Strukturen" aufgerufen (ebd. S. 312). Die Nähe zu Bruners Konzept ist deutlich, doch bleibt der Strukturbegriff unerörtert. Insgesamt müsse die Ökonomie des Lernens in der Wissenschaftsschule den operativen Charakter des Denkens herausstellen und von der "immer hoffnungsloser werdenden ontologischen Erschließung der Wirklichkeit", auf die auch die Prinzipien des Exemplarischen und des Repräsentativen noch zielten, wegführen. Die Forderung, an und in Modellen zu lernen, zielt, ohne daß die Probleme des Begriffs auf wissenschaftlicher und schulischer Ebene genauer behandelt werden, auf eine qualitative Veränderung der Lernprozesse, um den operativ-konstruktiven Charakter von Erkennen erfahrbar zu machen. Die Widersprüche zu den Aussagen über die objektive Sachordnung wissenschaftlicher Erkenntnis resultieren aus der Unklarheit des zugrundeliegenden Wissenschaftsbegriffs. Mit diesem Konzept der Wissenschaftsschule, das Wissenschaft auf entsubjektivierte "Sachzusammenhänge" reduziert, verbindet sich positiv die Möglichkeit, eine Mannigfaltigkeit von Perspektiven, Lebensmöglichkeiten zu erschließen, die den Lernenden weit über die Grenzen seiner Primärerfahrungen hinausführen. Der emanzipative Anspruch liegt in der Befreiung aus begrenzenden Lebenskreisen. Nicht länger sichert Lebensnähe die Bedeutsamkeit von Schulwissen, vielmehr sichert gerade Situationsungebundenheit, allgemeine Anwendbarkeit den "operativen Leistungseffekt" (Th. Wilhelm) wissenschaftsorientierten Schulwissens.

Auch für H. Roth gibt es keinen anderen Weg zur Neuorientierung der Schule und ihres Lehrplans als über die Wissenschaften. Es ist die an den Wissenschaften geschulte Rationalität, die es den Menschen überhaupt nur ermöglicht, angesichts der Verwissenschaftlichung aller Lebensbereiche "mitverstehend und mitverantwortlich" am gesellschaftlichen Leben teilzunehmen. Rationalität als Grundprinzip der Wissenschaften wird sehr weit und dabei nur sehr vage ausgelegt. Wenn die Wissenschaften als "rationales Gewissen" der ihnen korrespondierenden Lebensbereiche verstanden werden, die "erzeugend, kontrollierend, kritisierend" wirken (H. Roth 1969, S. 10), wenn nicht als Wissenschaft gilt, "was nicht mehr produziert, keine Erkenntnis mehr erzeugt, keine Freiheit mehr sichert, sich nicht mehr kooperativ verhält, keine kritische Rationalität mehr verbreitet", bleibt gleichwohl unklar, inwieweit Rationalität auf Aufklärung nach den Kriterien der Nachprüfbarkeit, Intersubjektivität, Wertfreiheit, Reproduzierbarkeit und Quantifizierbarkeit und damit auf bessere Verfügbarkeit über Mensch und Welt zielt, oder aber auch auf Handlungsorientierung für eine emanzipierte Praxis. Roth verfolgt die Frage, wie denn die Wissenschaften, die insgesamt den Erkenntnisstand der Gesellschaft darstellen, aber nicht alle in den Schulen angeboten werden können, im Schullehrplan repräsentiert werden können. Angedeutet wird eine objektivistische Lösung des Problems(1), eine Gliederung der Wissenschaften nach ihren Objekten und Methoden in Natur-, Sozial- und Geisteswissenschaften. Innerhalb dieser Wissenschaftsbereiche werden gute Transfermöglichkeiten zwischen den Disziplinen unterstellt, so daß die Beschäftigung mit einer oder wenigen Disziplinen dem Lernenden den Bereich insgesamt erschließen kann. Die notwendigen inhaltlichen Spezifizierungen für den Lehrplan können deshalb weitgehend von den Neigungen und Begabungen bestimmt werden.

Der Gedanke der Differenzierung nach individuellen Interessen, Motiven und Fähigkeiten nicht zum Zwecke der Spezialisierung sondern in allgemeinbildender Absicht ist auch im Strukturplan mit der Wissenschaftsorientierung des Lernens in Zusammenhang gesehen. Mit Wissenschaftsorientierung des Lernens ist hier gemeint, "daß die Bildungsgegenstände, gleich ob sie dem Bereich der Natur, der Technik, der Sprache, der Politik, der Religion, der Kunst oder der Wirtschaft angehören, in ihrer Bedingtheit und Bestimmtheit durch die Wissenschaften erkannt und entsprechend vermittelt werden" (Dt. Bildungsrat 1970, S. 33). Unterstellt werden unabhängig von den jeweiligen Inhalten

-----

(1) Wesentlich differenziertere Versuche in dieser Richtung macht P.H. Hirst (1974, S. 30ff und S. 84ff), indem er objektivierte Formen des Wissens und der Erfahrung nach konzeptionellen, logischen und methodischen Kriterien zu unterscheiden und für das schulische Lehrangebot auszulegen versucht.

bei wissenschaftsorientiertem Lernen generell tranferierbare Lernwirkungen. "Die Bildungsgänge vermitteln nicht nur Kenntnisse und Fertigkeiten, sondern auch die Fähigkeit, immer wieder neu zu lernen, sei es in anderen Gegenstandsbereichen, sei es im gleichen Gegenstandsbereich, jedoch auf höherem Anspruchsniveau." (ebd. S. 33). Die Bildung allgemeiner Fähigkeiten "zu methodischer Analyse und Argumentation, zu kritischer Beurteilung und begründeter Entscheidung", die unabhängig von dem je spezifischen Inhalt aufgrund der Wissenschaftsbestimmtheit aller schulischen Inhalte erreicht werden soll, sichert hier die allgemeinbildende Bedeutung individueller Lernschwerpunkte. Die Wissenschaften sind im schulischen Lehrangebot vor allem durch ihre Methoden und Verfahren repräsentiert, die Inhalte treten in ihrer Bedeutung für den Bildungsprozeß zurück und können prinzipiell der Wahl der Lernenden überlassen werden. Dementsprechend wird im Curriculumkapitel des Strukturplans die Frage eines Pflichtfächerkanons als offen und gegenwärtig nur pragmatisch lösbar betrachtet, wenngleich begründete Antworten von wissenschaftlichen Analysen – welcher Art, bleibt offen – erwartet werden. Ebenso werden Möglichkeiten der Integration von Fächern für Schule angesichts zunehmender Spezialisierung der Wissenschaften und Vermehrung der Einzeldisziplinen als Forschungsaufgabe formuliert. Die Strukturierung der Unterrichtsfächer soll von "charakteristischen" Inhalten und Denkweisen der einschlägigen Bezugswissenschaften ausgehen, sofern sie die Übertragung des Gelernten auf andere Fälle oder andere Sachbereiche erlauben. Die Aufklärung von Transfermöglichkeiten wird wiederum als Forschungsproblem ausgewiesen.

Anders als diese Konzepte, für die im Prinzip der Wissenschaftsorientierung bereits eine didaktische Strategie mitenthalten zu sein scheint, wenn auch, wie der Strukturplan ausweist, die meisten theoretischen und technischen Probleme noch ungelöst sind, sehen andere Konzepte der curricularen Frühphase die Bedeutung der Wissenschaften für den Lehrplan und seine Erstellung differenzierter. S.B. Robinsohn, der in bildungstheoretischer Tradition die Auswahl der Inhalte weiterhin als zentrales Problem auch der Curriculumforschung ansieht, ist der Meinung, daß das Curriculum zwar nicht als "mit der Kulturtradition organisch gewachsen" aber eben auch nicht als "im System der Wissenschaften vorgeformt" angesehen werden könne. Wenn gleichwohl die Überprüfung der Bildungsinhalte zunächst von den Fachwissenschaften auszugehen habe, so deshalb, weil ihre Methoden und Resultate die wichtigsten Instrumente zur Bewältigung gegenwärtiger und zukünftiger Aufgaben seien. Die fachimmanente Ausarbeitung der Struktur einer Disziplin aber – unterstellt wird zumindest fachinterner Konsens – kann nur ein Kriterium sein für die Bestimmung von Bildungsinhalten. Die Lerngegenstände sind auch in ihrer Leistung für die "Orientierung innerhalb einer Kultur" und in ihrer Funktion in "spezifischen Verwendungssituationen des privaten und öffentlichen Lebens" zu überprüfen (S.B. Robinsohn 1971, S. 47). Das leitende Prinzip der Lehrplankonstruktion ist hier die "Ausstattung zur Bewältigung von Lebenssituationen".

Die Bestimmung entsprechender Qualifikationen wird auf wissenschaftlichem Wege oder pragmatisch in Expertengesprächen für möglich gehalten. Nur solche Themen und Methoden der Fachwissenschaften wären demnach für Schulunterricht geeignet, die zur Entwicklung solcher Qualifikationen geeignet erscheinen. Die fachwissenschaftliche Perspektive erweist sich als zu eng. Es kann nicht auf die Einübung von Fertigkeiten und "kognitive und affektive Erziehung" verzichtet werden, deren Formen und Inhalte nicht von den Einzeldisziplinen her bestimmbar sind. Ebensowenig läßt sich, worauf Robinsohn im Unterschied zu den meisten Curriculumautoren ausdrücklich hinweist, das gesamte Aufgabenfeld von Unterricht und Erziehung in der Schule von den Fachwissenschaften her bestimmen (ebd. S. 46f).

Wenn auch Robinsohn Curriculumentscheidungen als "molare Probleme" bezeichnete, in die Ergebnisse wissenschaftlicher Analyse wie deren gesellschaftliche und pädagogische Bewertung in Richtung auf Wahlfreiheit, Veränderungsbereitschaft, Mündigkeit des Lernenden eingehen, so bleibt allerdings der Bewertungsaspekt strategisch unübersetzt, allenfalls im Konsens der Experten und in den politischen Letztentscheidungen lokalisiert.

Ohne den Anspruch, eine Gesamtrevision des schulischen Curriculums leisten zu können, versucht der fachdidaktische Strukturgitter-Ansatz das emanzipative Defizit anderer curricularer Ansätze auszugleichen. Didaktische Strukturgitter sollen Unterrichtsinhalte konstituieren helfen, vermittelnd zwischen den Extremen der Verabsolutierung fachwissenschaftlicher Vorgaben und der Überschätzung didaktischer Relativierung dieser Vorgaben. Die Wissenschaftsorientiertheit der Inhaltsauswahl wird zweifach relativiert, indem zum einen die gesellschaftliche Konstitution von Wirklichkeit bedacht und zum zweiten die zum Zwecke des Lernens organisierte Repräsentation von Wirklichkeit im Unterricht thematisiert wird.

Vorläufige Inhalte sind in wissenschaftlichen Erhebungen gesellschaftlicher Erwartungen an Schule zu ermitteln. Hier geht es um eine Präzisierung dessen, was Weniger als Ausdruck gesellschaftlicher Erwartungen im Lehrplan erkannt hat und was empirische Entwicklungsansätze als Analyse der gesellschaftlichen Lernerfordernisse bezeichnen. G. Thoma geht in seinem Modell zur Revision des Lehrplans für politische Bildung vom Selbstverständnis der Bundesrepublik aus, repräsentiert in ihren Interessengruppen. Die dem Lernbereich korrespondierenden Fachwissenschaften haben nicht nur die auch in der bildungstheoretischen Didaktik gesehene Funktion, nach wissenschaftlichem Erkenntnisstand nicht haltbare Ansprüche und Vorstellungen auszusondern, sie sollen diese Vorstellungen um disziplinspezifische Anforderungen erweitern. Selbst in den Fällen, in denen ein Unterrichtsfach sich an eine Fachwissenschaft anschließen kann, kann die Fachdidaktik sich nicht als Abbild der "Struktur" der Disziplin verstehen. Dem stehen konkurrierende Strukturierungsversuche ebenso entgegen wie die Aspekthaftigkeit wissenschaftlicher Modelle im einzelnen. "die politikwissenschaft strukturiert sich je anders, wenn konsens, wenn macht oder wenn konflikt als grundlegende kategorie in anspruch genommen wird." (P. Menck 1975, S. 85). Die durch die Strukturgitter angeleiteten Relativierungen der von den Wissenschaften bereitgestellten möglichen Unterrichtsinhalte verstehen sich als Ideologiekritik, die in Anlehnung an Kategorien von Habermas auch die verschwiegenen erkenntnisleitenden Interessen von Wissen offenlegen will. Die

Spalten der Matrix des Strukturgitters werden bestimmt als technisches, praktisches und emanzipatorisches Erkenntnisinteresse. Die Zeilen der Matrix zur didaktischen Aufbereitung von Unterrichtsgegenständen des politischen Unterrichts enthalten die Begriffe Arbeit, Sprache und Herrschaft als mögliche Medien menschlicher Vergesellschaftung. Die Matrix soll die verschiedenen wissenschaftlich ermittelten Inhalte gesellschaftlicher Praxis hinsichtlich der sie leitenden Interessen diskutierbar und für Unterricht bewertbar machen.

Die Erwartungen der Münsteraner Arbeitsgruppe Didaktik an die Strukturgitter (die in anderen fachdidaktischen Bereichen mit abgewandelten Begriffssystemen arbeiten), daß sie "ein der kritischen Intention des Bildungsbegriffs folgendes Kriterium pädagogischer Verantwortung" darstellen (G. Thoma 1971, S. 81), stützt sich also auf der Objektseite des Vermittlungszusammenhangs auf die Brechung gesellschaftlicher und fachwissenschaftlich bestimmter Sachansprüche an der Frage der sie leitenden Interessen. Die kritische Intention des Bildungsbegriffs realisiert sich aber erst in der je subjektiven Bildung. Auf einer zweiten Ebene didaktischer Strukturierung wäre also zu überlegen, wie sich gesellschaftliche Praxis als Unterrichtswirklichkeit im Hinblick auf Formen lernender Aneignung darzustellen hätte. Menck ersetzt zu diesem Zweck die Begriffe erkenntnisleitender Interessen, die im Sinne Habermas' zugleich Kategorien möglichen Wissens bezeichnen (Informationen, Interpretationen, Analysen) durch entsprechende Begriffe subjektiver Aneignung (Anpassung in Lernprozessen, Einübung in Bildungsprozessen, Ich-Aufbau in Konflikten) und konstruiert damit ein didaktisches Strukturgitter, das in der beschriebenen Form bearbeitete Inhalte für unterrichtliche Lernprozesse aufschließt (P. Menck 1975, S. 94f).

Das konstruktivistische Element wissenschaftlicher Modell- und Theoriebildung macht G. Hiller zur Grundlage seiner didaktischen Überlegungen in der Absicht, Lehrplanung und Unterricht "von einem einsinnig statisch-ontologischen Denken und dem damit verbundenen (den Interessen herrschender Gruppen förderlichen) Dogmatismus zu befreien" (G. Hiller 1973, S. 205). Der Gedanke, daß ein Unterrichtsangebot als Kombination von Zielsetzung, Inhalt und Medium stets Konstruktcharakter hat, ist keineswegs neu, bildete er doch, worauf K. Reich (1977, S. 368) kritisch verweist, das zentrale Thema der didaktischen Reflexion der "Berliner Schule der Didaktik". Hier wird aber der Gedanke weitergehend ausgelegt nicht nur als Reflexionsaufgabe des Lehrers, sondern auch als Lernziel für die Schüler. "Es wird zur Aufgabe des Unterrichts zu zeigen, was ein statisch-geschlossenes und was ein dynamisch-offenes Wirklichkeitsmodell seiner Struktur nach ist. Es ist nach den funktionalen Leistungen dieser Zugriffs- und Konstruktionsformen zu fragen: Wozu taugen sie? Was verschließen und verstellen, was zeigen sie?" (G. Hiller 1973, S. 206). Unterrichtlich erreicht werden soll das, "indem man die jeweilige Erscheinungsform eines Unterrichtsgegenstandes ausdrücklich rückbindet an die Art und Weise, wie er präsentiert wird ..." (ebd. S. 207). Mit der Relativierung gesellschaftlichen Wissens allgemein und des Schulwissens im besonderen gemäß der Fragestellungen und Methoden, mit denen es produziert wurde, relativiert sich auch die Rolle der Wissenschaften als Orientierung der Didaktik. Lehrgebäude einzelner

Fachwissenschaften lassen sich nicht als Aufbau korrespondierender Unterrichtsfächer abbilden, da sie bereits Produkte didaktischer Bemühungen sind und "über die unterschiedlichen Funktionen dieser Wissenschaften für unterschiedliche gesellschaftliche Institutionen und Prozesse in der Regel keine hinreichende Auskunft liefern" (ebd. S. 210). Dies aber sei gerade Aufgabe von Unterricht, Forschungsgebiete, Fragestellungen, Methoden, Publikationstechniken der Wissenschaften in ihren gesellschaftlichen Funktionen deutlich zu machen. Welche Ansprüche damit an die didaktische Konstitution von Unterrichtsinhalten gestellt werden, machen die folgenden didaktischen Leitfragen deutlich:

"- Geht es um das Kennenlernen von Darstellungsformen, die in den verschiedenen Wissenschaften hauptsächlich gebräuchlich sind?

- Geht es um das Erlernen spezifischer Methoden, mit denen diese Wissenschaft Wirklichkeit zu fassen und zu konstituieren vermag?

- Soll der Schüler in die theoretischen Voraussetzungen dieser Wissenschaften eingeführt werden?

....

- Geht es darum, die Aspekthaftigkeit deutlich zu machen, in der sich durch diesen Zugriff Wirklichkeit zeigt?

- Steht die gesellschaftlich-kulturelle Bedeutung, die soziale Funktion einer bestimmten Wissenschaft zur Diskussion?

- Sollen die Schüler erkennen, in welcher spezifischen Weise diese oder jene Wissenschaft die Probleme des common man in die ihr adäquaten Fragestellungen umformt und welche Implikationen dieser Prozeß hat?" (ebd. S. 211).

Wie solchermaßen wissenschaftsphilosophische, -soziologische, -theoretische Ansprüche didaktisch umzusetzen sind, ohne daß die Aspekthaftigkeit und Relativierung von Wissenselementen desorientierend wirkt, bleibt unklar. Die Fachwissenschaften selbst können hier nicht weiterhelfen. Wenn aber didaktisch der Zusammenhang des Vielerlei kein ernsthaftes Problem mehr ist, kann sich die Lehrplanung auf das "Elaborieren von Sinnzusammenhägen" an Beispielen zurückziehen, wobei Aspekthaftigkeit von Beliebigkeit nicht mehr unterscheidbar ist.

Die Konkretisierung dieser Überlegungen für die Begründung und Ausarbeitung von Grundschulcurricula im Rahmen des 'CIEL' Projektes mündet in eine Zielperspektive, die sowohl die Themenauswahl wie die Auswahl der Bearbeitungsperspektiven aus der Beliebigkeit hebt. "Diese Curriculumkonstruktion ist nicht affirmativ, sie ist auch nicht romantisch-revolutionär in dem Verständnis, daß sie etwa davon ausginge, daß man durchgreifende Veränderungen unserer Gesellschaft nur von der allgemeinen Revolution erhoffen dürfe; wir meinen, sich solidarisierende Spieler hätten es in der Hand, ihre Spielfelder und ihre Spielregeln, die Institutionen also, neu zu definieren." (G. Hiller 1974, S. 80). Konstruktivistische Perspektiven rechtfertigen sich in dieser Absicht nur, wenn sie die Alltagswirklichkeit durchschaubar

machen und veränderbar erscheinen lassen. "Die scientistische Darstellung von Wirklichkeit beginnt nicht bei der Wissenschaft, sondern
bei den meist übergangenen, als Aussage nicht realisierten Feststel-
lungen des Alltags." (K. Giel 1974, S. 61f) Hier bahnt sich bereits
die Veränderung der wissenschaftsorientierten Curriculumsicht durch
Situations- und Alltagsorientierung an.

Die beispielhaft angeführten Ansätze zur Wissenschaftsorientierung von
Lehrplanung und Unterricht zeigen die Spannweite der Begriffsaus-
legung. Die Hoffnung auf mehr Rationalität in der Unterrichtsarbeit
knüpft sich für die einen an die "objektive Sachlichkeit" wissenschaftlicher Ergebnisse, für andere an die Einsicht in den konstrukti-
vistischen und operativen, intersubjektiver Überprüfung zugänglichen
Charakter wissenschaftlicher Erkenntnis oder an die ideologische Aufklärung der Begründungszusammenhänge wissenschaftlichen Fragens.
Nicht Religion und Metaphysik, sondern die Wissenschaften sollen gemäß der Bedeutung, die ihnen in der gesellschaftlichen Entwicklung
zugewachsen ist, die Lernprozesse bestimmen, wobei entweder die
Orientierungsfunktionen, die Möglichkeiten methodisch kontrollierten
Erkenntnisgewinns oder ideologiekritische Aufgaben stärker betont werden. In allen Fällen stellt Wissenschaftsorientierung die Bedingung
für eine zentrale Planung und Legitimation curricularer Entwürfe dar.
Sie stützt die allgemeine Erwartung, das Lehrangebot ließe sich begründet zusammenstellen und in überprüfbare Lernziele umsetzen.

3.3.3. Legitimationsmuster

Mit der systematischen, auf empirische Erhebungen gestützten Offen-
legung gesellschaftlicher Beschränkungen in Bildungsnachfrage und
-angebot wird die fraglose Akzeptierung traditionsgebundener Bildungspraxis erschüttert. Institutionalisierte gesellschaftliche Sinngebung,
z.B. im Bildungssektor, gerät seit Mitte der 60er Jahre zunehmend
unter öffentlichen Legitimationsdruck, seien es die staatlichen Rahmensetzungen für Schulunterricht oder die Ziele von Lehre und Forschung
an den Hochschulen. Es geht nicht mehr nur um notwendige Anpas-
sungen der Lehrpläne an die gesellschaftlichen Entwicklungen, sondern
um eine prinzipielle Rechtfertigung staatlicher Normierungen der Schularbeit. Den politischen Erwartungen an erhöhte Planungsrationalität
durch wissenschaftliche Beratung entspricht auf pädagogisch-didaktischer Ebene der Einstieg in die sogenannte Curriculum-Diskussion
über Strukturierung curricularer Planungsprozesse und Entwicklung
rationaler Planungskriterien, für die Wissenschaftsorientierung und
Lernzielansatz eine wichtige Rolle spielen. Versuchte die Didaktik der
ausgehenden 50er Jahre das Entscheidungsfeld des Lehrers zu strukturieren und zu analysieren, so ist der curriculare Neuansatz zunächst
auf zentrale Planungsentscheidungen gerichtet.

Die Kritik an der Unfähigkeit bildungstheoretischer Didaktik, Innova-
tionen im Bildungswesen ein- und anzuleiten, ist bei Robinsohn der
Ausgangspunkt für die Entwicklung eines Strukturkonzeptes, das solche
Innovationen wissenschaftlich kontrolliert anleiten soll. Zwar habe
E. Weniger das Verhältnis gesellschaftlicher Kräfte bei Auseinander-

setzungen um die inhaltliche Gestaltung von Schule historisch beobachtet und ausgelegt, doch sei er über den "Kreis hermeneutischer Sinnfindung" hinaus nicht zu der für eine Theorie der Lehrplanentscheidungen notwendigen kritischen Analyse gelangt. Die vieldiskutierte "relative Autonomie und Eigenständigkeit" von Erziehung und Erziehungswissenschaft bliebe eine Illusion, solange die Möglichkeiten ihres Wirksamwerdens nicht bedacht würden. Vielmehr habe sich die Gefahr einer didaktischen Reduktion auf Fragen der Transposition vorgegebener Bildungsinhalte in Bildungsgehalte gezeigt. "Das Problem einer systematischen Revision des Gefüges aber, die Frage nach der Substanz, deren Beantwortung eben nur aus einer Kompetenz heraus erfolgen kann, die in den Wissensgebieten und Lebens –, also auch Berufsbereichen selbst liegt – diese Frage ist, bewußt oder unbewußt, übersprungen." (S.B. Robinsohn 1971, S. 27). Versuche, einen Bildungskanon aus der Kulturtradition heraus zu entfalten, vernachlässigten in der Tradition eines geisteswissenschaftlichen Kulturbegriffs, "die Wissensleistung der Gegenwart auf ihre bildende Funktion" hin zu befragen.

Das Strukturkonzept, mit dessen Hilfe Curriculum-Entscheidungen aus "pädagogischem oder politischem Dezisionismus" einem "rationalen gesellschaftlichen Konsens" zugeführt werden sollen, besteht in der Unterscheidung von drei Klassen von Variablen, die zugleich drei Ebenen von Curriculum-Entscheidungen bezeichnen und aus Hinweisen auf Kriterien, Methoden und Instanzen, die eine überprüfbare Bestimmung der Variablen ermöglichen sollen. Daß bereits das Strukturkonzept sehr weitreichende pädagogische Unterstellungen enthält, wie etwa die Annahme, der allgemeinste Zielpunkt der Schularbeit sei es, "zur Bewältigung von Lebenssituationen" auszustatten (ebd. S. 61), bleibt unerörtert. Dementsprechend wird als idealer Ansatzpunkt für curriculare Forschungen die Bestimmung von Qualifikationen und Dispositionen angesehen, die die Bewältigung solcher Situationen ermöglichen und nachfolgend eine Bestimmung der Bildungselemente, an denen sich die Qualifikationen entwickeln lassen. Nach den nicht näher begründeten Kriterien für die Inhaltsauswahl gelten allerdings als Bildungsinhalte nicht nur solche Gegenstände, die für "Verwendungssituationen des privaten und öffentlichen Lebens" funktional sind, sondern auch solche, die "im Gefüge der Wissenschaften Bedeutung" haben und solche, die eine "Orientierung innerhalb der Kultur" ermöglichen (S.B. Robinsohn 1971, S. 47). Prinzipiell hält Robinsohn für empirisch überprüfbar, ob Inhalte diesen Kriterien genügen. In der Objektivierung der Inhaltsauswahl anhand der Ergebnisse empirischer Erhebungen liegt für ihn der entscheidende Rationalisierungseffekt für die Curriculumplanung, wenn auch generell eingeräumt wird, daß in die Entscheidungen über Curricula neben überprüfbarem Wissen auch Meinungen und Bewertungen eingehen. Für empirische Erhebungen und, soweit sie nicht durchführbar sind, für sachkundige Informationen und deren Bewertung sollen Experten herangezogen werden, deren Kompetenz für das jeweils zu bearbeitende Problem auszuweisen wäre. Letztlich rechtfertigen sich Curriculumentscheidungen nach diesem Entwurf, wie in der vorgängigen Lehrplanpraxis, durch den Expertenstatus ihrer Bearbeiter, allerdings sollen nun Kompetenzen, Verfahren der Informationsgewinnung und Kriterien der Bewertung offengelegt werden, damit die Bedingungen für staatliche Entscheidungen zwischen alternativen Entwürfen möglichst durchsichtig werden. Die Rolle der Erziehungswissenschaft bleibt, ohngeachtet der Kritik an der geisteswissenschaftlichen Pädagogik, sehr undeutlich. "... ihre Kompetenz wird über die Bereiche der Sozialerziehung hinaus auch im Sinne der Limitierung der Aussagen anderer Gruppen ... beansprucht." (ebd. S. 49).

Eine noch stärkere Konzentration auf den Verfahrensaspekt der Legitimation erfolgte im LOT-Projekt, das Informations- und Entscheidungsprozesse über Lernziele in Planungsgremien aufklären und deren Einfluß auf die Ergebnisse belegen wollte, um so Anhaltspunkte für die Rationalisierung von Verfahren der Curriculum-Entwicklung zu gewinnen (K.H. Flechsig u.a. 1971, S. 250f). In Anlehnung an ein Modell der Entscheidungstheorie werden über die Entscheidungssituation beschrieben und die Entscheidungsvariablen aufgeschlüsselt: die Menge alternativer Lernziele in dem zu bearbeitenden Bereich, die Informationen über die soziokulturelle Umwelt, über die anthropologisch-psychologischen Merkmale der Adressaten und über die Auswirkungen der Lernprozesse, die Präferenzen und Ertragserwartungen der Entscheidungsträger möglichst in quantifizierbarer Form (ebd. S. 256ff). Hatte noch Robinsohn in seinem Strukturkonzept einige grundlegende inhaltlich-strategische Festlegungen getroffen und Entscheidungskriterien festgelegt, scheint in diesem Modell alles auf eine vernünftige Besetzung der Variablen mit didaktisch bedeutsamen Sachverhalten anzukommen. Es werden Bedingungen unterstellt, die nicht zutreffen. Unterrichtsziele gewinnen ihre Bedeutung in Interpretationszusammenhängen, sie lassen sich sinnvoll insgesamt zu operational formulierten Lernzielalternativen homogenisieren. Auch die im Entscheidungsmodell unterstellte Quantifizierbarkeit von Präferenzen und Nutzenerwartungen analog zur Gewinnmaximierung in ökonomischen Entscheidungsprozessen unterschlägt die Konkurrenz der Zielvorstellungen im Bildungsbereich. Die Hoffnung auf mehr Rationalität in der Curriculum-Entwicklung richtet sich auf die Transparenz .der Handlungsvollzüge und die kollektive Rationalität der als Experten Entscheidenden, die in der formalen entscheidungstheoretischen Betrachtungsweise nichts anderes ist als ein Mehrheitsvotum gemäß der Informationen, Spielregeln und Bewertungsmaßstäbe.

Eine "Technik der Lehrplanung", der sich Legitimationsprobleme gar nicht mehr stellen, verspricht C. Möller. Langfristig, so wird angenommen, könnte in soziologischen Untersuchungen die "Weltanschauung" einer Gesellschaft ermittelt und in Richtziele der Lehrplanung übersetzt werden. Kurzfristig werden fragwürdige Interpretationen von Parteiprogrammen zugrunde gelegt (C. Möller 1969, S. 70f). Aus solchen Richtzielen ließe sich dann in "mathematisch-logischen Verfahren" das der jeweiligen Gesellschaft "sozial adäquate" Curriculum ableiten, operationalisiert bis zu Feinlernzielen, die ein Höchstmaß an Lerneffektivität garantieren sollen.

Das Dilemma, in das die Curriculum-Entwicklung angesichts der bildungspolitischen Planungserwartungen gerät, dokumentiert der Strukturplan. Die Curricula sollen nicht nur ihre Zielrichtungen grundlegend verändern, "für eine neue Entwicklung der Gesellschaft, für einen veränderten humanen, intellektuellen und zivilisatorischen Anspruch" ausrüsten, sie sollen vor allem auch ihre Planungsqualität verbessern. In ihren neuen Kodierungsformen sollen Curricula festlegen, welche Kenntnisse, Fertigkeiten, Fähigkeiten, Einstellungen und Verhaltensweisen der Lernende erwerben, mit welchen Gegenständen er konfrontiert werden soll, zudem wann und wo, in welcher Weise und anhand welcher Materialien er lernen soll und wie die Lernergebnisse überprüft werden können (Dt. Bildungsrat 1970, S. 58).

Schwierigkeiten einer Verwirklichung dieses Programms werden erkannt. "Sie liegen sowohl in der komplexen Struktur jedes der berührten Gebiete (Wissenschaften, Berufe, Gesellschaft) als auch in bildungspolitischen Zielvorstellungen, die unvereinbar erscheinen und nicht ohne Konflikte miteinander in Verbindung gebracht werden können wie zum Beispiel die persönlichen Bildungsinteressen und der gesellschaftliche Bedarf an bestimmten Qualifikationen." (ebd. S. 61). Gerade die Bestimmung von Lernzielen, die auf eine Verhaltensprägung der Lernenden abzielen, setzen aber stärker als die Festlegung eines inhaltlichen Bildungskanons anerkannte Wertvorstellungen voraus.

"Solche Wertvorstellungen zu fixieren und ihnen eindeutig Ausdruck zu geben, ist jedoch schwierig. Überdies waren die Sozialwissenschaften bisher nicht nur in Deutschland außerstande, eine allgemein anerkannte Gesellschaftstheorie zu erstellen, aus der sich gesamtgesellschaftliche Interessen und Prozesse ableiten ließen. Die Setzung der Lernziele wird sich darum vielfach auf Hypothesen und Konsensbildung gründen müssen. Konflikte zwischen Zielvorstellungen sind Teil dieses Prozesses." (ebd. S. 60).

Der sich bei weiterreichenden Planungsansprüchen angesichts des diagnostizierten gesellschaftlichen Wertedissenses und unter Verzicht auf Traditionsbindungen verschärfende Legitimationsdruck auf die politischen Planungsinstanzen wird abgeschwächt durch den Hinweis auf sozial- und erziehungswissenschaftliche Forschungsbemühungen wie durch den vorgesehenen Ausbau der curricularen Wahlmöglichkeiten der Schüler gemäß ihren Interessen und Fähigkeiten auch im allgemeinbildenden System. Die Ausweitung der Wahlmöglichkeiten entlastet von der Festlegung eines verbindlichen Inhaltskanons einschließlich der Gewichtung der Fächer. Die Rechtfertigung gleichwohl notwendiger Curriculumentscheidungen wird in das Entscheidungsverfahren selbst verlegt.

"Die Curriculum-Entscheidungen der Zukunft können weder in der Nachfolge landesherrlicher Erlasse fallen, noch dürfen sie Sache einiger Curriculum-'Technokraten' sein. Durch ein nach institutionalisierten Regeln verlaufendes Zusammenspiel von politischer, theoretischer und praktischer Kompetenz sollten sie aus einem beispielhaften Fall demokratischer Entscheidungsfindung hervorgehen." (ebd. S. 67).

Das öffentliche und politische Interesse an globalen Planungsstrategien, die das Bildungswesen als Produktivkraft erkennen und entwickeln wollen, läßt Wissenschafts- und Lernzielorientierung zu Zentralbegriffen der Curriculum-Entwicklung werden, weil sie konstruktive Möglichkeiten und die erwarteten handhabbaren Problemlösungen zu enthalten scheinen, ohne zugleich den Anspruch einer innerwissenschaftlichen, hier erziehungswissenschaftlichen Definition der zu bearbeitenden Problem zu erheben. Wissenschaftsorientiert und/oder auf Lebenssituationen bezogen und Lernzieloperationalisierungen anstrebend er-

weist sich die curriculare Planung als durch beliebige gesellschaftliche Konstellationen optimal steuerbar, solange es der Erziehungswissenschaft nicht gelingt oder sie darauf verzichtet, diese Orientierungen mit der Entwicklung des Heranwachsenden als Faktum und als
Möglichkeit theoretisch zu vermitteln.

In seiner wissenssoziologischen Studie zur neueren Entwicklung der
erziehungswissenschaftlichen Forschung hat E. Schmitz darauf verwiesen, daß gerade in der Bildungsreformphase Leistungserwartungen
an die Erziehungswissenschaft herangetragen und von ihr zur Bearbeitung übernommen wurden, die erst einmal darauf zu überprüfen
wären, ob sie im Rahmen der Erziehungswissenschaften überhaupt be-
arbeitbar sind. Aus ideologischen Gründen sei zwar in der Leistungsgesellschaft das technologische Modell der Beziehung von Politik und
Wissenschaft vorherrschend und daher sei es auch für die Bildungspolitik naheliegend, sich darauf zu berufen, doch könne sich auch
erweisen, "daß bildungspolitische Lösungen verlangt werden, die nach
wissenschaftsinternen Bedingungen der Erkenntnisgewinnung – und
nicht nur auf der Grundlage einer aktuellen Leistungsfähigkeit –
grundsätzlich nicht zu leisten sind" (E. Schmitz 1981, S. 21f). Das
hat Konsequenzen für das Selbst- und Fremdverständnis der Disziplin,
aber auch für die Definition der Forschungsgegenstände und -probleme.
Schulwissen wird zu einer Planungsvariablen, über die die Wissenschaft, die über den Bildungsbegriff lange Zeit Definitionsansprüche
erhob, nicht viel mehr sagen kann, als daß es sich an gesellschaftlichen Anforderungen, den Fachwissenschaften und den Lernbedingungen zu orientieren habe, soweit möglich operational zu formulieren
sei und am erfolgversprechendsten von Experten in kontrollierbaren
Verfahren erarbeitet werde.

Gleichgültig ob die curricularen Planungsüberlegungen vom Bedeutungs-
gefüge der Wissenschaften oder Anforderungen in Lebenssituationen ausgehen, sie legen Schulwissen zentral auf einer gesellschaftlichen Be-
deutungebene aus, und die als Planungstechnik mißverstandene Lernzieloperationalisierung garantiert den kontrollierbaren Transport von
Bedeutungen bis in die Köpfe der Schüler. Der in der didaktischen
Tradition schon entwickelte Gedanke der Konstitution von Schulwissen
als Verknüpfung von individuellen und überindividuellen Bedeutungen,
individuellen Handlungsmöglichkeiten und gesellschaftlich verfügbaren
Instrumentarien kommt aus dem Blick.

3.4.

SCHULWISSEN IN DER UNTERRICHTSSITUATION

Während die Planungserwartungen Forschungen auf allen Ebenen der Curriculum-Entwicklung (Organisation und Legitimation der Entwicklungsprozesse, Lernzielermittlung, Lernprozeßsteuerung, Ergebnisevalution) vorantreiben(1), setzt bereits Anfang der 70er Jahre eine Wende von zentraler, "geschlossener" Lehrplanung zu dezentraler, "offener" Curriculumarbeit ein und eine Rückwendung zu Vermittlungs- und Beziehungsproblemen im Unterricht(2). In Anlehnung an sozialwissenschaftliche Theorien werden kommunikations- und interaktionstheoretisch orientierte, auf Situationen und alltagsweltliche Erfahrungen bezogene didaktische Überlegungen angestellt, die geisteswissenschaftliche Deutungen von Unterricht als bildende Begegnung zwischen Personen und Inhalten nun theoretisch aufschließen und schulische Lernprozesse differenzierter fassen als in den aus der Lernprogrammierung abgeleiteten Konzepten der Lehrplanung. Ob diese Schwerpunktverlagerung der Curriculumdiskussion von Problemen einer gesellschaftsbezogenen, wissenschaftsgeleiteten Bestimmung von Schulwissen zur unterrichtlichen Konstitution von Schulwissen Spiegel einer "sukzessiven Anspruchsreduktion bildungsreformerischer Zielsetzung" ist, wie behauptet wird (z.B. B.E. Meerten 1980, S. 4), scheint indessen fraglich. Zwar zeigte sich die pragmatische bildungspolitische Einschränkung curricularer Planungsspielräume sehr bald, z.B. bei der Ablösung der großen "Kommission zur Reform der hessischen Bildungspläne" unter Leitung von W. Klafki durch fachbezogene Lehrplangruppen(3), doch blieben die bildungspolitischen Vorstellungen über Reform und Legitimation von Lehrplänen auch weiterhin aus naheliegenden Gründen dem Konzept zentraler, wissenschaftsgeleiteter, produktorientierter Curriculumentwicklung verbunden, als längst über dezentrale Entwicklung und offene Planungskonzepte diskutiert wurde. Bildungspolitisch wurde erst, worauf noch einzugehen ist, auf veränderte Konzepte Bezug genommen, als sich Mitte der 70er Jahre mit dem Anwachsen der Schüler- und Studentenzahlen und dem Rückgang der Ausbildungs- und Arbeitsplätze akute gesellschafts- und bildungspolitische Probleme zeigten.

-----

(1) Den differenziertesten Überblick über den Stand der Curriculumforschung gibt das Curriculum-Handbuch in 3 Bänden hrsg. v. K. Frey u.a. (1975). Vgl. auch W.R. Minsel (Hrsg.) 1978.

(2) J. Eigenmann u. K. Schmid (1978) sprechen von einer "didaktischen Wende" der Curriculumforschung weg von zentralen geschlossenen Planungskonzepten zu "theoriebegründeten Handlungsempfehlungen für den Unterricht" (S. 169). Der Gegenstand der Didaktik wird hier auf unterrichtsbezogene Fragen im engeren Sinn eingeschränkt.

(3) Vgl. zur Geschichte des hessischen Curriculumprojekts den Bericht von H. Becker, P. Bonn, N. Groddeck 1972.

3.4.1.   Dezentrale Curriculumentwicklung

Die Bildungspolitik zielte, seit 1970 durch den neuen Grundgesetz-
artikel 91 b gestützt, auf zentralistische Planung auch der Curricula.
Die Kultusministerkonferenz hatte einen Ausschuß beauftragt, die Errichtung eines zentralen Curriculuminstituts vorzubereiten, das sich
mit Information, Dokumentation und Koordination curricularer Entwick-
lungsplanung und Grundlagenforschung befassen sollte. Als die Bund-
Länder-Kommission für Bildungsplanung die Vorbereitungsarbeiten
übernahm, trat die Absicht, ein Instrument administrativer Global-
steuerung für curriculare Forschungs- und Entwicklungsarbeit zu
schaffen, noch stärker in den Vordergrund. Da die Errichtung des
geplanten Instituts an unterschiedlichen politischen Vorstellungen der
Bundesländer und Kompetenzstreitigkeiten zwischen Bund und Ländern
scheiterte, entwickelten die Bundesländer zunehmend Initiativen, wissenschaftlich angeleiteté Curriculumforschung mit der zentralen Lehrplanentwicklung auf Landesebene organisatorisch zu verbinden. Bayern
gründete bereits 1971 das Staatsinstitut für Schulpädagogik, als eine
dem Kultusministerium nachgeordnete Behörde zur Koordination der
Curriculumarbeit für das gesamte Schulwesen und für die Erarbeitung
sogenannter curricularer Lehrpläne zunächst in enger Anlehnung an
die Vorstellungen von C. Möller (vgl. K. Westphalen 1973, S. 15,
S. 53). In Nordrhein-Westfalen wurde erst 1978 gemäß dem Auftrag
des Lehrerausbildungsgesetzes von 1974 ein Landesinstitut für Curriculumentwicklung, Lehrerfortbildung und Weiterbildung gegründet, das
im curricularen Bereich die Grundlagen für politische Entscheidungen
verbessern soll (Vgl. J. Girgensohn 1978, S. 12).

Entgegen diesem Trend zum Ausbau zentraler Planungsbehörden forderte
der Bildungsrat, dessen politische Wirksamkeit allerdings durch die
Bund-Länder-Kommission eingeschränkt wurde, als Reaktion auf die
mangelnde Praktikabilität zentraler Planung bereits 1973 praxisnahe
Curriculumentwicklung (Dt. Bildungsrat 1974). Hatte sich der Strukturplan an das zentral expertokratische Entwicklungsmodell Robinsohns
angeschlossen mit vagen Hinweisen auf die Bedeutung der Schulpraxis
und praxisbegleitender Forschung (Dt. Bildungsrat 1970, S. 66), wird
nun eine schulnahe Strategie vertreten in enger Anlehnung an Vorschläge zur Errichtung "Regionaler Pädagogischer Zentren", wie sie in
einer Denkschrift auf Empfehlung des "Stifterverbandes für die Deutsche Wissenschaft" entwickelt worden waren (S. Gerbaulet u.a. 1972).
Angeregt durch den Ausbau regionaler Curriculum- und Lehrerfortbil-
dungszentren in den USA und insbesondere das breitenwirksame Modell
englischer "Teachers' Centres" auf lokaler Ebene hatte eine Gruppe
von Erziehungswissenschaftlern ein Organisationsmodell entwickelt, das
eine stärkere Beteiligung von Lehrern aber auch Schülern am curricularen Entwicklungsprozeß sichern sollte. Die Vorstellungen, in selbständigen regionalen Zentren könnten Wissenschaftler in Zusammenarbeit mit delegierten Lehrern und bei Bedarf in Zusammenarbeit mit
Lehrern an Schulen Curriculumprojekte durchführen und an Lehrer
vermitteln, halten allerdings weiterhin an produktorientierten Auffassungen von Lehrplanung fest und nähren zudem die Illusion, Curriculumarbeit ließe sich regional unabhängig von staatlicher Aufsicht
institutionalisieren.

Die Bildungskommission des Bildungsrates konkretisierte ihre Vorstellungen von einer Verbindung praxisnaher Curriculumarbeit, wissenschaftlicher Forschung und Lehrerfortbildun in differenzierter organisatorischer Form regionaler, lokaler und schulischer Beteiligung. Im Spannungsfeld der Forderungen nach effektiver Planung auf der einen und hinreichender Offenheit auf der anderen Seite wird ein in drei Ebenen differenziertes System der Lehrplanung vorgeschlagen:

"Richtlinien dienen dabei vor allem der bildungspolitischen Legitimation, der Steuerung, Koordination und Kontrolle von Lernprozessen in grundsätzlicher Hinsicht. Curricula füllen und differenzieren diese Vorgaben unter stärkerer Beteiligung von wissenschaftlicher Kompetenz und praktischer Erfahrung. Sie sind innerhalb des rechtlichen Rahmens in sehr verschiedener Form denkbar und haben deshalb außer sachlichen Vorgaben immer auch Aufforderungscharakter. Unterrichtsplanung und -vorbereitung auf der Lerngruppenebene steht demgegenüber vor der Aufgabe, die allgemein formulierten Planungselemente auf die jeweils besondere Lernsituation zu beziehen und entsprechend auszuarbeiten." (Dt. Bildungsrat 1974, S. A 53).

Die Arbeit dezentraler Organisationen wird also eingebunden in den von zentralen Fachkommissionen, zusammengesetzt aus Beamten der Schulverwaltung und Vertretern der Fachwissenschaften und einigen Vertretern der regionalen Zentren, in Richtlinien gesetzten Rahmen. Daß das Organisationskonzept zur Dezentralisierung der Curriculumarbeit didaktisch unreflektiert bleibt, zeigen nicht zuletzt die Unklarheiten über Reichweite und Präzisierungsgrad der Rahmenplanung, von der einerseits gefordert wird, daß sie den Lehrern Freiraum gewähren soll für die Aufnahme von Interessen und Erfahrungen der Lernenden in den Unterricht (ebd. S. A 24-43), die andererseits aber gegenstandsspezifische Lernziele verbindlich vorgeben sollen (ebd. S. A 53). Belegt ist, daß gerade die Vertreter der Kultusministerien, die in der Bildungskommission nur beratende Stimme haben sollten, gegenüber den von den Wissenschaftlern vertretenen Vorstellungen dezentraler weitgehend selbstgesteuerter Curriculumentwicklung die Rolle der staatlichen Rahmenrichtlinien stärken konnten (vgl. H.H. Krüger 1977, S. 118f). Die Notwendigkeit organisatorischer Dezentralisierung wurde auch hier durchweg pragmatisch begründet anhand der Kriterien Legitimität, Effektivität, Funktionalität und Produktivität. Dezentrale Arbeitsformen genügen den Mitbestimmungserwartungen der an Schule Beteiligten, machen Planungen effektiver dadurch, daß Erfahrungen an der Basis berücksichtigt und Planungsabsichten erläutert werden können, sie ermöglichen flexible Anpassung an unterschiedliche Unterrichtssituationen und dementsprechend vielleicht auch eine produktivere Annäherung an didaktische Prinzipien wie Individualisierung des Lernens oder Leitideen wie Kreativität (H. Brügelmann 1972, S. 117).

3.4.2. "Offene" Curricula

Der Begriff offenes Curriculum, der funktionale und strategische Begründungen dezentraler Organisationsformen didaktisch stützen soll, drückt eher die Suche nach Alternativen zu Verfahren und Produkten operationalisierter Verhaltensplanung aus als ein ausformuliertes Konzept. H. Brügelmann sprach von einer "Kampfparole 'gegen' zuviel Planung, zuviel Autoritätsanspruch, zuwenig Experimentierbereitschaft in Politik, Wissenschaft und Unterrichtspraxis" (H. Brügelmann 1976, S. 122). Im Bericht über eine Curriculum-Tagung in England ging er von folgenden Begriffspaaren aus: geschlossene-offene Curricula, Output-Input-Modell, Produkt-Prozeß-Modell und erläuterte die Intention der Gegenbegriffe:

"Warum sollten auch nur solche Situationen in der Schule zugelassen sein, deren Ergebnisse der Lehrer schon im voraus kennt – oder zu kennen glaubt? Warum soll ein Schüler nicht mit einem Problem konfrontiert werden, ohne daß ihm vorgeschrieben wird, was ihn daran zu interessieren hat, welche Fragen er stellen darf, wie er sich mit ihm auseinandersetzt, wohin ihn sein Nachdenken führt? Unterschätzt ein Unterricht, der alle Seiten- und Irrwege, alle Zweifel und Ambiguitäten, auch die Erfahrung des Versagens aus der Schule verbannt ... nicht Neugier und Interesse, Lernwillen und Lernfähigkeit, vor allem aber das kreative Potential der Schüler?" (H. Brügelmann 1972, S. 105).

Weiterreichende didaktische Perspektiven ließen sich der systematischen Analyse der Folgeprobleme geschlossener Curricula etwa von W. Sachs u. C.T. Scheilke entnehmen. Sie versuchten zu zeigen, daß

- die in geschlossenen Planungsmodellen unterstellte technische Verfügbarkeit bei der Planung sozialer Vorgänge nur begrenzt realisierbar ist und das Nicht-Verfügbare zu leicht als bedeutungslos abgetan wird;

- sich von Experten geplante Curricula im vielgestaltigen Bedingungsfeld sozialer Situationen und Normen kaum unverzerrt durchführen lassen"

- mit zunehmender Präzisierung und Formalisierung der Planungen subjektgebundene Bedürfnisse, Interessen, Handlungsziele ausgeschlossen werden, was zu Konflikten oder Desinteresse führt;

- die aufgrund der rationalen Planungsverfahren Verbindlichkeit beanspruchenden Curricula Lehrer und Schüler voneinander und beide von der Sache entfremden;

- die Bereitschaft der Beteiligten zum Mitmachen nachläßt, wenn deren Interesse an lebenspraktischer Bedeutung, emotionaler Bindung und Identifikation unberücksichtigt bleibt;

- die Berufung auf rationale Planungsverfahren Entstehungsvoraussetzungen und Anwendungsinteressen der Curricula verdecken kann;

- die Absichten effektiver Lernplanung mit übergeordneten pädagogischen Zielen wie dem der Selbstbestimmung in Widerspruch geraten müssen, weil sie Schülern und Lehrern wenig Handlungs-, Kommunikations- und Interaktionsspielraum geben (W. Sachs, C.T. Scheilke 1973, S. 378ff).

Daß die Alternative "offenes Curriculum" gekennzeichnet bleibt durch Interpretationsvielfalt, Aufbau einfacher Gegensätze ("offen"/"geschlossen"), Verabsolutierung des Hauptmerkmals der Offenheit und durch ihren programmatischen Gehalt, belegt eine Inhaltsanalyse von vier Texten zum Thema (D. Lenzen 1976, S. 139ff). Entgegen der dort vertretenen Auffassung ist allerdings zu betonen, daß auch hinter dem Curriculumbegriff kein theoretisches Konzept steht, sondern ein relativ diffuses Rationalisierungsprogramm für didaktische Planung. Gemeinsam ist beiden Begriffen, daß sie wissenschaftliche Lösungen für bildungspolitische Problemlagen signalisieren und damit eine Forschungsrichtung anzeigen. Ein "offenes Curriculum", das die Rolle der Lehrer und Schüler bei der Planung und Durchführung von Unterricht herausstellt, verspricht bildungspolitische Schwierigkeiten globaler Planungsansätze zu mindern oder aufzuheben: neben dem hohen Finanz- und Zeitaufwand die Legitimations-, Motivations- und Kompetenzdefizite zentraler Planung (ebd. S. 157f). Wissenschaftsgeschichtlich wäre genauer zu prüfen, ob nicht gerade in den praktischen Wissenschaften wie der Pädagogik programmatische Begriffe, die in ihrem Bedeutungsumfang und theoretischen Gehalt noch wenig präzisiert sind, Umorientierungen in der Forschungsarbeit einleiten.

Die ernüchterte Einschätzung der Möglichkeiten, in kontrollierter Weise der gesellschaftlichen Entwicklung angemessene, wissenschaftsorientierte, die Lernmöglichkeiten der Schüler berücksichtigende Gesamtplanungen zu erstellen, die möglichst eindeutig und erfolgversprechend in anwendbaren Unterrichtselementen konkretisiert werden können, und die Einsicht in die mit diesen Planungsauffassungen verbundene verengte Sicht von Lernprozessen, lenkt die didaktische Forschung zurück auf die Unterrichtssituation und ihre Variablen als Bedingungsfeld schulischen Lernens. Unterrichtsanalyse und dem Lernen (Heimann, Schulz) oder der Bildung des Individuums verpflichtete (Weniger, Klafki) Unterrichtsgestaltung waren nun zweifellos auch Hauptgegenstand der didaktischen Bemühungen der 50er und frühen 60er Jahre. Es ist zu fragen, ob die didaktische Rückwendung neue Gesichtspunkte der Einschätzung von Schulwissen ans Licht bringt und inwieweit die konstruktiven und auf Universalisierung des Wissensangebotes gerichteten Tendenzen wissenschaftsorientierter curricularer Gesamtrevision aufgenommen werden.

Die Versuche, die Unterrichtssituation als soziales Bedingungsfeld didaktisch zu erschließen, nehmen sich insgesamt aus wie Explikationen zum Begriff der "bildenden Begegnung". In der bildungstheoretischen Tradition stand der Begriff der bildenden Begegnung gegen schematisierte Instruktion für komplexe produktive Lernporzesse. Solche produktiven Begegnungen mit Inhalten der Kulturtradition konnte der Lehrer, wenn er genügend Freiraum hatte, situationsspezifische Bedingungen zu berücksichtigen, zwar vorbereiten aber niemals verfügen. Der "lerntheoretische" Ansatz war darauf gerichtet, nicht zuletzt durch Aufklärung der sozialen und psychischen Bedingungen auf Seiten der Lernenden, die Effektivität schematisierbarer Instruktion zu erweitern. Wenn nun, sei es in Anlehnung an kommunikationstheoretische, interaktionistische oder phänomenologisch lebensweltliche

Deutungen von Sozialisationsprozessen, Unterricht nicht in erster Linie als steuerbarer Prozeß, sondern vielmehr die Unterrichtssituation als interpretationsbedürftige soziale Situation ausgelegt wird, in der Sinndeutungen und Handlungsorientierungen als Interpretationen der beteiligten Subjekte verstanden werden, bleibt bildende Begegnung nicht mehr nur glücklicher Zufall jenseits aller didaktischer Kärrnerarbeit. Die Unterrichtssituation kann generell die Qualität gewinnen, die bildende Begegnung ermöglicht, insofern sie als geschaffener Freiraum für Lernen eine gegenüber der außerschulischen Lebenswelt relativ unverzerrte Darstellung und Aufklärung unterschiedlicher Deutungssysteme der Beteiligten zuläßt und damit die Voraussetzung schafft für gemeinsame Handlungsorientierung. In der didaktischen Konzeption von H. Schäfer und K. Schaller ist der Bildungsprozeß ein Prozeß der Kommunikation (1971, S. 49):

"In solchen kommunikativen Unterrichtsprozessen erscheinen die Gruppenmitglieder nicht mehr als Autoritätssubjekte sondern als Subjekte, die den Vollzug von kommunikativen Prozessen mitbestimmen oder mitgestalten. Als maßgeblich verbindlich und damit als "autoritativ" für alle Beteiligten erweist sich der rationale, kommunikative Handlungsprozeß selber, der also auf der Teilnahme aller Mitglieder der Klassengruppe an der Ver-handlung von Sachverhalten beruht und der in einem Konsensus seinen vorläufigen Abschluß findet und die kommunikativen Handlungen individueller Gruppenmitglieder aus der vordergründigen Verkettung an fremde und eigenwillige Machtinteressen herausführt." (ebd. S. 129).

Als Idealbedingungen bildender Begegnung zwischen Lehrendem und Lernendem oder Lernendem und Gegenstand erscheinen solche, die symmetrische Kommunikation in der Lerngruppe ermöglichen. Diskursfähigkeit gewinnt im Anschluß an Habermas' Diskurstheorie in der pädagogischen Diskussion um offenere Formen curricularer Gestaltung zunehmend die Funktion einer Zielformel(1), die das verfügbare Maß an Rationalität einer Gruppe als Voraussetzung gemeinsamer Situationsdeutung und Handlungsorientierung freisetzen will. Entsprechende soziale Bedingungen auch in institutionalisierten schulischen Lernsituationen zu schaffen, wird damit zum regulativen Prinzip der Unterrichtsgestaltung. Die Übertragung des zur Begründung der Wahrheitsfähigkeit von Normen entwickelten Diskurskonzeptes auf pädagogische Prozesse bringt Schwierigkeiten mit sich, die sich z.T. auch schon bei der pädagogischen Konkretisierung der Bildungsformel ergeben haben (vgl. H. Moser 1976, S. 86ff). K. Mollenhauer hat von der "pädagogischen Paradoxie" gesprochen, "unter empirisch notwendigen Dominanz-Bedingungen eben diese Bedingungen kritisieren zu müssen" (K. Mollenhauer 1972, S. 70). Angesichts der anthropologisch begrün-

-----

(1) Z.B. heißt es in der Einleitung zu dem Sammelband "Kommunikative Didaktik" (1976) von W. Popp: "Ziel des erzieherischen Handelns aber ist die Kritik und der Abbau von Dominanz als Voraussetzung für die Annäherung des Konstrukts der ungestörten, symmetrischen Kommunikation im Sinne des Diskurs, in dem Meinungen, Zielsetzungen, Normen und Geltungsansprüche problematisiert werden." (S. 12).

deten Abhängigkeiten zwischen Heranwachsenden und Erwachsenen und den gesellschaftlich hervorgebrachten Abhängigkeiten zwischen sozialen Gruppen, geraten regulative Prinzipien wie Bildung oder Diskursfähigkeit in die Gefahr, in ihrem kritischen Potential reduziert zu werden etwa auf pädagogisch nicht verfügbare Situationen pädagogischer Begegnung oder bestimmte didaktische Maßnahmen, wie Diskussionen über Unterrichtsinhalte oder projektförmige Arbeitsweisen, während sich, gedeckt durch solche Zielformeln, Einschränkungen der Lernmöglichkeiten durchsetzen.

Hatte das individualistische Bildungsverständnis in geisteswissenschaftlicher Tradition trotz entsprechender methodischer Programmatik sich kaum um die Analyse der gesellschaftlichen Bedingungen von Unterricht bemüht, werden sie nach der "realistischen" und gesellschaftswissenschaftlichen Wende der Erziehungswissenschaft zu einem zentralen Thema. Ausgangspunkt ist der Nachweis von sozialen Bildungsbenachteiligungen. Es folgen sozialisationstheoretisch orientierte Untersuchungen zur Erklärung der statistisch nachgewiesenen Unterschiede, zunächst mit dem Ziel, pädagogische Kompensationsmaßnahmen zu ermöglichen. Für eine rationale curriculare Gesamtplanung, insbesondere für die Ausarbeitung von Lehrangebotsdifferenzierungen, stellen diese Untersuchungen eine wichtige Informationsgrundlage dar. Mit der didaktischen Rückbesinnung auf die Unterrichtssituation, nun nicht mehr bildungstheoretisch, sondern kommunikations- oder interaktionstheoretisch orientiert, gewinnen Informationen über Abhängigkeiten, Auffassungen und Erwartungen der an Unterricht Beteiligten, wie Informationen über unterschiedliche unterrichtliche Situationsbedingungen und ihre typischen institutionellen Ausformungen einen veränderten Stellenwert. Es geht nicht in erster Linie darum, das Bedingungsgefüge für die Durchsetzung von Unterrichtszielen verfügbar zu machen, sondern das Beziehungsgeflecht der Lerngruppe einschließlich ihrer Verschränkungen mit den institutionellen Bedingungen der Schule und den außerschulischen sozialen Umfeldern aufzuklären im Hinblick auf das regulative Prinzip der symmetrischen Kommunikation und Diskursfähigkeit. Die Deutung und Sinngebung der unterrichtlichen Prozesse liegt damit nicht mehr allein bei den Planern, sie werden von den am Unterrichtsprozeß Beteiligten hervorgebracht. Diese veränderte Einschätzung der Unterrichtssituation führt zu neuen Forschungsaktivitäten der Didaktik. Lehrforschung versucht sich als Theorie "interpretierbarer Lehr/Lern-Situationen" auszulegen (vgl. F. Losers Einleitung in das Themenheft "Lehrtheorien als Theorien der Lehr/Lern-Situation" in "Bildung und Erziehung" 1977). Der heimliche Lehrplan tradierter schulischer Verkehrsformen wird aufgedeckt (z.B. J. Zinnecker 1975). Störungen oder Unaufmerksamkeiten von Schülern im Unterricht werden als Schwierigkeiten im schulischen Interaktionsfeld gesehen, für deren Einschätzung die Analyse der Schülermotive wichtig ist (R. Winkel 1976). Situationsorientierte Curriculumarbeit bezieht sich auf sozio-ökologische Forschungen schulischer und außerschulischer Umwelt (E. Meerten 1980, Kap. IV). Schulnahe Curriculumforschung und -entwicklung versteht sich als "handlungsorientiert" (z.B. U. Hameyer, H. Haft 1977).

3.4.3. Entdogmatisierung von Schulwissen

Bildungstheoretische Auslegungen dogmatisierten ungeachtet der programmatisch betonten Unverfügbarkeit des "fruchtbaren Bildungsmoments" das Lehrangebot insofern, als sie sozial begrenzte Lebenswelten und mit ihnen verknüpfte kulturelle Traditionen nicht nur zum Ausgangspunkt, sondern auch zum Maß schulischer Bildungsbemühungen machten. Demgegenüber richtete sich der Rationalitätsanspruch curricularer Planung der ersten Phase darauf, das allgemeinbildende schulische Lehrangebot gemäß den gesellschaftlichen Anforderungen und dem Stand der wissenschaftlichen Entwicklung zu bestimmen und "unterrichtsgerecht" aufzubereiten, sodaß jeder Lernen lernt. Damit wurde Schulwissen auf der gesamtgesellschaftlichen Definitionsebene zwar aus sozialgruppenspezifisch begrenzten Deutungen und Handlungsorientierungen herausgelöst, insofern aber erneut festgeschrieben, als sich gerade mit dem Anspruch auf rational begründbare Auswahl und Vermittlung des Lehrangebotes notwendig der Anspruch auf seine ungebrochene schulische Verbreitung verbinden mußte. Gegenüber der Tendenz, Inhalte etwa mit Bezug auf die Strukturen einer wissenschaftlichen Disziplin zu rechtfertigen, wurde bald gefordert, Mehrspektivität der unterrichtlichen Behandlung von Wissenselementen zum curricularen Planungsprinzip zu erheben (G.G. Hiller 1973), oder die gesellschaftliche Interessengebundenheit der Wissensproduktion im Planungs- und auch im Unterrichtsprozeß zu thematisieren (z.B. G. Thoma 1971).

Innerhalb der Diskussion um offene Curricula in ihren kommunikations- und interaktionstheoretisch orientierten Varianten, wird Schulwissen, sofern der Inhaltsaspekt nicht gänzlich hinter den Sozialbeziehungen zurücktritt, in einem grundlegend veränderten Kontext behandelt. Auch hier wechselt das Forschungsinteresse von der Makroebene zentraler Planung auf die Mikroebene schulischer Realisierung. Gefragt wird nicht, wie Inhalte begründet auszuwählen und effektiv zu vermitteln sind, sondern wie Wissen in der Unterrichtssituation entsteht. Interaktionsanalysen von Erziehung und Unterricht richten sich auf Wahrnehmungen, Interpretationen und Intentionen der Beteiligten und ihre wechselseitigen Beeinflussungen. Dabei ist deutlich geworden, daß einheitliche Erwartungen und Deutungen sowohl der Sozialbeziehungen als auch des Schulwissens gewöhnlich durchgesetzt werden, indem abweichende oder gegenläufige Erwartungen und Deutungen entweder nicht beachtet, im besten Fall didaktisch manipuliert oder aber als Störvariablen definiert und mit Gegenmaßnahmen ausgeschaltet werden. Die Annahmen Thiemanns (1977, S. 468f), daß Schüler auf die meist unbegriffene Konflikthaftigkeit der Unterrichtssituation mit "Emigration" in einen "vor Schulunterricht abgeschirmten Sektor der expressiven Bearbeitung von Erfahrungswissen" reagieren oder mit Unterwerfung unter die Totalitätsansprüche von Schulwissen unter Preisgabe eigener identitätsstiftender Integrationsansprüche, erscheinen plausibel.

Nun sind allerdings spätestens in der Reformpädagogik Formen der faktischen und symbolischen Gewalt in Schule und Erziehung, insbesondere im schematisierten Unterrichtsbetrieb des ausgehenden 19. Jahrhunderts und ihre produktives Lernen behindernden Wirkungen beschrieben und kritisiert worden(1). Die theoretischen und praktischen reformpädagogischen Bemühungen der verschiedenen Richtungen berühren sich zumindest in der Absicht, entfremdete Lernsituationen aufzubrechen. J. Dewey hat anhand der Begriffe Erfahrung und Erziehung reflektiert, was in mehr oder weniger extremen Varianten unter der Formel "vom Kinde aus" auch für Schulunterricht reformpädagogisch gedacht und versucht wurde. Lernerfahrungen, die weitere Erfahrungen nicht behindern sondern fördern – so das Ziel von Erziehung allgemein und die Aufgabe schulischen Lernens im besonderen – werden umso eher möglich, je mehr der Schüler seine Vorerfahrungen und sich selbst als Handelnder und Fühlender in der Schulsituation ins Spiel bringen kann, je stärker er sich damit von der Rolle des Wissensrezipienten entfernt (J. Dewey 1974).

Inwieweit gelangen die im Gegenzug zu den wissenschaftsorientierten und wissenschaftsgeleiteten zentralen Curriculumprogrammen nun erneut am Schüler orientierten didaktischen Überlegungen differenzierend, präzisierend über diese Position hinaus? Nicht übersehen werden darf, daß gerade die curriculumtheoretischen Ansätze die lern- und entwicklungspsychologischen wie auch die sozialen Bedingungen als zentrale, wissenschaftlich aufzuklärende Variablen des curricularen Planungsprozesses ansahen. Eine gemeinsame Absicht der Gegenbewegungen ist die Entdogmatisierung von Schulwissen, auch wenn es wissenschaftlich und demokratisch legitimiert auftritt. Gemeinsamer Ausgangspunkt der Überlegungen sind die subjektiv und sozial geprägten lebensgeschichtlichen und alltagsweltlichen Erfahrungen der Lernenden, also der Schüler aber auch der Lehrer, die sich geplanter Bewußtseinsformierung entziehen oder widersetzen können.

3.4.3.1. Öffnung des Schulwissens gegenüber sozialgruppenspezifischen Erfahrungen

O. Negts These von der "Grundschule als Klassenschule" (1975/76, S. 40ff) stützt sich auf Untersuchungen schichtspezifischer Sozialisation der 60er Jahre und frühen 70er Jahre. Als "egalitärer Schein" werden die für die Grundschule unterstellten Bildungsziele der Verhaltensdisziplinierung und der Einübung in die Kulturtechniken enthüllt, da sie ein soziales und kognitives Klima bedingen, das generell wenig zur Stärkung von Lernmotivation geeignet erscheint, zudem aber die Kinder besonders benachteiligt, bei denen die Ausbildung kognitiver

-----

(1) So vergleicht etwa L. Gurlitt die Tyrannei in der Erziehung, verstanden als Mißbrauch von Machtmitteln zur Niederhaltung Schwächerer, mit der Tyrannei der orthodoxen Kirche, der militärischen und der Beamtenhierarchie und der Gewalt des Kapitals (1967, S. 64). E. Key nennt als Resultate der Schule: "Abgenützte Hirnkraft, schwache Nerven, gehemmte Orginalität, erschlaffte Initiative, abgestumpfter Blick für die umgebenden Wirklichkeiten, erstickte Idealität unter dem fieberhaften Eifer, es zu einem 'Posten' zu bringen ..." (ebd. S. 62).

und sprachlicher Fähigkeiten eng an emotionale und soziale Bedingungen gebunden bleibt. Demgegenüber sind Kinder, die sich in ihrer Primärsozialisation differenziertere Formen der Realitätsbewältigung aneignen konnten, in der Lage, schulkonforme Verhaltensweisen auch unter wenig motivierenden Bedingungen zu praktizieren. Die Lern- und Leistungserwartungen der Grundschule erweisen sich so als Herrschaftsmittel, die bestimmte signifikant sozialgeprägte Erfahrungs- und Verhaltensweisen auszeichnen und ausschließen. Anders als Versuche, durch kompensatorische Maßnahmen 'Sozialisationsdefizite' auszugleichen, zielt der Schulversuch Glocksee darauf, solche Maßnahmen überflüssig zu machen durch den Abbau dogmatisierter Lernerwartungen. "Indem eine große Mannigfaltigkeit von intellektuellen Ausdrucksmöglichkeiten und kommunikativen Verhaltens- und Beziehungsformen in der Lernumgebung der Schule anerkannt sind, verlieren mitgebrachte Sprach- und Leistungsnormen ihre Bedeutung als Herrschaftsmittel". (ebd. S. 42). Um nicht weiterhin großen Kindergruppen vor allem aus der Arbeiterschicht die ihnen zur Verfügung stehenden Formen und Mittel des Lernens in der Schule zu entziehen, soll Schule die je spezifischen "Produktionsformen von Erfahrung" ernst nehmen und Lernen und Leisten an die Gesamtverfassung der Person und ihre Möglichkeiten der Realitätsauffassung und -bewältigung binden. Negt weist darauf hin, daß die "Kapitalisierung der schulischen Sozialisation", ihre Ausrichtung an personneutralen Leistungs- und Lernmaßstäben, letztlich auch die Arbeitskraft der Lernenden und damit die Existenzbedingungen fortgeschrittener Industriegesellschaften zerstören muß.

Entdogmatisierung von Lernformen und Verhaltenserwartungen aus der Sicht unterschiedlicher Formen der Realitätsverarbeitung bei den Lernenden bedeutet nun keineswegs, daß einer "Situationspädagogik" das Wort geredet würde, die in Abwehr rigider Lehrplanungsansprüche die Bestimmung von Lehrangeboten der Beliebigkeit preisgibt. Das schließt der in der Theorie der Arbeiterbildung entwickelte Begriff der Erfahrung aus. "Erfahrung ist nicht einfach sinnliche Empfindung - Erfahrung ist nicht individuell zufälliges Erlebnis". (O. Negt 1978, S. 43). Individuelle Erfahrungen haben kollektive Bedeutungsinhalte und Handlungsbezug. "Sie sind in gewisser Weise kollektive Momente einer durch Begriffe und durch Sprache vermittelten Auseinandersetzung mit der Realität, mit der Gesellschaft. Insofern steckt in dem Begriff der Erfahrung immer schon ein allgemeines Element, das die total individualistische, zufällige, rein subjektive Empfindung überschreitet". (ebd. S. 44). Individuelle Erfahrungen sind, insbesondere sprachlich vermittelt, stets durch gruppen-, schicht- und klassenspezifische Denkweisen und Handlungsperspektiven geprägt. Daß aus solchen im Alltagshorizont von Gruppen gemachten Erfahrungen spontan keine emanzipierende Erkenntnisperspektive und eine sie stützende Theorie entwickelt werden kann, erklärt Negt im Diskussionszusammenhang um Arbeiterbildung ausdrücklich. Vielmehr begründet er die Notwendigkeit von Arbeiterbildung gerade aus dem "gleichzeitige(n) Vorhandensein von falschem und richtigem Bewußtsein im Denken und Verhalten der Arbeiter" (ebd. S. 46). Bezugspunkt für Aufklärung, Entwicklung und Korrektur unmittelbarer Erfahrungen können nur in langfristigen Lernprozessen entwickelte Erklärungen, Deutungen, Perspektiven sein, wie sie für Negt die Marxsche Theorie bereitstellt.

Auch in der allgemeinbildenden Schule kann es nicht darum gehen, einzelne zufällige Vorstellungen der Kinder zu entfalten. Die Frage, "nach welchen Prinzipien überhaupt Lehrstoff zusammengefügt und reduziert werden soll", bedarf, seit es keinen gesicherten Kanon von Schulwissen mehr gibt, der gesellschaftlich reflektierten Auslegung, die etwa Veränderungen in der gesellschaftlichen Bedeutung der Kulturtechniken oder gegenläufige Tendenzen zur Arbeitsteilung berücksichtigt. Exemplarisches Lernen als didaktisches Prinzip will die "unmittelbaren Erfahrungen" von Kindern in Lebenszusammenhängen durch systematisch vorbereitete Lernmöglichkeiten so vertiefen und erweitern, daß diese unmittelbaren Erfahrungen als vermittelte erkennbar werden. "Erfahrungen im Hause, in der Wohnung, auf der Straße und in der Schule" sollen "als Ausdrucksformen gesellschaftlicher Konflikte und Widersprüche, die auch andere Menschen betreffen" verstehbar werden und so geschichtliches und über den gegenwärtigen Zustand hinausweisendes Gegenwartsbewußtsein wecken (vgl. O. Negt 1975/76, S. 55).

Die Unterrichtsthemen ähneln daher durchaus den an anderen Grundschulen, verändert sind die didaktischen Perspektiven. Die objektive Bedeutung der Themen wird nicht auf ihre Gesetzmäßigkeiten und Funktionszusammenhänge begrenzt, sie sollen vielmehr in ihren gesellschaftlichen Entstehungsbedingungen einsehbar werden. Wie die objektive Bedeutung der Themen ermittelt wird, ob auch hier die Marxsche Theorie Bezugspunkt ist, bleibt in den Publikationen zum Schulversuch offen. Deutlich ist jedoch, daß Themen in der Bedeutungsperspektive des Lehrangebots niemals zwangsmäßig oder manipulativ gegenüber subjektiven Bedeutungen der Kinder durchgesetzt werden sollen. In der didaktischen Planung ist zu reflektieren, ob und wie Lehrangebote auf die Erfahrungssituation der Kinder beziehbar sind, wie systematisch zu vermittelnde Kenntnisse und Fertigkeiten für den Lernenden subjektiv als Mittel zur Bewältigung bestimmter Probleme Bedeutung gewinnen können, etwa in projektartigen Unterrichtsvorhaben. Konsequent zeigt sich die Entdogmatisierungsabsicht von Lehrangeboten darin, daß zwischen Angeboten gewählt werden kann, daß Schüler aber auch das Angebot sanktionsfrei gänzlich ablehnen können. Didaktische Aufgabe ist es danach, das Lehrangebot inhaltlich wie der Form nach auf die unmittelbaren Erfahrungen der Lernenden zu beziehen, um sie aufzuklären, zu erweitern und als gesellschaftlich vermittelt bewußt zu machen. Gegenüber der Deweyschen Bearbeitung des Problems erscheint die Bestimmung der "objektiven Bedeutungen" problematisiert. Für Dewey bildeten die Wissenschaften und ihre Problemlösungskapazität den unbestreitbaren Bezugspunkt für den Aufbau der Lehrangebote. Die Erschließung der Erfahrungszusammenhänge der Lernenden, bei Dewey vom Lehrer aus der je besonderen Kenntnis seiner Schüler und ihrer Lebenswelt zu bewältigen, gewinnt in der sozialgruppenbezogenen Sozialisationsforschung an Objektivität.

3.4.3.2. Öffnung des Schulwissens gegenüber subjektiven Deutungen

Während das exemplarische Lernen in Sinne Negts darauf zielt, die gesellschaftliche Vermittlung individueller Erfahrungen ins Bewußtsein zu heben, bringen andere Ansätze lebens- und triebgeschichtlich bestimmte subjektive Deutungen als Antrieb geistiger Bewegung gegenüber dem Prozeß zunehmender Vergesellschaftung ins Spiel. In loser Anlehnung an N. Elias wird der Prozeß der Zivilisation von H. Rumpf als sich verschärfendes Reglement für den alltäglichen Austausch des Menschen mit der Welt ausgelegt, Verwissenschaftlichung als Vorgang, in dem durch offizielle Weltbilder "spontane und situationsgebundene gedankliche Regungen der Subjekte zivilisatorisch gedämpft und privatisiert werden, allenfalls als Privatsache toleriert, ansonsten als laienhaft, kindlich, mythisch, vorwissenschaftlich oder einfach als irreal, nicht objektiv hintanzuhalten" (H. Rumpf 1979, S. 229). Zwar bleibt die Dialektik der Bewegung unberücksichtigt, daß die Universalisierung der Verkehrsformen, die ja gerade mit der Ausgrenzung individueller Freiheitsrechte verbunden war, nun deren subjektive Wahrnehmung bedroht, doch wird die Rolle der Schule in diesem Prozeß sehr anschaulich gemacht. Schule bedroht, dadurch daß sie bestimmte Versionen von Wissen und Sozialverhalten ("offizielle Weltversionen"), gestützt auf wissenschaftliche und demokratische Legitimationen, durchzusetzen gehalten ist, die Fähigkeit der Lernenden, "die verschiedenartigen Ansprüche und Antriebe distanziert zu betrachten, zu vergleichen und in einem lebensdienlichen Bedeutungszusammenhang zu organisieren" (H. Rumpf 1976, S. 143), das was in interaktionistisch und psychoanalytisch orientierten Konzepten Identität genannt wird. An Fallbeispielen veranschaulicht Rumpf, wie gleichwohl die Lernenden gegenüber dem Angebot solch offizieller Weltversionen ihre inoffiziellen, an die je spezifisch lebensgeschichtlichen Erfahrungen gebundenen Versionen im Umgang mit Unterrichtsgegenständen herstellen. Diese haben offenbar größere Chancen erinnert und reaktiviert zu werden als Schulwissen in subjektneutralen Zusammenhängen. Doch räumt auch Rumpf in Abgrenzung von manchen reformpädagogischen Annahmen ein, daß sich in subjektiven Erfahrungen "nachhaltig beschädigtes Alltagsbewußtsein durchsetzen (kann) mit Ausflucht in stereotype und realitätsabstoßende Phantasie" (ebd. S. 227). Als didaktische Forschungsaufgabe wird formuliert, "private Sinnauslegungen" zu ermitteln und sie auf ihre "Erfahrungsoffenheit" hin zu untersuchen, um überhaupt erst einmal Kategorien für Subjektivität in didaktischem Zusammenhang zu entwickeln. Wie dies bei einer individuell lebens- und triebgeschichtlichen Deutung subjektiver Erfahrung möglich werden soll, bleibt indes offen trotz des Hinweises auf die Existenz realistischer gesellschaftsbezogener Subjekttheorien. Welche didaktischen Schlüsse sind aus der Beschreibung durch subjektive Erlebnisse strukturierten Wissens zu ziehen, etwa aus dem Tatbestand, daß erwachsene Gesprächspartner zum Stichwort Biene zuerst die Biene Maja oder den Vorfall, bei dem die Schwester von einer Biene gestochen wurde, assoziieren, nicht aber systematische etwa in der Schule vermittelte Wissensbestände (vgl. H. Rumpf 1979, S. 225f)? Welche didaktischen Schlüsse sind daraus zu ziehen, daß erlebnishafte, lebensgeschichtlich entstandene Bezüge zu einem Stoff, einer Figur, einem Problem, zum subjektiven Organisationskern und Selektionsfilter für Wissensangebote werden können oder zum Ausgangspunkt für selbst initiierte Wissensbeschaffung? Unterricht muß sich für individuelle Lebenserfahrungen öffnen, nicht um dem konventionell-beliebigen und unverbindlichen Meinungsaustausch Raum zu geben, sondern "um die Arbeit an der Deutung, der Erklärung, der Bewertung bestimmter Geschehnisse, Erwartungen, Thesen voranzutreiben" (H. Rumpf 1976, S. 96). Unterricht wäre daraufhin zu analysieren, ob "Affekte, Vorlieben, Ängste, Gleichgültigkeit, Angesprochensein amorph unter Ritualisierungen verdeckt" bleiben oder in "Äußerungen, Ideen, Initiativen zum Audruck" kommen, die für den Unterrichtsverlauf wichtig werden (ebd. S. 99). Unterrichtsverläufe wären daraufhin zu analysieren, ob sich für die Lernenden "Handlungszusammenhänge" herausbilden, "die verschiedene Interaktionen orientieren und binden, ohne daß sie vom Lehrer/Leiter durch informierende, kontrollierende Handlungstypen und Ritualisierungen ... suggestiv erzeugt und erzwungen werden" (ebd. S. 98). Letztlich bleibt das didaktische Kunststück, die im Unterrichtsentwurf steckenden Anregungen zu nutzen, aber gleichwohl "das die Schülerwelt antizipierende und terminierende Frage-Antwort-Ritual" zu vermeiden, also einen Weg zwischen "Strukturierung und Freigabe" zu suchen, an die Urteilskraft des Lehrers und sein Geschick, die Unterrichtssituation zu gestalten, gebunden (vgl. ebd. S. 101).

3.4.3.3.   Schulwissen zwischen wissenschaftlichem Wissen und
            Alltagswissen

Wenn Behauptungen wie, "den meisten Menschen bleibt die Wissenschaft fremd, sie können sie sich zum Verstehen und praktischen Beherrschen ihrer Lebenssituation nicht aneignen; ihre Erfahrungen und Probleme lassen sich nicht in die Sprache der Wissenschaft übertragen" zutreffen, verliert wissenschaftorientiertes Schulwissen seine Verbindlichkeit als universales Mittel zur Entwicklung gesellschaftlich angemessener Problemlösungen (G. Böhme, M. v. Engelhardt 1979, S. 7). Der Wissenschaft als einer besonderen Art von Erkenntnistätigkeit und ihrer schulischen Umsetzung wird die fundamentalere Erfahrung und Erkenntnistätigkeit des Menschen im Alltag gegenübergestellt. In einer definitorischen Bestimmung bei Luckmann erscheint Alltagswissen im Hinblick auf das Subjekt als "strukturierte und (subjektiv) stimmige Ansammlung von Wirklichkeitsorientierungen ..., deren Hauptfunktion darin besteht, Handlungsanleitungen zu geben" (T. Luckmann 1981, S. 92), im Hinblick auf Gesellschaft als "Objektivierungen von Lösungen solcher Probleme, die für 'jedermann' bedeutsam sind" (ebd. S. 101).

Die durch die einzigartige Biographie des Subjekts geprägten Erfahrungs- und Deutungszusammenhänge bleiben dabei stets in die Lebenswelten der sozialen Gruppe eingebunden.

"Die Bedingungen der natürlichen und sozialen Existenz des Menschen führen im historischen Entwicklungsprozeß wie auch im Vergleich zwischen sozialen Lagen innerhalb einer Gesellschaft deshalb zu verschiedenen Lebenswelten, weil mit ihnen sehr unterschiedliche Anforderungen an das subjektive Vermögen des Menschen gestellt werden, sich mit ihnen auseinanderzusetzen.

Gleichzeitig bedeuten sie sehr unterschiedliche Möglichkeiten und Grenzen, diese Vermögen herauszubilden." (G. Böhme, M. v. Engelhardt 1979, S. 20f).

Arbeitsteilung erzeugt in komplexen Gesellschaften nicht nur strukturell unterschiedliche Lebenslagen und damit eine ungleichmäßige Verteilung von Alltagswissen, sondern auch zunehmend Spezialwissen. Dieses Spezialwissen ist der Gesamtheit nicht mehr zugänglich, ja selbst seine Verteilung wird nicht mehr allgemein durchschaut. Der Abstand zwischen Laien und Experten wächst (vgl. T. Luckmann 1981, S. 102f), obwohl ständig Spezialwissen in alltägliche Wissensbestände übernommen wird. Wissenschaftliches Spezialwissen, das sich aus lebensweltlichen Kontexten löst und universelle Einsetzbarkeit beansprucht, begründet gerade damit qualitative Unterschiede zum Alltagswissen. In der Einschätzung Luckmanns bleiben die Wissenschaften, obwohl sie alltägliches Wissen und Handeln ständig überformen, "völlig unfähig, mit ihren gedanklichen Mustern jene Art des Wissens zu ersetzen, die erforderlich ist, um das Handeln in gewöhnlichen Situationen zu steuern, jene Art des Wissens, die die Routinierung wiederkehrender Abläufe erlaubt, jene Art des Wissens, die nicht auf die gewöhnliche Wirklichkeit des täglichen Lebens beschränkt bleibt, sondern die merkwürdige Möglichkeit einer den Alltag tanszendentierenden Sinn- oder gar Wirklichkeitsschicht in Betracht zieht" (ebd. S. 108). Damit bleiben in der Tradition von A. Schütz getrennte "Sinnprovinzen" nebeneinander bestehen.

Für die Frage der Konstitution von Schulwissen erscheint aber gerade das Vermittlungsproblem wichtig. Thematisiert werden Vermittlungsprobleme von wissenschaftlichem und alltäglichem Wissen in verschiedenen Lebensbereichen in dem von J. Böhme und M. v. Engelhardt herausgegebenen Band "Entfremdete Wissenschaft" (1979)(1).

------

(1) Die Notwendigkeit, das Vermittlungsproblem zu erörtern und übergreifende Interpretationsschemata zu entwickeln, wird aus folgenden gesellschaftlichen Entwicklungen begründet:

    a. Verwissenschaftlichung gesellschaftlicher Teilbereiche führt zur Herrschaft von Wissenschaftsstäben und zur Entmündigung der Betroffenen.

    b. In der Produktion "wird der Klassenkampf als Kampf der Wissensschichten reproduziert" (S. 9). Unmittelbare Arbeitserfahrung und arbeitstechnisches, organisatorisches Wissen fallen auseinander.

    c. Neuzeitliche Wissenschaft entwickelt eigene Problemzusammenhänge und -traditionen, was ihren Gebrauchswert in gesellschaftlichen Anwendungsfeldern einschränkt.

    d. Wissenschaften eröffnen Innovationsmöglichkeiten, die bei dem in seinem Handlungsspielraum beschränkten Praktiker Abwehrhaltungen hervorrufen.

    e. Die Differenzen zwischen der in unmittelbaren Sinn- und Nutzungszusammenhängen erfahrenen Natur und ihrer wissenschaftlichen Rekonstruktion bringen Lernschwierigkeiten mit sich.

    f. Vermittlungsprobleme erwachsen auch aus den sozialen Beziehungen zwischen Wissenschaftlern und Adressaten von Wissenschaft. (ebd. S. 8ff).

Für die Erörterung unterrichtlicher Vermittlungsprobleme erfolgt ausgehend von der These, daß es verschiedene Typen von Verwissenschaftlichung gibt, eine Beschränkung auf das Paradigma der Naturwissenschaften. Wissenschaftsgeschichtlich wird zu belegen versucht, daß
die Ausarbeitung der naturwissenschaftlichen Einzelwissenschaften keineswegs an breite lebensweltliche Erfahrungen anknüpft, sondern eher
an marginale und relativ abstrakte und reduzierte Erfahrungen, etwa
an die des Brillenmachers mit dem Licht oder an aus Erfahrungszusammenhängen abstrahierten Qualitäten wie Wärme, Druck usw. Sind die
vorwissenschaftlichen Begriffe gekennzeichnet durch eine "Verbindung
von Präzision (im Kontext) und Vagheit (in der Vermittlung von verschiedenen Kontexten)", wird im wissenschaftlichen Transformationsprozeß die Konkretisierung aufgegeben und eine eigene Präzision systematisch erzeugt. Demnach handelt es sich beim Übergang von der lebensweltlichen zur wissenschaftlichen Erfahrung "nicht einfach um einen
Übergang an Exaktheit ..., sondern um eine Reorganisation des Er-
fahrungsbereiches." (G. Böhme 1979, S. 122). Die Struktur lebensweltlicher Erfahrung, die dem wissenschaftlichen Transformationsprozeß
nicht nur historisch betrachtet entgegensteht, wird in fünf Merkmalen
bestimmt (ebd. S. 124ff):

a. Im Unterschied zur apparativen Erfahrung der Naturwissenschaften, die Phänomene kontextunabhängig und auch unabhängig vom Sinneseindruck definiert, und die über die Grenzen
   sinnlicher Erfahrung des Menschen hinausreicht, bleibt die
   lebensweltliche Erfahrung an den menschlichen Körper und die
   Sinne gebunden.

b. Synästhesien alltagsweltlicher Erfahrung werden wissenschaftlich nach ihren Variablen getrennt.

c. Lebensweltliche Erfahrung ist objektgebunden. Naturwissenschaftliches Wissen bezieht sich auf Phänomene ohne Träger,
   auf Qualitäten von Objekten (z.B. Schwere, Druck).

d. Lebensweltliche Erfahrung ist situationsgebunden. Naturwissenschaft manipuliert die Bedingungen so, daß sich das Phänomen
   möglichst deutlich und eindeutig zeigt.

e. Lebensweltliche Erfahrung polarisiert häufig Qualitäten, z.B.
   leichte und schwere Dinge, hohe und tiefe Töne. In der Wissenschaft ist die "Linearisierung eines Phänomenbereiches" Voraussetzung für Quantifizierungen.

Inwieweit sich überhaupt ein Vermittlungsproblem zwischen beiden Erfahrungsweisen im Schulunterricht stellt und wie es gefaßt wird,
hängt davon ab, wie ihre Funktionen und Eigenbedeutung bestimmt
werden. Die oft in kulturkritischer Absicht betriebene Aufwertung
lebensweltlicher Erfahrung läßt ebenso wie die Auffassung, daß jede
Lebenserfahrung des aufgeklärten Zeitgenossen nach den Mustern wissenschaftlicher Erkenntnis aufzuschließen sei, Vermittlungsprobleme
weitgehend nebensächlich erscheinen. Die Frage nach dem Verhältnis
von lebensweltlichem und wissenschaftlichem Wissen wird in dem Maße
bedeutsamer, in dem die Eigenbedeutung beider Wissensformen deutlich
gemacht werden kann. Böhme betont, daß die Einheit des sinnlich Gegebenen für lebensweltliche Erfahrung konstitutiv ist, wissenschaftliches Wissen zwar für konstruktive Veränderungen einzelner Variablen

der Lebenswelt einsetzbar ist, nicht aber eine Orientierung im unmittelbar Gegebenen leisten kann (ebd. S. 128). Selbst in ausdifferenzierten Erfahrungszusammenhängen, etwa Berufssparten, könnten technische Steuerungsinstrumente Arbeitserfahrung bei der Einschätzung und Beurteilung von Unregelmäßigkeiten im Produktionsprozeß nicht vollkommen ersetzen (ebd. S. 129). Dementsprechend nimmt er an, "daß auch bei voll entfalteter Intelligenz des erwachsenden Menschen Erfahrung und Denken anders organisiert sein können, als es der naturwissenschaftlichen Denk- und Erfahrungsweise entspricht" (ebd. S. 131). Daraus folgt, daß im Unterricht naturwissenschaftliches Wissen, Fakten, Gesetze, Theorien und Grundzüge ihrer methodischen Erarbeitung nicht als Erfahrungs- und Denktypus dogmatisiert und durchgesetzt werden könne, sondern in ihrer Funktionalität verstanden werden müssen. Daß die Alltagswelt von Naturwissenschaft und Technik bestimmt ist, heißt nicht, "daß wir nach naturwissenschaftlichen Erfahrungsweisen leben, sondern daß Naturwissenschaft und Technik bevorzugte Lösungskapazitäten darstellen" (ebd. S. 133). Die Funktionalität geisteswissenschaftlicher Denk- und Erfahrungsmuster und die Eigenbedeutung lebensweltlicher Erfahrung in kulturellen Zusammenhängen wären ebenfalls zu analysieren.

Zweifellos gibt es z.B. im Sprachunterricht die Gefahr, die bereits in der Reformpädagogik klar erkannt wurde, daß die Unterrichtung über Sprachformen, Sprachmittel, Auslegungsmethoden, Kommunikationsmodelle, denen gegenüber die alltagsweltliche Sprachpraxis abgeschirmt wird oder gar minderwertig erscheint, den Umgang mit Sprache behindert, Sprache als Mitteilungs- und Ausdrucksmedium diskreditiert. Das Wissen um die Leistungsfähigkeit von Auslegungsmethoden darf nicht verdecken, daß es alltagsweltlich häufig nötig ist, eine Mitteilung oder eine Situation aus der Gesamtheit der Variablen umfassend und schnell zu verstehen.

Die Didaktik hätte sich demnach darauf zu richten, einerseits die Grenzen der Orientierungs- und Erklärungsleistung alltäglichen Wissens spezifischer Lerngruppen aufzuspüren, um die spezifische Leistungsfähigkeit wissenschaftlicher Erkenntnisbemühungen auf dem Wege über die Herauslösung von Phänomenen aus den gwohnten Erfahrungskontexten aufzuweisen, andererseits die Grenzen der Problemlösungskapazitäten wissenschaftlicher Systematisierungen und Erklärungen im Hinblick auf sinnhafte Lebensorientierungen und Handeln deutlich zu machen. Anregungen für den ersten Schritt der Vermittlung gibt Schütz' Analyse der Bedingungen, unter denen Wissen problematisiert wird. Bislang nicht fragwürdiges Wissen, "Sedimentierung vergangener Situationsproblematiken" kann fraglich werden, wenn es für die Lösung der aktuellen Situationsproblematik nicht mehr ausreicht, oder wenn man bei der Suche nach relevanten Auslegungen verschiedene Bezugsschemata, die bislang nicht einmal bewußt waren, sich als unverträglich erweisen (vgl. A. Schütz, T. Luckmann 1979, S. 30ff). Didaktisch wären also solche Situationen zu schaffen (z.B. Projektunterricht) oder gedanklich vorzustellen, die fragloses Alltagswissen fraglich werden lassen. Diese Strategie ist didaktisch nicht neu, beschreibt sie doch sehr allgemein die Bedingungen für die Entstehung von Lernmotivation überhaupt. Sofern das Bekannt-Werden mit leistungsfähigeren Auslegungsschemata in der Schule nicht als Vormachen oder Einweisen son-

dern als Lehre verstanden wird, die auf intersubjektives, wiederhol-
bares nicht auf einen spezifischen Anwendungsfall begrenztes Wissen
zielt, ist damit auch das Auseinandertreten von Umgangserfahrung und
reflexiver, begrifflich bestimmter Erfahrung verbunden. Zielt Lehre
auf Regelkenntnis, dann ist, wie K. Prange, dessen Überlegungen zum
Lehrbegriff wir hier folgen, sagt, "die Lehrbarkeit der Welt ... davon
abhängig, daß die Erfahrung den Charakter des Vorstellens annimmt,
indem die Welt zu Elementen vereinzelt, auf eine formale Sprache bezogen und insgesamt als Regelzusammenhang aufgefaßt wird" (K.
Prange 1978, S. 105).

Der zweite Vermittlungsschritt betrifft den Rückbezug der schulisch
vermittelten Auslegungen von Wirklichkeit auf die Lebenspraxis.
Während Böhme für den naturwissenschaftlichen Unterricht vor allem
darauf abhebt, daß mit den spezifischen Denk- und Erfahrensweisen
zugleich ein "Begriff von der Eingeschränktheit und Spezifität ihrer
Methoden zu geben" sei, um der Selbstüberschätzung der Spezialisten
und der Entmündigung der Betroffenen entgegenzuarbeiten (G. Böhme
1979, S. 133f), hält Prange den Umweg von der primären Erfahrung
über die entfremdende schulische Erfahrung nur dann nicht für einen
Irrweg, wenn eine übergreifende pädagogische Zielsetzung gefunden
wird (K. Prange 1978, S. 135). Der "utopische Horizont der Pädagogik"
ist verbunden mit der Bewegung von der Umgangserfahrung, die Orientierung und Sinndeutung in der alltäglichen Praxis verbindet, zur
objektivierten Erfahrung, die sich aus dem Kontext der alltäglichen
Orientierungen und Sinndeutungen löst, universaler einsetzbar wird,
zur individuellen Deutung und Handlung dessen, der sein Leben führt,
in dem Sinne, daß er ihm selbst die Richtung gibt, sich selbst bestimmt. Prange bemüht sich um den Nachweis, daß "der Übergang vom
Lernen durch Lehre zum Handeln nicht selber wieder gelehrt werden
kann" (ebd. S. 197f). Wohl lasse sich moralisches Argumentieren lehren, nicht aber selbstbestimmtes Handeln. Letzteres sei nur durch vor-
bildhafte Darstellung von Verhalten und Handeln durch das Beispiel
des Erziehers oder erziehenden Lehrers anregbar.

3.5.

KRITIK DER WISSENSCHAFTSORIENTIERUNG DES SCHULISCHEN LEHRANGEBOTS

Die Einsichten in lebensgeschichtlich subjektive, sozialgruppenspezifische und alltagsweltliche Prägungen individuellen Wissens präzisieren die Vermittlungsprobleme, stellen damit aber Wissenschaftsorientierung keineswegs grundsätzlich als didaktisches Legitimationsprinzip in Frage.

Daß Wissenschaftsorientierung an didaktischer Legitimationskraft verliert, hängt mit den Veränderungen im Selbst- und Fremdbild der Wissenschaften in den Industriegesellschaften zusammen, die Erfahrungen des Mangels und der Bedrohung erneut zu verarbeiten haben. Wissenschaften erscheinen nicht mehr fraglos als effektivste Produzenten für Lösungen gesellschaftlicher Probleme, sondern immer mehr auch als Verursacher solcher Probleme und überfordert. Damit verlieren die Argumente an Überzeugungskraft, die schulisches Lernen auf das Ziel problemlösenden Denkens nach dem Muster der Wissenschaften verpflichten wollen: das historisch-pragmatische Argument, das auf die Anforderungen der modernen industriellen Lebenssituation verweist, das pädagogische Argument, das in den Wissenschaften die Höchstform unseres Weltverständnisses sieht, zu dem sich das individuelle Bewußtsein erheben soll, und das politische Argument, das durch den Abbau sozialer Bildungsbeschränkungen die Bildungschancen annähern will (vgl. J. Derbolav 1981, S. 79).

Die für didaktische Überlegungen bedeutsame Kritik der Wissenschaftsorientierung des schulischen Lehrangebots setzt unterschiedlich allgemein an:

a. Die weitreichendste Relativierung des Prinzips der Wissenschaftsorientierung ergibt sich aus der Annahme oder Forderung, alle Wissenstraditionen einer Gesellschaft werden gleich bewertet oder müßten gleich bewertet werden. Böhme (1979) deutet beispielsweise diese Möglichkeit an, wenn er die Angemessenheit wissenschaftlichen Wissens für alle gesellschaftlichen Zusammenhänge und Probleme in Frage stellt und daraus die Forderung nach Ausbildung der lebensweltlichen Wissensform ableitet (S. 130). Er sieht auch die sozialen Konsequenzen, die sich daraus für die Ausbildung, die sozialen Positionen, etwa die Stellung des Facharbeiters gegenüber dem Ingenieur oder ganz allgemein für die Stellung des Laien gegenüber dem Fachmann ergeben. Radikal vertritt P. Feyerabend die Gleichwertigkeit jeglicher Wissenstradition einer Gesellschaft und damit auch die Ablehnung von Überlegenheitsansprüchen wissenschaftlicher Methodenpraxis. Als Konsequenz für die Lehrangebote in Ausbildungseinrichtungen ergibt sich, daß die Betroffenen, auch die finanziell Betroffenen, darüber entscheiden müßten, welche Wissensbestände sie für überliefernswert halten. Ob damit auch die Wissensverteilung als Instrument sozialer Machtausübung ihre Bedeutung verliert, erscheint sehr fraglich.

b. Trotz des inflatorischen Gebrauchs des Begriffs der Wissenschaftsorientierung in Didaktik und Bildungspolitik bleibt die Rede von den Wissenschaften meist unklar. Dabei ist es, worauf bereits hingewiesen wurde, für Unterricht grundlegend wichtig, ob wissenschaftliches Wissen gegenüber alltäglichem Wissen lediglich als stärker systematisierte und kontrollierte oder als in ihren Zugriffsweisen reorganisierte Erfahrung angesehen werden muß. Ebensowenig kann es ohne Wirkung für die Unterrichtsgestaltung bleiben, ob Rationalität als Grundprinzip der Wissenschaft und Zielpunkt des Weltverständnisses der Lernenden ausgelegt wird als intersubjektiv überprüfbares Bemühen um Erklären und Verstehen von Elementen und Zusammenhängen theoretischer Konzepte oder auch als Versuch, die gesellschaftliche Interessengebundenheit wissenschaftlicher Fragestellungen und Vorgehensweisen aufzuklären (vgl. C. Menze 1980, S. 180f u. J. Derbolavs Versuch zur Bestimmung der Merkmals wissenschaftlicher Erkenntnisgewinnung 1977).

Für den Begriff der Wissenschaftsorientierung gilt, was H. Scheuerl für einen didaktischen Zentralbegriff der 50er Jahre, das exemplarische Lehren und Lernen, festgestellt hat, daß nämlich "Anziehungskraft und begriffliche Klarheit ... einander umgekehrt proportinal" erscheinen (H. Scheuerl 1958, S. 14). Seine Erklärung dürfte auf viele pädagogische Zielformeln anwendbar sein: "Dem Handelnden in Schule, Verwaltung und Politik genügt es, ein Problem zu besitzen, das ihm Mut und Schwung gibt, mit den Nöten des Tages fertig zu werden. Man kann in der Pädagogik die Stoßkraft solcher Programme selbst da kaum überschätzen, wo sie für jedermann sichtbar utopisch und einseitig werden. Und doch wird auch der Handelnde eines Tages davon betroffen sein, wenn die begrifflichen Grenzen seines Programms nicht geklärt sind." (ebd.).

c. Daß das Prinzip der Wissenschaftsorientierung allein keine zureichenden Kriterien für die Auswahl von Lehrangeboten enthält, ist verschiedentlich kritisch angemerkt worden (vgl. C. Menze 1980, S. 181, H. Tütken 1981, S. 134ff). Gewöhnlich treten "Schülerorientierung", die Berücksichtigung individueller Begabungen und Interessen, und "Lebensorientierung", Berücksichtigung solcher Lebenssituationen, die in einer Gesellschaft "wichtig" oder häufig sind, als Auswahlkriterien hinzu.

d. Der Einwand, daß wissenschaftsorientierter Unterricht nicht den gesamten Weltbezug der Lernenden berücksichtige, der durch die Analyse alltagsweltlicher Wissensformen präzisiert werden konnte, zielt besonders auf folgende Punkte. Die Übung von Fertigkeiten wie Sprechen, Singen, Zeichnen, sowie manueller und körperlicher Geschicklichkeit, wird durch das Prinzip der Wissenschaftsorientierung, das auf Einsicht in untersubjektiv gültige regelhafte Zusammenhänge zielt, nicht gerechtfertigt(1). Wissenschaftsorientierter Unterricht kann zwar die Kenntnis verschiedener Verhaltensweisen, Bewertungskriterien und Handlungsmöglichkeiten, ihre Bedingtheit und Wirkung, erweitern,

-----

(1) Diesen Standpunkt konsquent vertretend, will P.H. Hirst (1974) solche Aktivitäten in schulnahen freiwilligen Arbeitsgemeinschaften und Freizeitgruppen organisieren.

nicht aber bestimmtes Verhalten, Sinndeutungen, Bewerten und Handeln befördern. In diesem Zusammenhang forderte bereits der Strukturplan, daß mit einer stärkeren Wissenschaftsorientierung eine stärkere "Pädagogisierung" der Schule, verstanden als Fähigkeit der Lehrer zu individueller Beratung und Förderung, einhergehen müsse, ebenso wie eine Einübung und Erprobung der "Grundmuster des mündigen Verhaltens" (Dt. Bildungsrat 1970, S. 37).

Die Einschätzung wissenschaftsorientierten Unterrichts, der immer auch auf Auflösung des alltagsweltlichen Zusammenhangs von Deuten, Werten und Handeln zielt, hängt davon ab, ob man meint, die Fähigkeit zu Handeln und Sinndeutung ließe sich unabhängig von wissenschaftsorientiertem Lernen entwickeln, ob sie durch wissenschaftsorientierten Unterricht als bedroht oder durch solchen Unterricht erst eigentlich entwicklungsfähig erscheint. Die erste Auffassung liegt dem Strukturplan zugrunde und den zahlreichen Programmen, die soziales Lernen als Ergänzung wissenschaftsorientierten Lernens fordern. Die zweite, Wissenschaftsorientierung als didaktisches Prinzip grundsätzlich in Frage stellende Auffassung vertritt C. Menze, wenn er ausführt, daß bei konsequenter Handhabung des Prinzips "die ohnehin kopflastige Schule um eine Kreativitätsschule ergänzt werden müsse(n), in der auch Herz und Hand die richtige Stelle hätten, in der jene Fähigkeiten wieder zu entwickeln wären, wie Phantasie, Witz, Geschmack, Urteilskraft, die die Schule im Zuge ihrer Verwissenschaftlichung Zug um Zug zurückgedrängt hat und in der soziales Lernen eine vorzügliche Stelle hätte" (C. Menze 1980, S. 185). Es wird unterstellt, daß Schule vor ihrer "Verwissenschaftlichung" zu Geschmack, Urteil, Sinngebung, Handlung befähigt hat. Wissenschaftsorientiertes Lernen erscheint gegenüber alltagsweltlichen Erfahrungen als defizitär.

Eine positive Vermittlung wissenschaftsorientierten Lernens mit lebensweltlichen Orientierungs- und Handlungsnotwendigkeiten versucht J. Derbolav, Ansätze der 50er Jahre fortsetzend, im Rahmen seines praxeologischen Modells menschlicher Auseinandersetzung mit der Welt. Danach läßt sich die menschliche Gesamtpraxis in Subsysteme gliedern, die für das Ganze konstitutive Aufgaben erfüllen. In diesen Praxisfeldern wird die Bewältigung bestimmter Aufgaben im Umgang erlernt (Stufe der Naturwüchsigkeit), können wissenschaftlich vermittelt die Problemlösungskapazitäten erweitert und damit naturwüchsige Handlungszusammenhänge aufgelöst werden (Rationalitäts- bzw. Entfremdungsstufe), wobei sich nun ausdrücklich auch die Aufgabe stellt, auf den lebensdienlichen Zweck, die "regulative Idee" des jeweiligen Praxisfeldes innerhalb der Gesamtpraxis zu reflektieren (vgl. J. Derbolav 1981, S. 82ff). Wissenschaftsorientierter Unterricht hätte demnach nicht nur zu kritisch theoretischer Bearbeitung, sondern auch zur Reflexion des "Ursprungssinns" gesellschaftlicher Praxis in ihren verschiedenen Bereichen anzuleiten. Auch Prange geht davon aus, daß weder Umgangserfahrungen noch objektivierte Erfahrung ausreichen, "grundsätzlich und allgemein darüber zu entscheiden, wodurch Ziele in ihrem Anspruch und ihrer Geltung ausgewiesen sind, und zwar das umgängliche Erfahren deshalb nicht, weil die jeweiligen Sinnhorizonte auch auf den jeweiligen Lebenskreis bezogen und so nur durch Überlieferungen und Gewohnheit allein ausgewiesen sind. Das objektive Erfahren deshalb nicht, weil es von allgemeinen Sinnrichtungen überhaupt abstrahiert und auf 'Weltkenntnis', nicht auf 'Welthaben' abhebt" (K. Prange 1978, S. 154). In dem Maße, in dem die theoretische Erfahrung die Umgangserfahrung präzisiert, löst sie auch deren Sinnbezüge auf und läßt die Zielorientierungen von Aktivitäten, sei es des Lernens selbst oder des Handelns als Problem erscheinen. Der Lernende kann und muß die prinzipielle Möglichkeit, sein Lernen und Tun zu bestimmen und zu verantworten, selbst erfahren. Der Geltungsanspruch der Handlungsorientierung unterliegt ebenfalls dem Gebot der Intersubjektivität, sie muß für jeden anderen gelten können. Ist auch das Abwägen verschiedener Handlungsorientierungen, das moralische Argumentieren lehrbar, kann der Übergang vom Wissen zum Tun, als Individualisierung objektivierter Erfahrung nur vollzogen, erzieherisch allenfalls appellativ oder durch Vorbilder vorbereitet werden. Es ist hier gerade die objektivierte Erfahrung, das Lernen von Regelhaftem, die das Zurücknehmen der Abstraktion, den Übergang zum Handeln als gesonderte Aufgabe hervortreibt und Erziehung als Hilfe zu selbstbestimmtem Handeln erfordert.

Defizitäre Einschätzungen wissenschaftsorientierten Lernens geraten in die Gefahr, aus der didaktischen Rückwendung auf die Unterrichtssituation und ihre alltagsweltlichen Bedingungen reduktionistische Zielvorstellungen für Schularbeit abzuleiten. Je mehr dem Lernenden an objektivierter und systematisierter Erfahrung, damit aber auch an Verstehens- und Handlungsmöglichkeiten zugemutet wird, desto stärker zeigen sich Vermittlungsprobleme zwischen organisiertem Lernen und Alltagserfahrung, desto größer wird auch die Gefahr, daß sich die Lernenden als Subjekte ihrer Erfahrungen und Handlungen verlieren. In seinem Vortrag auf dem Bonner Forum "Mut zur Erziehung" hat R. Spaemann dieses Dilemma deutlich beschrieben:

"Die tiefgreifendste Entzweiung des Menschen mit sich selbst geschieht nämlich heute durch die Wissenschaft. Es scheint mir, man kann über das Thema 'Mut zur Erziehung' nicht reden, ohne von der Verwissenschaftlichung des Lebens zu sprechen. Wir sind einerseits die Subjekte dieser Wissenschaft. Aber wir sind zugleich ihre Objekte, und insofern wir ihre Objekte sind, können wir unsere Subjektstellung gar nicht verstehen ... Für die Wissenschaft kann es Freiheit, Spontaneität, Selbstsein nicht geben. Und doch hat Wissenschaft all dies zur eigenen Voraussetzung. Sie kann es jedoch nicht denken. Erziehung dagegen zielt auf Selbstsein ... Der gebildete Mensch muß sich heute in einer wissenschaftlichen Welt bewegen. Er muß Wissenschaft benutzen können. Aber er muß lernen, sich selbst nicht in der Sprache der Wissenschaft begreifen zu wollen ... In der wissenschaftlichen Lebenspraxis ist Erziehung in gewisser Weise ein Fremdkörper. Man versucht nun auch den Schulunterricht wissenschaftlich zu organisieren, als zweckrationale Veranstaltung, in der die einzelnen Schritte genau auf das Lernziel hin geplant sind. Man muß sich klar machen, daß auf diese Weise das Element des Umgangs, das allein ein erzieherisches Nebenprodukt abwirft, wegfällt, dieses Nebenprodukt also nicht mehr möglich ist." (R. Spaemann, zit. n. FAZ v. 14.4.1978, S. 10).

Daß Schule auf die verwissenschaftlichte Lebenspraxis vorbereiten muß und zu diesem Zweck ihr Lehrangebot an den Wissenschaften orientieren und wissenschaftlich angeleitet planen muß, wird nicht in Frage gestellt. Das Dilemma besteht darin, daß Urteilen und Handeln, als Elemente des Selbstseins, daß das Praktisch-Werden objektivierter Erfahrungen in der Schule umso weniger Raum finden, je stärker die geplante Lehre im Vordergrund steht. Urteilskraft und Entschlußkraft, gemäß eigener Einsicht zu handeln, sind ihrerseits nicht lehrbar, ihre Bildung und Stärkung fällt in den Bereich der Erziehung, in dem, wie Prange ausführlich erörtert hat, Appell und Vorbild wirksam werden. Zu überlegen ist, ob nicht Schule, wenn ihr wissenschaftsorientierter Unterricht nicht zu leerer Begrifflichkeit und zu Stoffanhäufung verkommen soll, Bereiche des Umgangs und der Praxis schaffen muß, die die Übersetzung theoretischer Erfahrungen in alltagsweltliche Probleme erlauben, die Notwendigkeit intersubjektiver Handlungsorientierung deutlich werden lassen und erzieherische Wirkungen auf das Ziel der Selbstbestimmung hin erlauben.

Hinter diesen Überlegungen bleiben die Thesen zur Bildungspolitik und Erziehungspraxis, die auf dem Bonner Forum 1978 unter der Überschrift "Mut zur Erziehung" vorgelegt wurden, zurück. So lautet die auf die Frage der Verwissenschaftlichung des Unterrichts bezogene These 8, die wie die übrigen Thesen vorgeblich Irrtum und Wahrheit klar scheidet: "Wir wenden uns gegen den Irrtum, die Verwissenschaftlichung des Unterrichts sei die erzieherische Antwort auf die Herausforderung unserer wissenschaftlichen Zivilisation. In Wahrheit erschwert man auf diese Weise die Erziehung zur Fähigkeit, sich in der wissenschaftlichen Zivilisation an Gegebenheiten und Maßstäben zu orientieren, die eigener Erfahrung zugänglich sind. Denn selbst noch das spätere Erlernen einer Wissenschaft setzt Kompetenzen voraus, die sich schulisch nicht auf dem Wege der Rezeption wissenschaftlicher Informationen erwerben lassen." (Tübinger Erklärung 1978, S. 239). Es trifft zu, daß der Zugang zu objektiveren Formen der Erfahrung die Orientierung an Gegebenheiten und Maßstäben der eigenen Erfahrung erschweren kann, weil sich diese als verzerrt, einseitig, falsch erweisen können. Sollte aber Schule zugunsten problemloser Orientierungsmöglichkeiten darauf verzichten, subjektive Erfahrungen mit kritisch geprüften Erkenntnissen in Beziehung zu bringen? Unter dem Stichwort Erziehung, zum Gegenbegriff gegen wissenschaftsorientierten Unterricht stilisiert, wird eine Festlegung auf Inhalte und Maßstäbe eigener Erfahrung propagiert, die sich kritischer Prüfung und Aufklärung verschließt. Daß bildungspolitisch solche Argumentationen und Programme zur Begrenzung und Stabilisierung der Orientierungen und Gesinnungen aufgegriffen werden zu einem Zeitpunkt, zu dem vor allem ökonomisch bedingt die politischen Handlungsspielräume schrumpfen, Sicherung des status quo zum Programm wird, kann nicht erstaunen.

4.

VERÄNDERUNGSTENDENZEN VON SCHULWISSEN UND DIDAKTISCHER THEORIE

Dem Versuch, Veränderungstendenzen in den pädagogisch-didaktischen Auffassungen von Schulwissen und seinen Begründungen zu rekonstruieren, lag die These zugrunde, daß Theoriekonzepte schon deshalb nicht historisch beliebig variieren, weil sie langfristigen Umstrukturierungen der Deutungsmuster von Subjekt-Umwelt Beziehungen folgen, die Analogien zu ontogenetischen Entwicklungsstufen aufweisen. Die Ausbildung eines eigenständigen pädagogischen Reflexionszusammenhangs erscheint historisch und strukturell gebunden an das Bewußtsein, daß der Mensch erkennend und handelnd seine Welt gestalten kann. Erziehung, die den Lernenden dazu befähigen soll, kann nicht mehr selbstverständlich vorgefundenen Lebens- und Deutungsmustern folgen, sondern bedarf der Reflexion ihrer Ziele und Maßnahmen.

1. In pädagogisch-didaktischen Argumentationen, wie sie seit dem 17. Jahrhundert ausgearbeitet werden, wird die Begründung schulischer Inhalte aus verbindlichen obersten Prinzipien langfristig zersetzt durch Einsicht in die Gesellschaftsabhängigkeit der Bestimmungen von Schulwissen.

Die didaktischen Entwürfe des Comenius formulieren die utopische Perspektive auf eine antifeudale Bildungsgesellschaft, in der jedem das gesellschaftlich verfügbare Wissen gänzlich zugänglich gemacht werden soll und kann. Verarbeitet werden die progressiven didaktischen Tendenzen der Zeit, den Lehrplan um reale Weltkenntnis zu erweitern und die Lernergebnisse unter Ausnützung der Einsichten in die Natur der menschlichen Entwicklung und die Natur der Lernvorgänge zu verbessern. Das Begründungsmuster verbleibt in der metaphysisch-theologischen Tradition, gegründet auf menschlicher Erkenntnis und Offenbarung, und ermöglicht noch einmal eine materielle Auslegung des Wissensganzen, eine Enzyklopädie des Wissens, die das Schulwissen repräsentieren soll. Die göttliche Ordnung ist erkennbar und jedermann lehrbar.

Gleichwohl gewinnt der Mensch in der christlich-anthropologischen Auslegung des Comenius Handlungsspielraum, die in der Schöpfung angelegten Möglichkeiten erkennend und handelnd nachzuvollziehen, die Welt und sein Leben gemäß seiner Bestimmung in Ordnung zu bringen. Schulwissen bildet deshalb das Wissensganze auch nicht morphologisch ab, sondern in seinen Zusammenhängen und Begründungen, es zielt nicht nur auf Kenntnis, sondern auf Verstehen und Handeln.

Nachdem das Aufklärungsdenken theologisch-metaphysische Begründungen als dem Rationalitätsanspruch nicht genügend diskreditiert hat, lassen sich Begründungen pädagogischer Aussagensysteme nur noch auf die Gesellschaft oder die Natur des Lernenden beziehen, in Abhängigkeit von der Einschätzung des Zustandes und der Entwicklungsmöglichkeiten des politisch-gesellschaftlichen Systems. Trapp, für den individuelles Glück und gesellschaftliche Brauchbarkeit zusammenfallen, sieht eine Übereinstimmung politischer und pädagogischer Interessen an der Weiterentwicklung der Gesellschaft. Die pädagogische Theorie trägt zur Verbesserung der gesellschaftlichen Verhältnisse bei, indem sie die Natur des Lernenden empirisch aufklärt und so eine effektive Aneignung des gesellschaftlich Nützlichen ermöglicht.

In gesellschaftskritischer Absicht wird die menschliche Natur mit ihren Entwicklungsmöglichkeiten zur Basis und zum Maßstab pädagogisch-didaktischer Vorstellungen bei Humboldt wie vorher radikaler schon bei Rousseau. Das Lehrangebot oder die Gestaltung der Lernumwelt folgen nicht gesellschaftlichen Nützlichkeitserwägungen, zielen nicht auf die Aneignung brauchbarer Kenntnisse und Fertigkeiten, sie beziehen sich auf die individuellen Kräfte und Fähigkeiten, dienen ihrer harmonischen Bildung, führen den Lernenden zur Übereinstimmung mit sich selbst. Die aufgrund vermögenspsychologischer Annahmen und philosophisch-anthropologischer Reflexion vorgeschlagenen Bildungsinhalte, vor allem Mathematik und alte Sprachen, werden als Mittel allgemeiner Menschenbildung in ihrer Eigenbedeutung relativiert. In ihrer gesellschaftlichen Funktion kommen sie noch nicht in den Blick. Schulwissen, verstanden als Mittel allseitiger und harmonischer Kräftebildung, eröffnet eine über Trapps Aufklärungsvorstellung von einer Verbesserung der gesellschaftlichen Verhältnisse hinausgehende Dimension individueller und gesellschaftlicher Gestaltungsmöglichkeiten.

Auch Herbarts Interessenbegriff zielt auf die Ausbildung geistiger Fähigkeiten, nicht auf die Aneignung eines bestimmten Wissensvorrates. Die Forderung nach Vielseitigkeit des Interesses als Bedingung moralischen Verhaltens wird konkretisiert durch die erkenntnisphilosophische Auslegung von sechs Interssenklassen, die die menschlichen Erfahrungsmöglichkeiten überhaupt umfassen. Ihnen werden traditionelle Bildungsgegenstände zugeordnet und in Analogie zu gattungsgeschichtlichen Entwicklungen zu Lehrgängen aufgebaut. Herbarts an physikalischer Kräftemechanik orientierte assoziationspsychologische Vorstellungen geistiger Prozesse erlauben ihm eine Analyse der Lernprozesse, die nun erstmals eine über Common-sense-Erfahrungen hinausreichende theoretische Basis für pädagogische Handlungsanweisungen verspricht.

Die Einsicht in die historische Veränderbarkeit von pädagogischer Praxis und pädagogischer Theorie als einer Geisteswissenschaft läßt verbindliche Aussagen über Art, Umfang und Vermittlungsweisen von Schulwissen prinzipiell unmöglich erscheinen. Pädagogische Autonomie, von den anthropologisch-philosophisch begründeten Theoriesystemen gegenüber gesellschaftlicher Abzweckung behauptet, wird zum Problem. Nohl sieht sie in der pädagogischen Situation selbst begründet, die, indem sie "pädagogischen Bezug" und "bildende Begegnung" ermöglicht, die im Lehrangebot repräsentierte Kulturtradition lebendig erfahrbar macht. Inhaltliche Bestimmungen von Schulwissen, deren universalistische Tendenzen bei Comenius theologisch, bei Humboldt und Herbart philosophisch-anthropologisch-psychologisch begründet aber auch festgeschrieben werden, erscheinen in der geisteswissenschaftlichen Auffassung Nohls als pädagogische Interpretationen der Kulturtradition, für die außer "Lebendigkeit" keine Auswahlkriterien genannt werden.

Damit ist auf der Theorieebene das die Einheit der pädagogisch-didaktischen Argumentation stiftende Prinzip Bildung zum Formalprinzip relativiert, das sich auf wenig ausgearbeitete psychologisch-anthropologische Basisannahmen stützt (Tätigkeitsdrang, Freude an der Kraftäußerung, ganzheitliche Erkenntnishaltung), die neben der Selbsttätigkeit die erlebnishafte Einheit von Auffassen, Werten und Handeln, den Zusammenhang erlebnishaften Eindrucks und lebendigen Ausdruck und Handelns betonen. Die Bestimmung von Gegenständen und Maßnahmen des Unterrichts wird zu einer relativ beliebigen pädagogischen Auslegung, die in die Gefahr kommt, Bildungsbegrenzungen aufzurichten, indem sie den Gedanken der Universalisierung des Lehrangebots auf den der Lebendigkeit verengt.

2. Die didaktische Nachkriegsdiskussion ist in ihrem theoretischen Selbstverständnis wie ihren Auffassungen von Schulwissen bestimmt von der Destruktion des Bildungsbegriffs als einheitsstiftendem Prinzip.

Die Rolle der pädagogischen Wissenschaft bei der Bestimmung der schulischen Bildungsaufgaben und -inhalte im Lehrplan wird in geisteswissenschaftlicher Tradition noch weitergehend relativiert besonders von Weniger, der die Auslegung der Kulturtradition nicht mehr als pädagogische Aufgabe, sondern als Kampf gesellschaftlicher Mächte um den Lehrplan interpretiert. Faktisch legen aber gerade geisteswissenschaftlich orientierte Pädagogen die schulischen Bildungsaufgaben ohne kritische Reflexion ihrer gesellschaftlichen Bezüge aus der Tradition eines christlichen oder realen Humanismus aus, der Denken und Gesinnung formt und die bestehende soziale Ordnung sichert.

Forderungen nach einer leistungsfähigen, zeitgemäßen Volksschule und nach Professionalisierung des Volksschullehrerberufs durch verbesserte Ausbildung bringen Diskussionen um eine Verwissenschaftlichung pädagogisch-didaktischer Aussagensysteme in Gang. Klafki sieht die Möglichkeiten zur Verwissenschaftlichung der Didaktik in der forschungsmäßigen Aufbereitung der Probleme der Inhaltsauswahl wie in Analyse- und Planungshilfen für den Lehrer unter der Norm des Bildungsbegriffs, der auf eine optimale wechselseitige Erschließung von Objekt- und Subjektseite im Lernprozeß zielt. Derbolav betrachtet es, ebenfalls vom Bildungsbegriff ausgehend, als Aufgabe wissenschaftlicher Didaktik, das schulische Bildungsangebot so zu erschließen, daß Erkenntnis- und Handlungsfähigkeit gebildet werden. Von einem empirisch-analytischen Wissenschaftsverständnis ausgehend stellt Heimann den Bildungsbegriff als ideologisch, gesellschaftliche Interessen verschleiernd in Frage und setzt an seine Stelle den Lernbegriff, um anzuzeigen, daß es im Unterricht generell um die Förderung von Lernprozessen und nicht um die Einordnung in Bildungswelten gehen soll. Die Aufgabe einer wissenschaftlichen Didaktik sehen die Berliner Didaktiker um Heimann in der Ausarbeitung von Entscheidungshilfen für den Lehrer, indem sie die Entscheidungs- und Bedingungsfelder von Unterricht strukturieren und Möglichkeiten ihrer wissenschaftsgeleiteten Bearbeitung aufzeigen. Forschungen zur Lernprogrammierung beschränken eine wissenschaftliche Didaktik auf Vermittlungsprobleme. Verstärkt durchsetzen können sich die Konzepte, die entsprechend den bildungspolitischen Erwartungen im Trend der "realistischen Wende" der Erziehungswissenschaft eine empirische Aufklärung der Instruktions- und Lernbedingungen und damit eine effektivere Unterrichtsarbeit versprechen.

Die bildungspolitischen Reformvorstellungen, die sich an quantitativen Nachweisen der Leistungsmängel des bundesdeutschen Schulwesens orientieren, sind zunächst organisatorisch ausgerichtet. Es fehlt ihnen eine konstruktive didaktisch-lehrplantheoretische Konzeption, nachdem die Bildungsvorstellungen in geisteswissenschaftlicher Tradition als rückwärtsgewandt und bestehende gesellschaftliche Machtverhältnisse stabilisierend entlarvt sind und die auf eine Verbesserung der Lernprozese gerichteten didaktischen Konzepte sich empirisch-analytisch verstehen. Der programmatische Höhepunkt der Reform, der Strukturplan des Deutschen Bildungsrates, versucht konsensfähige Reformvorstellungen und Begründungen zu systematisieren und prägt auf diese Weise auch die Erwartungen an eine Curriculumreform in sehr spezifischer Weise. Aufgegriffen werden durch amerikanische Literatur angeregte, in der deutschen Didaktik noch wenig bearbeitete Vorstellungen zu einer globalen Curriculumreform, Konzepte der Lernzielplanung auf der Grundlage von Lernzieltaxonomien und Modellen der Lernprogrammierung, die Forderung nach wissenschaftsorientiertem Lernen und einem an den Wissenschaften orientierten Curriculum, und Vorschläge zur Rationalisierung des Revisionsverfahrens schulischer Lehrplanung. Gerade Wissenschaftsorientierung des Lernens, in der bildungstheoretischen Didaktiktradition bereits kritisch erörtert, bleibt vieldeutige bildungpolitische Programmformel, die gegenüber Beschränkungen volkstümlicher Bildung die Möglichkeit für alle reklamiert, sich aus erfahrungsmäßigen Fixierungen zu befreien. Nicht pädagogisch-didaktische Theoriekonzepte - die gar nicht vorhanden sind - bestimmen die bildungspolitischen Vorstellungen, vielmehr werden im Strukturplan aufgrund bildungspolitischer Erwartungen disparate didaktische Überlegungen, Formeln, Forschungsansätze zu einem Forschungs- und Entwicklungsprogramm wissenschafts- und lernzielorientierter Curricula verdichtet.

Die Didaktik hat diese Erwartungen z.T. zu erfüllen gesucht, sie aber auch problematisiert, dabei zunehmend bestätigt durch die Ressourcen- und Legitimationsprobleme zentraler bildungspolitischer Planung. Wissenschaftsorientierung wird als einfaches Auswahlkriterium für das schulische Lehrangebot in Frage gestellt mit Hinweisen auf die Konkurrenz und Interessengebundenheit wissenschaftlicher Fragestellungen und Konzeptionalisierungen. Vertieft behandelt werden Vermittlungsprobleme aus der wiederbelebten Einsicht, daß Wissen, das wirksam werden soll, sich nicht nach Plan stückweise in die Köpfe transportieren läßt, sondern stets eine Erweiterung und Reorganisation vorhandenen Wissens darstellt, weshalb Vorstellungen, Erwartungen, Einstellungen der Lernenden den Unterricht mitbestimmen müssen. Aufgeworfen wird die Frage, in welchem Zusammenhang wissenschaftsorientiertes

Lernen mit den Orientierungs- und Handlungsnotwendigkeiten des Alltags steht. Die Einsicht, daß Wissen sich in gruppenspezifischen, anwendungsbezogenen sozialen Kontexten konstituiert und auf sie beziehbar bleiben muß, könnte zu einer erneuten Reformulierung der Auffassungen von Schulwissen unter Rückgriff auf geisteswissenschaftliche Traditionen führen (siehe 4.).

3. Die Institutionalisierung von Verfahren der Lehrplanentwicklung erfolgt zu einer Zeit, in der die Einflußmöglichkeiten der Didaktik schon deshalb eingeschränkt sind, weil sie begründete fachübergreifende Auswahlkriterien für Schulwisssen nicht mehr bereitstellt.

Pädagogisch-didaktische Reflexion steht in der Gefahr bildungspolitischer Instrumentalisierung, seitdem das politische Interesse an rationaler Verwaltung, ökonomischer Entwicklung und politischer Integration in der öffentlichen Erziehung ein Mittel erkennt. Gerade weil die politische Ordnung, die die religiösen Bürgerkriege beendete, auf einer Privatisierung des Gewissens und der Moral basiert, konnte sich die Erziehungstheorie, sofern sie sich auf die Entwicklung aller menschlichen Kräfte richtet, auf Dauer nicht mit den politischen Interessen an öffentlicher Erziehung decken, die die politische Gestaltung der Verantwortung der Individuen vorenthält. Bezieht Trapp seine Erziehungs- und Ausbildungsvorstellungen noch konkret auf die zu verbessernde Gesellschaft, so wählen Humboldt und Herbart bereits ihren Bezugspunkt unabhängig von den politischen und gesellschaftlichen Bedingungen beim Individuum, um seine Gestaltungskraft vollends freizusetzen. Bildungspolitischen Einfluß gewinnen die mit der gesellschaftlichen Wirklichkeit nur noch sehr abstrakt vermittelten Konzepte in interessenspezifisch verzerrter Form. Lange Zeit kann z.B. das humanistische Gymnasium seinen Lehrplan mit Schwerpunkt in den alten Sprachen mit Bezug auf Humboldts Bildungstheorie, allerdings mit schwindendem Verständnis für ihre sprachphilosophische Begründung, rechtfertigen und damit eine Sonderstellung gegenüber konkurrierenden weiterführenden Schulen behaupten. Von Gruppeninteressen in Anspruch genommen, dient die Theorie zur Rechtfertigung dessen, wogegen sie angetreten war, einer vertikalen Gliederung der allgemeinbildenden Schulen.

Eine sich geisteswissenschaftlich verstehende Didaktik erhöht ihre bildungspolitischen Einflußmöglichkeiten prinzipiell dadurch, daß sie die gesellschaftlichen Bedingungen und Entwicklungen mitreflektiert, wird aber zur bloßen Rechtfertigungsideologie, je weniger sie bereichsspezifische Bewertungskriterien und Konstruktionsprinzipien entwickelt. Obwohl es noch keine institutionalisierten Formen wissenschaftlicher Beratung der Bildungspolitik gab, prägen bildungstheoretische Vorstellungen über die Aufgaben der allgemeinbildenden Schulen die Richtlinienarbeit der 50er Jahre nachhaltig. Gefragt sind von der politischen Vergangenheit unbelastete Gestaltungskonzepte, wie sie die geisteswissenschaftlich orientierte Pädagogik aus der Kulturtradition des christlichen Humanismus und des Neuhumanismus bereits vor 1933 entwickelt hat. Es gibt kaum Konkurrenz der Gestaltungskonzepte, am wenigsten für die Volksschule. In der Einschätzung der sozialpolitisch stabilisierenden Funktion der Volksschule im dreigliedrigen System treffen sich die bildungstheoretischen Auslegungen vom "Eigengeist der Volksschule" mit den sich nach dem Kriege zunehmend durchsetzenden konservativen bildungspolitischen Vorstellungen. Die geisteswissenschaftliche pädagogische Theorie, die sich selbst als historisch veränderbar und gesellschaftlich geprägt versteht, findet sich in Übereinstimmung mit der "gesellschaftlichen Lagerung der Kräfte", wie Weniger die Machtverhältnisse umschreibt und leistet für ihren Systembereich auch Rechtfertigungshilfen, indem sie ihre Interpretation der schulischen Ausbildungsaufgaben aus der historischen Analyse der Kulturtradition, soziologischen Analysen der Gegenwart oder auch anthropologischen Analysen ableitet. Der Bildungsgedanke, für den Unterricht ausgelegt als "pädagogischer Bezug" und "bildende Begegnung", der die "pädagogische Freiheit" des Lehrers stützt, ist diesen Interpretationen der Bildungsaufgaben nachgeordnet, damit aber auch bereits in spezifischer Weise eingeschränkt.

Mit der schwindenden Selbstverständlichkeit der Verteilung der Sozialchancen in der Gesellschaft überhaupt wie im Bildungssystem im besonderen werden auch die sie rechtfertigenden Ideologien fragwürdig. Die Didaktik wendet sich von den als ideologisch diskreditierten Auslegungen sozial differenzierter ganzheitlicher Bildungswelten ab und empirisch-analytisch bearbeitbaren Vermittlungsproblemen und der Aufklärung der sozialen und psychologischen Bedingungen der Lernorganisation zu. Fachdidaktiken institutionalisieren und entwickeln sich eng angelehnt an ihre Bezugswissenschaften (vgl. A. Leschinsky, P.M. Roeder 1980, S. 360ff). Die Richtlinien für die neu errichtete Hauptschule in Nordrhein-Westfalen von 1968 stellen die veränderten schulischen Prinzipien als gesellschaftlich notwendig dar. Sozialständisch getrennte Bildungskonzepte gelten als historisch überholt, Fähigkeiten zu "Reflexion, Abstraktion und Selbstdistanzierung" als in allen Lebensbereichen erforderlich. Was daraus für Umfang und Qualität des Schulwissens folgt, legen die Fachdidaktiken in recht disparater Weise aus.

Wissenschafts- und Lernzielorientierung, die Integrationsformeln, die der Strukturplan für Curriculumentwicklung prägt, erweitert um die Formel der Lebensorientierung, rücken die Lehrplanfassung für die nordrhein-westfälische Hauptschule von 1973 wie andere curriculare Planungen anscheinend in einen didaktisch konzipierten Rahmen. Tatsächlich decken die Formeln lediglich die recht unterschiedlichen und in den Plänen durchweg nicht reflektierten Ausrichtungen der Schulfächer auf die Bezugswissenschaften ab und einen allerdings auch sehr unterschiedlich ausgeprägten Trend zur Zieloperationalisierung. Lebensorientierung oder Orientierung an Lebenssituationen, von Robinsohn als empirisch-konstruktive Öffnung der Didaktik zur Gesellschaft hin verstanden, wird als bildungspolitische Rechtfertigung hauptschuleigener Aufgaben mißbraucht. Die Didaktik oder Curriculumtheorie, die sich als gesellschaftsbezogene empirische Planungstheorie versteht, kann ihre Integrationsformeln nicht mehr reflektieren, sondern nur noch empirisch besetzen und überläßt damit das Feld jeweiligen fachdidaktischen Trends oder bildungspolitischen Zwängen. Nur so ist zu verstehen, daß das Angebot an Projekten und Fallstudien in den Hauptschulrichtlinien erneut mit der praktischen Begabungsrichtung der Schüler begründet wird. Einer sich für die Hauptschule andeutenden Rückwendung zu geschlossenen Sozialisationskonzepten als Mittel gesellschaftspolitischer Stabilisierung hat eine curriculare Formel Wissen-

schaftsorientierung, sofern sie sich ihrerseits allein auf gesellschaftliche Qualifikationsanforderungen bezieht, nichts entgegenzusetzen.

4. Die historische Rekonstruktion der Auffassungen von Schulwissen
und ihrer Begründungen legt Prinzipien für die Lehrplanung frei.

Die Pädagogik hat versucht durch Anlehnung an sozialwissenschaftliche Theorien (z.B. Sozialisationstheorien, Systemtheorie) ihren Wissenschaftscharakter zu festigen und Normierungserwartungen, wie sie an
praktische Wissenschaften gerichtet werden, abzuwehren. Systemtheoretisch läßt sich beispielsweise der Verfall von Bildung als Reflexions-
katgorie für Aufgaben des Erziehungssystems als strukturell notwendig
interpretieren (vgl. N. Luhmann, K.-E. Schorr 1979). Über Formeln
wie Lernfähigkeit entlastet sich das Erziehungssystem in dieser Sicht
von normativen Reflexionsproblemen und erreicht dadurch Stabilisie-
rungsvorteile gegenüber seiner Systemumwelt. Die Bestimmung von Lerninhalten erscheint als nachgeordnetes, politisch auszuhandelndes
Problem. Nun mag man sich in systemtheoretischer Analyse mit der
Wendung zufrieden geben, daß die Formel Lernfähigkeit inhaltliche
Entscheidungen zwar nicht limitiere, es aber gerade ihre Funktion sei,
jegliches Angebot als eigenständige Repräsentation des Erziehungssystems zu rechtfertigen, sofern es nur Lernfähigkeit befördere. Der
Bedarf an argumentativer Rechtfertigung, der mit einem demokratischen
politischen Selbstverständnis einer Gesellschaft unauflösbar verbunden
ist, ist damit nicht aufgehoben. Historische Rekonstruktionen, die aufweisen, daß Auffassungen von Schulwissen wie ihre Begründungen langfristig Universalisierungstendenzen folgen, die menschliche Denk- und
Handlungsmöglichkeiten erweitern, sie aus unbegriffenen Bezügen und
Beschränkungen herausheben, können pädagogisch-didaktische Argumentationen zur Bestimmung von Schulwissen stützen. Zweifellos haben
sich die gesellschaftlichen Realisierungsbedingungen für die Forderung
des Comenius, alle Menschen alles zu lehren, als Ausdruck menschlichen Selbstbestimmungswillens, entscheidend verbessert in einer
Gesellschaft, die formal allen Mitgliedern den Zugang zu allen gesellschaftlichen Bereichen geöffnet hat und in der jedem nicht ausschöpf-
bare Informationsmöglichkeiten zur Verfügung stehen.

- Die Pflichtschule kann nur dann allen den Weg zu dem gesellschaftlich verfügbaren Wissen und damit zu Mitbestimmung in der Gesellschaft eröffnen, wie es sozialpolitische Programme fordern, wenn
  aus der Kenntnis sozialer und individueller Lernbedingungen auch
  gegenüber anders gerichteten gesellschaftlichen Interessen der Abbau
  organisatorischer Lernbarrieren betrieben wird.

- Die Pflichtschule kann nur dann einen Zugang zu allen gesellschaftlich verfügbaren Wissensbeständen schaffen, wenn Umfang und Art
  von Schulwissen nicht nur aus der Tradition, aktuellen gesellschaftlichen Anforderungen oder individuellen Interessen heraus bestimmt
  werden. Wissen als Instrument der Ordnung und Orientierung, des
  Erklärens und Verstehens im Umgang mit der natürlichen und sozialen Umwelt ist Ausdruck der menschlichen Erfahrungs- und Erkenntnismöglichkeiten überhaupt. Den differenziertesten Stand gesellschaftlichen Wissens zeigen Formen wissenschaftlichen Wissens. Bezugspunkt für den Bildungsgang der Pflichtschule kann wissenschaft-

liches Wissen jedoch nur insoweit sein, als es bestimmte Erkenntnis-
interessen, Erkenntnismethoden und Konzeptionalisierungen von Wissen erschließt (vgl. den unhistorischen, erkenntnistheoretisch begründeten Gliederungsansatz von P.H. Hirst 1974). Das Hauptproblem der
Lehrgangsplanung liegt darin, daß die Grundformen wissenschaftlichen Wissens auf für den Lernenden zugängliche und wichtige Er-
fahrungs- und Praxisbereiche aufbauen und auf sie zurückbeziehbar
bleiben müssen (vgl. W. Klafkis Versuch, fundamentale Erfahrungs-
bereiche zu bestimmen (1964)). In arbeitsteilig stark differenzierten
Gesellschaften kann das bedeuten, daß Schule Beobachtungen, Um-
gangs- und Gestaltungserfahrungen, die im außerschulischen Raum
nicht mehr von allen gemacht werden können, allererst ermöglichen
muß.

- Qualitativ bedeutet Universalisierung des Wissens, didaktisch erfahrbar zu machen, in welchem methodischen und sozialen Kontext Wissen gewonnen worden ist und Geltung hat. Dazu gehört, die Leistungsfähigkeit und Reichweite theoriegeleiteten, methodisch kontrollierten Wissens zu erkennen. Das setzt voraus, daß im Umgang entwickelte Orientierungs-, Darstellungs- und Handlungsmöglichkeiten
  mit wissenschaftlichen Wissensformen in Beziehung gebracht werden
  können. In dem Maße, in dem die theoretische Erfahrung die Umgangserfahrung präzisiert, löst sie deren orientierende und hand-
  lungsbezogene Sinnbezüge auf und macht so für den Lernenden erfahrbar, daß es auch einer vernünftigen, objektivierbaren Aufklärung von Handlungszielen bedarf und daß die Objektivierungen vom
  Individuum verantwortet in Handlungen zurückübersetzt werden
  müssen.

LITERATURVERZEICHNIS

ALLGEMEINE VERFÜGUNG ÜBER EINRICHTUNG, AUFGABE UND ZIEL DER PREUSSISCHEN VOLKSSCHULE (1872). In: W. Scheibe (Hrsg.): Zur Geschichte der Volksschule Bd. II, Bad Heilbrunn 1965, S. 28-39

APPLE, M. W.: Social Structure, Ideology and Curriculum. In: Zeitschrift für Sozialisationsforschung und Erziehungssoziologie (1) 1981, S. 75-89

- :   Ideology and curriculum. London 1979

BECKER, H., P. BONN, N. GRODDECK: Demokratisierung als Ideologie? Anmerkungen zur Curriculumreform in Hessen. In: betrifft: erziehung (5) 1972, H. 8 S. 19-29

BERG, C.: Die Okkupation der Schule. Eine Studie zur Aufhellung gegenwärtiger Schulprobleme an der Volksschule Preußens (1872-1900). Heidelberg 1973

BERGER, P. L., T. LUCKMANN: Die gesellschaftliche Konstruktion der Wirklichkeit. Eine Theorie der Wissenssoziologie. Frankfurt 1980 (unveränderter Nachdruck der 5. Aufl. 1977).

BERGMANN, B.: Volksschulrichtlinien und ihr Sinn. In: B. Bergmann (Hrsg.): Volksschule heute. Beiträge zur Entfaltung der Richtlinien für die Volksschulen des Landes Nordrhein-Westfalen. Ratingen 1956 a, S. 7-15

- :   Idee und Aufgabe der Volksschule. In: B. Bergmann (Hrsg.): Volksschule heute. Beiträge zur Entfaltung der Richtlinien für die Volksschulen des Landes Nordrhein-Westfalen. Ratingen 1956 b, S. 16-40

BERNAL, J. D.: Sozialgeschichte der Wissenschaften. Bd. 2: Die Geburt der modernen Wissenschaft. Wissenschaft und Industrie. Reinbek 1970

BERNSTEIN, B.: On the Classification and Framing of Educational Knowledge. In: M.F.D. Young (Hrsg.): Knowledge and Control, London 1971, S. 47-69

- :   Beiträge zu einer Theorie des pädagogischen Prozesses. Frankfurt 1977

BILDUNGSPLÄNE FÜR DIE ALLGEMEINBILDENDEN SCHULEN IM LANDE HESSEN, I, Einleitung, Stundentafeln und Erläuterungen. In: ABl. des Hess. Min. f. Erz. und Volksbildung, Sondernummer, Wiesbaden 1956

- :   II, Das Bildungsgut. In: ABl. des Hess. Min. f. Erz. u. Volksbildung, Sondernummer 2, Wiesbaden 1957

BLANKERTZ, H.: Bildung im Zeitalter der großen Industrie. Pädagogik, Schule und Berufsbildung im 19. Jahrhundert. Hannover 1969

- :   Theorien und Modelle der Didaktik. 5. Aufl. München 1971

BLOOM, B. S. (Hrsg.): Taxonomy of Educational Objectives. HandbookI: Cognitive Domain. New York 1956

BÖHM, W., H. E. TENORTH (Hrsg.): Deutsche Pädagogische Zeitgeschichte 1960–73. Kastellaun 1977

BÖHME, G.: Die Verwissenschaftlichung der Erfahrung. Wissenschaftsdiaktische Konsequenzen. In: G. Böhme, M. v. Engelhardt (Hrsg.): Entfremdete Wissenschaft. Frankfurt 1979, S. 114–136

BÖHME, G., M. v. ENGELHARDT: Einleitung. Zur Kritik des Lebensweltbegriffs. In: G. Böhme, M. v. Engelhardt (Hrsg.): Entfremdete Wissenschaft. Frankfurt 1979, S. 7–25

BOELITZ, O.: Der Aufbau des preußischen Bildungswesens nach der Staatsumwälzung. Leizip 1924

BOURDIEU, P., J.-C. PASSERON: Die Illusion der Chancengleichheit. Untersuchungen zur Soziologie des Bildungswesens am Beispiel Frankreichs. Stuttgart 1971

- :   Grundlagen einer Theorie der symbolischen Gewalt. Frankfurt 1973

BOWLES, S., H. GINTIS: Schooling in Capitalist America. Educational Reform and the Contradictions of Economic Life. New York 1976

BRÜGELMANN, H.: Offene Curricula. Der experimentell-pragmatische Ansatz in englischen Entwicklungsprojekten. In: Zeitschrift für Pädagogik (18) 1972, S. 95–118

- :   Auf der Suche nach der verlorenen Offenheit. In: H.-D. Haller, D. Lenzen (Hrsg.): Lehrjahre in der Bildungsreform. Resignation oder Rekonstruktion? Stuttgart 1976, S. 121–137

BRUNER, J. S.: Entwurf einer Unterrichtstheorie. Berlin 1974

- :   Der Prozeß der Erziehung. Düsseldorf 1970

BUND-LÄNDER-KOMMISSION FÜR BILDUNGSPLANUNG: Bildungsgesamtplan Bd. I. Stuttgart 1973

BUNGARDT, K. (Hrsg.): Der "Bremer Plan" im Streit der Meinungen. Eine Dokumentation. Frankfurt 1962

COMENIUS, J. A.: Vorspiele. Prodromus Pansophiae. Vorläufer der Pansophie (Hrsg., übersetzt, erläutert u. mit einem Nachwort versehen v. H. Hornstein). Düsseldorf 1963

– : Pampaedia (Lateinischer Text und deutsche Übersetzung, hrsg. v. D. Tschizewsky, H. Geissler und K. Schaller). 2. Aufl. Heidelberg 1965

– : Große Didaktik (übersetzt und hrsg. v. A. Flitner). 4. Aufl. Düsseldorf 1970

THE GREAT CORE CURRICULUM DEBATE. Education as a Mirror of Culture. New Rochelle 1979

DAMEROW, P.: Wieviel Mathematik braucht ein Hauptschüler? In: neue sammlung (20) 1980, S. 513–529

– : Die Reform der Lehrpläne für den Mathematikunterricht der Sekundarstufe I in den Länder der Bundesrepublik Deutschland (1963–1974). Stuttgart 1977

DEITERS, H.: Die Reform des Lehrplans. In: A. Grimme (Hrsg.): Wesen und Wege der Schulreform. Berlin 1930, S. 139–151

DERBOLAV, J.: Versuch einer wissenschaftstheoretischen Grundlegung der Didaktik. In: Didaktik in der Lehrerbildung. Bericht über den 4. Deutschen Pädagogischen Hochschultag vom 7. bis 10. Oktober 1959 in Tübingen, Weinheim 1960, S. 17–45

– : Was heißt "wissenschaftsorientierter Unterricht"? In: Zeitschrift für Pädagogik (23) 1977, S. 935–945

– : "Wende zur Alltagswelt" – "Wissenschaftsorientierung": Komplementarität oder Kompatibilität? In: Pädagogische Rundschau (35) 1981, S. 77–89

DEWEY, J.: Erfahrung und Erziehung. In: J. Dewey: Psychologische Grundfragen der Erziehung (Eingel. u. hrsg. v. W. Correll). München 1974, S. 247–296

DÖRPFELD, F.W.: Schriften zur Theorie des Lehrplans (Hrsg. v. A. Reble), Bad Heilbrunn 1962

DOLCH, J.: Lehrplan des Abendlandes. Zweieinhalb Jahrtausende seiner Geschichte. 3. Aufl. Ratingen 1971

DREEBEN, R.: Was wir in der Schule lernen. Frankfurt 1980

DEUTSCHER BILDUNGSRAT (Hrsg.): Strukturplan für das Bildungswesen. 2. Aufl. Stuttgart 1970

– : Zur Förderung praxisnaher Curriculum-Entwicklung. Stuttgart 1974

EIGENMANN, J., K. SCHMID: Zwei Schwerpunkte aktueller Curriculumdiskussion. In: W.-R. Minsel (Hrsg.): Curriculum und Lehrplan. München 1978, S. 168-188

EMPFEHLUNGEN UND GUTACHTEN DES DEUTSCHEN AUSSCHUSSES FÜR DAS ERZIEHUNGS- UND BILDUNGSWESEN 1953-1965. Gesamtausgabe (Im Auftrag des Ausschusses besorgt v. H. Bohnenkamp, W. Dirks, D. Knab). Stuttgart 1966

FEND, H.: Schulklima: Soziale Einflußprozesse in der Schule. Weinheim 1977

- : Theorie der Schule. München-Wien-Baltimore 1980

FERTIG, L.: Obrigkeit und Schule. Die Schulreform unter Herzog Ernst dem Frommen (1601-1675) und die Erziehung zur Brauchbarkeit im Zeitalter des Absolutismus. Neuburgweier 1971

FICHTNER, B.: Lerninhalte in Bildungtheorie und Unterrichtspraxis. Köln 1980

FINK, E.: Menschenbildung - Schulplanung. In: K. Bungardt (Hrsg.): Der "Bremer Plan" im Streit der Meinungen. Eine Dokumentation. Frankfurt 1962, S. 131-138

FLECHSIG, K. H. u.a.: Die Steuerung und Steigerung der Lernleistung durch die Schule. In: H. Roth (Hrsg.): Begabung und Lernen. 5. Aufl. Stuttgart 1970 (Deutscher Bildungsrat, Gutachten und Studien der Bildungkommission Bd. 4)

- : Probleme der Entscheidung über Lernziele. In: F. Achtenhagen, M.C. Meyer (Hrsg.) Curriculumrevision - Möglichkeiten und Grenzen. München 1971, S. 243-282

FLITNER, W.: Grund- und Zeitfragen der Erziehung und Bildung. Stuttgart 1954

- : Die vier Quellen des Volksschulgedankens. 5. Aufl. Stuttgart 1963

FÖLLING, W.: Wissenschaftswissenschaft und erziehungswissenschaftliche Forschung. Oldenburg 1978

FOUCAULT, M.: Archäologie des Wissens. Frankfurt 1981

FREY, K. u.a.: (Hrsg.) Curriculum-Handbuch Bd. I - III. München 1975

GAGNE, R. M.: The Conditions of Learning. New York 1965

GERBAULET, S. u.a.: Schulnahe Curriculumentwicklung. Stuttgart 1972

GERNER, B. (Hrsg.): Das Exemplarische Prinzip. Darmstadt 1966

GIEL, K.: Perspektiven des Sachunterrichts. In: K. Giel u.a.: Stücke zu einem mehrperspektivistischen Unterricht. Aufsätze zur Konzeption 1. Stuttgart 1974, S. 34-66

GIRGENSOHN, J.: (Rede in Soest am 30. März 1978). In: Landesinstitut für Curriculumentwicklung, Lehrerfortbildung und Weiterbildung (Hrsg.): Das neue Landesinstitut. Düsseldorf 1978, S. 8-16

GRUNDLAGEN FÜR DIE LEHRPLANARBEIT (Bekanntmachung vom 7. April 1977). In: Kultus und Unterricht (11) 1977, S. 571-583

GRUNDSÄTZE, RICHTLINIEN, LEHRPLÄNE FÜR DIE HAUPTSCHULE IN NORDRHEIN-WESTFALEN. Wuppertal 1968 (Die Schule in Nordrhein-Westfalen. Eine Schriftenreihe des Kultusministers, Heft 30)

GUTHMANN, J.: Die Krise der Volksschule. In: Volksschule und Erziehungswissenschaft. Bericht über den dritten Hochschultag von 12. bis 14. September 1956 in München. Weinheim 1957, S. 11-28

HABERMAS, J.: Legitimationsprobleme im Spätkapitalismus. Frankfurt 1973

- : Können komplexe Gesellschaften eine vernünftige Identität ausbilden? Rede aus Anlaß der Verleihung des Hegel-Preises. In: Zwei Reden. Aus Anlaß der Verleihung des Hegel-Preises 1973 der Stadt Stuttgart an Jürgen Habermas am 19. Januar 1974. Frankfurt 1974, S. 25-84

- : Zur Rekonstruktion des Historischen Materialismus. Frankfurt 1976

HAMEYER, M., H. HAFT (Hrsg.): Handlungsorientierte Schulforschungsprojekte. Weinheim 1977

HAMMELSBECK, O.: Begrüßungsansprache. In: Das Problem der Didaktik. Bericht über den 5. Deutschen Pädagogischen Hochschultag vom 1. bis 5. Oktober in Trier. Weinheim 1963, S. 1-4

HARRIS, K.: Education and Knowledge: The Structured Misrepresentation of Reality. London 1979

HARTUNG, D., W. NUTHMANN, U. TEICHLER: Bildungssystem und Beschätigungssystem. Zum Verhältnis von Bildungssoziologie und gesellschaftlicher Entwicklung. In: K.M. Bolte (Hrsg.): Materialien aus der soziologischen Forschung. Stuttgart 1978, S. 299-347

HASSEBERG, A.: Richtlinien für die Volksschulen in pädagogischer Sicht. In: Neue Deutsche Schule, Sonderbeilage zu Heft 23/24, 5. Dez. 1955

HEARNDEN, A.: Bildungspolitik in der BRD und DDR. 2. Aufl. Düsseldorf 1977

HEIMANN, P.: Didaktik als Theorie und Lehre. In: Die Deutsche Schule (54) 1962, S. 407–427

– : Didaktik 1965. In: P. Heimann, G. Otto, W. Schulz: Unterrichtsanalyse und Planung. 6. Aufl. Hannover 1972, S. 7–12

– : Didaktik als Unterrichtswissenschaft. (Hrsg. v. K. Reich und H. Thomas). Stuttgart 1976

HEINEMANN, M.: Dezentralisation – Die politische Problematik der Ansätze zur Reform der preußischen Unterrichtsverwaltung vor 1914. In: Bildung und Erziehung (28) 1975, S. 416–435

HENDRICKS, W.: Arbeitslehre in der Bundesrepublik Deutschland. Theorien, Modelle, Tendenzen. Ravensburg 1975

HERBART, J. F.: Ideen zu einem pädagogischen Lehrplan für höhere Studien. In: Pädagogische Schriften (Hrsg. v. O. Willmann und Th. Fritzsch 3. Bde.). Bd. 1 1913, S. 79–87

– : Allgemeine Pädagogik aus dem Zweck der Erziehung abgeleitet. In: Pädagogische Schriften (Hrgs. v. O. Willmann und Th. Fritzsch 3. Bde.). Bd. 1, S. 211–430

– : Umriß pädagogischer Vorlesungen. In: Pädagogische Schriften (Hrsg. v. O. Willmann und Th. Fritzsch 3 Bde.). Bd. 2 1914, S. 1–172

HERRMANN, U.: Ernst Christian Trapp (1745–1818) – Person und Werk In: E.C. Trapp: Versuch einr Pädagogik (Besorgt v. U. Herrmann). Paderborn 1977, S. 419–448

– : Pädagogik und geschichtliches Denken. In: H. Thiersch u.a.: Die Entwicklung der Erziehungswissenschaft. München 1978

HEYDORN, H. J.: Zu einer Neufassung des Bildungsbegriffs. In: H.J. Heydorn: Ungleichheit für alle. Zur Neufassung des Bildungsbegriffs. Frankfurt 1980, S. 95–184 (Bildungstheoretische Schriften Bd. 3)

HILLER, G. G.: Konstruktive Didaktik. Düsseldorf 1973

– : Die Elaboration von Handlungs– und Lernfähigkeit durch eine kritische unterrichtliche Rekonsturktion von Themen des öffentlichen Diskurses. In: K. Giel u.a.: Studien zu einem mehrperspektivischen Unterricht. Aufsätze zur Konzeption 1. Stuttgart 1974, S. 67–81

HIRST, P. H.: Knowledge and the Curriculum. A Collection of Philosophical Papers. London 1974

HOLT, M.: The Common Curriculum. Its Structure and Style in the Compreshensive School. London 1978

HOFMANN, F.: Allgemeinbildung. Eine problemgeschichtliche Studie. Köln 1973

HÜFNER, K., J. NAUMANN: Konjunkturen der Bildungspolitik in der Bundesrepublik Deutschland. Bd. 1: Der Aufschwung (1960–1967). Stuttgart 1977

HUISKEN, F.: Zur Kritik bürgerlicher Didaktik und Bildungsökonomie. München 1972

HUMBOLDT, W. von : Gesammelte Schriften (Hrsg. v. der Königlich Preußischen Akademie der Wissenschaften).
Bd. II: Über Goethes Herrmann und Dorothea, S. 113–323
Bd. X: Bericht zur Sektion des Kultus und des Unterrichts. 1. Dezember 1809, S. 199–224
Ideen zu einer Instruktion für die wissenschaftliche Deputation bei der Sektion des öffentlichen Unterrichts, S. 179–186
Bd. XIII: Unmassgebliche Gedanken über den Plan zur Einrichtung des Litthauischen Stadtschulwesens, S. 276–283
Über die mit dem Koenigsbergischen Schulwesen vorzunehmenden Reformen, S. 259–276
Berlin 1903–36 (Photomech. Nachdruck Berlin 1968)

JAERISCH, U.: Bildungssoziologische Ansätze bei Max Weber. In: O. Stammer (Hrsg.): Max Weber und die Soziologie heute. (Verhandlungen des 15. Deutschen Soziologentages). Tübingen 1965, S. 279–296

JEISMANN, K.-E.: Die "Stiehlschen Regulative". Ein Beitrag zum Verhältnis von Politik und Pädagogik während der Reaktionszeit in Preußen. In: Festschrift für K. v. Raumer, Münster 1966

KEY, E.: Die Schule der Zukunft. In: W. Flitner, G. Kudritzki (Hrsg.): Die Deutsche Reformpädagogik Bd. 1. 2. Aufl. Düsseldorf 1967, S. 54–63

KLAFKI, W.: Zum Problem der volkstümlichen Bildung. In: Westermanns Pädagogische Beiträge (7) 1955, H. 2, S. 60ff

– : Die Bedeutung des Elementarenn für die Bildungsarbeit der Volksschule. In: Die Deutsche Schule (50) 1958, S. 6–21

– : Die didakatischen Prinzipien des Elementaren, Fundamentalen und Exemplarischen. In: A. Blumenthal u.a. (Hrsg.): Handbuch für Lehrer Bd. 2. 2. Aufl. Gütersloh 1961, S. 120–131

– : Das pädagogische Problem des Elementaren und die Theorie der kategorialen Bildung. 3./4. Aufl. Weinheim 1964

- : Studien zur Bildungstheorie und Didaktik. 5./7. Aufl. Weinheim 1965

KLATT, A.: Richtlinien für die Volksschule. In: Neue Deutsche Schule
(7) 1955, H. 7/8, S. 103f

KLINGER, K.: Die Einstellung der Lehrer zum Gesamtunterricht auf der
Oberstufe der Volksschule. In: Pädagogische Rundschau (10)
1955/56, S. 146-155

KOCH, L.: Ist Mündigkeit operationalisierbar? In: Pädagogische Rundschau (26) 1972, S. 486-493

KOCH, P., H.-G. PRODOEHL: Determinanten staatlicher Bildungsplanung
und -politik 1969-1978. Zur Revision der Reformpolitik im Bildungswesen der BRD. Köln 1979

KRAFT, P.: Die Hauptschule in Nordrhein-Westfalen. In: U. Franz,
M. Hoffmann (Hrsg.): Hauptschule. Erfahrungen, Prozesse,
Bilanz. Kronberg 1975, S. 95-119

KREFT, J.: Entwicklung der Literaturdidaktik im Rahmen der Deutschdidaktik. In: Max-Planck-Institut für Bildungsforschung
(Hrsg.): Bildung in der Bundesrepublik Deutschland. Daten
und Analysen. Bd. 1: Entwicklungen seit 1950. Reinbek 1980,
S. 549-588

KRÜGER, H.-H.: Curriculumreform in der Bundesrepublik Deutschland.
Perspektiven einer handlungsorientierten Alternative. Meisenheim 1977

KUHLMANN, C.: Schulreform und Gesellschaft in der Bundesrepublik
Deutschland 1946-1966. Die Differenzierung der Bildungswege
als Problem der westdeutschen Schulpolitik. In: S.B. Robinsohn u.a.: Schulreform im gesellschaftlichen Prozeß Bd. 1.
2. Aufl. Stuttgart 1972, S. I/1-I/206

DER KULTUSMINISTER DES LANDES NORDRHEIN-WESTFALEN (Hrsg.): Gesamtschule in Nordrhein-Westfalen. Vorläufige Richtlinien
Deutsch. Düsseldorf 1977

LANDTAG VON BADEN-WÜRTTEMBERG (Hrsg.): Grundsätze und Verfahren
der Landesregierung von Baden-Württemberg für die Lehrplanrevision. Stuttgart 1981 (Drucksache 8/1268)

LEHMENSICK, E.: Die Theorie der formalen Bildung. Göttingen 1926
(Göttinger Studien zur Pädagogik Heft 6)

LENZEN, D.: Offene Curricula - Leidensweg einer Fiktion. In: H.-D.
Haller, D. Lenzen (Hrsg.): Lehrjahre in der Bildungsreform.
Resignation oder Rekonstruktion? Stuttgart 1976, S. 138-162

LEPENIES, W.: Probleme einer historischen Anthropologie. In: R. Rürup
(Hrsg.): Historische Sozialwissenschaft, Göttingen 1977, S.

126-159

LESCHINSKY, A., P. M. ROEDER: Schule im historischen Prozeß. Zum Wechselverhältnis von institutioneller Erziehung und gesellschaftlicher Entwicklung. Stuttgart 1976

- : Didaktik und Unterricht in der Sekundarstufe I. Entwicklung der Rahmenbedingungen. In: Max-Planck-Institut für Bildungsforschung. Projektgruppe Bildungsbericht (Hrsg.): Bildung in der Bundesrepublik Deutschland. Daten und Analysen. Bd. 1, Reinbek 1980, S. 283-391

LOSER, F.: Lehrtheorie als Theorie der Lehr-/Lernsituation - statt einer Einleitung. In: Bildung und Erziehung (30) 1977, S. 419-425

LUCKMANN, T.: Einige Überlegungen zu Alltagswissen und Wissenschaft. In: Pädagogische Rundschau (35) 1981, S. 91-109

LUHMANN, N.: Gesellschaftsstruktur und Semantik. Studien zur Wissenssoziologie der modernen Gesellschaft. Bd. 1. Frankfurt 1980

LUHMANN, N., K.-E. SCHORR: Reflexionsprobleme im Erziehungssystem. Stuttgart 1979

MAGER, R. F.: Lernziele und programmierter Unterricht. Weinheim 1965

MAHNKE, D.: Der Barock-Universalismus des Comenius. In: Zeitschrift für Geschichte der Erziehung und des Unterrichts (21) 1931, S. 97-128 und 253-279

MANNHEIM, K.: Freedom, Power and Democratic Planning. New York 1950

- : Das Problem einer Soziologie des Wissens. In: K. Mannheim: Wissenssoziologie. Auswahl aus dem Werk (Eingel. und hrsg. v. K.M. Wolff). 2. Aufl. Darmstadt 1970, S. 308-387

MEERTEN, E.: Der situationsorientierte Curriculumansatz. Entwicklungen, Perspektiven und Legitimationen. Meisenheim 1980

MENCK, P.: Unterrichtsanalyse und didaktische Konstruktion. Studien zu einer Theorie des Lehrplans und des Unterrichts. Frankfurt 1975

MENZE, C.: Wilhelm von Humboldts Lehre und Bild vom Menschen. Ratingen 1965

- : Auf der Suche nach den Prinzipien des Lehrplans. Interpretationen zu dem Brief W. v. Humboldts an Schiller vom 13.2.1796. In: S. Oppolzer und K. Lassahn (Hrsg.): Erziehungswissenschaft 1971 - zwischen Herkunft und Zukunft der Gesellschaft. Wuppertal o.J., S. 227-237

257

- : Die Bildungsreform Wilhelm von Humboldts. Hannover 1975

- : Wissenschaft und Schule - Zur Wissenschaftsorientierung als Problem der Schule. In: Vierteljahresschrift für wissenschaftliche Pädagogik (56) 1980, S. 177-188

MESSNER, R.: Didaktik und Curriculumforschung. In: betrifft: erziehung (10) 1977, H. 3, S. 34-39

NINSEL, W.-R. (Hrsg.): Curriculum und Lehrplan. München 1978 (Studienprogramm Erziehungswissenschaft Bd. 2)

MÖLLER, C.: Technik der Lehrplanung. Weinheim 1969

MOLLENHAUER, K.: Theorien zum Erziehungsprozeß. München 1972

MOSER, H.: Kommunikative Didaktik und handlungsorientierte Curriculumtheorie. In: W. Popp (Hrsg.): Kommunikative Didaktik. Soziale Dimensionen des didaktischen Feldes. Weinheim 1976, S. 77-98

MÜLLER, S. F., H.-E. TENORTH: Erkenntnisfortschritt und Wissenschaftspraxis in der Erziehungswissenschaft. Zum Progreß der Theorie des Bildungssystems seit der "realistischen Wendung". In: Zeitschrift für Pädagogik (25) 1979, S. 853-881

NEGT, O.: Schule als Erfahrungsraum. Gesellschaftliche Aspekte des Glocksee-Projekts. In: Ästhetik und Kommunikation. 1975/76, Heft: 22/23, S. 36-64

- : Marxismus und Arbeiterbildung - Kritische Anmerkung zu meinen Kritikern. In: A. Brock, H.D. Müller, O. Negt (Hrsg.): Arbeiterbildung. Reinbek 1978, S. 43-86

DAS 9. SCHULJAHR IN NORDRHEIN-WESTFALEN. Weg und Ziel. Ratingen 1964 (Die Schule in Nordrhein-Westfalen. Eine Schriftenreihe des Kultusministers H. 2)

NOHL, H.: Die pädagogische Bewegung in Deutschland und ihre Theorie. 7. Aufl. Frankfurt 1970

OFFE, C.: Bildungssystem, Beschäftigungssystem und Bildungspolitik - Ansätze zu einer gesamtgesellschaftlichen Funktionsbestimmung des Bildungssystems. In: H. Roth, D. Friedrich (Hrsg.): Bildungsforschung - Probleme, Perspektiven, Prioritäten. Stuttgart 1975, S. 215ff

PESTALOZZI, J. H.: Wie Gertrud ihre Kinder lehrt und Ausgewählte Schriften zur Methode. Besorgt v. F. Pfeffer, 2. Aufl. Paderborn 1978

PFEFFER, F.: Kernpunkte der Oberstufenarbeit. In: B. Bergmann (Hrsg.): Volksschule heute. Ratingen 1956, S. 146-194

PIAGET, J., B. INHELDER: Die Psychologie des Kindes. 3. Aufl. Olten 1976

POPP, W.: Die Perspektive der kommunikativen Didaktik. In: W. Popp (Hrsg.): Kommunikative Didaktik. Soziale Dimensionen des didaktischen Feldes. Weinheim 1976, S. 9-20

PRANGE, K.: Instruktion und Motivation. Zur Bedeutung einer Anthropologie des Lernens für das Zielproblem der Didaktik. In: Pädagogische Rundschau (31) 1977, S. 1039-1054

- : Pädagogik als Erfahrungsprozeß. I. Der pädagogische Aufbau der Erfahrung. Stuttgart 1978

PRETZEL, C.L.A., E. HYLLA: Neuzeitliche Volksschularbeit. Winke zur Durchführung der neuen preußischen Lehrplanrichtlinien. 3./ 4. Aufl. Langensalza 1925

DIE DREI PREUSSISCHEN REGULATIVE VOM 1., 2. UND 3. OKTOBER 1854 ÜBER EINRICHTUNG DES EVANGELISCHEN SEMINAR-, PRÄPARANDEN- UND ELEMENTARSCHUL-UNTERRICHTS (Im amtl. Auftrage zusammengestellt von F. Stiehl). 6. Aufl. Berlin 1858

PROJEKTENTWÜRFE FÜR DIE HAUPTSCHULE IN NORDRHEIN-WESTFALEN. Lernbereich Naturwissenschaften. Wahlpflichtbereich der Klasse 9. Köln 1979 (Die Schule in Nordrhein-Westfalen. Eine Schriftenreihe des Kultusministers H. 32041)

RATKE, W.: Kleine pädagogische Schriften (Hrsg. v. K. Seiler). Bad Heilbrunn 1967

REICH, K.: Einleitung. In: K. Reich, H. Thomas (Hrsg.): Didaktik als Unterrichtswissenschaft. Stuttgart 1976, S. 9-34

- : Theorien der Allgemeinen Didaktik. Zu den Grundlinien didaktischer Wissenschaftsentwicklung in der Bundesrepublik Deutschland und in der Deutschen Demokratischen Republik. Stuttgart 1977

REIN, W.: Lehrplan. In: Rein (Hrsg.): Enzyklopädisches Handbuch der Pädagogik Bd. 5, 2. Aufl. Langensalza 1906, S. 528-551

RICHTLINIEN UND LEHRPLÄNE FÜR DIE HAUPTSCHULE IN NORDRHEIN-WESTFALEN. Ratingen 1973 (Die Schule in Nordrhein-Westfalen. Eine Schriftenreih des Kultusministers H. 32)

RICHTLINIEN DES PREUSSISCHEN MINISTERIUMS FÜR WISSENSCHAFT, KUNST UND VOLKSBILDUNG FÜR DIE LEHRPLÄNE DER VOLKSSCHULEN. Mit den erläuterten Bestimmungen der Art. 142-150 der Reichsverfassung und der Reichs-Grundschulgesetze sowie den wichtigsten Bestimmungen über die äußeren Verhältnisse der preußischen Volksschule. 12. Aufl. Breslau 1933

RICHTLINIEN UND STOFFPLÄNE FÜR DIE VOLKSSCHULE. Ratingen 1963 (Die Schule in Nordrhein-Westfalen. Eine Schriftenreihe des Kultusministers H. 7)

ROBINSOHN, S. B.: Bildungsreform als Revision des Curriculum und Ein Strukturkonzept für Curriculumentwicklung. 3. Aufl. Neuwied 1971

ROEDER, P. M. u.a.: Überlegungen zur Schulforschung. Stuttgart 1977

ROTH, H.: Revolution der Schule? Die Lernprozesse ändern (Grundlegende Aufsätze aus der Zeitschrift Die Deutsche Schule. Auswahl-Reihe A) Hannover 1969

RUMPF, H.: Unterricht und Identität. Perspektiven für ein humanes Lernen. München 1976

- : Inoffizielle Weltversionen - Über die subjektive Bedeutung von Lehrinhalten. In: Zeitschrift für Pädagogik (25) 1979, S. 209-230

RUPRECHT, H. u.a.: Modelle grundlegender didaktischer Theorien. Hannover 1972

SACHS, W., C. T. SCHEILKE: Folgeprobleme geschlossener Curricula. In: Zeitschrift für Pädagogik (19) 1973, S. 375-390

SCHÄFER, H., K. SCHALLER: Kritische Erziehungswissenschaft und kommunikative Didaktik. Heidelberg 1971

SCHALLER, K.: Die Pädagogik des Johann Amos Comenius und die Anfänge des pädagogischen Realismus im 17. Jahrhundert. Heidelberg 1962

SCHELER, M.: Probleme einer Soziologie des Wissens. In: Die Wissensformen und die Gesellschaft. 2. Aufl. Bern und München 1960, S. 15-190 (Gesammelte Werke Bd. 8)

SCHELSKY, H.: Anpassung oder Widerstand? Soziologische Bedenken zur Schulreform. Heidelberg 1961

SCHEUERL, H.: Die exemplarische Lehre. Sinn und Grenzen eines Prinzips. Tübingen 1958

SCHMITZ, E.: Erziehungswissenschaft: Zur wissenschaftssoziologischen Analyse eines Forschungsfeldes. In: Zeitschrift für Sozialisationsforschung und Erziehungssoziologie (1) 1981, S. 13-35

SCHÜTZ, A., T. LUCKMANN: Strukturen der Lebenswelt. Bd. 1. Frankfurt 1979

SCHULTZE, W.: Amtliche Lehr- und Bildungspläne. Ein Vergleich der Richtlinien der Länder. In: A. Blumenthal u.a. (Hrsg.): Handbuch für Lehrer Bd. 2. 2. Aufl. Gütersloh 1961, S. 689-704

SCHULZ, W.: Unterricht-Analyse und Planung. In: P. Heimann, G. Otto, W. Schulz: Unterricht-Analyse und Planung. 6. Aufl. Hannover 1972a, S. 13-47

‒ : Unterricht zwischen Funktionalisierung und Emanzipationshilfe ‒ Zwischenbilanz auf dem Wege zu einer kritischen Didaktik. In: H. Ruprecht u.a. Modelle grundlegender didaktischer Theorien. Hannover 1972b, S. 171-200

SPRANGER, E.: Der Eigengeist der Volksschule. 6. Aufl. Heidelberg 1966

STÖCKER, K.: Volksschuleigene Bildungsarbeit. Theorie und Praxis einer volkstümlichen Bildung. München 1957

TENORTH, H.-E.: Hochschulzugang und gymnasiale Oberstufe in der Bildungspolitik von 1945-1973. Zur Genese und pädagogischen Kritik der "Gymnasialen Oberstufe in der Sekundarstufe II". Bad Heilbrunn 1975

THIEMANN, F.: Entdogmatisierung von Schulwissen ‒ Notizen zu einem Dilemma. In: Bildung und Erziehung (30) 1977, S. 466-475

THOMA, G.: Zur Entwicklung und Funktion eines "didaktischen Strukturgitters" für den politischen Unterricht. In: H. Blankertz: Curriculumforschung ‒ Strategien, Strukturierung, Konstruktion 2. Aufl. Essen 1971, S. 67-96

TRAPP, E. C.: Versuch einer Pädagogik. Paderborn 1977 (Unveränderter Nachdruck der 1. Ausgabe Berlin 1780)

‒ : Vom Unterricht überhaupt. Zweck und Gegenstand desselben für verschiedene Stände. Ob und wiefern man ihn zu erleichtern und angenehm zu machen suchen dürfe? Allgemeine Methoden und Grundsätze. In: Allgemeine Revision des gesamten Schul- und Erziehungswesens von einer Gesellschaft praktischer Erzieher, Teil VIII. Wien 1787, S. 1-120

‒ : Von der Nothwendigkeit öffentlicher Schulen und ihrem Verhältnisse zu Staat und Kirche. In: Allgemeine Revision des gesamten Schul- und Erziehungswesens von einer Gesellschaft praktischer Erzieher, Teil XVI, Wien 1792, S. 44-144

TÜBINGER ERKLÄRUNG zu den Thesen des Bonner Forums "Mut zur Erziehung". In: Zeitschrift für Pädagogik (24) 1978, S. 235-240

VILSMEIER, F.: Zusammenfassung des Tagungsergebnisses. In: Didaktik in der Lehrerbildung. Bericht über den 4. Deutschen Pädagogischen Hochschultag vom 7. bis 10. Oktober 1959 in Tübingen. Weinheim 1960, S. 150-160

WAGENSCHEIN, M.: Verstehen lehren. Weinheim 1968

WEBER, M.: Wirtschaft und Gesellschaft. Grundriß der verstehenden Soziologie (Besorgt v. J. Winckelmann). 5. rev. Aufl. Tübingen 1972

WEINGART, P.: Wissensproduktion und Bildungsnachfrage – Verwissenschaftlichung und Reflexivität der Praxis als Strukturprinzip von Lernprozesen. In: P. Weingart: Wissensproduktion und soziale Struktur. Frankfurt 1976, S. 205-234

WEINSTOCK, H.: Realer Humanismus. 2. Aufl. Heidelberg 1958

WENIGER, E.: Die Hilfe der pädagogischen Theorie im Streit um die Schulreform. In: E. Weniger: Die Eigenständigkeit der Erziehung in Theorie und Praxis. Probleme der akademischen Lehrerbildung. Weinheim 1952, S. 528-538

– :   Volksschule und Erziehungswissenschaft. In: Volksschule und Erziehungswissenschaft. Bericht über den 3. Hochschultag vom 12. bis 14. September 1956 in München. Weinheim 1957, S. 85-103

– :   Didaktik als Bildungslehre.
Teil 1: Theorie der Bildungsinhalte und des Lehrplans. 9. Aufl., Weinheim 1971
Teil 2: Didaktische Voraussetzungen der Methode in der Schule. 3. Aufl. Weinheim 1963

WESTPHALEN, K.: Praxisnahe Curriculumentwicklung. Eine Einführung in die Curriculumreform am Beispiel Bayerns. Donauwörth 1973

WEXLER, P.: Struktur, Text und Subjekt: Eine kritische Soziologie des Schulwissens. In: Zeitschrift für Sozialisationsforschung und Erziehungssoziologie (1) 1981, S. 55-74

WHITE, J. P.: Towards a Compulsory Curriculum. London 1973

WILHELM, TH.: Theorie der Schule. Hauptschule und Gymnasium im Zeitalter der Wissenschaften. Stuttgart 1967

WILLIS, P.: Spaß am Widerstand. Gegenkultur in der Arbeiterschule. Frankfurt 1979

WILLMANN, O.: Didaktik als Bildungslehre. Nach ihren Beziehungen zur Sozialforschung und zur Geschichte der Bildung. Freiburg 1957

YOUNG, M. F. D.: An Approach to the Study of Curricula as Socially Organiced Knowledge. In: M.F.D. Young (Hrsg.): Knowledge and Control. New Directions for the Sociology of Education. London 1971, S. 19-46

ZINNECKER, J. (Hrsg.): Der heimliche Lehrplan. Untersuchungen zum Schulunterricht. Weinheim 1975

SACHREGISTER

PERSONENREGISTER

Dieses Register enthält nur die Namen der im Text erwähnten Personen, nicht die Autorennamen, die in den Anmerkungen oder in Literaturhinweisen genannt werden.

Bacon, F. 25

Becher, J.J. 31

Berg, C. 96

Bergmann, B. 100f, 103, 104

Bernstein, B. 63, 67-70, 84, 105, 106f

Blankertz, H. 20, 155

Bloom, B.S. 190

Böhme, G. 232f, 234, 235

Boelitz, O. 97f

Bourdieu, P. 66f, 76-78

Brügelmann, H. 221

Bruner, J. 17, 206, 207

Comenius, J.A. 13, 25-31, 54, 96, 241, 242, 247

Dahrendorf, R. 65

Damerow, P. 20, 75f, 157

Derbolav, J. 183f, 237, 243

Descartes, R. 23, 31

Dewey, J. 226, 228

Diesterweg, F.A.W. 13

Dilthey, W. 50, 57

Dörpfeld, F.W. 47-49, 50, 93, 163

Dolch, J. 18, 30

Dreeben, R. 62f

Falk, A. 97

Fend, H. 147, 149

Feyerabend, P. 235

Fichtner, B. 20, 174

Fink, E. 108f, 112f

Flechsig, K.H. 202f

Flitner, W. 147, 164–167, 181, 204

Fölling, W. 20

Foucault, M. 16

Habermas, J. 17f, 19, 78f

Harris, K. 83

Hecker, J.J. 96

Heimann, P. 17, 184–194, 196f, 198, 243f

Herbart, J.F. 44–47, 49, 50, 55, 56, 92f, 120, 163, 242, 245

Herrmann, U. 18

Heydorn, H.J. 133

Hiller, G. 211f

Hirst, P.H. 175, 236

Hofmann, F. 18, 24, 35

Holthoff, F. 116

Huisken, F. 19, 64, 74f, 76, 155f

Humboldt, W. v. 13, 37, 38–43, 50, 55, 56, 80, 96, 159, 201, 202, 242, 245

Hylla, E. 98

Kant, I. 42

Klafki, W. 24, 86, 117, 118, 122, 125, 126, 127, 173–183, 184, 195f, 198, 218, 243

Krathwohl, D.R. 190

Kreft, J. 147f

Kromeyer, J. 96

Lepenies, W. 15f

Leschinsky, A. 19f, 78, 155, 156

Lichtenstein-Rother, I. 134

Luckmann, T. 230f

Lübbe, H. 13

Mager, R.F. 203

Mannheim, K. 58f, 62, 71

Marx, K. 58

Menze, C. 39, 237

Merton, R. 62

Messner, R. 156

Mikat, P. 115

STUDIEN ZUR BILDUNGSREFORM

Herausgeber: Wolfgang Keim

STUDIEN ZUR BILDUNGSREFORM

Band 1 · Rudolf Hars
DIE BILDUNGSREFORMPOLITIK DER CHRISTLICH-DEMOKRATISCHEN UNION IN DEN JAHREN 1945—1954
broschiert, sFr. 86.40

«. . . der wohl seltene Fall, dass ein Buchtitel weniger verspricht, als man im Inhalt bekommt» (Gesamtschul-Kontakte 3/81)
«. . . eine interessante und materialreiche Studie von zehn Jahren Bildungspolitik in Westdeutschland.» (Annotierte Bibliographie f. d. Pol. Bildung 1/82)
Inhalt: Konservatismus als historisch-variable Kategorie – Einheitsschule und politische Krise (hist. Exkurs) – Die neue Partei: Christlich-Demokratische Union – Schulreformansätze nach 1945 – Reformbeispiele aus den Ländern – Der Kampf um die Schulartikel des Grundgesetzes – Die Phase der offenen Restauration – Exkurs: Um Förderstufe und Gesamtschule.

Band 5 · Dietrich Lemke
LERNZIELORIENTIERTER UNTERRICHT · REVIDIERT
broschiert, sFr. 42.10

«Zur kritischen Beurteilung des lernzielorientierten Unterrichts trägt die Habilitationsschrift Lemkes wesentlich bei.» (Monatshefte f. d. Unterrichtspraxis 10/82)
«Die von Lemke vorgelegte Arbeit ist ein wegweisender Beitrag zur Allgemeinen Didaktik . . .»
«. . . trägt entscheidend zur Verbesserung der Lehrerausbildung bei.» (Schulpraxis 1/82)
Inhalt: Terminologische Probleme. Entstehungsursachen und Vorläufer des lernzielorientierten Unterrichts – Konzeption und Probleme des lernzielorientierten Unterrichts – Ziele der allgemeinen Schulbildung – Konsequenzen für den Unterricht und seine Planung – Funktionen und Leistungen von Lernzieltaxonomien – Suchraster für Lernziele im kognitiv-inhaltlichen Bereich.

Band 9 · Karl-Heinz Füssl / Christian Kubina
BERLINER SCHULE ZWISCHEN RESTAURATION UND INNOVATION
Zielkonflikte um das Berliner Schulwesen 1951—1968
broschiert, sFr. 69.—

«So ist ein Bericht entstanden, der richtig spannend zu lesen ist . . .» (Gesamtschul-Kontakte 2/83)
Inhalt: U.a. Restaurationsbestrebungen zwischen 1951 und 1955 – Innovation am Beispiel der Schulzeitverlängerung – Die Intensivierung innovativer Bestrebungen in der Berliner Schule zwischen 1956 und 1968 – Innovation am Beispiel der Gesamtschulplanung in Berlin (1963–1968).

VERLAG PETER LANG
BERN · FRANKFURT AM MAIN · NEW YORK
Telefon Frankfurt 069 / 52 00 88